D0591547

HISTOIRE DE FRANCE

Le temps des principautés

HISTOIRE DE FRANCE
sous la direction de Jean FAVIER

HISTOIRE DE FRANCE

Sous la direction de Jean Favier

JEAN FAVIER

de l'Institut

LE TEMPS DES PRINCIPAUTÉS

de l'an mil à 1515

FAYARD

INTRODUCTION

Une société qui achève de donner une cohérence à son double héritage latin et germanique, militaire et chrétien, tel est, dans un espace à peu près défini par celui de la France actuelle, le fondement humain de ce qui sera pour l'historien venu plus tard la civilisation de la France médiévale.

Le temps des grandes migrations de peuples vers l'Occident s'achève. Toujours imparfaite, la christianisation touche à ses limites, mais celles-ci ne sont plus dans la pénétration des campagnes ou des régions écartées : elles sont dans la très lente mutation des mentalités. L'ancienne France occidentale a fini de faire toutes les expériences d'organisation politique, des prolongements de la cité romaine à la royauté nationale en passant par la royauté patrimoniale et par l'effacement de la puissance publique, diluée dans le jeu complexe des fidélités individuelles. L'Église n'a pas moins fait toutes les expériences, celle de l'organisation séculière et hiérarchisée, celle de l'érémitisme anarchique, celle du cénobitisme autarcique, avec tous les cheminements unitaires et tous les marginalismes que signifient ces expériences parallèles.

Cinq siècles séparent les débuts de la royauté capétienne, les consolidations institutionnelles de la féodalité et les réveils de la dynamique économique de ce temps qui verra la découverte d'un Nouveau Monde et ses conséquences humaines aussi bien que monétaires, le retour conscient aux valeurs éthiques de l'Antiquité, la mutation profonde des modes de vie et de leur cadre architectural et décoratif. Cinq siècles entre la gestation des légendes héroïques et la

fin des romans de chevalerie, entre le premier art
roman et le dernier art gothique. Cinq siècles entre
un roi de France qui ne peut aller sans risque de
Paris à Orléans et un roi de France qui fait dans
Naples son entrée solennelle vêtu en empereur byzantin.

Cinq siècles pendant lesquels l'empreinte germanique qu'une longue osmose ne laisse plus ressentir
comme importée va continuer de marquer la société
et ses façons de penser, d'exprimer et d'organiser.
Cette civilisation de l'âge moyen qui sépare la
renaissance carolingienne de la Renaissance, tout
court, restera jusqu'à son terme celle de l'oralité des
peuples « barbares » en mouvement : une oralité qui
fonde l'absolue primauté du témoignage, que celui-ci
vienne d'un témoin choisi ou des anciens qui savent,
du propos consigné ou des usages transmis par la
mémoire collective. C'est la civilisation du dire qui
prouve, du geste qui engage. Le rite l'emporte sur sa
raison d'être. Et c'est toujours des profondeurs de
l'héritage germanique que l'engagement individuel
tire son rôle dans l'organisation sociale.

Tout cela, cependant, rencontre ses bornes. La dilatation des espaces s'accommode mal des seules trans-
missions orales, comme la continuité des gestions
s'aide mal des seules mémorisations mortelles. Faute
d'arbitrages organisés, le lien d'homme à homme ne
débouche que sur des rapports de force. La lente
remontée de la romanité — jamais oubliée, souvent
obnubilée — ne sera pas seulement le retour à des
expressions du beau, du juste et du vrai. Elle
nourrira la civilisation médiévale de ces cadres et de
ces structures qui procèdent de la *res publica* : un
notariat public dont le témoignage tourne discrètement à la preuve écrite, un service public qui se distingue progressivement du service personnel, un
« commun profit » qui prend les couleurs d'un « bien
public » et qui n'est autre chose que l'intérêt collectif
De la royauté patrimoniale on sera passé à une
royauté détentrice de la Couronne, puis à une royauté

personnifiant l'État. Entre-temps, on aura relu Aristote et retrouvé justinien.

Tout au long de ces cinq siècles, une nouveauté se fait jour, qui étonne et qui dérange d'abord, avant de prendre rang parmi les forces essentielles de la société. Dans l'espace, cette nouveauté a l'apparence de la ville. Dans l'organisation sociale, elle prend la forme de la bourgeoisie, avec ses références extérieures à la société militaire et avec ses valeurs propres, qui sont les solidarités entre égaux et les justifications morales du profit. Dans les relations économiques, elle est faite de productions vouées au marché, de spéculations intégrant le temps et le talent tout autant que le travail, d'horizons prospectifs pour une fonction d'échanges portée au-delà des communautés locales. Ville et bourgeoisie se constituent en interlocuteurs et en protagonistes dans le jeu politique. Ils ne le sont pas moins dans l'inspiration littéraire et artistique.

Une autre mutation fait passer la pensée cléricale et universitaire des premières et combien timides approches d'un humanisme chrétien — celui de saint Bernard, donnant pour des siècles à la Vierge une place humaine dans la hiérarchie de la Rédemption — aux aboutissements platoniciens d'un humanisme éclairé par Sénèque. Dans le même temps, les contours de la foi chrétienne sont redessinés par les audaces d'un aristotélisme porté à concilier Raison et Révélation, cependant que, loin des théologiens et des logiciens, le fidèle subit dans sa foi personnelle les secousses des crises ecclésiales qui conduisent plus d'un chrétien au scepticisme nuancé reflété par Villon. La Réforme est proche.

L'Église a été présente à tout, en ces cinq siècles. De la réforme grégorienne, qui lui rend son indépendance et la remet dans la main de la papauté, à tous les réformismes de l'époque des grands conciles œcuméniques, elle ne cessera d'affirmer et de réaliser pour une part ses aspirations spirituelles et ses prétentions politiques. Elle accentue une emprise sur la

société que la conservation privilégiée des archives
ecclésiastiques nous fait peut-être grossir mais que
manifestent aussi bien le resserrement du tissu institutionnel des églises que la multiplication des clo-
chers à l'horizon des villes et des campagnes. Une
identité se forge entre la fonction ecclésiale, la
connaissance spéculative et l'aptitude au maniement
des idées. Le monde des clercs comprend la charge
des âmes, mais aussi la compétence intellectuelle.
Même quand un service public se sera dégagé au
sein du monde laïque, il restera lié par ses origines
et par ses affinités à cette société des « maîtres » par
lesquels l'Église garde, jusqu'à l'échec final de sa
prétention politique, le quasi-monopole de la formation des élites. L'Église est à l'école, et elle est au
Conseil royal. Elle partage le souci de l'ordre public,
et elle participe aux relations diplomatiques. Elle est
propriétaire, et elle est contribuable. Elle oriente les
dynamismes guerriers dans la Croisade. Elle sacralise
les rites sociaux, en multipliant serments et bénédictions, cependant que les rites de l'organisation
sociale s'introduisent — tels l'agenouillement —
dans ceux de la relation religieuse.

Dire que ce Moyen-Age est le temps de la foi
n'est qu'un truisme gratuit. Qui jugera la foi des
hommes, et à quelle aune ? Rien n'interdit, en revanche, d'observer que la foi conditionne, caractérise et
détermine souvent les comportements individuels et
collectifs. Elle est la force profonde de mouvements
essentiels comme la rénovation périodique des formes
et des manifestations de la vie religieuse. Elle sous-
tend toute vie artistique en ses objets comme en ses
expressions. Elle ouvre des domaines d'application
aux générosités physiques et économiques.

Ces siècles de foi voient aussi la gestation d'un
humanisme qui chemine lentement dans l'organisation
des rapports sociaux comme dans l'idée qu'on se fait
des valeurs éternelles. La place de l'homme se précise dans la vue évangélique de la Rédemption ; c'est
elle qui, dans sa diversité, caractérise les nouvelles

approches de la vie religieuse. De même l'individu
acquiert-il son rôle propre dans les formes de la
création littéraire et artistique. Le portrait apparaît,
fruit d'un propos d'identification autant que d'une
maîtrise de la ressemblance. De la chanson de geste
au roman, du fabliau à la farce, la littérature d'imagination donne naissance à des personnages caractérisés, qui sortent du type idéal pour emprunter à des
visages réels les moyens d'une vraisemblance. Aux
portails des cathédrales, prophètes et apôtres s'indivi-
dualisent autrement que par leurs attributs traditionnels, et la souriante Vierge à l'Enfant remplace la
hiératique Mère de Dieu.

Cette même affirmation de l'individu au sein du
groupe défini par ses privilèges favorise l'établissement de relations horizontales entre personnes de
rang égal. L'histoire des communautés politiques,
sociales ou professionnelles est ainsi tissée par le jeu
variable des contraintes inévitables et des capacités
personnelles : jeu contraire du monopole collectif des
artisans et de la liberté d'entreprise des négociants,
des règlements égalitaristes et des comportements
concurrentiels. Et les particularismes religieux se
multiplient dans le cadre organisé des ordres ou dans
la marginalité des perfections individuelles, des dévo-
tions familiales et des confréries professionnelles.

Le développement des sociétés urbaines et les
migrations de la population rurale brisent peu à peu
les structures familiales et font apparaître le type
conjugal de la famille moderne. Ce resserrement, qui
privilégie la relation des époux sur le lien du sang,
accompagne dans le temps le dégagement d'une philosophie de l'Amour qui idéalise la conjonction des
individus. Plus souvent exprimé dans les formes
conventionnelles voulues par la « courtoisie », et hors
du lien institutionnel d'un mariage qui cherche
encore sa définition, mais plus souvent vécu dans la
réalité humaine d'une vie conjugale, l'Amour
emprunte aux expériences et aux sensibilités personnelles. Idéal dans le lyrisme, réaliste dans le fabliau,

il se dégage peu à peu du modèle longtemps procuré
par Ovide. Il va des prouesses accomplies pour les
beaux yeux d'une belle hors d'atteinte et du cynisme
masculin qu'expriment les auteurs — des clercs —
du *Roman de la Rose* au droit de l'amour que revendique une Christine de Pisan et au droit au plaisir
qu'affirme un Villon à l'encontre des joliesses de
cour. Chacun son amour, et chacun son plaisir, c'est
encore là une victoire de l'individualisme. Elle inclut
l'accession de la femme à la responsabilité de son
propre destin.

Devant ces cinq siècles, l'historien est diversement
muni. D'une documentation sporadique et pour
l'essentiel publiée, il passe à la relative pléthore d'un
temps où toutes les grandes séries d'archives sont
amorcées et où des milliers de registres réservent à
l'historien autant de découvertes que de feuillets. A
mesure que passent les siècles, l'homme moyen apparaît mieux. On le cerne, dans sa vie quotidienne
comme dans sa mentalité individuelle et collective,
dans l'exceptionnel comme dans la médiocrité, dans
ce qu'il croit comme dans ce qu'il boit. D'une histoire dominée par Yves de Chartres, par Adalbéron
de Laon et par la *Geste du Roi,* nous en venons à
une histoire qu'éclairent pour nous, avec le *Jouvencel*
et le *Bourgeois de Paris,* quelques milliers de
comptables municipaux, de greffiers à l'écoute des
plaideurs et de notaires ou tabellions prêts à noter les
volontés de leurs contemporains en mal d'un
apprenti, d'un pan de mur ou d'un ciel de lit.

La France, aussi, a changé. L'horizon politique a
progressivement atteint, puis dépassé, les frontières
du royaume. Dans le même temps, l'horizon économique a dépassé le terroir ou la ville. Autant que les
progrès du pouvoir central et l'attraction de ses usages sur les élites locales, les mouvements de population — ceux des écoliers, ceux des artisans, ceux des
paysans — ont commencé de réduire la diversité des
cultures et des langues. Le sentiment d'une appartenance commune est sans doute plus vif aux appro-

ches de la Renaissance qu'aux lendemains de l'an mil. Tout au long de ces cinq siècles, cependant, les différents plans de ce qui devient l'unité nationale ne se superposent que fort mal : l'unité par la Couronne, l'unité par l'action commune — sensible à la croisade comme dans les guerres d'Italie — et l'unité par la communauté intellectuelle.

De cette inégalité dans la documentation comme dans l'extension des champs d'observation, l'historien doit s'accommoder. La France dont nous parlerons dans ce volume est aux contours d'aujourd'hui. Mais la réalité historique, combien mouvante, des relations dans l'espace économique et politique commande la vue de l'historien. Bruges est plus présente à l'esprit du roi de France ou à celui du marchand bordelais que ne l'est Nice ou Cherbourg. Tout le baronnage du royaume de France prend un parti dans les conflits pour la succession de Bretagne, non dans les conflits internes de la Décapole alsacienne. L'histoire ne saurait que refléter ces réalités. Le lecteur ne s'y trompera pas.

CHAPITRE PREMIER

L'an mil

(1000-1050)

L'an mil

L'an mil s'ouvrit un dimanche. Nul ne s'avisa qu'un millénaire commençait, sinon quelques clercs habitués à dater les actes de l'an de l'Incarnation. Encore certains faisaient-ils commencer l'année au premier mars, d'autres à l'Annonciation, d'autres à Pâques, d'autres à Noël, et bien peu le premier janvier. Au reste, il était plus commode de dater d'après les années du règne du roi...

De la grande peur des Temps derniers, nul ne parla guère plus qu'à l'ordinaire. On avait si souvent évoqué la fin des temps, le renouvellement des temps ou l'avènement des temps, que l'on prêtait une attention assez légère à ceux qui annonçaient pour le lendemain le Paradis sur terre ou le Paradis du Ciel. Dans cette Apocalypse préfigurée, les pestes, les famines et les invasions avaient tenu leur rôle. « Le monde court à sa fin », écrivait au VIe siècle Grégoire de Tours. « Disait-on que le monde finissait », écrira au XIVe un clerc rescapé de la Peste noire.

Bien des peurs avaient d'ailleurs disparu, ou presque, en cet an mil où l'idée de la fin du monde demeurait à l'état d'une crainte sourde pour un millénaire que nul ne savait vraiment dater. Une angoisse avait d'abord disparu : celle qu'engendrait de génération en génération la reprise des grandes migrations de peuples vers l'Ouest. On ne craignait plus les « invasions ». Le Normand n'inspirait plus la terreur depuis qu'il était fixé de part et d'autre de la basse Seine. On ne parlait plus des Hongrois, depuis qu'ils demeuraient sur le Danube. Le Sarrazin se faisait rare sur les côtes de Provence.

Le millénaire de la Rédemption, vers 1033, laissa penser à certains que le moment était venu. Une éclipse de soleil passa alors pour le présage indubitable des grandes catastrophes. Éclipses, comètes, épidémies même, tout cela était dérangement de l'ordre, et rien de bon ne pouvait venir du dérangement. La Création était ébranlée : la fin des temps, peut-être, approchait. Rien ne vint.

Passé le milieu du siècle, l'expansion économique et politique allait occuper les esprits au point de faire oublier la grande crainte. Les générations de la croissance reportèrent dans l'infini des temps le Jugement — au tympan des cathédrales, ce n'est pas le Jugement pour demain — et imaginèrent pour le destin des âmes cette voie moyenne du pécheur qu'est le Purgatoire.

En attendant, le clerc allait voir s'allonger la formule de datation des actes : *anno Domini millesimo...* Ajouté par nécessité arithmétique, ce mot sera pour beaucoup celui que l'on écrit avant la date qui compte vraiment : les chiffres qui suivent seront un jour le « millésime ».

Dans leur activité quotidienne, les Français de l'an mil affrontent un monde encore hostile. L'étendue forestière l'emporte sur les champs cultivés. Les routes ne sont souvent que de simples pistes. On est en permanence au bord de la famine, et l'excessive pluviosité ou la longueur du gel suffisent à ruiner les espoirs du paysan. Dans les meilleures années, celui-ci n'attend guère plus que deux ou trois fois sa semence. Entre l'optimum et le risque de mort, la différence est faible. L'insécurité est en tout le lot des hommes. Nul n'est à l'abri de la violence. Il faut être un puissant pour se sentir à l'abri de la disette.

Quelques villes jalonnent l'espace rural, gros marchés établis sur un pont ou sur un carrefour routier. De la fonction urbaine, les antiques « cités » ne retiennent le plus souvent que des vestiges : le siège de l'évêque et du comte, l'école épiscopale, quelques artisans, quelques prêteurs sur gages, juifs pour la plupart. Mais l'évêque et le comte résident de préférence dans leurs manoirs ruraux, l'école abbatiale est parfois établie à la campagne — ainsi, en Normandie, le Bec-Hellouin — et l'artisanat villageois suffit pour l'essentiel aux besoins du domaine. Des édifices publics en ruine et des enceintes trop larges pour qu'on les entretienne convenablement rappellent dans le paysage que la ville est autre chose qu'une juxta-position de maisons. Dans une économie où l'auto-suffisance est la règle, le lieu d'échanges et de règlements perd sa raison d'être.

Quelques places commerciales survivent cependant, à la faveur d'un trafic nécessaire ou d'une position privilégiée. Marseille, Rouen, Arras, Orléans, Paris sont autre chose que des marchés ruraux. On voit à Londres des marchands venus de Flandre aussi bien que de Normandie. Des bateaux descendent et remon-tent la Meuse, la Seine, le Rhône, chargés de vin, de sel, de poisson. Sur le marché d'Arras, dans ces années qui suivent l'an mil, on vend du fer en barre aussi bien que des lames d'épée ou de couteau, du beurre et du fromage aussi bien que des fruits exoti-ques, des peaux de lapin à côté des peaux de martre, des esclaves même. Activité cyclique, et combien réduite, que celle-ci. C'est cependant autour de tels centres que se reconstruira le rayonnement économique.

Le Capétien

En cet an mil, voilà quatre ans qu'est mort Hugues Capet, un roi qu'on eût bien étonné en le prenant pour le fondateur de la nouvelle dynastie. Hugues était l'héritier de cette lignée « robertienne » issue du comte Robert le Fort dont la victoire de 866 sur les Normands avait fait ce que les Carolingiens étaient de moins en moins : un défenseur de l'ordre et de la paix. Deux Robertiens avaient déjà régné sur le royaume de France : Eudes de 888 à 898, Robert de 922 à 923. Hugues Capet était petit-neveu de l'un et petit-fils de l'autre. Son propre père, Hugues le Grand, avait assumé, avec le seul titre de duc, la charge royale de la sécurité publique. Le soutien des évêques ne lui avait pas manqué : il était à tous égards significatif.

Comte de Paris, de Senlis, de Dreux et d'Orléans depuis la mort d'Hugues le Grand en 956, Hugues Capet est déjà maître du royaume lorsqu'en 981 il s'allie contre le roi carolingien Lothaire à l'empereur germanique Othon II. Mais Hugues est le contraire d'un homme pressé. Plus à l'aise dans la négociation que dans le coup de force, il attend et prépare ses voies.

La mort du Carolingien Louis V, en 987, procure enfin l'occasion. Il laisse comme plus proche héritier son oncle Charles de Lorraine, un brutal dont la réputation est détestable dans toute l'aristocratie. Aux assemblées de Compiègne et de Senlis, que domine Hugues Capet parce qu'il est le premier parmi les grands, l'archevêque de Reims Adalbéron fait sans peine pencher l'opinion vers le Robertien. On rappelle opportunément que la Couronne n'est pas héréditaire : voilà un langage que comprennent les grands.

Hugues Capet peut alors affecter d'accepter la royauté sans l'avoir conquise. Le 3 juillet 987, à Noyon, il reçoit d'Adalbéron l'onction royale. Bien sûr, on entend quelques récriminations. Le comte de Vermandois se révolte, l'archevêque de Sens refuse de prêter serment. Pour la plupart, les grands sont satisfaits : ils ont poussé vers la Couronne l'un des leurs, et ce n'est certainement pas pour qu'il exerce sur eux un véritable pouvoir. Mais la société politique ne se conçoit pas sans roi : tant est forte la tradition intellectuelle d'origine germanique qui, depuis un demi-millénaire, définit en Gaule l'organisation du pouvoir.

Ducs et comtes entendent bien tenir pour peu leur nouveau roi. Leur autorité propre va d'ailleurs s'affaiblissant elle-même, victime des mêmes processus de démantèlement local qui ébranlent la royauté. Bien des *principes* affectent de ne tenir leur principauté que de Dieu, et l'assoient sur un complexe de liens ethniques, géographiques et historiques plus que sur la délégation de pouvoirs du roi à son comte. En certaines contrées même, point déjà le temps des châtelains indépendants. Par son assise territoriale aussi bien que par le nombre de ses fidèles, le nouveau roi est moins fort que n'était le duc de France son père. Mais il est roi. Même en des régions — méridionales surtout — où l'on supporterait mal qu'il prétende jouer quelque rôle politique, on date les actes officiels d'après les années de son règne. La royauté subsiste comme une idée, plus que comme un pouvoir.

Capet profita de l'enthousiasme des grands : il obtint que son propre fils, Robert, fût associé à la Couronne. Dans cette succession en apparence élective, l'hérédité s'introduisait de nouveau.

Charles de Lorraine tenta de faire valoir ses droits de Carolingien. Il se fortifia dans Laon. Il occupa Reims. La trahison eut raison de lui après quatre ans d'incertitude. Il finit ses jours en prison.

Dans ce jeu politique dont le roi Hugues était la pièce maîtresse, d'autres avaient leur partie : l'archevêque de Reims, l'évêque de Laon, le comte de Blois. Hugues Capet fut assez habile pour être partout et pour mettre en place ses fidèles. Son conseiller l'écolâtre Gerbert devint archevêque de Reims ; ce mathématicien devait être, sous le nom de Sylvestre II, le pape de l'an mil. Contre le comte de Blois, le roi se fit l'allié du comte d'Anjou. Il maria son fils à la veuve du comte de Flandre. Il tenta même de jouer l'alliance byzantine contre l'empire germanique et joua celle de l'épiscopat français contre un pape qu'alarmait à juste titre la prétention du roi à organiser politiquement l'Église du royaume. Au vrai, tant était faible Hugues Capet, le seul fait qu'il jouât un rôle constituait une victoire : la royauté subsistait.

L'énergie ne fit pas davantage défaut au deuxième Capétien, ce Robert II le Pieux qui régnait avec son

père depuis 987 et que la mort d'Hugues Capet fit
seul roi en octobre 996. Nul ne mettait en doute ses
droits. Pieux, juste, instruit, il avait reçu — comme
son contemporain Othon III — une éducation digne
d'un clerc et avait de ce fait bonne réputation parmi
les intellectuels. Ils firent sa propagande.

Robert II sut profiter de la chose pour affirmer son
autorité. Forçant quelque peu la main des chanoines
électeurs, il mit ses fidèles dans les évêchés. Il fit
régner un peu d'ordre sur les routes d'un domaine
royal encore formé de pièces mal jointes et de droits
hétéroclites qui ne constituaient même pas la totalité
de l'Ile-de-France, de la Beauce, du Gâtinais et du
Berry. Bien sûr, il resta des châtelains pillards au
cœur même du domaine capétien, les princes territoriaux oublièrent aussi bien de prêter hommage que
d'accomplir quelque service de cour que ce fût, et
nul ne songea sérieusement à convoquer en son
ensemble l'armée royale pour une action commune.
Le duc de Normandie ou celui d'Aquitaine se sen-
taient pratiquement indépendants, à cette différence
près, qui était essentielle : ils se savaient un roi.

On le vit bien lorsque Robert II força le comte de
Bourgogne Othe-Guillaume à renoncer au droit qu'il
pouvait avoir sur le duché voisin de Bourgogne, un
duché qu'il eût sans doute fait basculer dans l'obédience politique de l'empire germanique : la Bourgogne ducale devenait partie intégrante de la puissance
capétienne.

De même le roi ne manqua-t-il aucune occasion
d'intervenir en Flandre, où l'empereur Henri II eût
volontiers joué seul. L'armée du Capétien se montra
devant Valenciennes en 1006 à la demande du comte
Baudouin IV, devant Saint-Omer en 1019 contre le
même Baudouin IV. Un mariage mit fin à l'hésitation : le comte devint gendre du roi. Un habile arbitrage fit également du roi Robert le maître de
Cambrai.

Le véritable rival, c'était à l'évidence l'empereur.
Robert le Pieux était bien l'héritier de Charles le

Chauve et de ses successeurs, et l'éclatement pro-
gressif de l'ancienne Lotharingie multipliait les
enjeux entre l'ancienne Francie occidentale et
l'ancienne Francie orientale. Rivaux en Flandre, les
deux souverains l'étaient aussi sur les bords du
Rhin : le Capétien nouait des intrigues à Cologne. Ils
l'étaient encore dans ce royaume de Bourgogne, part
médiane du royaume du premier Lothaire, qui subsistait entre le Jura et le Val d'Aoste et dont le roi
Rodolphe III finit par léguer la couronne à l'empereur germanique. Robert le Pieux ne renonçait pas
pour autant à gêner en Italie le porteur du diadème
impérial : il poussait les Lombards à l'indépendance
et favorisait les ambitions du duc d'Aquitaine Guillaume V sur la couronne lombarde.

Face à l'empereur germanique, les préoccupations
du roi de France n'étaient pas seulement territoriales.
Il avait à affirmer et à défendre la nature même de
sa couronne. Le Carolingien de l'ouest n'avait jamais
cessé d'appartenir à l'Empire, et cela même lorsque
l'empereur était à l'est ou en Italie. Le Capétien, lui,
se voulait hors de l'empire des Othons. On le vit
bien lors de la rencontre de 1023 : elle eut lieu sur la
frontière, au milieu de la Meuse. Henri II et
Robert II parlaient d'égal à égal.

Pour limité que fût leur horizon quotidien, les premiers Capétiens voyaient donc loin quant à l'essentiel. Les légistes du XIVᵉ siècle affirmant que « le roi
de France est empereur en son royaume » devraient à
la prudence d'un Hugues Capet ou d'un Robert le
Pieux de ne pas rencontrer dans leur argumentation
le moindre précédent fâcheux. Au reste, la faiblesse
de l'un valait celle de l'autre, et Robert II était aussi
étranger à la vie politique du Midi français que
l'était Henri II à celle du royaume d'Arles ou de
l'Italie péninsulaire.

L'empereur et le roi ne furent d'accord que pour
remettre en ordre l'Église, et pour le faire à leur profit. La mort de Henri II emporta la paix jurée en
1023 à Ivois. Les affrontements reprirent, limités par

les capacités des adversaires. Pas plus que ses prédécesseurs, Conrad II ne pouvait maîtriser les dimensions de son empire. Cela donnait du temps au
Capétien.

La construction politique du royaume de France
était fragile. Les querelles domestiques faillirent
l'emporter. Le pieux homme qu'était Robert II n'était
pas un mari patient, et l'imbroglio de sa situation
conjugale tendait à éclater en crises politiques où les
alliances féodales et les intérêts de l'épiscopat
avaient naturellement leur part. Avant même la mort
de son père Hugues Capet, Robert avait répudié
l'épouse mi-italienne mi-flamande que celui-ci lui
avait choisie. La veuve du comte de Blois, Berthe de
Bourgogne, était alors devenue reine de France. Les
évêques s'étaient entendus à marchander leur
complaisance. Le pape, lui, commença par excommunier le roi de France, puis tira parti de la situation
pour restaurer quelque peu l'autorité pontificale dans
le royaume. En 1003, Robert fit mine de céder. Ce
virage vers une alliance de Blois n'en avait pas
moins irrité le comte d'Anjou, ainsi porté à remettre
en cause son alliance traditionnelle avec le Capétien.

Robert le Pieux épousa ensuite la provençale Constance, fille du comte d'Arles. La femme était intelligente, cultivée, volontaire. Elle étonna. Son entourage
décontenança vite une cour où les mœurs méridionales passèrent d'abord pour exotiques, puis pour scan-
daleuses. Quand Constance voulut se mêler des
affaires, ce fut la levée de boucliers. On se battit
devant le roi. Le comte d'Anjou en profita pour faire
assassiner, en pleine chasse royale, le comte Hugues
de Beauvais, fidèle influent du parti de Blois. On
accusa facilement la reine.

Le roi Robert crut se tirer d'affaire en écartant
Constance et en rappelant Berthe. Le pape se fâcha.
Constance se reprit à nouer les fils d'intrigues sans
cesse ourdies avec l'un ou avec l'autre.

La succession à la Couronne était l'enjeu essentiel
l'hérédité était de fait, mais rien ne disait qu'elle fût

absolue. Constance avait, dès 1017, fait associer au trône son fils aîné Hugues, mais s'était arrangée pour qu'il ne jouât aucun rôle. Lorsque après la mort de cet aîné le roi Robert voulut en 1026 associer le deuxième, Henri, Constance s'efforça d'empêcher le sacre : Henri était peu perméable à l'influence de sa mère.

La reine tenta de substituer son troisième fils, Robert. Elle échoua. Finalement, elle choisit de dresser les deux fils contre leur père.

Le roi vieillissait. Les grands s'entendaient à saper son pouvoir. Robert le Pieux devait se défendre de tous les côtés. On le vit retranché dans Beaugency pour négocier sa paix avec les siens. Mais ses fils n'étaient unis que contre lui. Sa mort, en 1031, les dressa l'un contre l'autre. Bien des barons, et le comte de Blois en tête, saisirent l'occasion de rappeler que la royauté demeurait élective : contre l'aîné, ils soutinrent le jeune Robert. Appuyé sur la Normandie, l'Anjou et la Flandre, Henri Ier sauva sa couronne. Son frère gagna en l'affaire le duché de Bourgogne : le domaine royal s'affaiblissait ainsi de la principale acquisition faite depuis l'avènement de Hugues Capet. Au moins le droit théorique des grands à élire le souverain laissait-il intacte, en pratique, la dévolution héréditaire du royaume.

Le Capétien devait sa couronne à ses alliances féodales. Il ne pouvait donc éviter de se trouver pris dans les liens de ces coalitions par lesquelles s'exprimaient les relations politiques au sein du royaume. Malgré son titre royal, Henri Ier n'était à bien des égards que l'un de ces princes territoriaux qui ne concevaient plus leurs relations avec lui en termes de fidélité mais en termes d'alliance. L'alliance de l'Anjou et l'hostilité de Blois demeuraient, en dépit de l'épisodique reine Berthe, les données constantes d'un équilibre des forces qui sauva la royauté. On le vit bien lorsque après 1049 la rupture avec le nouveau duc de Normandie Guillaume le Bâtard mit en danger cet équilibre politique.

Celui-ci avait entre-temps permis au Capétien de porter ses regards vers l'est, vers cette Lorraine du duc Godefroy pour qui l'alliance française demeurait le meilleur recours contre la mainmise impériale. Bien sûr, les revendications élevées en 1046 par Henri Ier et ostensiblement soutenues par une convocation de l'armée royale n'étaient au vrai qu'une manœuvre diplomatique. Elles suffisaient cependant à rappeler que le royaume de France n'avait rien abandonné des ambitions du Carolingien de l'ouest quant à l'héritage lotharingien.

Henri Ier ne s'en tint pas là. Son père avait posé du côté de Byzance les jalons d'une position aux dimensions de la chrétienté. Il posa plus au nord les siens : en 1051, le duc Jaroslav de Kiev lui accordait sa fille. Anne de Kiev, reine de France, devait donner à leur fils aîné un nom tiré de la tradition byzantine, un nom qui allait demeurer dans la dynastie : Philippe.

Philippe Ier fut associé au trône en 1059, à l'âge de sept ans. L'année suivante, il était seul roi. La Couronne allait chanceler.

Naissance de la féodalité

Les Carolingiens avaient conçu le pouvoir public à l'échelle d'un royaume franc dont le retour à l'insécurité montrait bien qu'il était trop vaste : on ne pouvait y faire face ni au danger exceptionnel — celui que représentaient les Normands — ni au besoin quotidien de sécurité pour les routes et pour les récoltes. La lente adaptation des rapports de protection et de subordination — le service du faible contre la protection du fort — privilégiait donc depuis deux siècles déjà le lien personnel, l'engagement individuel, la relation contractuelle. Le fidèle avait abouti au vassal.

Un temps, la royauté s'était servi de la vassalité pour renforcer la sujétion, ou simplement pour mieux assurer l'obéissance des fonctionnaires. Le roi-souverain se voulait aussi roi-seigneur. Le comte, administrateur d'un comté, était vassal du roi. Quoi de plus naturel ?

Passé le temps de Charles le Chauve, l'illusion disparut. Par son hommage, l'homme se faisait le vassal de celui qui était immédiatement apte à lui garantir bonne protection et bonne justice. Le comte oublia vite que ses hommes n'étaient ses hommes que parce qu'il était lui-même l'homme du roi. La vassalité entrait en concurrence avec la souveraineté ; elle allait l'obscurcir.

Les fidèles ne vivaient plus, comme les compagnons du Mérovingien, à la cour de leur seigneur. Leur rémunération ne pouvait donc se faire qu'en terres et en revenus géographiquement localisés ; ainsi des marchés ou des péages. Jamais la faible masse de monnaie en circulation n'aurait permis de payer les services.

La contrepartie matérielle — et non obligatoire — du lien vassalique fit donc rapidement figure d'essentiel. Prenant le « bienfait » du roi pour son bien propre, le fonctionnaire devint inamovible dans la charge qu'il exerçait comme vassal et où il n'était pourtant que le représentant du roi. Faire bouger les comtes devint chose impossible pour le roi carolingien.

Ce « bienfait », ce « bénéfice », c'est lui qu'à la fin du XIe siècle on commencera d'appeler le « fief ». Mais la charge publique, « l'honneur », se sera fondue dans le bénéfice. Le comte ne se sentira plus seulement maître des domaines à lui concédés pour prix de sa fidélité et pour loyer de ses services. Il sera maître de tout le territoire dans lequel le comte du IXe siècle n'était que le représentant du roi.

Les comtes, voire les simples châtelains, en vinrent à tenir pour propriété personnelle ce pouvoir de commandement — et de justice — dont ils oubliaient facilement qu'ils l'avaient reçu du roi : ce roi lointain apparaissait à tous comme une vague notion politique, non comme un défenseur efficace et un juge véritable. Comtes ou ducs, les princes territo-

riaux fondaient leur autorité sur le consentement des
grands. Mais, à l'échelle des réalités vécues par le
plus grand nombre, le véritable maître de ce temps
était le propriétaire d'une maison forte — une palissade, un fossé — capable de réunir en quelques heures les hommes valides de la région, ou du moins
ceux qui avaient une arme et un cheval, et de faire
face sur-le-champ à l'invasion des pillards ou à
l'attaque du voisin.

A l'instar du comte, chaque maître du sol s'assurait de fidélités et concédait pour cela aux dépens de
son bien propre — ou du bénéfice qu'il avait lui-
même reçu — des bénéfices qui l'enrichissaient sur
le moment en hommes et l'appauvrissaient à long
terme en diminuant son revenu. Le glissement vers
l'hérédité, qui caractérisait les bénéfices liés à la
puissance publique dès le IXe siècle et qui touchait
les plus modestes au Xe, rongeait la valeur politique
des concessions et condamnait le seigneur à démem-
brer sa fortune foncière pour conserver ses fidèles.

L'hérédité minait aussi la fidélité. Dès lors qu'il
voyait dans les biens concédés la part essentielle du
contrat, l'homme du Xe siècle n'hésitait pas à se
faire vassal de plusieurs seigneurs. L'engagement
d'homme à homme qu'était l'hommage devenait simple formalité, préalable à la concession d'un bénéfice. Du don de soi, on passait au service tarifé : le
vassal précisait bien ce qu'il devait en fait de service
pour son bénéfice. S'il était un peu plus puissant que
les autres, le seigneur parvenait seulement à se faire
assurer que les services lui seraient dus malgré tous
autres engagements. Ceux-ci n'étaient donc acceptés
qu'avec «réserve de fidélité». Cette réserve, dont la
pratique se répandit dans les dernières années du
Xe siècle, était naturellement le prix des concessions
les plus substantielles. L'hommage «lige» allait en
sortir vers 1040-1050 : la multiplicité des hommages
conduisait à l'hommage prioritaire.

La société s'organisait autour de ce lien personnel
et contractuel qui définissait les relations des hom-

mes libres en considération du rapport de forces qu'était le rapport des fortunes foncières. Dans le détail, cependant, l'imbrication des droits était déjà telle au XIᵉ siècle que les logiques originelles se voyaient bafouées. Le seigneur pouvait, pour un fief, se trouver vassal de celui qui était au reste son vassal pour un autre fief. Le fief n'était pas une circonscription, comme l'avaient été le comté et la châtellenie, et comme allait l'être la seigneurie « banale » ou politique. Le fief n'était qu'un enchevêtrement de droits plus ou moins situés dans l'espace, d'hommes plus ou moins liés à la terre, de terres plus ou moins constituées en unités homogènes, en « domaines ».

De nouveaux clivages apparurent à travers la société. De l'esclavage ancien, nul ne parlait plus guère. Mais il y avait ceux qui pouvaient et savaient servir en armes et à cheval et qui se faisaient fidèles du puissant local. Il y avait ceux qui travaillaient, qui subissaient la loi du guerrier. Et il y avait ceux qui ne pouvaient même pas discuter les conditions de leur participation à la charge commune : leur personne humaine n'était pas en cause, comme l'avait été celle de l'esclave, mais leur droit n'allait pas jusqu'à la pleine liberté d'action, de travail, de mariage. On les disait serfs. Ils pouvaient travailler pour le maître de leur personne et de leur sol, et rien de plus.

Cette société, les théoriciens comme l'évêque de Laon Adalbéron († 1030) et l'évêque de Cambrai Gérard († 1048) commençaient de la figurer comme l'ensemble de trois « ordres », autrement dit de trois groupes voulus par Dieu : ceux qui combattent, ceux qui prient, ceux qui travaillent. Les premiers étaient évidemment les maîtres du sol — leur propriété ou leur bénéfice — mais c'est par leur fonction sociale qu'ils se distinguaient dans la Création : le service armé à cheval, avec les armes du cavalier — la lance et l'épée longue — qui supposaient une capacité à s'équiper et à s'entraîner à laquelle n'aurait su prétendre le paysan, tenu d'être aux travaux des champs à l'heure des combats.

L'aptitude économique devenait héréditaire. La vocation au métier de soldat définissait donc un groupe moins ouvert que la vieille aristocratie des armes. La chevalerie naissait, consécration d'un état social qui commençait de porter un nom vers l'an mil : la noblesse. Vassal ou non, le noble était celui que sa naissance rendait apte à l'état de chevalier. C'était aussi celui qui pouvait ne reconnaître qu'un maître librement accepté, un seigneur avoué par contrat. Le noble a un seigneur parce qu'il a fait hommage. Il n'est pas l'homme du seigneur du lieu parce que « manant » dans la seigneurie. Le pouvoir local de commandement ne s'exerce guère sur le noble.

La France du Midi renâclera longtemps devant l'assimilation du noble et du vassal. Bien des terres n'y seront « tenues » de personne. La France du Nord, en revanche, ira vite vers une vassalisation générale, vers une société politique où la hiérarchie des liens de subordination fera figure de principe.

Évitons cependant les équivalences rapides. Tout vassal n'est pas chevalier. Tout chevalier n'est pas fils de chevalier. Tout fils de chevalier n'est pas vassal. Bien des vassaux se voient interdire par leur médiocrité économique de se vouloir chevaliers, de se sentir nobles, même si une nécessaire dépendance les a mis en vassalité.

A l'aube du XIᵉ siècle, pour la majorité de ceux qui dominent les autres, la question se pose assez peu dans la pratique : ils sont seigneurs et ils sont chevaliers par la vertu conjointe de l'hérédité et de leur capacité à conserver les avantages hérités. Confondant l'honneur qui fut l'exercice de la puissance publique, le bénéfice qui rémunère leur fidélité et la possession foncière qui assure leur état, ils ont place dans la double pyramide des subordinations individuelles et des concessions foncières. Et cette place est au niveau que définissent les hommages prêtés et les libertés reconnues.

Il y a toutes sortes de gens dans cette chevalerie naissante : les héritiers des grands de l'administration carolingienne, les propriétaires de domaines, les combattants efficaces que nourrissent les précédents ou qui échangent leur vertu guerrière contre de substantiels lopins de terre. La chevalerie se définit par ce qu'elle est — l'ensemble des combattants à cheval — et aussi par ce qu'elle n'est pas : l'ensemble de ceux qui n'ont pas d'armes et qui ne sauraient s'absenter à la saison des labours ou à celle des moissons.

La commune volonté d'assurer la transmission héréditaire des avantages liés à ces définitions fait la cohésion du groupe. On cultive le sens du lignage, on organise le mariage en système d'alliance, on élabore une éthique que célébreront les chansons de geste, une éthique nourrie des devoirs du puissant envers ceux qu'il domine et des devoirs du fidèle qui sont l'accomplissement de la foi librement consentie. L'honneur est fait de bravoure, de générosité, de loyauté.

Il n'y a pas un hommage, il y en a cent, depuis celui que prête en certaines régions le paysan libre pour sa tenure jusqu'à celui que doit et qu'oublie de prêter au roi le prince territorial pour ses comtés. Cela va de l'hommage qui fait le fidèle jusqu'à l'hommage — parfois prêté « en marche », aux limites des principautés — qui scelle la paix entre égaux ou garantit la bonne foi des ennemis de la veille. Mais il y a quand même un hommage typique, celui que prête le moins fort au plus fort. C'est de cet hommage, par lequel se soude la société vassalique, que l'évêque de Chartres Fulbert définit, dans une lettre célèbre datée de 1020, les obligations réciproques et contractuelles. Reprenant des définitions admises depuis près de deux siècles, il ramène les devoirs du vassal à deux grandes idées : l'aide et le conseil.

Le conseil, c'est le service de cour, l'adhésion politique, l'assistance au seigneur en tant qu'il doit juger. L'aide, c'est le service, encore bien imprécis, que l'on doit en armes à son seigneur en péril et le service — plus limité — dû au seigneur que la

défense de son droit conduit à l'offensive. C'est
aussi, en quelques cas que la coutume commence de
fixer, une prestation financière qui n'est pas loyer du
fief mais expression du dévouement. Trois cas se
dégagent en général : la rançon du seigneur captif, la
chevalerie du fils aîné du seigneur et le mariage de
sa fille aînée. La fin du siècle ajoutera le « cas » de
croisade. Les terres d'empire en connaissent quelques
autres, comme le service de cour outre-monts à
l'empereur et, en certaines régions, l'acquisition
d'une terre lorsqu'elle renforce la sécurité de la seigneurie.

Fondamentalement, le fief est gratuit. Le vassal
doit sa fidélité, son temps, ses forces, son sang.
L'argent n'est qu'accessoire. Des droits de mutation
viendront peser sur le fief, exprimant la gratitude du
vassal pour une investiture héréditaire qui ne va pas
de soi en droit, pour une possibilité de disposer du
fief qui ne va pas davantage de soi. Mais il n'y a
pas de loyer du bienfait. Le bienfait assure l'entretien
du vassal aux frais du seigneur, non le contraire.

Là est précisément la grande différence entre le
bienfait — et ensuite le fief — et la tenure paysanne, pour « libre » qu'elle soit souvent. La tenure,
c'est la terre concédée par le seigneur aux fins
d'exploitation et moyennant un ensemble de redevances et de services. Le paysan doit des « cens » en
argent ou en produits, des redevances en part de
fruits — elles vont se développer au temps de
l'expansion — et des prestations tarifées à la tâche
ou au temps : tant de charrois, tant de jours de
labour. Grâce à ces prestations en travail, le seigneur
met en valeur les terres qu'il n'a pas concédées, sa
« réserve », et entretient sa maison et sa cour.

Les cens sont fixés une fois pour toutes. En ce
temps où la médiocrité des échanges commerciaux
suffit à assurer la stabilité des cours monétaires, cette
fixation des redevances est une assurance pour le
maître du sol comme pour l'exploitant. Les prestations en travail ne sont pas moins fixées. Alors que

l'économie monétaire commence seulement de se
réveiller et qu'un recours systématique au salariat
demeure inconcevable, des corvées assurées permettent au seigneur d'organiser son service domestique
et la gestion directe de sa réserve.

Entre les deux éléments constitutifs du domaine, la
réserve et les tenures, il y a donc une profonde
unité. Comme le vassal l'attend de son seigneur féodal, le tenancier attend de son seigneur foncier, maître du domaine, une certaine sécurité, une certaine
protection, voire un gouvernement de la vie locale et
agraire qui ne saurait venir d'ailleurs. Il en attend le
financement d'une infrastructure de l'exploitation
agricole : terrain de pâture, outillage collectif, moyens
de communication. Le seigneur, c'est à la fois le
cens et le pressoir, la corvée et le chemin.

Laïque ou ecclésiastique, le seigneur tire de sa
réserve une part de son revenu, mais il reçoit de ses
tenures les moyens de mettre en valeur sa réserve.
Le domaine est une unité d'exploitation, non un simple cadre juridique de propriété. Qu'il soit tenu en
fief ou librement possédé en « alleu », le domaine est
une seigneurie.

Du grand domaine qui couvre cinq cents ou mille
de nos hectares — et conduira au terroir d'un ou
plusieurs de nos villages — à la petite exploitation
libre que connaît encore l'Aquitaine ou le Languedoc, il y a bien des degrés. On voit des paysans propriétaires, et des seigneurs pauvrement pourvus de
domaines. Reflets d'une parcellisation plus grande de
la propriété en des terres aux horizons fermés, fruits
de partages successoraux, ces domaines ne sont souvent que la juxtaposition d'exploitations autonomes :
les complémentarités internes ne sauraient être imaginées là à l'instar de ce qu'elles sont entre Seine et
Rhin dans les beaux domaines de l'aristocratie laïque,
dans les anciens « fiscs » royaux et dans les vastes
ensembles territoriaux constitués par les établissements ecclésiastiques, ces évêchés et ces monastères — ainsi Cluny en Bourgogne — dont les

archives sont précieuses mais troublent aisément la
vue des historiens, portés à voir les modèles classiques d'organisation en sous-estimant la masse des
exploitations faiblement structurées.

Principautés et châtellenies

La royauté carolingienne avait confié le gouvernement local à des comtes, à la fois administrateurs,
juges et chefs militaires, puis à des ducs ou marquis
chargés de coordonner l'action des comtes pour la
défense d'un royaume attaqué de toutes parts. Avec
l'effondrement du pouvoir central, ce cadre politique
a éclaté. Au vrai, il est la victime d'une illusion centralisatrice : les Carolingiens avaient mal mesuré la
diversité d'un royaume où s'exprimait le besoin
d'une protection immédiate, où perçait une résistance
larvée à la prépondérance des Francs et où s'opposaient en un jeu subtil et changeant les familles rivales et les intérêts économiques des guerriers et des
clercs.

La rémunération des services par la concession de
terres conduisait à l'assimilation de la fonction publique et du patrimoine héréditaire. Très vite, les
comtes les mieux ancrés dans la vie locale ont su
tirer leur pouvoir d'un consentement des populations
gouvernées — en fait, des grands — plus que d'une
ancienne délégation de l'autorité royale. Des comtés
se sont renforcés des comtés voisins. Des duchés se
sont constitués, durables comme en Bourgogne et en
Aquitaine autour d'Autun et de Poitiers, éphémères
comme en France — au sens juste du terme autour
du comté de Paris des Robertiens. Quel qu'en fût le
titre, ces «princes» ne devaient rien au roi. Leur
pouvoir tenait à une conjonction de l'influence personnelle, de la fortune foncière et d'un nationalisme
régional, conjonction habilement exploitée et entretenue au long des générations par une famille : les
Bernard, les Guillaume, les Sanche, les Robert.

La plupart s'accommodèrent d'une suprématie royale devenue légère, sinon pour les églises. Certains, au IXe siècle, cherchèrent à usurper la royauté, tels Bernard en Gothie ou Boson en Bourgogne. D'autres s'efforcèrent d'accaparer le pouvoir souverain sans prétendre pour cela au titre, tels Bernard Plantevelue en Aquitaine. Une seule famille réussit durablement : les Robertiens.

Le phénomène majeur de l'histoire politique des années mil, ce n'est donc pas qu'un Capétien règne désormais en France au lieu d'un Carolingien. C'est qu'un éclatement du pouvoir souverain laisse coexister et s'affronter des principautés aux dimensions de la capacité réelle de gouvernement — la capacité de communication — et des solidarités « nationales », cependant que, l'une d'entre ces principautés ayant donné naissance à une nouvelle royauté, le roi de France tente de subsister comme prince territorial, cherche à ne pas laisser prescrire ses droits de seigneur des seigneurs, de suzerain, et s'efforce de maintenir au moins le souvenir d'une souveraineté publique.

De ces princes nés du sol et de l'aristocratie locale, le roi capétien s'arrange même pour faire des vassaux, et des ducs par la grâce royale. Nul n'est vraiment dupe. Hors du domaine royal, l'autorité publique est au prince. Lui seul se trouve au niveau où s'équilibrent les forces de dislocation politique et la force de la tradition unitaire et centralisatrice.

En l'an mil, il n'est plus un seul de ces princes pour représenter en entier l'une des vieilles entités nationales. Le duché de Bourgogne ou celui d'Aquitaine n'est qu'une part de l'ancienne nation bourguignonne ou aquitaine, un morceau de l'ancien royaume de Bourgogne ou d'Aquitaine. En sens opposé, bien des populations qui n'ont rien de breton forment la nouvelle Bretagne, et la Francie ducale, devenue le domaine royal de la nouvelle dynastie, n'est qu'une construction politique sans racine ethnique ou historique. La Normandie apparaît ici comme le cas exceptionnel d'un duché fabriqué, concédé et peuplé de manière cohérente.

La principauté du roi, le domaine royal, occupe à peine les régions de la Seine moyenne, celles de l'Oise, de l'Aisne et de l'Yonne inférieures, celle de la Loire moyenne autour d'Orléans. Bordé au sud-est par la Bourgogne et au nord par de petites principautés comme le Valois et le Vermandois, il est menacé à l'ouest par le comté de Blois, sur la basse Seine par la Normandie et sur la haute Seine par le comté de Champagne.

Richard II règne sur la Normandie. Il est l'arrière-petit-fils de Rollon. Capable d'appeler à la rescousse ses anciens cousins de Suède et de Norvège, résistant ainsi à la menace des Anglais aussi bien qu'à la convoitise du comte de Blois, sachant jouer de l'amitié du Capétien sans rien lui céder, le duc de Normandie a une politique extérieure dynamique parce qu'il en a les moyens. Il consolide les structures administratives du duché. Il met dans son jeu politique les grandes abbayes, celle de Fécamp en particulier, dont il fait un centre de rayonnement non moins que de formation des élites administratives. Duc en 1027, son fils Robert le Magnifique achève l'unité du duché : il favorise la christianisation des campagnes, il aide au développement économique des ports comme Dieppe et Rouen et des gros marchés comme Alençon et Caen.

Son fils aîné, le bâtard Guillaume, duc en 1035, rompt soudain avec une politique déjà séculaire : il secoue les liens de cette alliance capétienne qui a trop fait pour fortifier un pouvoir royal auquel les Normands n'ont rien à gagner. Mais à l'intérieur Guillaume le Bâtard mène la même politique que Robert le Magnifique et met tout en œuvre pour consolider son autorité. Comtes et évêques sont pris dans la famille ducale. Les liens vassaliques formalisent les devoirs des Normands envers leur duc : en mettant systématiquement sur le même plan tous les guerriers, uniformément vassaux directs du duc, ils empêchent le processus d'éclatement politique de descendre jusqu'à l'autonomie des comtes et des châtelains dont souffrent à la même époque tant de princes territoriaux.

La force politique engendre la paix publique. Les héritiers des pillards venus du Nord passent vite pour pacifiques. En fait, dès le XIe siècle, cette relative tranquillité permet à la Normandie de faire l'expérience d'institutions — domaniales, judiciaires et financières — que d'autres principautés imagineront ou copieront au XIIe siècle.

Les ducs normands ont bonne réputation. Ils sont sages et pieux. Robert le Magnifique meurt pèlerin de Terre Sainte. Les moines chroniqueurs orchestrent à l'envi cette réputation, conscients qu'ils sont de servir ainsi les intérêts de leurs monastères et de leurs prieurés. Il n'en va pas de même de leur voisin le comte de Blois et de Chartres Eudes II, qui fait à juste titre figure de tête brûlée du siècle. Les clercs ne l'aiment pas, et l'historiographie de son temps n'est pas tendre pour lui. Au vrai, Eudes II est surtout un maladroit qui disperse ses efforts. En conflit avec Richard II de Normandie pour une affaire de dot où il gagne Dreux grâce à l'arbitrage du roi Robert, en guerre continuelle avec le comte d'Anjou Foulques Nerra pour la possession de la Touraine — il est battu en 1016 à Pontlevoy — mais capable de s'emparer en 1023 du comté de Champagne, Eudes cimente lui-même l'hostilité de tous ses voisins. Du roi à l'empereur en passant par le duc de Lorraine et l'archevêque de Reims, tous s'inquiètent des ambitions manifestées par le comte de Blois. Son coup de force sur la Champagne met certains, comme le roi, en réel danger. Et nul ne sait jusqu'où Eudes pourra aller.

Ne rêve-t-il pas de la couronne d'Italie, qui échoit malgré tout, pour peu de temps il est vrai, au duc d'Aquitaine ? Ne tente-t-il pas d'occuper en 1032, à la mort du roi Rodolphe III, le royaume de Bourgogne « transjurane » ? Ne songe-t-il pas à la couronne

impériale? En 1037, à travers la Lorraine, le comte
de Blois marche sur Aix-la-Chapelle. C'est alors que
les Lorrains fidèles à Conrad III lui barrent la route
entre Bar-le-Duc et Verdun, à Honol. L'aventureux
comte périt en l'affaire.

Son échec final fait d'Eudes II un politique brouil-
lon. Eût-il réussi qu'il s'inscrirait parmi les fondateurs d'état, entre Hugues Capet et Guillaume le
Bâtard qui sera un jour «le Conquérant». La seule
chose qui subsiste, à sa mort, de toutes les entreprises du comte Eudes, c'est l'union de la Champagne
et de Blois. Les nécessités du partage successoral y
mettent un terme, et font éclater une tenaille redoutable
pour le domaine royal. On ne reparlera d'une union de
Blois et de la Champagne qu'un siècle plus tard.

Le voisin Foulques Nerra n'est pas moins porté à
l'aventure. Mais le comte d'Anjou pille les églises et
violente les populations. Il est donc haï de tous ceux
qui ne sont pas derrière lui dans les assauts et à ses
côtés pour le butin. Pas plus qu'Eudes de Blois, les
clercs ne ménagent un prince que ne sauvent pas à
leurs yeux des manifestations excessives de piété et
de contrition. Flagellations publiques, pèlerinages
innombrables — quatre fois à Jérusalem — et péni-
tences annoncées à son de trompe sont plutôt preuve
de démesure, et même de démesure politique, que de
véritable piété.

Il n'empêche que Foulques Nerra, comte de 987 à
1040, fonde et maintient une principauté homogène,
gouvernable et défendable. Il ne cherche pas, comme
Eudes de Blois, l'aventure lointaine. Il grignote sur
ses marges. En 992, il écrase le comte de Rennes
Conan, occupe Nantes et y met en place un de ses
fidèles. En 1016, grâce à l'alliance du comte du
Maine, il prend une partie de la Touraine. Dix ans
plus tard, il enlève pour un temps le Maine. Il prend
Saumur. En 1037, à la mort d'Eudes II, il se saisit
de Langeais et de Montbazon.

Ce fantasque est un réaliste sur le terrain. Il admi-
nistre, il consolide les progrès territoriaux, il

verrouille les positions stratégiques en y élevant de robustes forteresses.

Son fils Geoffroy Martel (1040-1060) complète l'œuvre avec la même ténacité, et avec plus de modération. Avant d'être comte d'Anjou, il a conquis le Vendômois, puis la Saintonge. Entré en possession de son héritage, il affermit celui-ci en occupant Tours (1044) et en reprenant Le Mans (1051). La Touraine et le Maine ont coûté trente ans d'efforts aux comtes d'Anjou, mais la principauté a triplé, et elle est d'un seul tenant. Le grand comté d'Anjou est un ensemble territorial aussi facile à gouverner et à défendre que la Normandie voisine.

Ce voisinage, précisément, tourne sans peine à l'hostilité. L'alliance de l'Angevin et du Capétien — alliance de revers s'il en est — se complète naturellement d'une entente contre la Normandie lorsque Guillaume le Bâtard prend l'initiative de rompre les ponts avec le roi. Cette alliance est d'ailleurs la seule mauvaise affaire de l'Angevin : Geoffroy Martel se fait prendre le Perche et voit ainsi les Normands menacer le Maine. Mais l'essentiel est ailleurs : le comte d'Anjou est maintenant une puissance sur l'échiquier politique de la France du nord.

La situation est moins claire en Bretagne, où les comtes de Rennes ne parviennent à l'emporter durablement ni sur leurs rivaux de Nantes — soutenus par l'Anjou — ni sur les comtes pratiquement indépendants de Vannes et de Cornouailles. L'unité bretonne est un lointain souvenir — Alain Barbetorte est mort en 952 — et il ne suffit pas qu'Alain III de Rennes se dise roi sur certaines monnaies pour qu'en Bretagne s'impose réellement un pouvoir suzerain. L'un en appelle à la Normandie, l'autre à l'Anjou ou à Blois. Forcé, comme le roi de France pour la Bourgogne, de disjoindre une part de sa principauté pour en faire en 1034 la seigneurie de Penthièvre au profit d'un puîné trop remuant, Alain III ne fait qu'ajouter un facteur de division sur une carte politique déjà bien embrouillée.

La construction politique est au contraire très avancée en Aquitaine. Duc de 990 à 1029, Guillaume V est l'héritier d'une tradition à la fois fondée sur la puissance du sentiment aquitain et sur l'alliance intéressée de l'Église. On se souvient des royaumes aquitains, ceux des Mérovingiens comme ceux des Carolingiens. Quant à l'Église, ses structures hiérarchiques font sa force, tout autant que sa fortune foncière. Guillaume V d'Aquitaine passe pour fin lettré. C'est un amateur de manuscrits enluminés et d'orfèvreries précieuses. C'est aussi un chrétien exemplaire, aussi généreux de ses deniers pour les bonnes œuvres que de ses forces sur les routes de pèlerinage. Mais Guillaume V est surtout un politique avisé, un maître redouté, un juge respecté. Il sait tirer du jeu son indépendance sans affronter ouvertement l'autorité royale. Il lui suffit que l'Europe entière le sache : même s'il ne juge pas opportun de le proclamer, il est roi dans son duché. Un temps, il croit trouver hors de France une couronne : on le voit en Italie, où un parti de grands lui a offert la royauté. Il comprend vite qu'il a tout à perdre en l'aventure, et s'en tient là.

La Gascogne s'est également constituée en une principauté — assez peu organisée — où l'autorité capétienne restera longtemps imperceptible. Les Pyrénées et la route commerciale du Somport font encore l'unité profonde d'une Gascogne étendue de la Garonne aux confins de l'Islam, plus que ne saurait faire une souveraineté capétienne que ne ravive même pas un véritable hommage.

L'indépendance est la même chez les comtes de Toulouse, qui gardent de leur mise en place par le Carolingien un titre de marquis de Gothie et qui ne cessent en fait de se battre contre les comtes de Barcelone pour la domination du littoral méditerranéen, de Narbonne et de Montpellier. Guillaume III Taillefer est assez avisé pour s'attribuer une part de la Provence dans le grand tumulte qui suit le legs à l'empereur germanique de ce royaume de Bourgogne qui avait à Arles l'une de ses métropoles. La même affaire fait du comte de Provence un prince d'empire, assez éloigné de l'Allemagne pour ne point sentir la férule impériale, assez étranger à la France pour n'en rien craindre. Etayée par un particularisme politique qui se nourrit de l'évidente nécessité d'une défense immédiate contre les incursions sarrazines, l'indépendance provençale résistera suffisamment longtemps pour devenir l'une des données de l'équilibre européen.

Le comte de Flandre ne joue pas moins de l'empire et du royaume pour affirmer son indépendance et pour accroître son bien. Il met la main en 1020 sur Cambrai, en 1033 sur Aalst, en 1052 sur le Hainaut. Sachant profiter de l'alliance capétienne sans entrer dans la sujétion, un Baudouin V (1036-1067) anime la guerre contre l'empereur Henri III, tire les fils d'un réseau d'alliances où il prend finalement le rôle d'arbitre — ainsi entre la France et la Normandie — et crée les conditions favorables au développement économique des villes flamandes, Lille, Gand et Bruges en particulier.

Si l'autorité royale est battue en brèche par des princes territoriaux oublieux de leur origine, l'autorité de ces princes n'est pas moins minée par l'indiscipline des vassaux et l'incertitude des successions. L'union de la Champagne et de Blois ne survit pas à Eudes II, celle de Toulouse et de la Provence se rompt au premier partage. Le duc de Bourgogne — le frère de Hugues Capet comme le frère de Henri Ier — doit contenir l'indiscipline du comte de Nevers ou de celui d'Auxerre. Le duc de Gascogne a fort à faire avec Fezensac ou Armagnac. Le duc d'Aquitaine lui-même se garde de Limoges ou de Lusignan. Des princes aux horizons pourtant modestes, le comte d'Auvergne, celui de Périgord ou celui de la Marche, sont tout prêts à oublier leur propre vassalité pour se comporter en souverains.

Évêques et abbés ne sont pas en reste dans cette course à l'indépendance politique. Quant aux citadins des bourgeoisies naissantes, ils sauront bientôt tirer argument de cette rivalité des deux pouvoirs qui s'exercent sur toute ville : celui du comte ou du châtelain, celui de l'évêque ou de l'abbé.

A tous les niveaux, l'autorité s'effrite. Au sein du comté de Mâcon, où l'on oublie volontiers l'appartenance à la Bourgogne ducale, on voit apparaître en 986 le premier tribunal privé — celui de l'abbé de Cluny — et lever pour la première fois en 988 l'impôt sur les serfs comme sur les libres au profit d'un simple seigneur. La dernière sentence du tribunal du comte contre un châtelain date de 1019.

Lorsque le comte tient sa cour, il n'a plus à ses côtés que ses familiers. Le temps est venu de l'indépendance des simples châtelains. Ceux qui gardent les forteresses naguère royales ne reçoivent plus d'ordres de personne. De simples seigneurs — Beaumont-sur-Oise, Roucy, Dammartin — prétendent au rang de comte. Le titre ne veut rien dire. La puissance publique s'exerce à l'échelle de nos cantons.

L'Église

L'Église n'est pas en marge de cette société où tout tend à se formuler en termes de dépendance. Elle est présente par sa place au sein des élites : l'influence de l'évêque balance celle du comte, et l'entourage du prince est aussi riche de ses clercs que de ses guerriers.

Comme l'a déjà fait Charlemagne, l'Église du temps féodal mêle le temporel et le sacré, et christianise au bénéfice de tous les éléments de la vie sociale. Au serment de fidélité qui double vite l'hommage, au charisme d'un prince protecteur et bienfaiteur-né des églises, chacun trouve avantage. Le monde laïque renforce ainsi ses institutions, fait du traité un serment et de la rupture un parjure. La cooptation des élites est érigée en « ordination ». Les obligations du vassal et la bonne justice du seigneur s'intègrent dans le plan de la Rédemption.

En sens opposé, la religion se formalise selon les rites du siècle. Le sacramental l'emporte sur les sacrements proprement dits : c'est le temps des reliques, des bénédictions, des serments, des baisers de paix. Vocables et attitudes du rituel féodal s'imposent à l'Église : Dieu est avant tout « le Seigneur », et l'agenouillement du fidèle démarque celui du vassal. Le spirituel entre à son tour dans le moule : le serment ne vaut rien si le reliquaire est vide, et le salut est au prix des signes de croix qui se multiplient.

L'idée que Dieu soit étranger aux petites affaires du siècle n'effleure pas l'homme du XIe siècle. Pour des querelles où l'esprit n'a point de part, on recourt au « Jugement de Dieu » : l'ordalie par le feu, par le fer rouge, par le combat judiciaire. Dieu doit dire qui a raison. Comme le bon seigneur doit bonne justice, à peine d'être désavoué par ses vassaux, Dieu ne peut laisser triompher celui qui a tort.

Les grands saints que magnifie l'hagiographie des années mil ne sont plus des chrétiens retirés du siècle, des ermites ou des fondateurs d'ordre. Ils sont des chevaliers de Dieu. La *Vie de saint Alexis,* composée vers 1040 en Normandie, brosse avec vigueur le portrait de ce chevalier exemplaire qui est à la fois le parangon des vertus du siècle et l'exemple des qualités spirituelles sans lesquelles il n'est ni bravoure ni honneur qui vaillent. Les moralistes se mettent aussi à l'heure de la chevalerie, et le combat des vertus et des vices apparaît comme une guerre d'allégories en armes.

L'Église intervient donc en tout, sanctionne tout, juge de tout. Les formes de la vie sociale prennent place au sein de l'ordre ecclésiastique. La société chrétienne tourne à la société cléricale. A long terme, cette sacralisation de la société chevaleresque profitera surtout au roi. Lui seul, parmi les princes territoriaux, reçoit à son avènement l'onction d'un sacre. Alors que la force du spirituel s'insère dans les relations temporelles, l'onction continue de faire du roi, si faible soit-il, un personnage à part. Le merveilleux ajoute au charisme : apportée, dit-on, par l'Ange au baptême de Clovis, l'ampoule du sacre commence de passer à ce titre pour miraculeuse. Plus ou moins tête de la hiérarchie féodale, le roi de France est donc surtout hors de cette pyramide, et au-dessus. On en tirera plus tard les conséquences.

A ce décor il est un envers : l'Église est aux mains des laïcs. La confusion de l'honneur et du bienfait a pérennisé les comtes fonctionnaires en comtes héréditaires, mais elle a semblablement fait des évêques les propriétaires d'une charge rémunératrice. L'honneur épiscopal s'intègre dans le monde féodal comme la simple cure paroissiale dans le petit monde des ministériaux, serviteurs casés du domaine ou de la cour. Nul n'est évêque sans l'aveu de ceux qui ont droit sur un temporel où l'on voit encore le bienfait de l'honneur épiscopal. Parce qu'il lui faut l'investiture de la puissance publique, l'évêque est l'homme du roi, ou celui du prince, beaucoup plus que l'élu des clercs.

Tous les trafics sont alors possibles. Aux fils du comte les évêchés, aux bâtards du châtelain les paroisses. Comme les clercs ont ouvertement des concubines, l'hérédité des églises s'instaure au profit de véritables dynasties cléricales : c'est le nicolaïsme. De l'église aux reliques en passant par les sacrements, tout se vend : c'est la simonie. On verra même en 1053 le roi de France Henri Ier, simoniaque entre tous, mettre aux enchères publiques l'évêché du Puy. On s'endette pour acheter un évêché ou une cure ; on se rembourse en vendant le baptême ou l'ordination.

Soyons juste. Rien ne prouve qu'un tel clergé soit nécessairement indigne du ministère sacré. Il est des évêques respectés. En plaçant leurs cadets sur les sièges épiscopaux, les ducs normands, les comtes bretons et les princes gascons ne font pas toujours choix de médiocres administrateurs. Mais l'Église est prise dans le corset des structures laïques. Aucune réforme ne pourrait passer par une hiérarchie épiscopale entièrement féodalisée.

Cette réforme, des institutions originales l'amorcent déjà, en commençant par le monachisme bénédictin. Profitant de son autorité, en soi fautive, sur les abbayes normandes, le duc de Normandie mène avec vigueur un redressement spirituel dont l'infatigable artisan est l'Italien Guillaume de Volpiano, déjà célèbre pour avoir réformé nombre de monastères de Bourgogne et de Lombardie.

En réalité, la réforme viendra de deux puissances qui demeurent étrangères au lien vassalique : la papauté et ses légats d'une part, le monachisme et ses capacités d'indépendance d'autre part. Pour l'heure, Cluny demeure cependant l'une des personnes féodales les plus considérables de l'an mil. Ne dépendant que du pape, l'abbé de Cluny est l'un des grands seigneurs du monde laïque. Il a ses vassaux, ses tenanciers. Il a ses domaines. Sous l'abbatiat d'Odilon (994-1049), Cluny devient un véritable empire monastique, fortement hiérarchisé dans les années 1020 par une structure juridique qui assure l'autorité de l'abbé de Cluny sur les abbés des autres abbayes de l'ordre — elles sont peu nombreuses — et sur les centaines de prieurs qui gouvernent la plupart des monastères clunisiens.

L'abbé de Cluny exerce son influence sur la politique des princes — du pape ou de l'empereur en particulier — comme sur les délibérations des conciles. Son indépendance met l'une des forces spirituelles de l'Occident à l'abri du pouvoir laïque aussi bien que de la douteuse autorité des évêques. Mais elle n'empêche pas Odilon de mettre à contribution les princes temporels pour étendre son empire en réformant les monastères bénédictins et en les agrégeant à cette vaste congrégation, à l'échelle de la Chrétienté, qu'est l'ordre clunisien.

Malgré la fureur des évêques, les princes — et le roi de France en premier lieu — sont assez heureux de balancer ainsi l'autorité épiscopale. Ils assurent aussi, plus ou moins consciemment, la mise en place d'une structure unificatrice qui, pour ecclésiale qu'elle soit, pourrait faire obstacle au processus de dégradation des pouvoirs laïques. Pour un Capétien comme pour un duc de Normandie, tout ce qui contrarie le morcellement de l'espace politique a son utilité.

N'anticipons pas, cependant. Le rôle tenu par certains clunisiens et notamment par Odilon dans la définition de la Trêve de Dieu et le réformisme militant de quelques autres — comme le futur pape Grégoire VII — ne doivent pas laisser croire que l'ordre de Cluny combat de lui-même les défauts que l'Église tient de son insertion dans le monde féodal.

Au reste, si le monde laïque contamine l'Église, l'attrait du monachisme s'exerce encore puissamment sur la société laïque. On se fait enterrer au chevet du monastère, et parfois en habit de moine. On fait inscrire son nom à *l'obituaire* dont les moines lisent chaque jour les pages anniversaires. On fonde des messes. Pour tout cela, on donne « au saint » des terres et de l'argent. Voilà qui exprime bien la primauté spirituelle du moine sur un clergé séculier largement déconsidéré par ceux-là mêmes qui concourent à le déconsidérer.

La générosité du fidèle est en soi dangereuse : elle ne fait qu'accroître la fortune des monastères bénédictins, des clunisiens comme des autres. Le fondateur et ses descendants ont tendance à empiéter sur les prérogatives de la communauté monastique. Ils nomment abbés et prieurs. Quitte à fonder ensuite des messes pour son au-delà, le seigneur profite sa vie durant de cette seigneurie comme les autres qu'est le monastère. Les dîmes sont pour lui, tout autant que les cens des tenures jadis données au saint. La confiscation participe de ce grand mouvement qui intègre l'Église dans le monde féodal : on baille les dîmes en fief.

Un certain désenchantement se manifeste toutefois, en ce temps où l'institution monastique touche à son apogée. Les esprits les plus exigeants voient à regret le monachisme s'éloigner de l'ascèse, s'enfoncer dans la possession. L'érémitisme qui se développe est à la

fois refus du monde et distance envers l'Église institutionnelle. Venue de l'Orient byzantin, l'hérésie
manichéenne progresse également. En Champagne au
début du siècle, en Aquitaine et en Artois dans les
années 1020, l'Église hiérarchique en est déjà à réagir contre ce mouvement qui rejette la vie culturelle,
ignore la juridiction ecclésiale et nie jusque sur le
bûcher l'efficacité des sacrements.

C'est sur un terrain purement séculier que cette
Église aux mains des laïques remporte la plus écla-
tante des victoires qui perpétuent sa fonction spirituelle au sein de la société. La vassalité ne suffisant
pas à garantir au monde inquiet la sécurité contractuelle offerte par les liens d'homme à homme,
l'Église apporte d'autres répliques aux angoisses nées
de l'effondrement de la puissance publique : ce sont
les « institutions de paix », où l'engagement contractuel se mêle à la sacralisation universelle pour
réduire les effets sociaux des conflits armés.

Le roi n'est plus en état d'assurer la paix. Les
évêques s'arrogent donc cette mission. L'idée, renouvelée du Bas-Empire, se fait jour dans le Midi,
gagne le Nord royal. Dans les années 1020, l'Église
commence de se dégager de conceptions naguère
familières au siècle : la guerre devient un mal, la violence est un péché.

Dès 989, le concile des évêques aquitains tenu à
Charroux-en-Limousin commence d'établir une protection de l'Église sur les personnes et les biens des
non-belligérants, paysans aussi bien que clercs. Le
concile de Narbonne, l'année suivante, fait de même.
L'Église ne défend pas le clergé ; elle prend bel et
bien en main le sort de la société chrétienne. Alors
qu'on a vu depuis cinq siècles la puissance temporelle s'introduire dans le gouvernement des églises,
c'est le pouvoir spirituel qui se met maintenant au
service de l'ordre public. Les contrevenants
encourront l'excommunication, et l'on sait que
l'exclusion de la vie religieuse, c'est l'exclusion de
la société.

L'un après l'autre, tous les conciles provinciaux suivent l'exemple des évêques aquitains et languedociens. Clercs et laïcs, guerriers et paysans s'offrent à jurer de respecter la « Paix de Dieu ». Du serment on passe vite à la conjuration : ceux qui jurent à Poitiers, vers l'an mil, le pacte de paix élaboré par un nouveau concile aquitain s'accordent pour s'ériger en arbitres et en juges des manquements à la paix.

Vingt ans plus tard, c'est de manière systématique que l'Église incite les grands, les vassaux, bref les éventuels belligérants, à prêter un serment de paix qui comporte un véritable code des bons et mauvais comportements de l'homme de guerre. Ne pas attaquer ceux qui n'ont pas d'armes, ne pas brûler maisons et moulins, ne pas tuer ou enlever le bétail, telles sont les dispositions les plus fréquentes de ces serments dont le concile bourguignon de Verdun-sur-le-Doubs propose dès 1016 un modèle détaillé, souvent reproduit. De l'interdiction de nuire, on passe, surtout dans le nord de la France, à l'engagement de ne pas nuire. Le concile de Bourges, en 1038, fait de cet engagement une obligation du chrétien.

La bourgeoisie naissante voit très vite l'avantage que procure aux villes un tel serment de paix : c'est la sécurité des relations commerciales. Le serment collectif constitue une assurance communautaire contre la fermeture des routes aussi bien que contre les règlements de comptes. Amiens et Corbie donnent l'exemple, en 1021, du serment mutuel qui vaut un traité de paix.

Dans le même temps naît en Catalogne la « Trêve de Dieu ». Le concile d'Elne, en 1027, décrète une interdiction générale des combats entre le samedi soir et le lundi matin. L'idée fait rapidement son chemin, et l'on étend volontiers la portée de la trêve, les conciles pratiquant une surenchère dont les clercs voient mal les limites. On ne se battra pas le dimanche, jour du Seigneur, ni le vendredi, jour de la Passion, ni le jeudi, en l'honneur de l'Ascension, ni le samedi, en souvenir de la Mise au Tombeau. On ne

se battra pas en Carême, ni en Avent, ni au temps de
Noël, ni au temps pascal...

Le propos va trop loin. Les hommes de guerre ont
besoin de se battre, parce que c'est leur fonction
dans la société, et parce que c'est le seul moyen de
régler bien des affaires. On oubliera donc vite
l'essentiel de la Paix de Dieu, et l'on fera peu de
cas de la Trêve de Dieu. Mais une idée se dégage,
qui va demeurer : la guerre est une offense à Dieu.
L'évêque du Puy crée un tribunal pour juger des cri-
mes contre la Paix. Par-delà l'immédiate efficacité,
qui est faible, le mouvement de paix conduira aux
interventions de la papauté restaurée dans les conflits
entre princes chrétiens.

Pour l'heure, l'Église fait bel et bien reculer la
violence. Alors que la royauté est incapable d'assumer son rôle de défenseur de l'ordre, cependant que
le système féodo-vassalique fondé sur le caractère
mutuel des engagements exclut toute possibilité
d'arbitrage, l'Église joue à la fois de ses ressorts
propres — le serment, les cycles liturgiques — et de
ses liens avec un monde où la notion de contrat
l'emporte sur celle d'autorité publique. Les interdits
que lancent les conciles sont la manifestation d'un
échec : celui de la royauté. Ils sont aussi le moyen
d'une mise en échec : l'Église reprend au monde laïque une fonction d'intérêt public accaparée depuis
Clovis par la royauté.

On le voit bien lorsque les premiers théoriciens de
la société d'ordres s'opposent un temps au mouvement de paix : celui-ci trouble la distinction fondamentale des fonctions. La paix et la guerre ne sont
pas l'affaire des clercs. Il est vrai que ces théoriciens
sont une minorité, dans une société où le besoin de
paix se ressent, en pratique, plus vivement que les
structures de la Jérusalem terrestre. Après une
royauté carolingienne qui assumait une part de la
Rédemption, vient une Église qui assume une part de
l'ordre du monde.

Réveil de la ville

Dans cette société, l'élément urbain n'est pas mort, il est assoupi. L'ancienne cité romaine subsiste, même si les habitants en ont transféré le site pour des raisons de commodité ou de sécurité : de la vallée au piton fortifiable comme de Cimiez à Nice, de la falaise au port fluvial comme de Fourvière à la rive de la Saône lyonnaise. En tous les cas, les fonctions urbaines sont réduites à peu de chose, à ce qu'a restauré une timide reconstruction après le passage des Normands, des Hongrois et des Sarrazins. La ville est un refuge fortifié, ni plus ni moins vaste que la cité d'avant les grandes invasions. Elle s'appuie sur un point fort, qui peut être dans l'enceinte ou sur celle-ci : c'est le château du comte, de l'évêque ou du châtelain. Ultime refuge quand un siège tourne mal, le château offre aussi au maître de la cité sa protection contre l'agitation possible des habitants.

Les abbayes établies aux portes de la ville pendant les siècles de paix se sont parfois dotées d'une enceinte indépendante : Saint-Martial à Limoges, Saint-Vaast à Arras, Saint-Front à Périgueux, seront les noyaux commodes des extensions futures du tissu urbain, au moins autant que la vieille cité avec sa cathédrale et son château.

L'activité ordinaire de ce refuge qu'est la ville de l'an mil n'est encore que de subsistance et d'entretien. Il y a un artisanat, mais il demeure d'intérêt local, ni plus ni moins que celui des ministériaux villageois qui savent quelque technique et ont quelques outils. La ville produit pour vivre, non pour échanger vraiment. Les clercs forment d'ailleurs la part la plus notable de la population, surtout lorsque l'insécurité fait se replier sur la cité les moines des abbayes et des prieurés mal protégés.

On décèle, dans les années mil, quelques signes avant-coureurs d'une reprise des fonctions économiques. Le principal est la naissance de nouvelles agglomérations, qui n'ont rien du village agricole et qui commencent de développer une activité quasi urbaine. Sur la Meuse et l'Escaut, des « ports » s'établissent depuis un siècle ou deux à l'aplomb des villes, au contact de la voie navigable. On y décharge l'approvisionnement urbain, on y traite aussi quelques affaires sans rapport avec le fleuve. Le port devient un centre marchand. Concurrentes ou non, d'autres agglomérations sont apparues, autour des monastères suburbains, pour répondre aux besoins du négoce : le saint attire les fidèles, et le public crée le marché.

Ces « bourgs » sont déjà nombreux avant l'an mil dans une zone qui va de l'Anjou au Dauphiné et à l'Artois. On commence d'en rencontrer dans le Midi : Narbonne a déjà deux bourgs. L'Aquitaine est atteinte, avec le bourg Saint-Vivien aux portes de Saintes. Il est un bourg devant Donzère sur le Rhône, un autre au Puy sur la Loire.

Quelle qu'en soit l'origine, la ville essaime donc un ou plusieurs « bourgs ». Les premières années du millénaire nouveau voient se multiplier ces agglomérations suburbaines, fruits du premier essor démographique autant que des premières nécessités d'un commerce qui s'organise à l'échelle régionale. Le phénomène se marque en Berry, en Poitou, en Bourgogne, en Normandie ; mais il naît un bourg devant Albi et un autre à Forcalquier. Il y en aura un à Locronan en 1065, un à Toulouse en 1077.

A l'écart de toute cité, quelques monastères — quelques pèlerinages, surtout — fixent désormais une population nouvelle : il s'agit ici de profiter de l'afflux des pèlerins au Mont-Saint-Michel, à Cluny, à Saint-Jean-d'Angély, à Moissac ou à Vézelay. D'autres bourgs naissent ou croissent autour d'un château jusque-là isolé ou peu entouré ; l'attrait de la sécurité l'emporte en de tels cas sur l'opportunité économique, mais le château et sa garnison sont en soi une clientèle, et les points de passage qu'ils gardent de l'ennemi — surtout du voisin — sont aussi les points de passage de la circulation marchande : ainsi les bourgs de Chinon, de Châteauroux, de Sau-

mur ou de Cognac, déjà constitués avant l'an mil,
ceux de Caen, de Nogent-le-Rotrou, d'Argenton-sur-
Creuse ou de Parthenay dans les années 1020.

Cette multiplicité de noyaux urbains fait apparaître
des villes nouvelles, aux structures complexes,
qu'enserrent parfois des enceintes élargies, normalement faites d'une palissade et d'un simple fossé. S'y
complètent — et y rivalisent — la vieille cité
lorsqu'il en est une, autour de sa cathédrale et quelquefois de son château, le ou les bourgs monastiques,
l'éventuel bourg du château, et tout ceci dans un
tissu urbain inégalement dense : l'habitat se presse
autour des centres d'attraction et des points forts,
laissant des vides entre les noyaux et entre les routes
convergentes. Déjà constituée de sa cité, autour de la
cathédrale, de Notre-Dame-la-Grande et du palais des
ducs d'Aquitaine, Poitiers aligne autour du promon-
toire qui sépare le Clain de la Boivre ses bourgs
carolingiens de Saint-Hilaire, en amont, et de Sainte-
Radegonde, formant port sur la rivière. Plus tardif est
le bourg de Saint-Cyprien sur la rive opposée. S'y
ajouteront après 1070 le bourg Saint-Saturnin, également sur la rive droite, et, en aval de la cité, le
bourg portuaire de Montierneuf.

Un réseau routier commence de se constituer à partir de l'an mil entre ces villes souvent embryon-
naires. Il va durer jusqu'aux routes royales de
l'époque moderne. Moins stratégique que le réseau
romain, il répond mieux au besoin de liaisons économiques. L'affaire n'est plus de relier rapidement
quelques rares villes de garnison : la route épouse
la topographie, serpente plutôt que de grimper, des-
sert les villages et rayonne autour des cités et des
bourgs.

Les seigneurs commencent de financer, qui la
construction d'un pont, qui l'entretien d'une chaus-
sée. Des ponts comme ceux d'Amboise, d'Angers, de
Tours ou d'Albi sont en ces années la réponse de
l'autorité politique — des comtes et des évêques —
à l'exigence nouvelle des citadins. De tels investisse-

ments seront d'un excellent rapport fiscal. Les seigneurs l'ont vite compris.

Entre deux renaissances

De ce grand moment d'activité intellectuelle
— spirituelle autant que politique — qu'a été la
«renaissance» carolingienne du IXe siècle, il reste
bien peu de choses en l'an mil. Quelques écoles sub-
sistent. Avec un rayonnement à l'échelle des nouvelles entités politiques, elles assurent quand même la
transmission des connaissances sommaires par lesquelles l'essentiel ne se perd pas. A Reims, à Chartres, à Fleury-sur-Loire, à Corbie, on continue
d'enseigner la grammaire, de recopier les manuscrits
empruntés, d'enluminer les livres liturgiques. L'activité n'est pas moindre dans certains monastères de la
France du sud, à Saint-Martial de Limoges, à Saint-
Gilles du Gard, à Moissac, à Saint-Sever. Cluny
prend sa place dans le renouveau timide de l'activité
intellectuelle et Saint-Germain-des-Prés commence de
se faire un nom.

Cloisonnement politique ne signifie pas immobi-
lisme. On voyage beaucoup en ce temps où le pèlerinage est à la fois l'épreuve régénératrice accessible
au commun des chrétiens et l'aventure à la portée de
l'homme moyen, normalement tenu par la routine des
travaux et par l'emprise des obligations seigneuriales
ou familiales. Foi, humilité, distraction, ostentation,
tous les mobiles se mêlent, mais on va à Rome, à
Compostelle, à Jérusalem, ou plus modestement à
Vézelay, à Conques ou à Saint-Gilles. On envisage
de mourir près du tombeau du Christ, ou sur la route
de Saint-Jacques. On tire grand prestige d'en être
revenu. En chemin, on a beaucoup vu et entendu. On
a glané idées et objets.

L'information circule, même si elle est orale et
sujette à toutes les déformations. Inspirée de l'histoire aussi bien que de la légende des temps carolingiens, la matière épique n'est pas moins orale, dont

les écrivains du XIIᵉ siècle feront les grandes chansons de geste. Clerc ou laïc, l'homme du XIᵉ siècle écrit peu. L'instruction du clerc va rarement jusqu'à la rhétorique, et le siècle n'est plus aux disputes théologiques. C'en est fini des débats sur la Trinité, sur l'Eucharistie ou sur la prédestination. Gerbert d'Aurillac, le pape de l'an mil sous le nom de Sylvestre II, apparaît comme un cas d'exception : son traité de l'abaque — l'art de calculer — s'inscrit au terme de la tradition antique comme l'un des chaînons grâce auxquels la renaissance du XIIᵉ siècle s'alimentera d'une science conservée. Mais la science de Gerbert vient d'Espagne, et son enseignement s'adresse aux grands de ce monde. Il n'y a pas un Gerbert à l'ombre de chaque cathédrale.

Les écoles continuent toutefois de procurer à l'Église, et parfois aux princes, des administrateurs compétents à la logique solide. L'évêque de Chartres Fulbert, lui-même disciple de Gerbert, passe pour un savant et se fait connaître comme l'analyste précis des situations juridiques nées du nouvel état des forces politiques. C'est lui qui définit pour la postérité les droits et devoirs qu'engendre le contrat vassalique.

On use de l'écrit avec la même parcimonie dans l'administration de l'Église et dans celle du siècle. Les chancelleries sont rares. Chacun fait tant bien que mal rédiger les actes dont il a besoin, et le roi de France lui-même valide souvent de son sceau des documents rédigés chez le destinataire. C'est cependant sous Henri Iᵉʳ que le sceau royal prend sa forme quasi définitive, celle du roi « en majesté », assis sur son trône — il est encore en simple buste sur le sceau du roi Robert — et portant avec solennité les insignes de la royauté. Pour puissants qu'ils soient, les princes territoriaux ne songent pas à usurper un tel type : comme de moindres seigneurs, ils se contentent du sceau « équestre » qui fait d'eux des chevaliers, non des souverains. Au reste, les documents de chancellerie ne sont souvent que des « noti-

ces » faites pour garder mémoire d'un acte juridique,
vente ou donation par exemple, mais ne contribuant
en rien à la valeur de cet acte. La tradition germanique l'emporte encore sur la tradition romaine : ce
qui fait l'acte, c'est avec la volonté, le geste et la
parole.

Rien d'étonnant, donc, à ce que les œuvres littéraires soient rares. Elles ne permettent guère un jugement d'ensemble : nous ignorons ce que les pièces
conservées représentent exactement par rapport à ce
qui a disparu. Quelques chroniques ou histoires uni-
verselles, quelques poèmes hagiographiques, et c'est
à peu près tout. Mais ce sont des jalons, et peut-être
des audaces. L'histoire du moine auxerrois Raoul le
Glabre fait le lien entre les chroniqueurs carolingiens — comme l'auteur du *Siège de Paris par les
Normands* — et les historiens contemporains des premières croisades. La *Vie de saint Léger* et la *Vie de
saint Alexis* inaugurent véritablement, l'une peu avant
l'an mil, l'autre vers 1040, un genre littéraire qui
sera fécond et qui influencera la rédaction des chansons de geste.

Dans cette France où la puissance publique
s'exerce sans références unificatrices et où les structures politiques et ecclésiales concordent pour situer
la décision au niveau de la petite région, la diversité
intellectuelle n'est pas pour surprendre. Rien ne
contraint vraiment les tendances centrifuges que
manifestent aussi bien l'expression artistique et
l'organisation juridique.

Oubliés les codes et les lois du haut Moyen-Age,
oubliés les capitulaires carolingiens : le droit s'élabore par la jurisprudence des tribunaux locaux telle
que la transmet et l'organise la tradition orale.

La langue n'est pas moins diverse. Cent parlers
« romans » se partagent la France qui n'a pas fait sien
un dialecte germanique. Il y a autant de langues d'oil
ou de langues d'oc que d'autonomies politiques.

Le meilleur reflet de cette diversité est cependant
procuré par les formes artistiques, au point qu'il est

aisé — et peut-être trop simple — de caractériser
des écoles régionales dans l'art roman qui va naître.
Encore faut-il ne pas oublier la profonde unité d'une
civilisation que soude une même foi et que façonnent
des attitudes assez voisines face aux réalités fondamentales de la vie sociale. Certes, l'héritage carolingien est mieux assumé en Bourgogne et en Lorraine,
l'héritage romain mieux préservé en Provence et en
Languedoc. Mais il y a un même regard porté sur
l'Orient. Il y a une même vision hiérarchique — et
même monarchique — de la société aussi bien que
de l'Au-delà, et cette vision étonnerait en ce temps
d'anarchie si l'on oubliait la force de la tradition
germanique : la royauté nationale apparaît comme
l'idéal de l'organisation politique.

La structure de l'Église, surtout, s'étend sur l'Occident, avec un même monachisme dont, bien avant
l'empire clunisien, l'unité profonde est sans doute le
plus solide vestige des réformes carolingiennes.

Le «blanc manteau d'églises» que voit vers l'an
mil Raoul le Glabre n'est pas illusoire. Les maîtres
d'œuvre commencent de savoir monter des voûtes, et
ils conçoivent de nouveaux types — dans le plan
horizontal comme dans l'élévation verticale. Chacun
fait à sa manière la synthèse des apports orientaux,
des traditions occidentales et des expériences carolingiennes. La Catalogne, la Bourgogne, la Normandie
se distinguent dans cette reprise de la construction de
pierre, dont les premières œuvres marquantes sont
Saint-Michel de Cuxa, Saint-Martin du Canigou,
Arles-sur-Tech en Catalogne, Saint-Martin-d'Aime en
Savoie, Châtillon-sur-Seine et Chapaize en Bourgogne.
A Saint-Germain-des-Prés, à Auxerre, à Saint-Béni-
gne de Dijon, à Tournus, on renoue avec les grandes
constructions monastiques, comme un peu plus tard,
au milieu du siècle, à Jumièges et au Mont-Saint-
Michel.

Avec la pierre, et avec un meilleur outillage de
fer, les artistes retrouvent le sens du relief monumental, jadis victime, en même temps que la statuaire

antique, de l'insuffisance technique des sculpteurs et de la suspicion des clercs à l'encontre de tout ce qui pouvait ramener à des aberrations théologiques un peuple chrétien mal libéré du paganisme. Mais l'influence de l'ivoire et du bronze demeure profonde, aussi bien dans la conception même de la sculpture de pierre que dans les façons d'exprimer le volume, souvent empruntées au pincé du ciseleur. A côté des ivoires importés d'Orient et des bronzes — statuettes et coffrets — dont la tradition carolingienne demeure vivante dans la région de la Meuse, à côté des «chefs», des bras et autres reliquaires en forme humaine ou en forme d'architecture, les artistes de l'an mil commencent donc de produire des plaques de pierre sculptée qui s'intègrent, tant bien que mal, dans le nu du mur. Ce n'est pas la surface bâtie que l'on sculpte, et le relief n'a encore qu'une faible part aux structures architectoniques, sinon déjà dans quelques chapiteaux comme ceux de Saint-Germain-des-Prés, aujourd'hui au Musée de Cluny. Pour la plupart, les pièces en relief ne sont que des appliques, et ces plaques évidées, où le relief est en quelque sorte réservé sur un fond en cuvette quand il n'est pas simplement fait d'un grattage superficiel de la pierre, trouvent une place interchangeable à la façade, au chœur ou à l'abside.

Les œuvres que nous conservons de ce temps nous semblent bien timides dans leur tentative de rendre à la plastique sa troisième dimension. Ce sont le linteau de Saint-Genis-des-Fontaines, sculpté vers 1020 et déjà conçu pour sa fonction dans l'équilibre de l'édifice, les belles plaques à figures de Saint-Sernon de Toulouse, dont la postérité sera longue jusqu'au XIIe siècle, le riche décor géométrique de la claire-voie de Vignory, héritier tardif des plaques de chancel du haut Moyen Age. Ces œuvres modestes ont quand même leur part dans la grande émulation qui conduit princes et églises à rivaliser pour la gloire de Dieu comme pour le prestige du saint, autrement dit le leur propre. Derrière ces vestiges qui sont pour

nous les jalons, il faut deviner le mouvement qui
incite les clercs et les laïcs à passer commande aux
artisans qui, dans le goût nouveau du jour, savent
dégager des formes d'une pierre brute.

CHAPITRE II

Les nouveaux dynamismes

(1050-1095)

L'expansion

Tout a commencé bien avant l'an mil. Mais c'est après 1050 que le mouvement se laisse percevoir de toutes parts. Les hommes sont partout plus nombreux. Et ils se montrent capables de mettre en marche les mécanismes techniques et économiques grâce auxquels ils pourront subsister plus nombreux.

A cette multiplication des hommes et des bras disponibles, l'historien trouve bien des causes. Peut-être y a-t-il moins de morts violentes depuis le succès des «institutions de paix». Sans doute l'entrée en jeu des énergies naturelles désormais domestiquées — le moulin sur la rivière, en attendant le moulin à vent — libère-t-elle une main-d'œuvre qui trouve à s'employer plus utilement qu'à tourner la meule ou à tirer le soufflet de la forge. Mais les causes principales s'inscrivent dans le cycle même des dynamiques internes. Une meilleure résistance, des adultes comme des enfants, à la maladie et à la mort apparaît aussi bien comme la conséquence d'une alimentation moins aléatoire que comme le facteur direct d'une expansion fondée sur la croissance de la main-d'œuvre. Passé le cap difficile de la grande famine qui sévit en 1033, la France souffre plus rarement de la faim. On tremble moins aux approches annuelles de la «soudure». Bien sûr, le paysan ignore encore le goût du pain blanc et se contente souvent d'une bouillie de mil ou de fèves, mais la soupe aux pois vaut mieux que la soupe à l'herbe.

De même le développement d'un artisanat villageois, où la boissellerie l'emporte pour longtemps
encore sur la métallurgie, procure-t-il à l'agriculture
de robustes charrues et déjà quelques herses. Mais
cet artisanat apparaît à la fois comme la condition
des rendements céréaliers plus élevés, qu'engendrent
des labours plus profonds et une meilleure protection
des semences, et comme la conséquence même de
ces rendements grâce auxquels la communauté rurale
peut ne plus consacrer tous ses bras au défoncement
du sol. De la même manière les rendements agricoles
plus élevés permettent-ils de distraire de la production panifiable suffisamment de terre pour que, grâce
à l'avoine et sur les herbages, on puisse imaginer
d'élever en certaines régions au sol riche des chevaux voués au labour et non plus à la guerre. Les
rendements céréaliers qui permettent le cheval
ouvrent ainsi la voie à un meilleur amortissement de
l'outillage. L'agriculture est tentée par l'investissement. Tout ceci conduit, bien sûr, à l'augmentation
quantitative et qualitative de la production. Outillage
de fer, labours profonds, enfants plus nombreux,
terroirs élargis, c'est donc tout un. Tant qu'il y a de
la terre libre, les bras prêts au travail — et que le
machinisme naissant décharge de quelques travaux
élémentaires — sont synonymes de croissance.
Lorsqu'on atteindra les limites de l'expansion géographique, ils signifieront le chômage et la récession.

Il est une autre dynamique interne, que l'on ne
doit pas sous-estimer. Elle tient au comportement
réciproque des maîtres du sol et de leurs hommes au
sein de la seigneurie. Les exigences seigneuriales que
permet l'accroissement de production s'inscrivent à
bien des égards parmi les facteurs mêmes de cette
croissance. Le seigneur attend du froment pour le
pain blanc de sa table, aussi bien que pour approvisionner avec son surplus un marché urbain où la
céréale riche se vend mieux que le seigle ou le mil.
Il exige de l'avoine pour les chevaux qui sont la
condition de sa puissance politique et de son paraître

social. Mais les rendements du froment et ceux de l'avoine sont faibles, et le paysan doit élargir les emblavures — donc les labours — s'il ne veut pas sacrifier sa propre alimentation aux exigences du maître.

Dans ce mouvement d'expansion, le seigneur juge normal de confier des terres aux domestiques non libres qui peuplaient jusque-là sa maison. Bien des hommes trouvent ainsi à leur tâche nouvelle un intérêt personnel qui s'exprime par une activité plus soutenue. Un tel comportement se révèle bien naturellement favorable aux dynamismes démographiques. Le dernier vestige réel de l'esclavage antique disparaît de la sorte avec le « casement » ou « chasement » du serf sur une terre à laquelle il s'attache et attache sa famille. La dépendance domestique du non-libre cède le pas à un attachement de l'homme et du sol qui sera longtemps vécu comme une contrainte mais qui est ressenti à l'origine comme une forme, aléatoire mais très réelle, de possession.

Le serf connaît encore de sensibles limites à cette disposition de sa personne et de sa famille qui caractérise la liberté. Qu'il veuille se marier hors de la seigneurie ou transmettre à ses enfants sa terre et ses meubles, tout lui est occasion de payer : le « formariage » et la « main-morte » lui rappellent sa tache originelle et rognent son maigre profit. Qu'il souhaite épouser un conjoint libre ou entrer dans les ordres, d'autres interdits se dressent devant lui. Il paie la taille « à merci », c'est-à-dire à la discrétion de son seigneur. Tout est à l'avenant. Mais le serf tient la glèbe, si la glèbe le tient : une bonne raison de travailler, et de fonder une famille. Au vrai, l'intérêt du seigneur n'est pas que le serf soit ruiné.

Le fossé commence de se combler entre le libre et le non-libre. Aux temps carolingiens, le libre ne dépendait que du roi, et du comte en tant que le comte était le représentant du roi. L'autorité s'est rapprochée, le roi s'est éloigné. Le pouvoir du comte féodal, celui du châtelain surtout, celui du seigneur « banal », ce pouvoir local s'exerce maintenant sur le

libre aussi bien que sur le non-libre. Le droit du
maître sur son serf se dilue dans une seigneurie
banale ou politique dont les contours sont à l'horizon
de la vie villageoise. Quand le comte commandait le
contingent, la convocation à l'armée royale différen-
ciait le libre, tout autant que les capacités et incapacités personnelles. Il n'y a plus d'armée royale.
L'armée du roi n'est plus faite que des vassaux et de
leurs contingents, ni plus ni moins que l'armée du
comte et la troupe du châtelain.

Les charges qui pèsent sur le serf — pour sa terre
quand il en a, pour sa personne et sa famille en tous
les cas — sont plus lourdes que les charges du paysan libre. Mais bien des serfs rachètent déjà telle ou
telle de ces obligations. Certains paient la taille
« abonnée » ou « abornée » : un forfait limité une fois
pour toutes. La mainmorte et le formariage ne se
rachètent pas moins au prix d'une taxe ou d'un
accommodement. La servitude dans son ensemble
peut être l'objet d'une transaction. Des seigneurs
affranchissent tous leurs serfs, parce qu'ils y voient
leur avantage. D'autres promettent la liberté pour
aider au succès d'une ville-neuve. Le seigneur s'avise
aisément qu'il est de mauvaise politique de priver de
leur part de l'expansion ceux dont dépend la mise en
valeur économique de la seigneurie. Alors que
s'exerce, sur une campagne au peuplement croissant,
l'attraction de terres libres à bon compte aussi bien
que celle des jeunes activités urbaines, le maître du
sol aime mieux voir ses paysans — libres ou non —
trouver un profit réel à demeurer ou à venir sur les
champs anciens ou sur les nouveaux terroirs de sa
seigneurie que voir ces mêmes paysans s'enfuir à la
ville ou s'en aller en d'autres campagnes où nul ne
songe sérieusement qu'on peut les retrouver.

Les « chartes de peuplement » que donnent les princes territoriaux pour inciter à la mise en culture de
terres nouvelles et pour aider à la création des villes-
neuves témoignent ainsi de l'attrait que présente pour
la main-d'œuvre ce type de concession qui fonde la

liberté personnelle. Au pied des Pyrénées comme au bord de la mer du Nord, les arguments sont les mêmes : la liberté pour qui viendra défricher.

Une économie d'échanges naît de la production croissante. Elle offre au seigneur d'autres moyens de prélèvement que les cens sur la terre ou les droits statutaires sur les personnes. De nouveaux moyens de contrainte apparaissent dans l'arsenal de la classe dominante, qui laissent en arrière ceux de la servitude. Mieux vaut désormais taxer les hommes pour ce qu'ils produisent que les dissuader de produire en les écrasant à l'avance. Le financement par le seigneur de bien des infrastructures lourdes — la route et le pont, la foire et le marché, le pressoir et le moulin — justifie les taxes d'usage qui feront figure de « banalités » lorsque le service rendu par le seigneur s'effacera aux yeux du paysan devant l'obligation d'en passer par l'équipement du seigneur « banal ». En cette fin du XIe siècle, le pouvoir de contraindre, qui est l'essence même de la seigneurie banale, multiplie au long des routes et des rivières navigables ces péages qui sont — pour les surplus de production comme pour les produits du grand commerce renaissant — le fruit triste mais inévitable de l'expansion.

Les avantages que le maître du sol concède pour que le sol rende plus, il les reprend au terme du processus économique. C'est vers 1080 que, dans les régions agricoles les plus riches, les anciennes redevances foncières — ainsi le cens — le cèdent en importance, dans le revenu seigneurial, aux nouvelles taxes perçues pour l'usage obligatoire de l'équipement collectif.

Au regard de ce nouveau prélèvement seigneurial, il n'y a plus de libres et de non-libres. Il n'y a que des paysans. La distinction juridique subsistera longtemps, avec son cortège d'incapacités rachetables ; mais les vrais clivages du siècle qui vient seront ceux, économiques, qui séparent le paysan possessionné et le laboureur, riche de sa charrue, du manouvrier sans terre, riche de ses seuls bras.

Défrichements

La terre, il est vrai, ne vaut que ce que vaut l'outillage du paysan. L'araire au simple soc, qui tranche la glèbe plus qu'il ne la retourne, règne encore sur la plupart des terres médiocres, mais les plaines limoneuses du bassin parisien font déjà l'expérience d'outils et de façons plus complexes. L'industrie villageoise y met en œuvre, dans l'incertaine complémentarité de charrues primitives, le soc à versoir dissymétrique — qui retourne la terre et dont un coutre précède parfois l'action — et l'avant-train à roues qui transforme en traction horizontale la traction oblique des bêtes, favorisant ainsi un labour profond. On imagine des herses rudimentaires, pour briser les mottes après le labour et pour recouvrir la semence d'un terre légère qui laissera respirer la graine tout en la protégeant du gel et des oiseaux. La seule régénération du sol en ces temps d'engrais rare — on le réserve aux cultures vivrières des jardins potagers — c'est le labour qui aère et qui enfouit chaumes et herbes. Quelques pouces gagnés en profondeur signifient un sol plus riche.

Voilà qui permet de distraire quelques terres de l'emblavure céréalière. Le cheval de trait devient possible sur les sols fertiles de l'Ile-de-France, de la Normandie ou de la Picardie. Le cheval coûte à nourrir comme à ferrer, mais il tire plus fort et plus vite. Le sillon gagne en profondeur, mais aussi en longueur, car la journée de charrue permet un labour plus important. Ces quelques sillons gagnés dans le temps sont à la fois le gage d'une extension possible des cultures et celui d'une multiplication éventuelle des labours sur le même sol.

C'est ainsi qu'un labour supplémentaire prend place entre moisson et semailles, un labour qui est déjà le troisième du cycle agricole dans ces régions où la fertilité naturelle permet une rotation sur trois ans, avec une seule année perdue en jachères. Avec l'oxygénation du limon, le troisième labour permet d'introduire le marnage qui compense les excès de calcaire dans les riches plaines du Nord.

Tout cela est bien timide. Le fer demeure rare dans l'outillage. On est encore fort loin de la sélection des cultures et de la généralisation des céréales de printemps. Nul ne songe à cet assolement qui gagnerait temps et place au prix d'une organisation systématique du terroir. Mais les conditions sont déjà remplies d'un élargissement de l'espace cultivé et d'un accroissement de la production.

L'initiative vient en bien des cas du paysan lui-même. Le sillon s'allonge d'un pas chaque année, aux dépens de la forêt et aux dépens d'un maître du sol qui ferme les yeux sur ce grignotement du domaine en réserve. Dès lors que la banalité sur le moulin l'emporte sur le cens, chacun trouve là son avantage. Pour essentiels qu'ils soient, les profits tirés de la forêt ne sont pas aux dimensions des massifs forestiers. Les droits d'usage payés par les villageois pour la pâture, la clôture, la construction et même le chauffage ne correspondent qu'à une utilisation très partielle des espaces boisés. Leur réduction ne met encore en danger ni l'équilibre biologique ni l'équilibre économique d'une seigneurie dont la réserve est faite pour une part des forêts et des landes mais dont le revenu est ailleurs. L'intérêt du maître n'est pas de pousser au départ des fils de la famille paysanne. L'élargissement imperceptible des terroirs se fait parfois à l'insu du seigneur foncier, souvent sans son aveu, non à son détriment.

Ce même seigneur prend d'ailleurs des initiatives, à moins qu'il ne prenne le contrôle du mouvement. Il incite ses paysans — serfs ou libres, qu'importe ici ? — à l'attaque systématique du front forestier. Dépassant les simples élargissements du terroir traditionnel, il pousse à la création de nouveaux centres de peuplement pour l'exploitation de zones forestières jusque-là hors d'atteinte. Des privilèges juridiques — comme la liberté individuelle des « hôtes » — et des avantages économiques — comme l'allègement des redevances ou la fourniture d'outils et de semences — concourent à l'attraction de ces villes-neuves ou, comme on dit dans le Midi, de ces « sauvetés » qui sont à la fois une implantation, une infrastructure et un faisceau de franchises.

Le défricheur se rapproche ainsi de la terre libre, de la terre à bon compte où l'on peut se tailler ces tenures nouvelles, à la mesure des besoins familiaux, que n'ont plus, après trois siècles de partages successoraux, les héritiers des anciens « manses » du domaine carolingien. L'agglomération créée de la sorte offre ses commodités elles vont du marché à la chapelle.

Pour peu que le seigneur ait quelque rang dans la hiérarchie des forces politiques, le défrichement prend place dans l'arsenal des moyens de surveillance. On fonde une ville-neuve pour tenir un passage stratégique, pour garder une route, pour marquer une frontière. Fonder, c'est affirmer son droit.

Dans ces premiers défrichements, les moines ne jouent pas le rôle qu'on leur a quelquefois prêté. Le bras du moine défricheur ne fait guère reculer la lande. Mais les monastères sont riches d'étendues forestières, et les abbés sont assez avisés pour y créer, comme tant d'autres seigneurs, des villes-neuves. La part de l'Église dans ces défrichements du XIᵉ siècle est donc à l'image de sa seigneurie foncière. L'intelligence d'administrateurs plus compétents que d'autres fera ensuite de tel ou tel établissement ecclésiastique — évêché ou monastère — le centre d'un dynamisme économique générateur de terroirs aussi bien que de marchés d'échanges. C'est la même volonté d'expansion contrôlée qui fait créer les villes-neuves au cœur des déserts forestiers et les bourgs marchands autour des monastères suburbains.

Les princes et les églises ont des capacités bien différentes. Il leur arrive de s'associer pour un meilleur profit. Des contrats de « pariage » président à la création de villes-neuves : le comte — ou le roi — offre la terre, l'évêque ou l'abbé finance le défrichement et incite au peuplement.

Cette reprise de l'expansion rurale profite d'abord aux habitants de la terre riche. Picardie, Valois, Beauce, Pays de Caux voient les premiers régresser leur manteau forestier. Les champs s'allongent, les terroirs villageois s'élargissent. La croissance est plus timide en Aquitaine et en Languedoc. Elle tarde en Bourgogne comme en Auvergne. Le dynamisme est à la mesure de la tentation, et celle-ci est plus forte quand la glèbe limoneuse garantit le profit du laboureur.

Essor des villes

Le développement urbain ne s'inscrit pas à côté de l'expansion agricole, et encore moins en concurrence avec celle-ci. Il en procède. La ville, les marchés urbains, les métiers urbains, tout cela est le fruit des excédents de main-d'œuvre rurale autant que des excédents de produits commercialisables. Le prélèvement seigneurial rassemble ces excédents, et plus encore ce prélèvement ecclésiastique qu'est la dîme, souvent confisquée, d'ailleurs, par les laïcs. Ce qu'apportent dans ses greniers les cens en nature et les dîmes accrus par l'élargissement des terroirs cultivés, le seigneur ne peut songer à le consommer en totalité comme naguère. Une part croissante de la récolte est donc vouée à la redistribution sur le marché où viennent s'approvisionner les non-producteurs.

Voilà qui favorise la multiplication de ces consommateurs qui ne produisent ni viande ni céréales : les citadins engagés dans les activités secondaires. Capable de retenir des maçons, des ferrons et des charpentiers, la ville va croître et développer d'elle-même de nouveaux besoins et de nouvelles activités.

Ces nouveaux citadins ne sont pas des marginaux, des errants enfin fixés. Ce sont d'honnêtes paysans d'alentour, poussés par le trop-plein démographique ou mus par l'audace avisée de ceux qui profitent à temps des occasions. Pour la plupart, ils n'ont marché que deux à trois jours pour se muer en citadins : le rayon d'attraction d'une ville en pleine croissance ne dépasse guère cinquante ou soixante de nos kilomètres.

Dans le mouvement commercial qui reprend force et qui fait à nouveau de la monnaie l'étalon et le moyen encore rare mais déjà privilégié — d'échanges portés au-delà des niveaux du troc, nous voyons croître les activités qui tiennent à l'élévation des niveaux de vie. Indispensables à la croissance urbaine, les métiers de la construction se multiplient. Assurés maintenant par les Chrétiens aussi bien que traditionnellement par les Juifs, les commerces de luxe se diversifient. Les épices de l'Inde — le poivre en premier lieu — prennent dans la nourriture des riches une place que leur vaut le goût insipide de viandes nécessairement trop cuites parce que douteuses. Les ivoires byzantins ornent la reliure des livres les plus précieux. Les tissus de Perse et de Syrie rehaussent le vêtement des grands, et introduisent en Europe, bien avant les Croisades, des thèmes iconographiques qui enrichiront la grammaire décorative des imagiers romans.

Des changeurs apparaissent dans le même temps. Ils savent reconnaître et évaluer la monnaie venue d'ailleurs. Ils apprécient la bonne et la moins bonne. Ils décèlent les fausses espèces. Ils s'y retrouvent au fil des émissions.

Les nouveaux « marchands » vendent aussi les produits de l'Occident. Car la production s'organise au sein des villes sur des bases différentes de celles du traditionnel atelier rural, qui n'était qu'une simple ouverture de l'atelier domestique entretenu par le maître du domaine. L'essor d'une demande qui croît en quantité comme dans ses exigences qualitatives conduit à des spécialisations, non moins qu'à l'aménagement de nouvelles infrastructures. Dans les villes du Nord, en particulier, des métiers déjà structurés commencent de se partager les opérations techniques de la fabrication du drap de laine : tissage, foulage, teinture. Le grand métier à tisser des ouvriers remplace le petit métier vertical que maniaient les femmes de la cour seigneuriale.

Les artisans d'une même ville commencent de prendre conscience d'un intérêt commun. Inconcevable avant la reprise des échanges commerciaux, la concurrence reparaît. Elle provoque la renaissance d'une idée qui est avant tout un réflexe de défense : celle d'une réglementation technique de la production. Pour lutter contre la ville voisine, on va compter les fils de laine et faire des choix officiels entre les produits tinctoriaux.

Car le mouvement de croissance affecte différemment les villes. Le cours d'eau navigable est un avantage en un temps où l'entretien des routes n'est le plus souvent qu'un souvenir. La relative sécurité que procure la puissance locale d'un prince territorial est un autre avantage pour une économie fondée sur la circulation des denrées et la crédibilité des contrats. Le rayonnement d'un monastère ou d'un pèlerinage fonde en bien des cas — à Moissac, à Saint-Jean-d'Angély, à Redon, à Arras — l'attraction sur laquelle se greffent les échanges commerciaux.

Les vieilles cités épiscopales sont pour la plupart à la tête de cette renaissance urbaine : Reims, Châlons, Soissons, Noyon, Tours, l'attestent aussi bien que Lyon, Vienne, Narbonne, Bordeaux ou Bourges. Mais la ville des marchands et des artisans s'établit souvent hors du cadre topographique et politique de la cité. Une nouvelle ville se crée alors face à l'ancienne : dès le Xe siècle à Vienne, au Puy, à Saintes, dans la première moitié du XIe à Poitiers, à Sens, à Albi, après 1050 à Limoges, à Reims, à Valenciennes, à Nîmes. C'est un « port », un « bourg ». La coupure est flagrante à Périgueux comme à Meaux, à Arras comme à Paris : la ville des affaires ne naît pas au pied de la cathédrale.

La multiplicité des centres d'attraction fait même se développer des villes à noyaux multiples. Toulouse compte trois agglomérations : la cité de l'évêque, le bourg Saint-Sernin de l'abbé, le Château-Narbonnais du comte. Arles et Caen en ont quatre, Bayeux cinq et Poitiers six.

Trois pouvoirs rivaux s'exercent au moins sur la ville. Il y a celui du comte — ou du roi, ou du châtelain — et celui de l'évêque, voire de l'abbé, qui procèdent de la répartition carolingienne des responsabilités, transformée en une répartition spatiale des prérogatives juridictionnelles. Il y a celui de la bourgeoisie naissante, aussi bien faite des habitants de la cité que de ceux du bourg. A la fois clientèle et matière imposable pour les anciens pouvoirs, cette bourgeoisie se sent forte de son rôle économique et elle est demandeur d'un rôle politique. Les plus riches veulent être désormais seigneurs de leur propre activité, les moins riches veulent être plus libres en celle-ci. Tous entendent garder la part principale du profit qu'ils procurent à la ville, payer moins de taxes, subir moins de contraintes.

Dans ce jeu à trois, les alliances sont possibles, de même que les dédoublements : les chanoines ne sont pas forcément derrière l'évêque, le châtelain s'oppose parfois au comte, l'évêque et l'abbé ont normalement des intérêts discordants. L'intervention du Capétien complique encore les choses, car le roi voit d'un œil différent la montée des bourgeoisies dans les villes dont il est le maître direct et dans les autres. Dès 1027, on a vu les gens de Noyon s'aider de l'évêque pour éliminer le châtelain royal. En 1074, Philippe Ier soutient la lutte des gens de Beauvais contre leur évêque. En 1091, le comte protège les Amiénois des excès du vicomte.

Quel qu'en soit l'aboutissement institutionnel, le mouvement qui éclate dans ces dernières décennies du XIe siècle n'a qu'une seule cause profonde : l'inadaptation d'un système où la hiérarchie des responsabilités politiques et des avantages matériels liés à celles-ci ne fait aucune place à ceux qui commencent de se sentir essentiels à la vie sociale. Le mouvement communal, c'est la naissance d'un monde où tout ne saurait plus se ramener à la répartition des fonctions au sein du domaine rural.

Quelques déflagrations, que narrent à l'envi les chroniqueurs éberlués, ne doivent pas cacher une prise de conscience mutuelle du phénomène par les deux types d'antagonistes. Le seigneur n'a-t-il pas déjà l'habitude des concessions, lui qui multiplie villes-neuves et sauvetés rurales à semblable prix ? D'ailleurs, l'entrée en jeu de la petite noblesse établie en ville nuance parfois l'affrontement : n'est-elle pas, surtout dans le Midi, partie prenante à l'activité sans l'être à l'exercice du pouvoir banal ? Cette petite noblesse des villes fait plus souvent corps avec une bourgeoisie encore monolithique qu'il n'y paraît à l'examen des situations ultérieures. Plus tard, l'accentuation des clivages économiques creusera le fossé entre riches et pauvres, entre patrons et ouvriers, entre rentiers et travailleurs. Pour l'heure, il n'est en ville que des habitants décidés à être leurs propres maîtres.

On est encore bien loin de reconnaître aux villes une personnalité juridique, sinon à travers quelques justices échevinales — échevins dans le Nord, prud'hommes ou bonshommes dans le Centre — qui ne sont au vrai qu'une justice seigneuriale où les bourgeois jouent normalement leur rôle d'assesseurs. Mais ces mêmes villes atteignent déjà à l'existence politique. Le pacte de paix entre Amiens et Corbie apparaît bien, dès 1030, comme une véritable alliance. Seigneurs et évêques trouvent d'ailleurs commode de traiter l'ensemble des bourgeois comme s'ils constituaient un corps ; la gestion de la chose commune y gagne, et la prospérité aussi. Les bourgeois tirent de cette nouvelle vue du groupe social une capacité de négocier qui leur procure quelques exemptions fiscales, quelques franchises commerciales : ainsi vers 1050 à Saint-Jean-d'Angély, en 1057 à Orléans. A la fin du siècle, nul ne s'étonnera plus de voir les contribuables citadins négocier leur part des responsabilités et leur part des charges communes.

On ne s'étonnera pas davantage de voir les habitants prêter en commun un serment d'assistance mutuelle. Ce serment de paix — encore prêté à Rouen en 1096 — prépare la voie à ce qui sera l'acte constitutif de la commune : le serment communal. Contre la violence et contre l'arbitraire éventuel du seigneur, le bourgeois s'assure avec les moyens de son temps.

C'est en 1070 que pour la première fois, au Mans, une ville se «conjure» pour se muer en seigneurie. Appuyée sur la paysannerie voisine, encouragée par l'évêque et par son clergé, la bourgeoisie fait l'essai d'une politique extérieure, organise quelques expéditions contre la féodalité d'alentour, usurpe la fonction judiciaire. Bref, les bourgeois se prennent à oublier qu'ils ont un maître, et que celui-ci s'appelle Guillaume le Conquérant, duc de Normandie et roi d'Angleterre. Le duc n'a qu'à se montrer pour que les choses rentrent dans l'ordre au Mans.

Six ans plus tard, c'est Cambrai qui bouge. A leur évêque, qui est à la fois leur seigneur spirituel et temporel, les bourgeois de cette riche ville marchande reprochent une fiscalité écrasante. Les clercs lui reprochent autre chose : sa soumission à l'empereur. L'évêque fait donc, un temps, mine de céder et endort ainsi la vigilance des habitants, puis il déclenche sur la ville la plus cruelle des répressions. Une nouvelle tentative, trente ans après la première, sera de même brisée — surtout après l'intervention de l'empereur Henri V — malgré la sympathie d'un comte de Flandre fort désireux d'étendre sa domination sur Cambrai aux dépens de l'évêque.

Moins dramatiques en général, et diverses dans leurs causes comme dans leurs manifestations, les affaires de la sorte vont se multipliant. Saint-Quentin et Beauvais obtiennent les franchises qui font de ces villes de véritables communes, fondées sur le serment mutuel des bourgeois et la reconnaissance juridique du seigneur, une reconnaissance qu'accompagnent les franchises énoncées avec plus ou moins de détail en des «chartes». On va même plus loin lorsque la charte octroyée par l'évêque à la commune de Noyon est confirmée, en 1109, sur la demande de l'évêque Baudry, par le roi Louis VI.

Le Capétien voit ici son intérêt, et multiplie en conséquence les interventions dans les affaires communales : le démembrement du pouvoir local sert la royauté.

Le comte de Hainaut ne raisonne pas autrement lorsqu'il accorde aux gens de Valenciennes une commune qui lui paraît le meilleur garant de l'ordre public. L'avènement politique de la bourgeoisie introduit dans la conjoncture sociale un facteur de mutation auquel les princes territoriaux, autres demandeurs d'une mutation, trouvent parfois avantage.

Les clercs lucides ne s'y trompent pas. La conjuration qu'est le serment de commune passe aux yeux de beaucoup pour un complot, qui menace l'ordre divin. L'évêque Yves de Chartres opine en 1099 qu'il convient de tenir pour nulles les concessions faites au mépris du droit canonique. Quinze ans plus tard, l'abbé de Nogent-sous-Coucy, Guibert, lancera sa célèbre imprécation : «Commune, nom nouveau, nom détestable !» La société chancelle ; l'ordre tripartite s'effondre, à peine défini. Inconnu d'Adalbéron comme de saint Augustin, un pouvoir économique autonome se détache maintenant de la possession foncière qui a supporté pendant trois siècles la capacité de servir en armes et d'avoir ainsi une place sur l'échiquier politique. Résultant d'une solidarité mutuelle entre égaux et non, comme dans le contrat féodo-vassalique, de l'échange d'une protection contre une fidélité, un nouveau type de relations sociales se fait jour.

Aventures et conquêtes

Au-delà de la conquête de nouveaux espaces à l'horizon du village, la dynamique démographique conduit l'homme vers d'autres horizons. Elle soutient le mouvement qui porte les Normands, les Bourguignons, les Languedociens, les Catalans et bien d'autres à des expéditions lointaines. Ainsi s'exprime, avant même la Croisade, un idéal d'ouverture et de renouvellement. Mais ces expéditions sont aussi le

visage que prend alors l'aventure, et parfois la fortune. Certains chercheront tout simplement à mettre
la main sur de nouveaux pays.

Les premières occasions viennent de la «Reconquête». Dès 1063, à l'appel d'Alexandre II, deux
grands barons du royaume de France, le duc d'Aquitaine Guy-Geoffroy et le Champenois Eble de Roucy,
conduisent vers l'Espagne une croisade avant la lettre. Vingt expéditions suivent cette «croisade de Bar-
bastro»; activement encouragées par Grégoire VII,
elles acclimatent en France l'idée de Croisade autant
que l'idée de conquête. Bien entendu, le combat pour
la foi s'accommode fort bien d'une conquête au
terme de laquelle le chevalier du Christ s'installe sur
ce qu'il a repris aux Infidèles. Ayant joué avec ses
Bourguignons un rôle capital dans la première reconquête des pays du Douro par le roi de Castille, un
petit-fils du duc Robert de Bourgogne, Henri, épouse
une princesse castillane et devient en 1095 le premier
comte de Portugal. Son fils sera roi de Portugal.

D'autres, déjà, gagnent l'Orient. Les Normands de
Roussel de Bailleul se mettent au service de l'empereur — schismatique, cependant — de Byzance qui
tente d'enrayer l'avance des Turcs seldjoukides en
Asie Mineure. Des habitudes se prennent ainsi.

Différente est l'aventure italienne. Mercenaires et
pillards plus que soldats de Dieu, et cela même si le
pèlerinage du Gargano a familiarisé leurs pères avec
les routes de l'Italie méridionale, les Normands de
France sont dès le début du XIe siècle dans le sud de
la Péninsule; ils y retrouvent quelques bandes de
Scandinaves, dernières vagues de l'expansion «normande» des siècles précédents. L'un d'eux, Rainolf,
est établi vers 1030 à Aversa. Il prend Gaëte, occupe
Amalfi, domine la Calabre. Menée par le fils du
baron normand Tancrède de Hauteville, une autre
bande met la main sur les Pouilles. Les uns et les
autres ignorent superbement la souveraineté byzantine
sur ces terres dont, à l'évidence, les Musulmans
n'occupaient qu'une bien faible part.

L'un des fils de Tancrède de Hauteville, Robert Guiscard, se dresse en 1053 contre le pape, fait ensuite reculer l'empereur germanique Henri IV et, en 1084, impose sa dangereuse protection à Grégoire VII. Il multiplie les tentatives pour prendre l'Illyrie aux Byzantins. Reconnu comme duc des Pouilles et de la Calabre en 1059, il laisse son frère Roger conquérir à partir de 1061 la Sicile et fonder là un comté dont son fils, Roger II, saura faire en 1130 un royaume étendu à l'ensemble de l'héritage normand. Le fils aîné de Robert Guiscard aura, entre-temps, fondé en Orient la principauté d'Antioche.

En Normandie même, toutes les forces vives s'engagent dans une opération dynastique plus mûrie qu'il n'y paraît au premier abord. Car il y a long-temps que Guillaume le Bâtard, duc de Normandie depuis la mort de Robert le Magnifique en 1035, lor-gne du côté du royaume anglais d'Édouard le Confesseur. Après les troubles de sa minorité, il a repris en main son gouvernement. Maître de ses guerriers comme de ses évêques, il a les moyens d'une politique extérieure active. Il s'est montré en Angleterre dès 1051. En 1063, il a pratiquement annexé le Maine. Dans cette région de l'Occident, le duc Guillaume passe à juste titre pour un homme fort.

Deux candidats peuvent prétendre à l'héritage du roi Édouard : son cousin Guillaume — Édouard a pour mère une princesse normande — et le principal baron anglo-saxon, Harold. Ce qu'a réussi un siècle plus tôt en France le duc Hugues Capet, Harold entend le faire à son tour. Mais Guillaume a l'avan-tage, car le vieux roi s'est plus ou moins prononcé en sa faveur. De surcroît, trahi par la tempête et livré au duc de Normandie, Harold n'a recouvré, naguère, sa liberté qu'en prêtant à Guillaume un ser-ment de fidélité qui limite maintenant ses initiatives.

A la mort d'Édouard le Confesseur (5 janvier 1066), Harold prend cependant la couronne sans s'inquiéter apparemment d'un parjure aussi manifeste.

L'HÉRITAGE D'ÉDOUARD LE CONFESSEUR

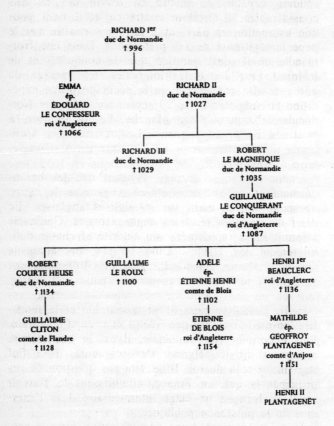

RICHARD Ier
duc de Normandie
† 996

EMMA
ép.
ÉDOUARD
LE CONFESSEUR
roi d'Angleterre
† 1066

RICHARD II
duc de Normandie
† 1027

RICHARD III
duc de Normandie
† 1029

ROBERT
LE MAGNIFIQUE
duc de Normandie
† 1035

GUILLAUME
LE CONQUÉRANT
duc de Normandie
roi d'Angleterre
† 1087

ROBERT
COURTE HEUSE
duc de Normandie
† 1134

GUILLAUME
LE ROUX
† 1100

ADÈLE
ép.
ÉTIENNE HENRI
comte de Blois
† 1102

HENRI Ier
BEAUCLERC
roi d'Angleterre
† 1136

GUILLAUME
CLITON
comte de Flandre
† 1128

ÉTIENNE
DE BLOIS
roi d'Angleterre
† 1154

MATHILDE
ép.
GEOFFROY
PLANTAGENÊT
comte d'Anjou
† 1151

HENRI II
PLANTAGENÊT

Quelques semaines plus tard, malgré les raids danois et malgré les rébellions de son propre frère Tostig, que soutient le roi de Norvège, Harold tient bien en main son royaume.

Mais la chance sourit à Guillaume, qui se révèle soudain capable de mettre en œuvre des moyens considérables. Il proteste contre ce qu'il tient pour une usurpation et parvient à faire reconnaître par le pape la légitimité de ses prétentions. Dans une Normandie où il n'est question que de conquêtes et de mainmise sur des terres lointaines, les vassaux du duc sont vite convaincus de la nécessité d'une expédition en Angleterre. Le 29 septembre 1066, les Normands débarquent Outre-Manche. Le 14 octobre, à Hastings, ils sont vainqueurs. Le jour de Noël, Guillaume « le Conquérant » se fait sacrer roi d'Angleterre à Westminster.

Une conquête se partage. Pendant que les barons normands reçoivent des fiefs en Angleterre, le clergé normand met la main sur les églises anglaises. En dépit de quelques réactions anglo-saxonnes, Guillaume affermit assez rapidement son autorité et chasse définitivement les Danois. Cinq ou six ans après la conquête, l'ordre normand règne, et Guillaume peut se livrer à son activité favorite : organiser cet ordre.

Avec un sens politique très aigu, le nouveau roi concilie l'établissement d'une monarchie et la féodalisation qui lui assure des fidèles et occupe le terrain. Plus encore qu'en Normandie, il est le « suzerain », autrement dit le seigneur des seigneurs. Tout fief anglais est tenu du roi. Il ne sera pas question de ces principautés qui, en France, affaiblissent le pouvoir royal en formant un étage intermédiaire dans l'exercice de la puissance publique.

La mise en place d'une administration forte et spécialisée réduit le rôle que pouvaient tenir les barons. Dépendant directement du roi, les shérifs annoncent déjà les baillis français du XIIIe siècle. Une organisation financière efficace, un recensement précis des ressources du royaume — *le Domesday book* compilé en 1086 — et une justice royale vite appréciée des justiciables, tels sont les piliers de l'emprise normande sur une paysannerie anglo-saxonne subitement privée, par l'hécatombe de Hastings et les vagues de répression des années 1070, de tout cadre politique et militaire autre que celui des vainqueurs. Une habile participation à la réforme de l'Église d'Angleterre — on tint six conciles entre 1072 et 1085 — achève de donner au régime anglo-normand ses assises et sa légitimité.

L'état anglo-normand, cependant, garde ses deux têtes. A la mort de Guillaume le Conquérant (9 septembre 1087), c'est la Normandie qui va à l'aîné, Robert Courteheuse : on la tient visiblement pour la principauté majeure du patrimoine. Le cadet, Guillaume le Roux, reçoit l'Angleterre. Reste que d'innombrables barons sont possessionnés des deux côtés de la Manche : ils vont peser lourd dans l'histoire des relations entre la France et l'Angleterre.

La carte politique

Les grands ensembles territoriaux constitués depuis l'effondrement carolingien semblent donc parvenus, en cette fin du XIe siècle, à un point d'équilibre. Un domaine royal suffisant assure la survie du Capétien. Divisé qu'il est en plusieurs groupes de comtés, il n'offre pas le moyen d'une hégémonie politique. Le roi peut tenir les princes en échec et jouer de l'un contre l'autre. Il ne saurait les dominer.

Roi de 1060 à 1108, Philippe Ier ne laisse pas d'arrondir son bien. Il met la main sur le Gâtinais, reliant ainsi fort opportunément Sens et Melun à Étampes et à Orléans. Au risque d'inquiéter le duc de Normandie, il annexe le Vexin. Enfin, il achète le vicomté de Bourges. Progrès notables, certes, que ces trois acquisitions ; elles dénotent la capacité financière et la force militaire d'un roi qui, s'il n'est encore qu'un médiocre souverain, passe déjà pour l'un des plus riches barons du royaume. Mais le

Capétien ne maîtrise ni la Seine, ni l'Oise, ni la Somme. Il couvre en Berry sa frontière de la Loire plus qu'il ne la dépasse, et c'est le sire de Montlhéry, non le roi de France, qui contrôle la route d'Orléans.

Pendant ce temps, un prince étend sur le Midi un pouvoir qui fait peu de cas de la souveraineté royale : le comte de Toulouse. Raymond IV de Saint-Gilles a réuni vers 1065 le Rouergue et le Gévaudan de sa cousine Berthe, puis en 1088 le comté de Toulouse et le duché de Narbonne de son frère aîné Guilhem IV. Faute de pouvoir contenir la pression exercée sur le Bas-Languedoc par son demi-frère le comte de Barcelone, il revendique avec quelque succès le marquisat de Provence de sa grand-mère Emma. Il jouit parmi les clercs d'une réputation suffisamment flatteuse pour faire figure de protecteur de l'Église bien au-delà des frontières de sa principauté.

Le duc d'Aquitaine équilibre à l'ouest la puissance du Toulousain. Appuyée sur son comté de Poitiers et sur la force montante de la bourgeoisie bordelaise, la dynastie des Guillaume donne à la grande Aquitaine un rayonnement politique et intellectuel. Guillaume VI écarte en 1070 le comte d'Armagnac de la succession de Gascogne. Duc de 1086 à 1127, son fils Guillaume VII parvient à contraindre ses vassaux à l'obéissance ; ayant épousé la fille du comte de Toulouse, il tente même d'unifier la France du Midi.

L'entité politique qu'est une principauté commence d'offrir un cadre aux activités de l'esprit. Pour discutables qu'elles soient, les « écoles » artistiques correspondent souvent à l'aire des relations politiques. Il y a, par un aspect ou par un autre de l'expression des sensibilités ou du choix des formes et des techniques, un art normand, une fresque bourguignonne, un parti architectural propre à l'Aquitaine des comtes de Poitiers. De nouveaux centres d'enseignement apparaissent et grandissent, avec un nouveau type de rayonnement. Ils renouent avec les traditions carolingiennes. Ils préparent la « renaissance » du XIIe siècle. Nombre de ces foyers intellectuels traduisent dans le

domaine de l'esprit la répartition nouvelle des forces
politiques : ainsi à Angers pour la jeune principauté
angevine, à Fécamp et au Bec-Hellouin pour le
solide duché de Normandie, à Saint-Michel-de-Cuxa
pour la vigoureuse Catalogne où se croisent les
influences et où la tradition carolingienne prolonge la
culture antique tandis que le voisinage de l'Islam
développe les connaissances mathématiques et astro-
nomiques.

La réforme grégorienne

C'est dans ce contexte intellectuel qu'éclôt la
réforme de l'Église. Au vrai, l'idée est apparue de
longue date, diffuse, à travers le monde des laïcs
aussi bien que parmi les clercs. Elle présidait déjà au
Xe siècle à la naissance de Cluny, et elle n'a cessé
de mûrir au sein des communautés clunisiennes.
Abbé de Cluny de 1049 à 1109, Hugues de Semur
est à la fois l'héritier d'un empire monastique et
celui d'une tradition d'indépendance ecclésiale. Cet
empire, il ne cesse de l'accroître : près de mille cinq
cents abbayes et prieurés formeront à sa mort un
véritable ordre clunisien, autonome au sein de l'ordre
bénédictin.

De Cluny, Hugues de Semur fait l'instrument efficace de cette réforme ecclésiale qui ne pouvait venir
que d'une autorité étrangère au réseau de connivences qu'est l'Église féodale. Pour établir les « institutions de paix » comme pour dégager les églises des
liens temporels, les papes et leurs légats vont
s'appuyer sur Cluny.

Réforme n'est pas renoncement. Alors que de toutes parts s'ouvrent les chantiers des grandes églises
que nous disons romanes, Hugues de Semur réunit à
Cluny à partir de 1088 les meilleurs artisans de la
Chrétienté occidentale : ils feront de la nouvelle
abbatiale — la troisième, déjà en deux siècles — le
symbole d'une puissance et l'expression d'un idéal
religieux, celui de la gloire de Dieu dans la magnifi-

cence du culte. La réforme qui s'accomplit en ces mêmes années, alors que deux moines clunisiens — Urbain II de 1088 à 1099, Pascal II de 1099 à 1118 — se succèdent sur le trône de saint Pierre, ne signifie pas une moindre gloire de Dieu et de l'Église ; elle veut dire la supériorité, dans l'Église et dans le monde, du spirituel sur le temporel.

C'est au temps de Léon IX (1049-1054) que la papauté commence de prendre l'affaire en main. Cet ancien évêque de Toul sait l'état lamentable de l'Église franque, et il constate à Rome l'amoindrissement d'un siège apostolique encore plus atteint dans son indépendance que les églises locales. Sa chance est de pouvoir s'appuyer sur quelques hommes d'action comme le moine toscan Hildebrand, l'abbé du Mont-Cassin Frédéric de Lorraine, les futurs cardinaux Humbert de Moyenmoutier et Pierre Damien. Il les dépêche à travers la Chrétienté, recourant ainsi avec des légats au vieil usage carolingien des *missi dominici*.

Les successeurs de Léon IX intensifient cette politique de présence pontificale. Au-dessus des églises locales et de leurs querelles, volontairement inattentifs aux prétendus droits des laïcs mais non à leurs usurpations, les légats jouissent d'une indépendance qu'ils confortent ici de l'alliance d'un prince comme Guillaume le Conquérant en Normandie et en Angleterre, là de l'influence d'un évêque acquis aux idées nouvelles. Dans la plupart des cas, ils s'appuient sur les maisons de Cluny.

On a vu Léon IX en France dès le début de son pontificat. Au concile de Reims, en 1049, il dépose des évêques simoniaques qui ont d'ailleurs jugé prudent de rester chez eux. Cinq ans plus tard, Hildebrand est dans le royaume, chargé de redresser en premier lieu les positions du théologien tourangeau Bérenger quant à la « présence réelle » du Christ dans l'Eucharistie. Mais le légat Hildebrand ne manque aucune occasion de propager les idées réformatrices en ce qui touche l'organisation de l'Église, la vie cultuelle et le comportement social des clercs.

Tout cela reste vain tant que le pape n'est pas lui-même dégagé de la mainmise laïque. En 1059, un concile tenu au Latran donne enfin à la réforme sa base nécessaire : l'élection du pontife romain appartient désormais au clergé romain. L'empereur germanique perd en cette occasion tout droit et tout rôle.

L'opinion publique est du côté des réformateurs. Elle approuve les mesures prises contre les prêtres mariés, contre le concubinage, contre l'intervention des laïcs dans l'investiture des églises. La ténacité des successeurs de Léon IX — et tout particulièrement de l'Italien Alexandre II (1061-1073) — et de leurs légats a commencé de les traduire dans les faits. C'est à Grégoire VII (1073-1085) qu'il revient d'achever l'œuvre et de la consolider.

Ce Grégoire VII qui va laisser son nom à la réforme, c'est l'ancien légat Hildebrand. Théologien ferme, juriste sûr, politique avisé, il a voué sa vie à l'indépendance de l'Église. Pendant vingt ans, il a inspiré ou conduit le gouvernement pontifical. Il a connu des échecs, et les coups d'éclat qu'il a multipliés pour instaurer sur l'Occident un pouvoir spirituel dégagé de l'emprise impériale n'ont souvent été que des victoires sans lendemain immédiat. Les résistances ne désarment que lentement, et l'on voit encore en 1074 le concile de Paris refuser le célibat ecclésiastique. Mais Grégoire VII a vu les racines profondes du mal, et il a discerné les remèdes.

La source du mal moral est de nature politique : les investitures sont donc la clé de tout redressement des comportements ecclésiastiques. Le légat Hugues de Die — l'archevêque de Lyon — voit donc juste quand il s'attaque aux évêques fautifs, quand il destitue l'un après l'autre ceux qui doivent leur église à l'intervention des princes. A la longue, une telle action procurera à Grégoire VII, en France, un clergé fidèle, capable de porter la réforme à ses accomplissements.

Philippe Ier serait bien tenté de contrarier cette politique ; il en est incapable. Même un souverain puissant comme l'empereur Henri IV doit accepter, après l'humiliation de Canossa (1077), ce qui le garantit en revanche d'une collusion entre l'autorité du pontife romain et la révolte de ses sujets allemands.

Les investitures laïques reculent. Les prétendus droits des fondateurs s'effondrent. Les familles sacerdotales disparaissent. A son tour, la simonie régresse : on en parle encore en 1095 au concile tenu par Urbain II à Clermont, mais nul n'en dira plus rien dix ans plus tard.

Le roi et les princes territoriaux sauvent tout au plus leur droit à autoriser l'élection des évêques et à conférer, après l'investiture ecclésiastique — remise de la crosse et de l'anneau — qui revient au pouvoir spirituel, une investiture temporelle que justifie tant bien que mal l'origine des biens affectés à l'entretien des églises. A la fin du siècle, l'évêque Yves de Chartres fera de cette distinction entre les deux investitures la base d'une théorie canonique qui est au vrai la construction intellectuelle d'une cohabitation politique.

Quelques princes poussent à la réforme. C'est ainsi que le duc de Normandie Guillaume le Conquérant cède volontiers sur les principes, dans la mesure où le pape ne récuse pas en fait les nominations auxquelles il a été procédé dans les églises normandes en dépit de la réforme. De tels cas sont l'exception : pour la plupart, les princes s'ingénient à embarrasser l'action des légats pontificaux.

Le temps paraît cependant venu pour le pape d'affirmer sa prééminence spirituelle sur l'Occident et de jouer réellement son rôle de chef d'une Église où les princes ne devraient être que de simples fidèles. A la fois conséquence de la réforme « grégorienne » et moyen tardif de celle-ci, la Croisade sera, dans ce renversement des rapports entre le spirituel et le temporel, la première étape vers la théocratie pontificale. Les vues les plus hardies d'un Grégoire VII s'en trouveront dépassées.

Cependant que commence de s'abîmer la construction ecclésiale de la royauté franque et que le mou-

vement réformateur écarte l'Église des formes sécu-
lières de la vie sociale, les esprits les plus exigeants
et les plus indépendants se mettent une nouvelle fois
en quête des voies de la perfection personnelle.
Depuis ses origines et malgré les apports orientaux,
puis irlandais, le monachisme occidental est fait
d'une vie de prière et d'une œuvre communautaires.
Équilibre entre le travail intellectuel, l'activité
manuelle et la prière liturgique, la vie du moine
bénédictin tend à la louange de Dieu autant qu'à la
perfection spirituelle. L'atelier d'écriture et d'enluminure — *le scriptorium* — participe de la même
conception de la vie religieuse que le chant de
l'office quotidien en des églises monastiques au
décor sans cesse enrichi.

S'inspirant plus étroitement du propos évangélique,
des chrétiens — moines ou non — placent maintenant au premier rang quelques vertus nouvelles :
l'austérité collective, la méditation silencieuse. Au
monastère intégré dans l'horizon des hommes, et souvent dans le plan de la cité, succède l'isolement : « le
désert ».

Pour beaucoup, c'est avant tout une conversion
individuelle. Les formes incontrôlées de la vie religieuse se multiplient tout au long du XIᵉ siècle :
ermites, clercs en rupture de couvent, laïcs sortis du
monde. Certains vont trop loin, comme ces chanoines
d'Orléans que l'on brûle pour hérésie en 1023. Bien
des âmes éprises de perfection se contentent de la
prière et de la mortification. Certains se mêlent de
prêcher. Quelques-uns attirent des disciples.

L'Église ne cesse de mettre en garde clercs et laïcs
contre les risques de l'errance et de l'improvisation.
Le gyrovague est un fautif On assure mieux son salut
en un cloître.

Quoi qu'il en soit des réticences, on va vers de
nouvelles formes de la vie religieuse, peu à peu définies en des règles et reconnues par la hiérarchie
ecclésiastique. Des clercs se groupent en « collèges »
autour d'une église, sans abandonner pour autant leur

fonction pastorale. A côté de moines plus ou moins retranchés du monde, ces « chanoines » font de leurs « collégiales » des centres de vie chrétienne accessibles à la population des villes. Les nouvelles agglomérations urbaines bénéficient souvent de créations de la sorte, appréciées en des lieux où la simple structure paroissiale pallie mal, dans l'exercice quotidien du culte, l'absence d'un évêque et d'une cathédrale.

Le nouveau monachisme s'inscrit parmi ces réactions contre l'emprise du siècle sur le monachisme bénédictin comme sur l'église hiérarchique des évêques et des curés. Il s'insurge contre l'opulence acceptée et contre le luxe volontaire d'abbayes qui font, telle Cluny, figure de principautés. Le maître de l'école épiscopale de Reims, Bruno, se retire avec six compagnons dans la vallée de la Chartreuse, près de Grenoble. Étienne de Thiers organise une communauté à Grandmont, près de Limoges. Le bénédictin Robert de Molesme fonde en 1098, dans le « désert » bourguignon de Cîteaux, un monastère aux usages plus rigoureux que la pratique clunisienne de la règle de saint Benoît.

On en est encore aux fondations informelles. Le temps des règles viendra à la génération suivante, avec Étienne Haudry et Bernard de Clairvaux pour Cîteaux, avec Guigue pour la Chartreuse, avec Robert d'Arbrissel pour Fontevrault. En cette fin du XIᵉ siècle, c'est tout simplement dans la pratique de la vie religieuse que vient de prendre à nouveau place une vertu fondamentale : la pauvreté « évangélique ».

Les clercs retrouvent aussi le goût, un peu oublié depuis la renaissance carolingienne, de la spéculation intellectuelle, que celle-ci soit recherche philosophique ou analyse juridique. Lorsque Yves de Chartres analyse la nature du pouvoir royal ou définit l'engagement vassalique, lorsque Anselme de Chartres s'interroge sur la substance même du Fils de Dieu, ils sèment le grain des constructions juridiques et théologiques du XIIᵉ siècle. Ce qui germera sera parfois une hérésie.

L'art roman

La réforme n'est pas venue de la hiérarchie «ordinaire» des évêques et des curés, mais bien du mona-chisme, celui-ci soutenant l'action du pape et de ses légats. L'éclosion artistique, qui exprime et manifeste le renouveau de la foi lié à la restauration des formes d'organisation ecclésiale, apparaît donc très normalement comme la chose des moines. Quelques cathédrales nouvelles, qui soulignent la jeune vitalité des villes plus que le dynamisme des évêques, une floraison d'abbatiales et de prieurés, voilà l'apogée d'un art roman dont les grands noms sont Jumièges, Cluny, Saint-Sernin, Tournus, Vézelay.

Ces noms évoquent souvent le pèlerinage. La route de pèlerinage est évidemment un chemin au long duquel s'échangent les expériences, se diffusent les idées, s'entretient l'émulation. Le passage des hommes pousse à la hardiesse. A côté de Rome et de Jérusalem, de Saint-Jacques de Compostelle et de Saint-Michel au Gargano, n'oublions pas le rayonnement fructueux de ces innombrables sanctuaires illuminés par une relique insigne ou par une légende aux confins de l'histoire et du merveilleux : Vézelay, Conques ou le Mont-Saint-Michel en sont l'exemple. Il en est d'autres, à de moindres niveaux de notoriété, qui justifient aussi, un jour, la reconstruction, l'agrandissement ou l'embellissement d'une église à laquelle le pèlerinage donne des dimensions sans commune mesure avec la communauté paroissiale ou conventuelle.

L'art roman est une synthèse. Se fondent en lui des traditions, des techniques, des volumes et des thèmes venus du Nord ou de la Méditerranée, de l'Orient lointain ou du proche Islam ibérique, des steppes ou de la pure latinité gréco-romaine. L'Orient est présent en tout, qu'ont importé les envahisseurs wisigoths, les marchands syriens ou arméniens, les Chrétiens mozarabes d'Espagne et les pèlerins de Terre Sainte. Fait d'idées, de tissus, de bijoux, de «souvenirs» en fer, en bronze ou en terre cuite, cet héritage oriental se traduit dans le plan centré des églises en forme de croix grecque imitées d'Aix-la-Chapelle ou de Germigny, dans la coupole montée sur des trompes d'angle qui coiffe la croisée du transept de tant d'églises romanes, dans les voûtes en berceaux transversaux de Tournus. Il est dans les arcs polylobés de Clermont et du Puy comme dans le vitrage coloré qui meuble les claires-voies des fenêtres, dans la stylisation du décor végétal comme dans le géométrisme rigoureux des mises en page.

Cette synthèse romane n'en est pas moins, en tout lieu, la création originale d'un génie local, qu'orientent les courants et les confluences d'idées et de traditions, tout autant que les contraintes techniques nées de la pierre, de la brique et du bois. On a souvent parlé du « roman poitevin » ou du « roman auvergnat », mais il y a cent écoles, et non pas dix. Pétri de romanité, le Midi méditerranéen n'est pas un parce qu'il conserve les corniches à l'antique. L'Est ne doit pas tout à sa fidélité aux formules carolingiennes.

Voici que triomphe, en cette deuxième moitié du XIe siècle, ce qui confère à l'art roman son caractère essentiel : la pratique systématique du voûtement de pierre. On hésite encore au Mont-Saint-Michel et à Jumièges. On n'hésite plus à Saint-Ouen de Rouen, à Sainte-Foy de Conques ou à Saint-Savin-sur-Gartempe. La voûte d'arêtes — deux berceaux qui se croisent — permet déjà d'alléger le mur et d'élargir les baies par lesquelles la lumière atteint désormais la nef principale. L'espace voûté ne cesse de croître à la mesure des assemblées qu'il abrite.

L'ogive enfin, l'arc diagonal lancé sous la voûte pour la décharger, fait une timide apparition dans les dernières années du siècle. Venue d'Orient, venue tout simplement de Lombardie, née sur place pour une bonne part, l'ogive de Moissac, de Vendôme ou d'Étampes n'est encore qu'un balbutiement technique. Le siècle suivant en fera le moyen d'un art et d'un style.

Les proportions de l'édifice se développent, en plan comme en élévation. Flanquant la façade, les

tours donnent à l'édifice religieux la silhouette qu'il
gardera jusqu'au temps de la Renaissance. Saint-
Étienne de Caen est ici le modèle de ce parti, qui
sera celui des cathédrales gothiques.

Le décor commence de s'intégrer à la structure
architectonique. Élément décisif de l'équilibre
roman, l'arc offre aux imagiers un thème en même
temps qu'un support. Ce sont les grandes arcatures
moulurées de Normandie et les claveaux sculptés
des portails poitevins ou saintongeais. L'art de la
pierre, cependant, procède toujours de l'art du
bronze, de l'ivoire ou du bois. La sculpture est
encore, aux approches du XIIᵉ siècle, un art
d'applique. La fresque triomphe en revanche sur
les larges surfaces qu'offrent les voûtes en berceau,
les murs encore opaques et les amples concavités
des absides.

L'expression artistique de la foi et de la vie religieuse rénovée conduit souvent au triomphalisme.
L'Église ne cesse de s'enrichir, et nul ne s'étonne
que la générosité des fidèles tourne à la gloire de
Dieu. Le prince, le seigneur de jadis, se faisaient
enterrer avec leur trésor. Le seigneur des temps nouveaux lègue à l'Église ce qu'il a de plus significatif :
son orfèvrerie, ses parures. Il cède à Dieu et au saint
ses maisons et ses terres : leur produit compensera
dans l'Au-delà le fâcheux effet des rapines et des
violences commises ici-bas. Tout testament est une
redistribution, et l'Église gagne toujours sans jamais
perdre. La rivalité des abbés et des prieurs se traduit
donc en voûtes, en tours et en reliques. C'est à qui
aura les plus riches chapiteaux et les fresques les
plus colorées. Il s'agit souvent de la gloire du saint
plus que de la gloire de Dieu, et le saint se voit
confondu là avec ses serviteurs comme il l'est depuis
longtemps par les généreux donateurs. Richesse du
monastère et luxe du culte vont de pair, et riment
avec la réputation du saint.

Les ordres qu'ébauchent à la fin du XIᵉ siècle des
réformateurs prêts à aller plus loin que Cluny dans

l'épuration de la vie religieuse réagissent aussi contre cet orgueil monastique qui confond prière et glorification. L'art cistercien se définira, dès le temps de ses origines, par son austérité.

CHAPITRE III

L'âge héroïque

(1095-1130)

Organisation de la société politique

La société féodale s'organise. Quelques traits
communs caractérisent la France du Nord, celle où
domine une influence germanique qui date des grandes migrations de peuples : elle est profondément
marquée par la subordination normale des hommes et
par la précarité de la possession foncière. D'autres
traits sont communs à la France du Midi, où la
romanité persiste dans un souvenir encore vivant de
l'égalité fondamentale des citoyens et dans une
notion fortement ressentie de la pleine propriété des
biens. Il apparaît vite que la terre est, dans le Nord,
présumée tenue de quelqu'un : en fief ou en censive,
selon que l'on est un puissant de ce monde ou qu'on
doit cultiver soi-même la glèbe. Dans le Sud, c'est le
droit éminent du seigneur qui doit se prouver. Nulle
terre sans seigneur, dit l'un dans le Nord ; nul seigneur sans titre, dit l'autre dans le Sud. L'un est
héritier du compagnonnage des peuples errants,
l'autre de la citoyenneté des gens établis.

Dès les années 1100, la terre libre que son propriétaire ne « tient » de personne, l'alleu, disparaît en
Normandie. On n'en connaît plus guère au milieu du
siècle en Anjou, en Ile-de-France, en Flandre. Tout
se transforme en fief. Le Midi, lui, n'oubliera jamais
la terre libre.

Par-delà ces différences, qui sont profondes, un
même type de relations sociales et de liens économiques tend à s'établir à travers tout le royaume. En
jouant de leur suzeraineté de seigneur supérieur

— pour compenser l'effacement ou l'inexistence de leur souveraineté — le roi et les princes contribuent en tous les domaines à cimenter cette uniformisation des structures sociales.

Les progrès du droit vont de pair avec la précision des clivages qui s'établissent au sein d'une société où l'hérédité crée des solidarités de défense et où l'expansion économique approfondit les inégalités en leur donnant une dynamique. Il y a le paysan qui va profiter des nouveaux défrichements et celui que sa pauvreté tient à l'écart des outillages et des investissements. Il y a le citadin qui prend les leviers de commande d'une économie de production où le financement détermine l'organisation des chaînes techniques — qui paie passe commande, et qui passe commande choisit le producteur — et celui qui s'enlise dans le salariat aux pièces ou à l'année, un salariat qu'aggrave déjà l'endettement de ceux qui ne peuvent faire face à l'imprévu.

Parmi les hommes libres, maîtres du sol, l'adversité fige également les positions. Ceux dont le revenu garantit qu'ils ont le temps et la capacité d'exercer la fonction guerrière vont vers une noblesse en laquelle semble se perpétuer l'ancienne aristocratie carolingienne. Les autres finissent par trouver dans la subordination des voies plus sûres vers un semblant de sécurité. Le petit propriétaire libre se mue en tenancier, le grand se mue en seigneur noble. L'homme et la terre forment ici un tout.

Noble, qu'est-ce à dire ? Bien des lignages de la vieille aristocratie franque se perpétuent : ceux qui ont exercé la puissance publique et qui, les premiers dans les années mil, ont adopté le titre de chevalier, *miles,* pour se situer hors du commun. D'autres naissent, fils de la fortune et du hasard des guerres, ou des talents révélés au service des princes. On est encore très loin d'une noblesse définie par ses privilèges, mais on approche d'un groupe social défini par sa fonction, par son genre de vie, par son éthique. La référence à l'ancienneté et à l'illustration d'un

lignage aux ancêtres mythiques autant qu'historiques
participe de cette idée selon laquelle le groupe se fait
de lui-même, tout comme la vogue des récits héroïques qui va donner à la littérature ses premières
chansons de geste. Mais l'individualisme est encore
la règle en cette société dure à l'homme, et chacun,
pour un temps encore, se définit beaucoup plus par
ses qualités personnelles que par son appartenance au
groupe. Tout au plus celle-ci qualifie-t-elle l'un ou
l'autre pour faire ses preuves. Plus que d'un vassal
bien né, le seigneur a besoin d'un vassal qui sait se
battre. Dans la société des années 1100, le titre qui
rend vraiment compte de la place tenue par l'homme
d'armes est maintenant celui de chevalier.

Que sa vocation soit familiale, économique ou physique, le soldat de vocation se distingue là très nettement de l'autre homme libre, celui qui doit un cens
et des corvées pour loyer de la terre qu'il cultive, sa
tenure. Fort de ses bras, de ses armes et de son cheval, le *miles* est en mesure de négocier la concession
d'un fief en échange de sa fidélité. Il est vassal et il
est chevalier : les deux qualités se rejoignent en pratique. Mais il est des chevaliers richement fieffés et
il en est d'autres.

L'hérédité du fief conduit à l'hérédité des capacités, la vigueur physique mise à part. Tel qui sert
avec trente hommes, parce que le revenu de son fief
le lui permet, transmet à son héritier cette même
aptitude à lever trente hommes. Le lien d'homme à
homme, qui est constitutif de la vassalité, entretient
néanmoins le caractère personnel de cette aptitude.
Pour des milliers de guerriers qui ne participent pas
à l'exercice de la puissance publique — loin des
comtes et même des châtelains — il est donc un
caractère commun qui tient à ce que leur naissance
les appelle à la chevalerie. Dès lors qu'ils en prennent conscience, ils perçoivent la noblesse comme un
groupe social.

C'est la pratique du combat qui fait le guerrier.
Des rites viennent donc formaliser cette appartenance

désormais consciente et lui donner valeur de symbole. D'abord simple épreuve d'endurcissement et de contrôle des aptitudes physiques, l'adoubement devient une initiation. Il est le signe de la cooptation. Il en sera bientôt le véritable sacrement, plus ou moins sacralisé par la prière et par la bénédiction des armes. Le futur Louis VI, en 1097, se fait armer chevalier. Après le roi, nul n'y manquera plus.

Et pourtant, le roi n'en avait nul besoin. L'adoubement des princes, c'est la preuve que l'ancienne aristocratie politique détentrice des « honneurs » publics — celle des comtes et des ducs — accepte de mieux en mieux comme siens ces hommes libres qui sont montés vers la libre subordination du vassal et vers le service militaire du fidèle. Amorcée en certaines régions dès avant 1100 — ainsi en Mâconnais — et achevée seulement dans les années 1300, cette fusion des aristocraties touche à la fois le descendant des compagnons de Charles le Chauve et celui d'un combattant brave et chanceux du XIe siècle. Au regard de la royauté grandissante, l'un et l'autre sont dans une même position de subordination et de choix : ils sont et veulent être l'élite. Ils sont la noblesse du roi.

Cette fusion s'achèvera lorsque, à partir du XIIIe siècle, le pouvoir royal se sentira suffisamment fort pour affirmer son droit à faire de nouveau, par sa propre autorité, des ducs, des comtes et des barons.

Dire que la noblesse va se fermer serait excessif. L'esprit de corps et le sentiment d'une commune supériorité veillent aux portes cependant. On entrera toujours, mais plus jamais à l'insu des autres.

Le lignage devient le lien fondamental qui préside à l'organisation sociale de l'aristocratie. Il est l'ensemble de ceux qui se reconnaissent les mêmes ancêtres. Cette consécration de l'hérédité dans le rang social comme dans la détention des pouvoirs de commandement s'accompagne naturellement d'une mutation de la structure familiale : il importe de rendre inattaquable le lignage. On réduit donc le droit des filles sur l'héritage paternel, ce qui limite les glissements vers d'autres lignages. On formalise le sacrement de mariage, plus orienté maintenant vers la formation du lignage que vers la simple reproduction de l'espèce. La faute qu'est l'adultère prend une gravité nouvelle. Il n'est en revanche de mariage qui vaille s'il n'engendre des enfants mâles. Le roi de France Philippe Ier en fait l'expérience, avant son petit-fils Louis VII : mieux vaut un divorce honteux et un remariage bâclé qu'une union stérile ou génératrice de filles. Encore faut-il, en une nouvelle « stratégie matrimoniale » (G. Duby), limiter les mariages des fils, car ils menacent l'héritage d'une excessive division. Mieux vaut marier les filles : ainsi noue-t-on autant de liens dans l'indispensable réseau des alliances qui soudent ce qui devient la noblesse.

Des rapports sociaux bien différents s'établissent dans le monde des villes. Le moindre rôle du revenu foncier et la perception collective du besoin de protection ôtent ici tout sens aux fondements de la société féodo-vassalique. La division du travail, qui caractérise la répartition des tâches entre marchands ou artisans, et qui distingue la vie citadine de la vie traditionnelle des campagnes, conduit le bourgeois à une claire perception de la totale inadaptation des réseaux de solidarité qui préexistaient à l'expansion des économies urbaines.

Ce qui s'impose au sein des villes — entre les métiers — comme au sein de chaque métier, c'est une solidarité horizontale. Nous sommes loin d'un rapport de dépendance durable et transmissible tel que celui qui s'est établi à la campagne entre le maître du sol et le travailleur de ce même sol. Les relations économiques propres à la ville ne créent qu'un rapport occasionnel — clientèle ou salariat limité dans le temps et dans ses effets : il ne tient qu'à l'acte de vente, ou au marché rémunéré aux pièces.

Cette émergence d'un système de solidarités spécifiques de la ville n'est souvent que l'organisation d'une réalité sociale plus ancienne. On connaissait déjà les liens nés du voisinage, les groupements professionnels — ghildes de marchands de certaines villes flamandes — et l'activité communautaire de ces confréries où le facteur religieux s'accompagnait souvent d'une ébauche d'assistance mutuelle.

Les partenaires politiques de cette bourgeoisie naissante réagissent de manières très diverses. L'évêque de Noyon s'entremet pour obtenir la confirmation royale d'une commune que tous, clercs, chevaliers et bourgeois, ont ensemble établie. Aux bourgeois de Valenciennes, c'est le comte de Hainaut lui-même qui donne une « paix » écrite qui fonde les relations sociales au sein de la communauté sur des bases propres, espère-t-on, à prévenir les litiges. A Laon, au contraire, l'évêque Gaudry se fait payer par les bourgeois, puis surenchérit auprès de Louis VI pour faire abroger la charte ; il mourra au cours d'une insurrection, lorsqu'il prétendra faire payer par ces mêmes bourgeois le prix payé par lui au roi pour cette abrogation !

Partout, le mouvement politique des villes apparaît bien avec ses deux visages : émancipation et paix. Il tend à garantir les intérêts propres à un nouveau type de puissance économique et d'organisation sociale. Il ordonne la vie communautaire pour y prévenir des tensions internes où ne sauraient s'appliquer ni la coutume ni le droit contractuel des fiefs et des tenures.

La Croisade

La Croisade est une autre manifestation de ce même mouvement profond qui fait exploser l'Occident aux horizons relativement fermés des derniers temps carolingiens. Dynamisme démographique, besoin d'initiatives, recherche d'activités nouvelles, reprise en main des affaires de la Chrétienté à l'échelle de l'Europe entière, les facteurs sont les mêmes. Mais, avant d'être une reconquête, la Croisade est une conversion. Elle ouvre au Chrétien une voie nouvelle vers la perfection. Elle s'inscrit dans une double tradition de sanctification laïque, celle du pèlerinage et celle du combat contre l'Infidèle. La « reconquête » espagnole à laquelle participent nombre de Français — Bourguignons et Aquitains en particulier — aussi bien que la lutte des Normands de Sicile contre l'Islam ont précédé et facilité la naissance de l'idée même d'une expédition commune de la Chrétienté occidentale contre les ennemis de la foi.

La conjoncture, cependant, définit la Croisade autrement que les engagements individuels du temps passé. D'une part, les progrès du Turc viennent de fermer soudainement la route des pèlerins vers Jérusalem. D'autre part, la consolidation de la réforme grégorienne appelle une action commune de la Chrétienté latine à l'initiative du pontife romain. Dans la mesure où le salut de l'Orient chrétien viendra de l'Église de Rome, la Croisade rappellera la vocation universelle du siège de Pierre. Elle ramènera au juste niveau de leurs capacités politiques et militaires les prétentions autonomistes de l'empereur byzantin et du patriarche de Constantinople. La Croisade pourrait bien imposer une solution au schisme de 1054, et ce serait alors la solution romaine.

L'entreprise offre un autre avantage, non moins lié à la réforme grégorienne. Elle mobilisera et détournera utilement les ardeurs belliqueuses de la chevalerie chrétienne. En 1063, déjà, Alexandre II engageait Champenois et Bourguignons à préférer la guerre contre le Sarrazin au simple pèlerinage. La Croisade apparaît à bien des égards comme la dernière venue des « institutions de paix ». Il s'agit là, bien sûr, de la paix en Occident.

La reconquête amorcée au Xe siècle par les Byzantins a rendu pour un temps à la Chrétienté quelques places stratégiques : Antioche sur le bas Oronte en 969, Édesse à l'est de l'Euphrate en 1031. Elle n'a pas atteint Jérusalem. Bien plus, la possession de la Ville Sainte est devenue l'un des symboles de la puissance des Fatimides d'Égypte. Et voici qu'à partir de 1050 l'apparition des Turcs seldjoukides boule-

verse la carte politique en même temps que l'équilibre religieux. Maîtres de l'Iran, puis du califat de
Bagdad, les Turcs entendent maintenant éliminer
d'Asie toute chrétienté. Ils attaquent le royaume chrétien d'Arménie, occupent l'Asie mineure byzantine,
repoussent les tentatives de reconquête menées dans
la confusion par l'aventurier normand Roussel de
Bailleul et par l'Arménien Philarète. Les Turcs sont à
Antioche en 1084, à Édesse en 1087.

Un retournement de la situation, à la faveur du
partage successoral qui ruine l'unité seldjoukide, est
fort mal exploité par les Byzantins. L'Arménie chrétienne reconquiert Édesse en 1095, et c'est tout.

Ce que l'Occident voit de plus clair dans ces bou-
leversements, c'est qu'il devient pratiquement impossible de se rendre en pèlerinage aux Lieux Saints.
Assez aisé au temps de la domination fatimide, alors
qu'un Foulques Nerra pouvait le faire quatre fois
dans sa vie, le voyage de Jérusalem est maintenant
au prix d'un risque mortel.

Or la reconquête de l'Espagne, la lutte contre les
Arabes de Sicile, la défense constante des grands
ports italiens contre les incursions et les pillages arabes, tout cela acclimate lentement l'idée du combat
contre l'Infidèle. Pisans et Génois sont en Sardaigne
en 1015, en Algérie en 1034, en Tunisie en 1087.
Aquitains et Champenois sont en 1063 sur le front
d'Aragon. Les papes de la réforme encouragent,
négocient, facilitent cette offensive chrétienne.
Urbain II va plus loin : il imagine la Croisade.

Depuis un siècle, en effet, le culte de la Croix ne
cesse de se développer. Ce n'est plus la Croix imma-
térielle, symbole du Christ et de sa mission divine.
C'est le gibet de la Passion. Dans la sensibilité des
années 1050, la Croix portant le Christ douloureux a
pris une importance qu'elle n'avait jamais eue. Croix
de pierre ou de bois, elle s'élève à tous les horizons.
Croix d'orfèvrerie, elle prend place parmi les instruments usuels de la piété privée. C'est tout naturellement que le combat pour la foi se mue en un combat

pour la Croix et que les pèlerins transformés en
champions de la foi vont coudre des croix de toile
ou de drap sur leurs vêtements. La Croix est à la
fois marque de reconnaissance, signe d'appartenance
et expression de la piété.

Le 27 novembre 1095, devant les prélats assemblés
au concile de Clermont, Urbain II dévoile son propos. Il en a, depuis quelques mois, entretenu bien des
évêques et même quelques princes capables, tels Raymond de Saint-Gilles, comte de Toulouse, d'assumer
la réalisation d'une telle entreprise. La harangue du
pontife est simple : les Chrétiens vont délivrer les
Lieux Saints et affranchir leurs frères d'Orient. Le
pape prend le gouvernement de l'affaire. Les familles
et les biens des « croisés » seront sous la sauvegarde
de l'Église.

Pour la première fois, la lutte contre l'Arabe ou
contre le Turc se présente comme une guerre contre
l'Islam. On est loin de la reconquête territoriale
d'Espagne ou de Sicile. La Croisade s'annonce
comme une réplique à la « guerre sainte », comme
une contre-guerre sainte. C'est une affaire d'Église.
Le fait que les souverains occidentaux en soient
tenus à l'écart et que plusieurs d'entre eux soient
d'ailleurs empêchés d'y prendre part — Philippe Ier
est pour l'heure excommunié pour cause de remariage illicite — renforce dans l'esprit des contemporains cette impression : la Croisade n'a rien d'une
guerre séculière. Non seulement c'est l'affaire de
l'Église, mais c'est l'affaire du pape.

Bien des Chrétiens se sentent donc appelés, qu'une
guerre de conquête politique et territoriale n'aurait
sans doute pas fait sortir de chez eux. Urbain II songeait à une expédition militaire, limitée, organisée et,
pour tout dire, efficace. Mais c'est un peuple de
Dieu qu'il voit se lever à son appel, enthousiaste,
inconscient, anarchique. Le pape cherchait une
armée ; il fait surgir une foule.

La chevalerie a été invitée à se préparer. Il faut de
l'argent, et Urbain II a suggéré aux maîtres du sol

d'affermer leur bien ou d'escompter leur revenu à venir. Il faut donc trouver des régisseurs, des prêteurs. S'armer de neuf prend du temps ; faire son testament aussi. Quand les barons sont enfin prêts, les pauvres gens qui n'ont rien eu à préparer sont partis depuis longtemps.

Notons que les monastères, parce qu'ils disposent souvent de numéraire, seront parmi les principaux bénéficiaires de cette vague d'emprunts : bien des chevaliers ne pourront jamais rembourser, et perdront ainsi les terres données en gage.

On a prêché de toutes parts. Pierre l'Ermite est l'un de ces prédicateurs surgis, hors des cadres ecclésiaux et en marge de la réforme grégorienne. Il restera le plus connu de ces meneurs qui lancent sur les routes d'Orient des milliers d'artisans et de paysans, hommes et femmes, vieillards et enfants. Il n'est pas le seul. Son compagnon Gautier sans Avoir — soldat pauvre mais chevalier quand même — représente assez bien ce type de chefs de bande que l'enthousiasme d'un été mue en croisés. Ils sont nombreux. Aucun ne sait s'improviser chef de guerre.

La marche de ces pauvres gens est à elle seule une catastrophe. Les croisés n'ont aucune idée de ce qui les attend. Beaucoup croient voir Jérusalem à chaque ville. La fatigue, la faim, la dysenterie les déciment. Lorsqu'ils parviennent devant Byzance, l'empereur les fait ravitailler mais leur refuse l'entrée de la capitale, qu'il craint à juste titre de voir pillée. Les survivants de cette équipée s'engagent tant bien que mal dans une folle traversée de l'Asie mineure ; ils se font tailler en pièces par les Turcs le 21 octobre 1096 à Hersek. On retrouvera Pierre l'Ermite parmi les fugitifs.

Le légat Aymar de Monteil en est encore à organiser en Europe la Croisade telle que l'a souhaitée le pape. La mission de l'évêque du Puy mué en représentant personnel d'Urbain II est double : coordonner les initiatives des chefs militaires, qui ne sauraient être autres que les princes croisés, et affirmer là l'hégémonie pontificale. Tâche rude, car les barons, pour croisés qu'ils soient, ne conçoivent guère que l'autorité et le commandement puissent s'exercer hors des cadres de pensée et d'organisation procurés par le système féodo-vassalique. Le légat doit donc tenir compte des forces politiques du monde occidental et faire face, dans le même temps, à la résurgence en Orient des motivations profondes de l'engagement militaire : la conquête, l'occupation, l'enrichissement.

La Chrétienté d'Europe était inégalement soumise à l'autorité pontificale, et inégalement acquise à la réforme grégorienne. Elle répondit inégalement à l'appel d'Urbain II et aux sollicitations d'Aymar de Monteil.

Le duc de Basse-Lorraine — en gros, le futur Brabant — Godefroy de Bouillon et son frère Baudouin de Boulogne menèrent une première armée qui gagna Byzance par la route du Danube. Les Français du Nord et ceux du Midi suivirent en deux corps séparés, commandés l'un par le duc de Normandie Robert Courteheuse — le fils aîné de Guillaume le Conquérant — et le comte de Flandre Robert II, l'autre par le comte de Toulouse Raymond de Saint-Gilles. D'abord pressenti par le pape pour être le chef militaire de la croisade entière, Raymond de Saint-Gilles n'en commandait en définitive qu'une partie. L'unité ne tenait qu'à l'autorité du légat, difficilement acceptée par les barons dans les moments où des choix stratégiques s'imposaient. Autant dire que la croisade s'ébranlait dans le désordre et qu'elle était assurée de demeurer anarchique.

Pendant ce temps, le fils de Robert Guiscard, Bohémond de Tarente, et son neveu Tancrède, marchaient sur Byzance avec un fort groupe de Normands de Sicile. Ils passèrent par la Macédoine. Ils connaissaient bien la route, s'étant souvent dressés, dans le passé, contre la domination byzantine ; c'est précisément sur cette route qu'ils avaient, dix ans plus tôt, mené la guerre contre l'empereur. Dans l'esprit de Bohémond et de ses hommes, le droit des héritiers de Justinien ne pesait pas lourd.

L'empereur Alexis Comnène avait vu sans plaisir l'arrivée de la horde de 1096. Il n'apprécia pas davantage la venue des barons. Byzance avait tout à craindre des effets de la Croisade. Bohémond était un ennemi avoué. Raymond de Saint-Gilles et Godefroy de Bouillon se révélaient incertains quant au retour à l'Empire des terres qui allaient être reprises aux Turcs. Rendre les Lieux Saints à la Chrétienté n'était pas nécessairement rendre à Alexis Comnène l'empire de Justinien. Face à un empereur schismatique, les Latins se trouvaient dans une situation bien différente de celle que connaissaient en Espagne les protagonistes de la reconquête.

Les croisés se retrouvèrent à Byzance au printemps de 1097. Un an plus tard, ils prenaient Édesse. Antioche tomba en leurs mains, après sept mois de siège, le 3 juin 1098. Le 15 juillet 1099, enfin, alors que bien des croisés avaient déjà abandonné l'armée pour profiter des premières conquêtes et s'y constituer des seigneuries, Godefroy de Bouillon menait l'assaut final contre Jérusalem. Césarée devait tomber en 1101 et Acre en 1104.

L'empereur avait, à la faveur de la Croisade, récupéré une partie de l'Asie Mineure et allégé d'autant la pression turque sur Constantinople. Le reste de la conquête lui échappait. Les croisés, en revanche, s'installaient dans la colonisation. A tous les niveaux de la société, la croisade comptait des cadets sans grand héritage, des fils de l'explosion démographique. Les uns défrichaient en Occident, les autres s'établirent en Orient. Bohémond garda pour lui la nouvelle « principauté » d'Antioche, dans laquelle Tancrède devait lui succéder. Baudouin de Boulogne se fit comte d'Édesse à la place du prince arménien qui avait eu l'imprudence de l'appeler au secours. Bertrand, fils de Raymond de Saint-Gilles, occupa enfin Tripoli (12 juillet 1109) et y fonda son propre comté.

A Jérusalem, Godefroy de Bouillon devait composer avec l'autorité du légat. Il se contenta d'un titre à la fois modeste et ambitieux : « avoué du Saint

Sépulcre». Lorsque son frère Baudouin de Boulogne
lui succéda en 1100, il força la main du nouveau
légat Daimbert de Pise et se fit tout simplement couronner roi de Jérusalem.

Un état «franc» venait de naître en Orient, que
l'échec des expéditions de renfort — celle de Guillaume de Nevers, de Guillaume IX d'Aquitaine et de
Welf de Bavière fut en 1101 la première — allait
consolider dans son isolement. La plupart des croisés
étaient rentrés. Restaient en Terre Sainte vers 1100
un millier de soldats et quelque deux cents chevaliers. Pour tenir un pays, garder les villes et contrôler
les routes, c'était insuffisant. L'Orient latin avait
besoin de ces nouveaux venus que l'on vit arriver au
fil des années : pèlerins, marchands, moines-soldats
des ordres militaires. Mais entre les Francs établis en
premier et ces Occidentaux qui n'étaient pas des
croisés, les malentendus devaient se multiplier. Ces
apports auraient pu servir et sauver le royaume latin ;
ils eurent surtout pour effet d'en aggraver et d'en
renouveler les tensions internes.

Conséquence inattendue de cette occupation réalisée d'un seul tenant et sans grand progrès ultérieur,
alors que les royautés occidentales avaient si peu de
part à l'affaire, la féodalité qu'implantent en ces
années-là les croisés en Orient latin va demeurer
jusqu'en plein XIIIᵉ siècle le plus classique, le plus
cohérent et le mieux défini des systèmes politiques
fondés sur l'hommage et la concession de fief. La
féodalité de Terre Sainte n'est pas, comme celle
d'Europe, le produit divers et pragmatique d'une
mutation séculaire de la puissance publique. Elle est
le reflet idéal et construit des expériences de
l'Europe occidentale.

Les chansons de geste

Ce n'est donc pas par hasard que commencent
alors de prendre forme les récits épiques où s'inscrivent à la fois les racines historiques et mythiques de

l'aristocratie des guerriers et l'éthique significative de leur groupe social. *La Chanson de Roland* met en scène toutes les forces qui s'exercent dans la société, de la foi qui anime la lutte commune contre l'Infidèle à la trahison qui se noue au sein même du groupe de fidèles. Il y a le défi, le pari, le refus, la mort. Il y a le merveilleux, l'intervention divine dans les affaires de ce monde, le « Jugement de Dieu ». La *Chanson de Guillaume* offre tous les ressorts de cette société fondée sur l'allégeance volontaire et contractuelle, sur la fidélité, sur l'honneur. Long poème de la morale vassalique, c'est l'idée que se fait d'elle-même une féodalité parvenue à son point d'équilibre. Quant *à Gormont et Isambart,* c'est le drame du renégat, du Chrétien tenté par les séductions de l'Islam mais tourmenté par une conscience chrétienne qui, finalement, l'emporte.

Le XIIe siècle qui commence, celui des pèlerinages et des voyages, celui des solidarités de lignage et des prouesses guerrières, se combine là avec les temps légendaires que procurent le thème et les héros. Mais les thèmes ne sont que prétextes : quelques chroniques, quelques poèmes latins ont servi de support à la mémoire et à l'improvisation. L'histoire de Roncevaux, le premier des comtes de Toulouse, les invasions normandes ne sont que des apparences de référence, et les visages héroïques sont remodelés par l'idéal des temps nouveaux afin d'en devenir l'illustration. Ainsi le génie propre du XIIe siècle donne-t-il à une matière complexe, sans doute plus orale qu'écrite, une forme littéraire qui annonce la « renaissance » du milieu du siècle et qui y contribuera. On christianise l'épopée. On l'humanise aussi.

La chanson de geste n'est pas simple divertissement poétique. Elle est symbole et moyen de la cohésion intellectuelle de ce groupe éthique qui tend à devenir une noblesse. Le culte du héros et la mémoire des hauts faits d'armes procèdent autant de la transmission collective des idéaux que de la nostalgie des combats passés.

D'autres récits vont se développer autour des premières chansons. La généalogie entre dans l'épopée comme l'hérédité dans la noblesse. On chante le lignage comme on le vit. La femme conquiert sa place dans la geste comme dans la société. L'amour courtois rejoint la prouesse du guerrier, participant d'une même morale et dessinant un même comportement.

La geste du roi s'organise, avec *Berthe au grand pied,* le *Pèlerinage de Charlemagne,* la *Chanson d'Aspremont* et bien d'autres, qui sont la postérité mythique et littéraire de la *Chanson de Roland.* Guillaume d'Orange et le comte de Toulouse Guillaume — le héros de la première chanson — se confondent en un cycle de Guillaume d'Orange qui brosse le portrait du héros représentatif du combat contre l'Islam : c'est le *Charroi de Nîmes,* le *Couronnement de Louis.* Mais il y aura du Louis VII dans le débonnaire Louis du *Couronnement,* on trouvera dans cette geste très politique toute l'inquiétude des clercs devant la faiblesse du pouvoir royal, et on comprendra les amertumes de la féodalité à travers l'hostilité que, dans le *Charroi,* manifeste envers son roi le preux Guillaume.

D'autres cycles se forment alors, comme cette geste, si diverse, de Doon de Mayence où entrent à la fois l'ancien *Gormont* et les compositions plus récentes, héroïques ou merveilleuses, que sont *Girard de Roussillon* et bientôt les *Quatre Fils Aymon,* autrement dit *Renaud de Montauban.*

La Croisade est venue à point pour créer de nouvelles figures et donner au combat de la foi une actualité qui ne soit pas seulement littéraire. Le *Chevalier au Cygne* sera au XIVe siècle l'aboutissement de cette œuvre disparate où la personnalité à demi mythique de Godefroy de Bouillon alimente en coups d'épée et en exemples de droiture un filon chevaleresque qui, sans lui, tarissait. Une œuvre originale émerge du lot : la *Chanson d'Antioche,* où un poète originaire d'Artois sait conter les espérances et les souffrances des pauvres gens de la première expédition.

Les récits historiques eux-mêmes — ceux de Foucher de Chartres, de Raymond d'Aiguilhe ou de Baudry de Bourgueil — mêlent quelque peu l'imaginaire et le réel. Le témoignage oculaire s'insère dans la compilation, mais il n'est pas sûr que les témoins oculaires aient toujours bien compris ce qu'ils voyaient et ce qu'ils faisaient. L'œuvre narrative et l'invention épique se rejoignent de bonne foi dans une création littéraire qui procède de la Croisade comme sans doute, un siècle plus tôt, elles concouraient à la genèse des épopées carolingiennes.

Nouvelles formes de la vie religieuse

Après les grands mouvements de rénovation religieuse, voici venu, même pour la vie monastique, le temps de l'organisation. C'est l'âge des règles nouvelles, des fondations durables, des édifices construits. Des ordres apparaissent, qui prennent le relais de Cluny quant à l'ordonnance de la prière et de la contemplation. Ils constituent autant d'originalités dans l'idée que l'on se fait de la relation avec Dieu et dans l'expression qu'on en propose aux âmes éprises de pureté évangélique.

A Fontevrault, Robert d'Arbrissel imagine entre 1099 et 1101 un monastère double, hommes et femmes vivant séparés sous l'autorité unique de l'abbesse et se retrouvant seulement pour prier. Pour la première fois, le monachisme traite la femme autrement qu'a posteriori et à l'imitation de l'homme. Alors que se développe la littérature courtoise, le fait est significatif.

A la Chartreuse, l'abbé Guigue élabore une règle originale, qui rappelle quelque peu les premières formes du monachisme, inspirées du cénobitisme oriental. La vie commune comporte l'isolement absolu : les moines vivent en cellules isolées qui s'ordonnent autour d'un cloître, dans un silence quasi perpétuel. Le seul rassemblement de la communauté, c'est l'office.

Comme Grandmont, Fontevrault et la Chartreuse essaiment. Nul n'a oublié l'exemple de Cluny. La fondation monastique conduit à l'ordre.

C'est cependant à Cîteaux, et là seulement, que s'élabore un nouveau monachisme propre à bouleverser l'Église. La «Charte de Charité» rédigée en 1118 par l'abbé Étienne Harding, deuxième successeur du fondateur Robert de Molesme, et approuvée l'année suivante par le pape Calixte II, organise en une règle les exigences d'austérité, de pauvreté réelle, de pénitence individuelle et communautaire, de travail manuel restauré dans sa dignité de voie vers le salut. La gloire de Dieu ne passe plus par son assimilation à la puissance humaine. Les cisterciens ne sont pas, comme les clunisiens, seigneurs en nom collectif ; ils se font eux-mêmes exploitants, défricheurs, laboureurs, éleveurs. Volontairement établis dans l'isolement — celui que procurent les vallées reculées, en bien des cas — ils y fondent leur vie communautaire sur l'autarcie matérielle.

En 1115, le moine Bernard quitte Cîteaux pour fonder dans un vallon champenois la nouvelle abbaye de Clairvaux. Bernard est un jeune noble de grand caractère, d'excellente instruction religieuse autant que classique, bon connaisseur de la société politique et de l'Église. Son mysticisme et sa volonté de pénitence sont ceux d'un homme d'action, non d'un contemplatif. Prédicateur ardent, capable d'entretenir une controverse avec un théologien ou une correspondance avec un prince, il se fait le champion des nouvelles conceptions de la vie religieuse. Il draine les vocations. Il fonde, en trente-huit ans, soixante-huit abbayes.

La religion de saint Bernard est éloignée du formalisme. Avant tout, elle est empreinte d'amour. Le culte de la Vierge devient, dans cette mutation de la spiritualité, l'un des piliers du christianisme occidental. Mais la piété de saint Bernard n'est pas celle de l'Église séculière, non plus que du monachisme clunisien. Il polémique âprement contre le triomphalisme

dont l'abbé de Saint-Denis, Suger, apparaît comme le
représentant le plus politique. Il inspire les créateurs
de cette architecture, austère en ses lignes architectoniques et dépouillée de toute ornementation superflue,
qui va rester l'architecture « cistercienne ». Dans le
même temps, il pourfend les hérésies, celle d'Abélard
comme celle de Pierre de Bruys. Il se fait accepter
comme le conseiller des princes, et même du pape. Il
sauve Innocent II du schisme ouvert en 1130 par l'antipape Anaclet. Il conduira la politique d'Eugène III et
sera en 1146, à Vézelay, l'ardent prédicateur de la
deuxième croisade.

Malgré l'intention des fondateurs qui réagissaient
contre l'empire clunisien avec sa hiérarchie de prieurés soumis à l'abbaye-mère, la famille de Cîteaux se
transforme très vite en ordre. Cîteaux et ses « filles »
— Clairvaux, La Ferté, Pontigny, Morimond — se
trouvent à la tête de rameaux, faits de l'autorité
morale d'une abbaye — ou plutôt d'un abbé — sur
les nouvelles abbayes fondées par ses moines.
L'arbre se ramifie. Clairvaux compte parmi ses filles
Savigny et Hautecombe, elles-mêmes à la tête d'une
congrégation : vingt-sept abbayes pour Savigny, dix
pour Hautecombe.

Un chapitre général assure chaque année l'unité de
pensée dans la gestion de la vie communautaire et
dans l'organisation de la prière. Juridiction d'appel,
organe collectif de surveillance et de prévention des
glissements doctrinaux ou moraux, le chapitre général
réalise, autour de l'abbé général qui est celui de
Cîteaux, le lien souple et efficace qui, limité à
l'essentiel, garantit la cohésion de cet ensemble de
monastères indépendants qui constituent la « congrégation » de Cîteaux. A la mort de saint Bernard, en
1153, cette congrégation est déjà forte de trois cents
abbayes. Cîteaux a atteint l'Italie, l'Allemagne,
l'Angleterre. Au contraire de Cluny, qui a souvent
adopté des établissements religieux déjà vivants et
anciens, et malgré quelques passages collectifs à
l'obédience cistercienne, comme à Savigny en Nor-

mandie ou à Aubazine en Limousin, Cîteaux a surtout fondé. Le progrès du monachisme s'ajoute donc
à la mutation de ses formes.

La naissance de l'Orient latin fait aussi apparaître
une forme nouvelle et originale d'engagement religieux. Combinant l'héroïsme de la chevalerie et
l'abnégation du moine, l'ordre militaire offre une
voie de salut aux amateurs de prouesses et aux
croyants que séduit le combat pour la foi. L'ordre de
l'Hôpital résulte de la transformation en moines-
soldats de ces chapelains qui, bien avant la Croisade,
géraient l'hôpital Saint-Jean à Jérusalem. L'ordre du
Temple est une création spécifique d'une Terre
Sainte où règne l'insécurité : on la doit à l'initiative
manifestée peu après la Croisade par quelques chevaliers français groupés autour du Champenois Hugues
de Payns.

Ces ordres trouvent leur équilibre en des règles où
les vœux monastiques — pauvreté, chasteté et obéissance — se combinent pour répondre au besoin de
protection éprouvé par une Chrétienté d'Orient un
peu délaissée après le retour en Europe de la majorité des croisés. Mise au point en 1128 au concile de
Troyes et sans doute avec l'aide de saint Bernard lui-
même, la règle du Temple est un modèle d'organisation religieuse inspirée des structures de la société
féodale. Des chevaliers, des sergents — les non-
nobles — et des chapelains concourent à l'accomplissement des missions du Temple. Ainsi réalise-t-on
une intelligente adaptation du monachisme à une fonction jusque-là réservée au monde laïque : le maintien
de l'ordre et de la sécurité. Pour le Temple, l'office
est essentiel mais il est rudimentaire, à la mesure du
temps disponible et des capacités intellectuelles de
frères recrutés pour leur bravoure et non pour leur
aptitude à la méditation. Le combat tient ici la place
de la mortification. La théologie demeure courte.
Certes, le templier est avant tout un religieux, mais
c'est de guerriers que l'on a besoin sur les chemins
de la Terre Sainte, non de moines. Guerriers et non

vassaux, selon un type que la société féodale peut comprendre et qui reste cependant en marge des structures féodales et vassaliques bien connues de tous, les templiers sont par excellence les soldats du Christ.

Conçue comme une participation à la sauvegarde des Lieux Saints, donc à l'œuvre de Croisade, la charité envers le Temple fait de l'ordre, dès le milieu du XIIᵉ siècle, une puissance économique à l'échelle de la Chrétienté. En Occident, les « commanderies » du Temple sont à la fois des exploitations agricoles, des centres de recrutement et de formation, voire des lieux de retraite pour les frères âgés ou malades. Ce qui est dans l'immédiat une force du Temple deviendra à la longue, devant l'opinion chrétienne, une faiblesse et un défaut : l'ordre a ses revenus en Occident et ses charges en Orient. Cela le conduira vers une activité bancaire.

Louis VI

Louis partageait avec son père le gouvernement du royaume depuis près de dix ans lorsqu'en 1108 la mort de Philippe Iᵉʳ le fit seul roi de France. Louis VI avait déjà fait l'expérience de la dure frontière normande du Vexin. Il avait souffert des incommodes féodaux qui tenaient en Ile-de-France même les routes du domaine royal. La mort de son père lui donna les mains libres à l'égard d'une cour où l'hostilité de Bertrade de Montfort — la dernière épouse, discutable et discutée, de Philippe Iᵉʳ — entretenait jusque-là intrigues et complots. Il pouvait entreprendre de donner à la royauté capétienne une force politique correspondant à ses prétentions théoriques.

C'en était, un peu partout, fini de l'émiettement des pouvoirs qui avait, sauf en quelques cas comme en Normandie, caractérisé le XIᵉ siècle. De fortes principautés se constituaient et la royauté participait de ce mouvement général de renforcement centralisateur. Aux yeux des contemporains de saint Bernard, ce n'était pas encore la lutte des princes et de la Couronne, mais c'était l'affirmation des princes — du roi entre autres — contre les châtelains.

Le roi d'Angleterre Henri Ier Beauclerc, le dernier des fils du Conquérant, venait de mettre la main, à la bataille de Tinchebray (28 septembre 1106), sur la personne du duc Robert Courteheuse, son frère, et établissait en Normandie une autorité forte, appuyée sur un système administratif et financier déjà structuré et sur la réputation d'une justice bien rendue. Il réprima quelques rébellions féodales, encouragea le développement économique des villes et favorisa le défrichement des campagnes.

Foulques V (1109-1129) était pendant ce temps aux prises en Anjou avec les châtelains à demi indépendants et même avec la bourgeoisie d'Angers. Les tenant en échec sans vraiment les réduire, il ajoutait dans le même temps à l'Anjou et à la Touraine ce Maine que, depuis Foulques Nerra, la principauté angevine n'avait cessé de disputer à l'indépendance — celle des comtes et celle des évêques du Mans — et à l'influence des ducs de Normandie.

En Flandre, Baudouin VII « la Hache » (1111-1119) menait le même combat, mais avec de plus rudes méthodes. L'ordre public se fondait sur le gibet et sur la hache du bourreau. La petite féodalité s'inclina. Les voisins inquiets — Brabant, Boulogne, Coucy — et d'éventuels candidats au comté voulurent intervenir en 1119 à l'avènement de Charles de Danemark. Le nouveau comte de Flandre les écrasa, puis fit alliance avec les villes pour mettre rapidement au pas la féodalité : les villes industrielles et marchandes voyaient dans les querelles des barons un obstacle au développement économique, et les incessants soubresauts de la vie politique dans lesquels se trouvait impliqué le menu peuple ruinaient les efforts de la jeune bourgeoisie en quête d'une sécurité favorable aux affaires. Charles de Danemark trouva sans peine l'appui des dynamismes économiques au renforcement de l'autorité politique. Il y gagna chez les clercs et les bourgeois le surnom de Charles le Bon, avec une popularité qui dépassa vite les villes industrielles enfin tranquilles : plusieurs électeurs allemands songèrent à lui, en 1125, pour une couronne impériale qu'il refusa de postuler afin de ne pas sacrifier la poursuite de son œuvre politique en Flandre même.

Les féodaux ne désarmaient pas. L'un d'eux l'assassina en mars 1127, à Bruges, alors qu'il priait sans défense. La circonstance fit du comte Charles un saint.

Les villes faisaient maintenant figure de partenaires normaux des pouvoirs centraux. Cette entrée en scène bouleversa le jeu politique. Le prince tenait désormais la tête de deux réseaux d'intérêts et de fidélités. L'un, aussi personnel que réel, était fait des vassaux assis sur leurs fiefs. L'autre, purement territorial et où le lien féodal n'était qu'un décalque commode, se constituait des forces économiques nouvelles et des structures politiques originales du monde citadin.

Plus complexe encore était la situation dans la France du Midi, où il fallait compter avec la tradition municipale et avec la faiblesse relative du lien féodo-vassalique. Le fils de Raymond de Saint-Gilles, Alphonse-Jourdain, qui gouverna pendant un demi-siècle le comté de Toulouse (1109-1148) devait d'abord faire face aux prétentions d'un duc d'Aquitaine qui voyait dans le Languedoc l'une des pièces de cette vaste Aquitaine — de Poitiers à Clermont et à Montpellier — dont il aurait volontiers fait un royaume de la France méridionale. Guillaume IX d'Aquitaine, qui refusait de prêter hommage au roi pour son duché, occupa Toulouse de 1098 à 1101 et de 1114 à 1120. Alphonse-Jourdain avait aussi à se défendre des entreprises du comte de Barcelone sur la Provence et devait contenir les ambitions des barons pyrénéens. L'histoire déjà ancienne des communautés urbaines dans les pays de Langue d'Oc lui interdisait de passer pour le père des libertés municipales. Bien plus, multipliant les fondations de villes-neuves, comme à Montauban en 1144, le comte de Toulouse s'attachait à créer des communautés à privilèges délimités dont le propos était double : quadriller le pays et faire obstacle à la multiplication de consulats pratiquement indépendants.

Louis VI était un homme ferme et prudent. Mais il se montra d'abord mal avisé d'accorder sa faveur à la famille de Garlande, et particulièrement au clerc Étienne de Garlande dont il fit son sénéchal : la politique de Garlande et son avidité suscitèrent l'hostilité générale, aussi bien chez les clercs — derrière Yves de Chartres et saint Bernard — que parmi les barons, jaloux d'un tel pouvoir et d'une telle fortune. Le roi fut mieux inspiré lorsque après la disgrâce de Garlande (1127) il fit ses conseillers du fidèle et excellent capitaine qu'était le comte Raoul de Vermandois et du sage et prudent administrateur qu'était l'abbé de Saint-Denis Suger. L'un et l'autre firent de la cour du Capétien — une cour où l'aristocratie des comtes, des évêques et des abbés était encore assez peu présente — un véritable organe de gouvernement et développèrent l'appareil administratif grâce auquel l'autorité royale ne tenait plus seulement au prestige personnel du souverain.

Le Capétien entendait être maître chez lui. Trente ans d'opérations militaires nettoyèrent le domaine royal de ces repaires de pillards qu'étaient pour la plupart les châteaux féodaux. Des coalitions furent organisées, comme en Beauce contre Hugues du Puiset, dont il fallut trois fois raser la forteresse. On alla jusqu'à prêcher en 1114 la croisade contre Thomas de Marle, le propre fils d'Enguerran de la Fère, le premier des sires de Coucy. Les barons, les archevêques et les villes fortes tremblaient devant Thomas ; le roi ne parvint à le réduire définitivement qu'en 1130.

A la fin de son règne, Louis VI pouvait enfin se rendre en toute tranquillité de Paris à Chartres ou à Orléans. Les marchands aussi, qui en profitèrent.

Le roi s'assura aussi de son entourage. Il contraria notamment le glissement des grands offices vers l'hérédité. A vrai dire, plus qu'une hérédité, c'était

une mainmise progressive de quelques familles sur
les fonctions essentielles de l'administration domestique et du gouvernement politique, toujours confon-
dues à la cour du Capétien. Longtemps, cette
évolution s'était trouvée ralentie par les rivalités
complexes entre les lignages des maîtres des châteaux — les Beaumont, les Montmorency — qui
dominaient la cour. Lorsqu'on vit croître, à la fin du
XIe siècle, l'influence de la petite chevalerie venue
des cités et des châteaux — de Senlis, de Laon, de
Montlhéry — la tendance s'affirma. Louis VI répliqua en ébauchant une définition plus précise des
attributions de ces grands officiers. Surtout, il imagina de rompre la continuité du pouvoir représenté
par ces offices. Le premier touché fut naturellement
celui dont Étienne de Garlande s'était servi pour tenter une véritable appropriation du pouvoir : de 1127
à 1131, il n'y eut pas de sénéchal. Cette politique
allait devenir systématique dans la seconde moitié du
siècle, et toucher aussi bien l'office du connétable
que celui du chancelier.

Cependant qu'il écartait ainsi le risque de se trouver un jour mis en tutelle, le Capétien se voyait à
nouveau capable d'intervenir dans les affaires de ses
grands vassaux. Il le fit avec un bonheur inégal. En
1109, il matait la rébellion d'Aymon Vaire-Vache,
sire de Bourbon. En 1124, après une assemblée où il
avait, chose nouvelle, vu venir des barons et des prélats de tout le royaume, il menait, à travers la Champagne, contre l'empereur germanique Henri V — le
dernier empereur de la dynastie franconienne — une
campagne rapide et efficace où l'on voyait pour la
première fois aux côtés d'un Capétien les plus grands
barons de la France du Nord. Deux ans plus tard,
Louis VI était en Auvergne, où il contraignit le duc
Guillaume d'Aquitaine à prêter enfin hommage. En
1127, il dirigea l'expédition qui châtia les meurtriers
du comte de Flandre Charles le Bon.

Là, cependant, il échoua à imposer durablement ses
vues et son candidat. Son homme était Guillaume

Cliton, ce fils du duc de Normandie Robert Courteheuse dont Henri Beauclerc s'obstinait à ignorer les
prétentions sur le duché. Mais Cliton n'était qu'un
homme de paille, et la mainmise royale sur la Flandre se laissait trop aisément entrevoir. Le candidat du
Capétien avait, en arrivant, accordé aux grandes villes — Bruges, Gand, Aire, Saint-Omer — des libertés dont il manifesta vite qu'il n'entendait pas les
respecter. En moins de deux ans, ses maladresses et
ses exigences financières dressèrent contre lui la
noblesse et les villes, pour une fois unies. Tout le
monde se tourna vers celui qu'avait évincé le roi :
Thierry d'Alsace, cousin du dernier comte, connu
pour sa modération politique et pour sa fermeté. Malgré l'intervention des évêques et après une vaine
épreuve de force où Cliton se fit tuer, Louis VI dut
s'incliner ; Thierry d'Alsace eut l'habileté de ne pas
marchander son hommage pour la Flandre. Le roi
avait trop espéré ; au vrai, il consolidait en Flandre
sa suzeraineté. Le progrès était en soi considérable.

Le roi de France était moins heureux quant à sa
suzeraineté sur la Normandie. Celle-ci pesait au duc-
roi Henri Beauclerc, qui ne cessa durant un quart de
siècle de harceler le Capétien pour secouer le joug
politique, dégager sa frontière du Vexin et faire sauter le verrou parisien établi sur la Seine moyenne.
Abandonnant du terrain au traité de Gisors en 1113,
mis en fuite à Brémule en 1119, capable de faire
approuver son concile de Reims mais non de décider
le pape Calixte II à se prononcer contre Henri Beauclerc, décontenancé de surcroît par l'échec de son
soutien à Guillaume Cliton, Louis VI apparaissait
comme le perdant de cette longue affaire normande
quand le naufrage de la Blanche-Nef vint priver en
1120 le roi-duc de tout héritier direct.

La Normandie allait vivre de ce fait quelques
années de crise, jusqu'à ce qu'un mariage vienne
changer en 1127 l'équilibre politique dont avaient
joué les Capétiens : Mathilde, fille et dernier survivant des enfants du roi Henri, épousa le comte

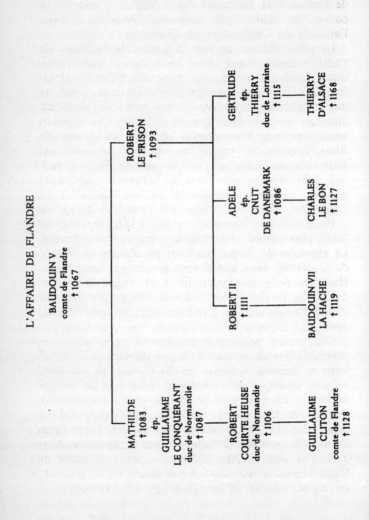

L'AFFAIRE DE FLANDRE

BAUDOUIN V
comte de Flandre
† 1067

ROBERT LE FRISON
† 1093

GERTRUDE
ép.
THIERRY
duc de Lorraine
† 1115

THIERRY
D'ALSACE
† 1168

ADÈLE
ép.
CNUT
DE DANEMARK
† 1086

CHARLES
LE BON
† 1127

ROBERT II
† 1111

BAUDOUIN VII
LA HACHE
† 1119

MATHILDE
† 1083
ép.
GUILLAUME
LE CONQUÉRANT
duc de Normandie
† 1087

ROBERT
COURTE HEUSE
duc de Normandie
† 1106

GUILLAUME
CLITON
comte de Flandre
† 1128

d'Anjou Geoffroy le Bel, fils de Foulques V. Normandie et Anjou dans les mêmes mains, c'était le roi de France à la merci de ses ennemis, y compris ce comte de Blois que contenait jusque-là, seule, l'alliance du Capétien et de l'Angevin.

La seule chance du roi, la principale faiblesse de l'édifice construit par Henri Beauclerc, c'était l'incertitude juridique qui pouvait conduire l'état de Geoffroy le Bel à une guerre de succession. Tout le monde n'était pas convaincu des droits de Mathilde, donc de ceux de Geoffroy le Bel, que l'on appelait aussi Geoffroy Plantagenêt. Le frère du comte de Blois, Étienne, fit valoir les droits de sa mère, qui était fille de Guillaume le Conquérant. Bien enracinée dans le Val de Loire, la rivalité de Blois et d'Anjou allait se transporter en Normandie et en Angleterre.

Henri Beauclerc mourut en 1135. Étienne de Blois fut le plus rapide, et le mieux soutenu en Normandie. La situation du duché devenait paradoxale au regard du Capétien, mais elle n'était pas moins dangereuse. Huit ans de guerre entre Blois et Anjou furent, en définitive, ce qui sauva le roi de France d'un affrontement immédiat : ces guerres sauvèrent Louis VI et, après 1137, Louis VII.

Ceux-ci en profitèrent pour marquer ailleurs des points. C'est ainsi qu'on vit Guillaume X d'Aquitaine se tourner vers son roi : il n'avait qu'une fille, prêtait volontiers l'oreille aux propos d'un clergé favorable au Capétien, et se montrait sensible aux progrès de la royauté. Quelques semaines avant sa mort, Louis VI concluait le mariage du futur Louis VII — déjà sacré roi de France, en association avec son père, depuis six ans — avec la jeune et belle Aliénor d'Aquitaine. Le domaine royal, pouvait-on croire, s'étendrait bientôt jusqu'aux Pyrénées.

CHAPITRE IV

Le temps de l'organisation

(1130-1180)

Une nouvelle principauté territoriale

Le temps des châtelains indépendants est bien fini. Les nouvelles forces vives de la société jouent à l'encontre de cet émiettement de la puissance publique. Le mouvement lié aux défrichements s'accommode mal des limites étroites de la seigneurie banale. Nés des surplus de production agricole et des productions nouvelles des villes, les échanges économiques ne se circonscrivent pas selon le morcellement du pouvoir et de ses attributions, de la justice comme de la monnaie.

Naguère usurpé par les comtes et les châtelains, le pouvoir banal se trouve à son tour miné par ceux qui, au bas de l'échelle des pouvoirs, se hissent au long de l'échelle des dynamismes et des profits. D'entrée de jeu, la bourgeoisie cherche ses interlocuteurs à un plus haut niveau, traite avec l'évêque ou avec le comte, en appelle au roi. Quand on trafique sur les routes du grand commerce, quand on investit à long terme, on a besoin d'autres sécurités que celles, suffisantes dans le cadre limité de l'économie domaniale, que pouvait offrir le châtelain local.

Rares sont les princes territoriaux qui ont su maintenir, comme le duc de Normandie ou le comte de Flandre, l'unité de cet ensemble de terres qu'est leur principauté. Mais en usant de toutes les opportunités qu'offre le droit des héritages, en recourant, aussi, à la force quand le droit fait défaut, il est des princes qui s'entendent à profiter d'une telle évolution. La taille des complexes territoriaux — du domaine royal

comme des grands fiefs — leur confère une véritable
différence de nature. Les comtes de Toulouse se
posent en maîtres presque souverains de la France du
Midi. Les ducs de Bourgogne et les comtes de
Champagne protègent et favorisent le passage et la
venue des marchands étrangers et donnent ainsi à
leur principauté un rayonnement d'un type original.
D'autres, comme le comte de Flandre ou celui de
Provence, nouent des relations diplomatiques à
l'échelle de l'Europe occidentale.

Exceptionnel est cependant le destin des Plantagenêts. C'est en quelques années, et parfois sans coup
férir, qu'ils réalisent l'une des plus étonnantes constructions politiques qu'ait connues le monde médiéval.
Comte d'Anjou et du Maine, Geoffroy Plantagenêt — Geoffroy le Bel — a épousé en 1128 la veuve
de l'empereur Henri V, le dernier de la dynastie franconienne fondée un siècle plus tôt par Conrad II. La
veuve n'était autre que Mathilde, fille et unique enfant
survivant du roi d'Angleterre Henri Ier Beauclerc. De
quelque côté qu'on considérât Mathilde, l'alliance était
prestigieuse pour un comte d'Anjou.

Lorsque meurt Henri Ier en 1135, Geoffroy Plantegenêt s'incline en Angleterre devant Étienne de
Blois, mais il entreprend la conquête du duché de
Normandie, conquête qui s'achève en 1144 lorsque le
nouveau entre enfin dans Rouen. Il a purement et
simplement acheté la neutralité de Louis VII en lui
cédant le Vexin normand.

Quelques années passent. Le fils de Geoffroy,
Henri Plantagenêt, est à la cour de France l'un des
princes les plus en vue. Il séduit la propre femme du
roi, cette Aliénor d'Aquitaine dont la conduite a déjà
fait jaser pendant la deuxième croisade où elle
accompagnait un Louis VII assez peu sensible, sem-
ble-t-il, aux charmes de sa jeune épouse. Après le
scandale de la croisade, l'aventure avec Henri Plantagenêt ne permet pas au roi d'accepter les choses sans
perdre la face. Il demande le divorce ; on trouvera
sans peine une assemblée d'évêques pour s'aperce-

voir à ce moment-là que les époux étaient cousins et que le mariage doit être tenu pour nul.

Deux mois plus tard, en mai 1152, Henri Plantagenêt épouse Aliénor. Par l'héritage de son père, celle-ci est duchesse d'Aquitaine ; le duc de Normandie, comte d'Anjou, met ainsi la main sur l'Aquitaine sans susciter d'autre réaction qu'une vaine tentative de Louis VIII pour coaliser contre ce vassal désormais trop puissant quelques barons également inquiets.

Déjà, Henri Plantagenêt poursuit d'autres ambitions : à la mort d'Étienne de Blois, en 1154, il se fait reconnaître pour roi d'Angleterre. Là encore, nul ne bronche vraiment.

L'union personnelle d'un royaume, de deux duchés et de quelques comtés — il ajoute Nantes en 1158 — pourrait n'être sous l'autorité de Henri II Plantagenêt qu'un monstre politique aisément disloqué. Le génie organisateur de Henri II en fera, de la frontière pyrénéenne à celle de la Tweed, un État divers mais cohérent.

A chaque succession, les rivalités internes et les pressions extérieures tendront ensuite à l'éclatement. En attendant, ce sont les distances mêmes qui poussent à l'organisation. Le Plantagenêt est condamné à structurer son pouvoir et son administration, ou à disparaître. L'état anglo-normand sert ici de modèle, tel que l'a créé un siècle plus tôt Guillaume le Conquérant. A partir de 1173, Henri II réussit progressivement l'intégration des différentes entités régionales en un État aux membres relativement coordonnés, sinon unifiés. Une clarification des rouages en est la première conséquence. La deuxième est le rapide développement du service public et de la fonction administrative.

La constitution de ces grandes principautés semble se faire au détriment du roi : ce sont des rivaux qui montent, et qui menacent. Le Capétien n'en participe pas moins à cette reprise en main du pouvoir, qui se traduit par des centralisations. Le roi de France que mettent en danger les ambitions angevines et l'auto-

nomisme traditionnel de la Normandie n'est plus le
roi que mettaient en danger les turbulences du sire
de Montlhéry. Les problèmes politiques ont changé
d'échelle.

Les enjeux n'ont pas moins changé. Les grands
féodaux doivent renoncer à l'idée commode d'un roi
qui règne en raison de la coutume et par la force du
sacre sur un royaume venu du fond de l'histoire,
mais un roi qui n'exerce de ce fait aucun pouvoir
supérieur sur eux et sur leurs propres hommes.
Louis VI, déjà, a ramené ducs et comtes vers la
mouvance royale. En 1108, Normandie, Bourgogne et
Aquitaine ont refusé de prêter l'hommage au jeune
Louis VI. En 1137, nul n'oserait affirmer que la coutume le dispense de l'hommage au roi ; nul ne dirait
non plus, comme naguère le duc de Normandie, qu'il
tient sa terre en héritage de son père et non en fief
du roi.

Entre-temps, on a vu Louis VI jouer tant bien que
mal dans l'affaire de Flandre le rôle véritable du
suzerain. Malgré l'envie qu'il en a, Henri II Plantagenêt, duc de Normandie, ne peut éviter de prêter en
1151, au terme d'une négociation de deux ans,
l'hommage lige qu'attendait de lui Louis VII. Le
Capétien a bel et bien imposé l'idée qu'il ne saurait
y avoir au royaume de France une seule terre qui ne
soit, directement ou indirectement, tenue de la Couronne. Au sommet d'une pyramide au sein de
laquelle, tel le duc de Bourgogne exigeant de ses
châtelains un hommage longtemps délaissé, chacun
joue le même jeu, le roi se pose en suzerain et en
tire les avantages.

Les princes territoriaux pourront s'opposer au roi
de France. Ils ne pourront plus l'ignorer. Il n'est plus
l'un d'entre eux, que distingue la couronne ; il n'est
plus le premier des barons français. Il est au-dessus
d'eux. Dans la théorie de sa *Vie de Louis VI* comme
dans la pratique du gouvernement de Louis VII,
Suger exploite obstinément l'image politique du roi,
justicier suprême des grands féodaux eux-mêmes et,

parce que suzerain, juge d'appel après ces féodaux. Les Capétiens s'entendront à tirer parti de cette prérogative judiciaire : elle met la position du suzerain — du seigneur des seigneurs — au service des ambitions du souverain, c'est-à-dire de l'État. Au temps des légistes de Philippe le Bel comme de ceux de Charles V, la justice féodale servira dans la pratique les affirmations de l'État.

Le Capétien se bat en attendant de tous côtés et ne cesse de composer. Pendant qu'il secourt en 1159 le comte de Toulouse contre les assauts du Plantagenêt, Louis VII est trahi au cœur du domaine royal et voit les Anglo-Normands s'établir aux portes de Paris. L'empereur Frédéric Barberousse multiplie les entreprises dans l'ancien royaume d'Arles — de Besançon aux rivages de la Méditerranée — et noue avec la Champagne, la Bourgogne et la Normandie une alliance qui pourrait être fatale au roi.

Constitutions municipales

Le mouvement communal a été, dès son origine dans les années 1070, le fruit d'une prise de conscience collective et l'expression de la construction spontanée de solidarités horizontales entre hommes libres et égaux. Il a été l'une des formes du mouvement de paix lié à la mutation de l'Église et de la société. En ce XIIe siècle, il s'intègre enfin dans le jeu politique, un jeu où l'initiative est souvent aux princes.

La concession des chartes, avec une définition des franchises qui unifient plus ou moins le dr... la personnes et organisent la vie constitutionne... la communauté municipale, prend à bien des conju-pas sur la volonté des bourgeois et sur... sions, et ration ». Mais il est bien des types d... grandes la véritable indépendance de ... laisse communes du Nord — Tournai o... la plupart loin en arrière la médiocre a... des gouvernements communa...

Malgré de vives réticences, comme celle de l'évêque Gaudry qui accorde à la ville de Laon une commune aussitôt démantelée avec la connivence du Capétien, lequel la rétablit cependant en 1128, la plupart des communes résultent d'une volonté conjointe des seigneurs et des bourgeois. L'insurrection — comme au XIe siècle au Mans ou à Cambrai — apparaît maintenant exceptionnelle.

Le roi de France joue avec art de ce nouvel élément de la vie politique. Louis VI et Louis VII favorisent le mouvement hors du domaine royal et surtout aux limites de celui-ci, compensant là les faiblesses de l'autorité souveraine ; ils le contrarient en revanche au cœur du domaine capétien. Laon, Amiens, Noyon, Corbie, Soissons, Compiègne, Senlis, Beauvais et Mantes reçoivent ainsi la charte qui consacre l'identité collective des bourgeois et qui définit leurs droits et leurs devoirs. Font de même le comte de Champagne pour Meaux, le comte de Flandre pour Arras et Saint-Omer, le comte de Ponthieu pour Abbeville, l'archevêque pour Reims. En fait, la charte entérine souvent des liens déjà tissés par les solidarités professionnelles et par les groupements spontanés d'intérêt et de voisinage.

Préexistant ou non à la charte, la commune prend ainsi l'allure d'une personne féodale. Les premières autonomies urbaines étaient étrangères à la seigneurie. Par la charte, la commune s'intègre dans le système seigneurial.

D'autres concessions se multiplient, qui énoncent de simples «chartes de franchise» des droits et pirs souvent comparables — surtout pour le droit pou — à ceux des communes, mais qui excluent l'essentiel l'identité politique et l'acte qui égard : le serment d'aide mutuelle. A bien des moyen charte de franchise apparaît comme le déjà la s sûr d'éviter la commune. Orléans a Angers en 1057. Bourges, Auxerre, Blois, centaines ur au XIIe siècle, tout comme des nautés d'habitants aux dimensions modestes, telles Beaumont-en-Argonne ou Lorris en Gâtinais, deux localités dont les chartes serviront longtemps de référence. La charte de Beaumont sera même copiée hors du royaume.

Un régime particulier attire l'attention : celui de Rouen. Le pouvoir du duc de Normandie doit composer avec la force de la bourgeoisie marchande, mais il ne cède pas. La commune définie par les « établissements de Rouen » jouit donc, malgré des institutions publiques développées, d'une autonomie fort limitée. Les agents du duc gouvernent Rouen, tout comme ceux du roi gouvernent Paris, car la capitale du royaume n'a pas et n'aura jamais de charte communale : la seule autorité bourgeoise qui s'exerce sur Paris est celle de la « hanse des marchands de l'eau », autrement dit une juridiction commerciale. Mais nul ne songe à copier Paris, alors qu'on copie Rouen. Les « établissements » sont la base de dizaines de structures municipales, surtout à travers le domaine plantagenêt. On les trouve jusqu'à Saint-Jean-d'Angély, en Aquitaine, où le même régime juridique couvre évidemment une structure et une situation économiques et sociales qui n'ont rien à voir avec celles de Rouen.

Avec moins de système, le Capétien raisonne de même. Il maintient ses prévôts en bien des villes de commune : ainsi à Mantes et à Compiègne. Philippe Auguste ira jusqu'à établir un prévôt dans une ville qui n'en avait pas : à Amiens, après la mainmise du roi sur cette commune en 1185.

La diversité règne donc dans le nord et l'ouest du royaume, avec des clivages confus entre des types de statuts qui ne correspondent ni tout à fait à l'importance des communautés d'habitants, ni au vocabulaire juridique, car on a trop vite dit que la commune serait plus libre que la ville de franchise. Le rapport de forces entre le prince et la bourgeoisie doit être apprécié en tenant compte des préoccupations locales, des tensions internes du monde bourgeois, des nécessités politiques du moment. La simplicité qui règne dans le Midi n'est pas moins fausse : elle ne résulte que de la généralisation d'un système collégial fortement inspiré de l'Italie, système que caractérisent le rôle dévolu à l'aristocratie noble pratiquement exclue des affaires municipales dans le Nord — et le gouvernement par un exécutif à deux ou quatre têtes : les consuls.

Avec de moindres tensions externes que dans le Nord mais avec autant de difficultés pour trouver un équilibre interne, les premiers « consulats » apparaissent dans les années 1130 en Provence et en Languedoc : Avignon, Arles, Béziers, Narbonne, Nice, Nîmes, Tarascon. Après 1150, le mouvement touche Toulouse et le haut Languedoc. Il atteint même le Massif central.

La faible emprise du système féodal sur le Midi rend moins aiguë la rivalité des pouvoirs municipaux et des structures militaires de la société féodale. Le serment de conjuration est ici insignifiant. Les solidarités économiques, en revanche, ne sont pas moindres que dans les villes de commune. Elles affrontent moins nettement la bourgeoisie à la féodalité. Mais elles dressent souvent les villes les unes contre les autres : la conscience économique débouche sur une politique municipale aux développements régionaux.

La renaissance du XIIᵉ siècle

Trois siècles ont passé depuis la « renaissance carolingienne ». Voici la « renaissance » du XIIᵉ siècle. Elle est faite d'un retour à l'usage normal de l'écrit, d'un besoin de clarté et de mise en ordre, qui s'exprime en particulier par la codification du droit, et d'une reprise des spéculations intellectuelles en forme rédigée, sans que rien de cela fasse encore régresser le règne du geste et de la coutume. Elle prélude à l'éclosion universitaire des années 1200, mais elle prend déjà sa substance dans une vie de l'esprit qui s'affranchit des cadres politiques, dans une vue des choses qui intègre l'héritage antique plus ou moins redécouvert, et dans un enseignement qui dépasse le simple renouvellement de la société enseignante.

A la base de tout, il y a l'enseignement élémentaire. Il se diversifie. Tout monastère a son école, comme tout chapitre, mais il est dans les villes des maîtres établis hors du système ecclésiastique : des maîtres d'école payés par les bourgeois, par les marchands, par les notaires. Plus n'est besoin d'être clerc ou d'aspirer à l'être pour apprendre la lecture, la grammaire ou l'arithmétique. La renaissance se manifeste d'abord par un appétit de connaissance et par le besoin d'un outillage intellectuel. On l'éprouve à Cîteaux comme aux foires de Champagne. La qualité des parchemins le manifeste, autant que l'élégance d'une écriture où reparaissent les formes simples de la minuscule latine naguère retrouvées dans les ateliers d'écriture carolingiens.

Le rôle de l'école monastique commence de s'estomper, victime à la fois des nouvelles tendances du monachisme et de la rapide croissance des villes. Comme celle des ateliers d'écriture, l'activité des écoles ne peut plus être, au terme d'une réforme qui affecte les ordres anciens autant qu'elle en engendre de nouveaux, qu'un arrière-plan de la prière. La connaissance aux horizons un peu bouchés régresse devant l'adoration, en attendant que sonne l'heure de la prédication publique conçue comme fonction première d'une vocation religieuse.

Même si la « lecture divine » reste un moyen essentiel de sanctification, et malgré les leçons que donne à l'Occident un saint Bernard, ni Cîteaux ni la Chartreuse ne forment des intellectuels. Le déclin de l'équilibre bénédictin remodelé par Cluny est aussi celui d'une certaine forme d'humanisme chrétien née cinq siècles plus tôt d'une réaction contre les excès du mysticisme et de l'individualisme importés d'Orient ou restitués par l'Irlande. Au cœur de la foi, il y a maintenant Dieu, et lui seul.

Au moment où la réforme en fait un superflu de la perfection monastique, c'est donc la ville qui sauve

l'activité intellectuelle. La ville, c'est ici l'école
cathédrale. Les grands noms du siècle nouveau sont
Chartres et Paris, Laon et Reims, Tours et Orléans.
Quelques monastères tiennent une place originale, à
la fois indépendants de l'autorité épiscopale parce
que monastères et liés à la vie citadine parce qu'en
ville ou aux portes de la ville : ainsi à Paris Sainte-
Geneviève ou Saint-Victor.

Un nouveau type d'homme apparaît : le maître professionnel, celui qui vit de sa parole et de ses écrits.
Clerc séculier dans la plupart des cas, ce maître jouit
de bénéfices ecclésiastiques — il est chanoine, il est
curé — qui lui assurent un revenu à peu près régulier. Surtout, versé par ses élèves, il perçoit le salaire
de son enseignement. Les figures les plus typiques de
cette première génération d'intellectuels de métier
sont le philosophe Pierre Abélard et le théologien
Pierre Lombard, futur évêque de Paris et auteur de
ces *Sentences* qui résument le dogme et dont le
commentaire sera pendant trois siècles la base de
toute la théologie scolastique. Mais d'autres profils
intellectuels commencent de se dessiner dans ces
années 1130-1180, avec un historien comme Pierre le
Mangeur ou avec un champion des lettres classiques
tel que Jean de Salisbury, un clerc anglais qui fut
l'un des proches de Thomas Becket — il se trouva
témoin de son assassinat — et qui finit ses jours
évêque de Chartres.

La deuxième renaissance du Moyen Age va bien
au-delà des fondements de la connaissance. On
dépasse la grammaire et la rhétorique. La théologie
alimente de nouvelles controverses. La dialectique
offre un cadre de réflexion et une méthode de raisonnement.

La grande affaire du siècle est à cet égard la
découverte d'Aristote. Non plus l'Aristote logicien,
quasi platonicien, que le haut Moyen Age a connu à
travers le contemporain de Clovis que fut Boèce.
C'est de l'Aristote du raisonnement métaphysique
qu'il s'agit ici. Il fonde la recherche d'un Anselme

de Canterbury († 1109), déjà tenté par l'intrusion de
la logique dans la perception de la Révélation. Il est
à la base des recherches de Pierre Abélard lorsque,
dans les années 1135-1140, celui-ci fait de la dialectique — c'est-à-dire du raisonnement — la base de
toute compréhension de ces données immédiates de la
foi qui résident dans l'Écriture.

L'Occident a oublié le grec ; le monde arabe non.
Au Maghreb comme en Espagne, les philosophes ont
traduit et commenté les œuvres héritées de l'Antiquité. A travers ses interprètes Avicenne et
Averroès — Ibn Sina et Ibn Ruchd — qui sont aussi
des commentateurs, Aristote touche ainsi la Chrétienté occidentale en tant qu'analyste du monde, et
non plus seulement comme théoricien des mécanismes de la pensée. L'intense mouvement humain lié à
la Reconquête sur l'Islam autant qu'aux pèlerinages
met cet héritage à la portée du monde chrétien.

Il s'agit, bien sûr, d'un hellénisme déformé, et les
maîtres occidentaux trop vite séduits en sauront quelque chose devant les tribunaux de l'Église. Mais cet
aristotélisme encore balbutiant ranime une vie intellectuelle qui s'étiolait sur les chemins longtemps
explorés du platonisme augustinien.

Avec Aristote, c'est aux grandes œuvres scientifiques que l'afflux de traductions donne soudain accès
vers le milieu du XIIe siècle. Voici que l'on peut lire
en latin les œuvres majeures de ces auteurs grecs
oubliés depuis le haut Moyen Age et celles des
auteurs arabes pratiquement ignorés des générations
précédentes : les mathématiciens Archimède, Euclide,
Al Kwarizmi, l'astronome Ptolémée, les médecins
Galien, Hippocrate, Al Razi dit Razès. De tant de
lectures nouvelles le siècle suivant tirera les conséquences pour la logique de la pensée chrétienne : ce
sera le temps de Thomas d'Aquin et de Siger de Brabant.

Une autre œuvre majeure de l'Antiquité classique
reparaît alors, qui va bouleverser la vie politique et
sociale de la France médiévale. C'est le *Corpus Juris
civilis* compilé au VIe siècle sur l'ordre de l'empereur

Justinien. Car le *Corpus* est la rédaction la plus achevée du droit romain parvenu à son point de perfection. A un *Code* cohérent s'ajoute le commentaire très dense des jurisconsultes romains, le *Digeste*. Longtemps, l'Europe barbare a préféré à ce *Code* au maniement complexe la compilation plus simple réalisée en Occident à la fin du IVe siècle par les juristes de l'empereur Théodose : un résumé du droit et un choix de gloses tant bien que mal adaptées aux besoins du temps. Le retour au *Code* de Justinien ouvre donc la voie à des analyses juridiques plus fines, à un enseignement plus approfondi, à des développements plus féconds. L'avènement des légistes dans la vie publique, l'hégémonie des juristes jusque dans l'Église, la renaissance des concepts d'État et de service public procèdent en bonne partie de cette reprise de la pensée juridique dont la manifestation la plus évidente est la résurgence du *Corpus* de Justinien. Non moins essentielles pour la vie quotidienne sont, à la même époque, la création d'un notariat public et la gestation d'un véritable droit économique.

Une école tient, dès ce moment, le rôle décisif dans la formation des cadres juridiques de la France : celle de Montpellier. Elle fournit, surtout au Midi encore fortement empreint de latinité, les légistes qu'appellent les princes et les villes. Mais les pays où la coutume garde la forte empreinte des droits barbares subiront, eux aussi, l'effet de cette renaissance juridique : le droit romain infléchira indirectement, dans leurs rédactions officieuses ou officielles, les coutumes qui sont le droit privé et les constitutions municipales et statuts de métier qui sont — avec le droit des fiefs — l'essentiel du droit public.

La renaissance du XIIe siècle est également marquée par le triomphe de l'art monumental comme expression de la foi, comme manifestation de la puissance, comme signe de la fortune. Le grand art monastique culmine à Vézelay, à Saulieu, à Fontevrault, à Saint-Front de Périgueux, à Saint-Sernin de Toulouse, à Saint-Gilles-du-Gard. L'essor des économies citadines finance les premières grandes réalisations de l'architecture gothique. Les progrès de l'art de bâtir et ceux de la tactique défensive concourent à affiner l'architecture militaire. C'est ainsi que le donjon circulaire — sans angle mort pour le tir — et les enceintes concentriques fortes d'un système de tours et doublées de fossés témoignent d'une intelligence de la défensive qui manquait aux lourds donjons rectangulaires du siècle précédent. A vrai dire, cette intelligence doit beaucoup aux expériences de la Terre Sainte, où toutes les techniques imaginées en Occident se sont trouvées soumises à une épreuve commune dans les forteresses élevées par les ordres militaires.

Les premiers balbutiements d'une architecture fondée sur la croisée d'ogive — deux arcs croisés en diagonale — datent de la fin du XIe siècle. Mais c'est après 1130 que l'on tire vraiment les conséquences de ce nouveau progrès de la légèreté : la minceur des voûtains qui remplissent l'espace entre les ogives porteuses, le moindre poids de la voûte, l'allègement des murs et l'élargissement des nefs rendus possibles par la concentration de la poussée aux angles des travées, aux points de retombée où les ogives rejoignent leurs supports verticaux. Alors qu'ailleurs, à la cathédrale du Puy, à Périgueux ou à Vézelay, l'art roman donne ses ultimes chefs-d'œuvre, l'art nouveau — on l'appellera plus tard « gothique » — qui va privilégier la lumière et le vitrail sur le mur et la fresque essaime très rapidement dans une région aisément définissable. Cette région, c'est l'aire du dynamisme monarchique, le domaine capétien autour de Paris et de Saint-Denis aussi bien que la principauté concurrente d'Anjou et de Normandie autour de Caen et d'Évreux. C'est aussi la région des riches terres limoneuses, génératrices de marchés urbains prospères.

L'art apparaît déjà comme royal, et prend place parmi les instruments de la politique royale. Le premier jalon en est le Saint-Denis de l'abbé Suger, cet administrateur énergique et avisé dont la volonté de

Louis VII fait un régent du royaume pendant la deuxième croisade. Notre-Dame de Paris et la chapelle de la Vierge à Saint-Germain-des-Prés suivent, à partir de 1163, en attendant les rosaces de Chartres et la Sainte-Chapelle du roi Saint Louis. Dès 1135, la cathédrale de Sens commence de s'élever dans le ciel de la Bourgogne capétienne. A Noyon, à Senlis, à Laon, à Soissons, de nouvelles cathédrales entrent à la suite, avec Notre-Dame de Paris, dans cette première génération d'édifices gothiques. Les envolées en sont encore timides : on recoupe chaque croisée en six, pour rapprocher les supports latéraux et limiter ainsi les risques d'éclatement. Les élévations sont encore massives, avec des tribunes hautes sur les nefs collatérales : ainsi pense-t-on maîtriser les poussées en les étageant et en les compensant à différents niveaux.

L'art cistercien produit en ce même temps ses plus authentiques chefs-d'œuvre. L'architecture y triomphe, dans la mesure où le décor est suspect aux fils spirituels de saint Bernard. Pontigny, Fontenay, Fontfroide, Silvacane montrent, dans la diversité des héritages régionaux, la même volonté d'une construction fonctionnelle où l'austérité des structures est elle-même un témoignage de foi. Et saint Bernard d'entretenir une ardente polémique contre l'abbé Suger qui confond volontiers à Saint-Denis la gloire de Dieu et la gloire du Capétien.

C'est alors que la sculpture retrouve tout son rôle monumental. Elle n'est plus simple ornement plaqué sur les structures architectoniques, elle est exaltation de celles-ci. Aux portails comme aux tombeaux, la grande statuaire reparaît. Pour les façades et pour les portails, les artistes reprennent goût aux vastes compositions.

La pédagogie par l'image se développe. Au vrai, les destinataires n'en sont guère que les clercs au fait de la subtile symbolique qui unit dans le temps et l'espace les divers éléments de la Création. Le bon peuple voit des images, reconnaît plus ou moins les histoires et les personnages : saint Martin coupant son manteau, le diacre Théophile, les Enfances du Christ, le lai d'Aristote lui sont plus ou moins familiers. Il connaît les saints, ceux de sa ville et de son diocèse surtout. Il a vaguement en tête les légendes locales. Pour l'essentiel, il distingue fort bien l'Enfer et le Paradis des Jugements derniers qui ornent les tympans sculptés.

Qu'entend-il en revanche au symbolisme de la Licorne ou du Griffon, à celui du Pressoir mystique qui orne un chapiteau de Vézelay, aux huit tons du plain-chant figuré par les chapiteaux de Cluny, à la concordance du grand-prêtre Melchiséchec et du Christ-prêtre, à celle de l'Échelle de Jacob et du Paradis ? Au vrai, que voit-il, ce bon peuple, des médaillons supérieurs des grandes verrières de Chartres ?

Même s'il tient une place de choix dans l'office conçu pour les fidèles l'Évangile fournit peu de sujets aux imagiers. La Passion du Christ fait exception, et encore ! Les « Enfances du Christ » viennent des Évangiles apocryphes, non des Évangiles qu'on lit à la messe et qu'on commente au prône. La Résurrection des morts, le Jugement dernier, les Juges intègres, les Vieillards viennent de l'Apocalypse, dont le texte combien difficile est peu familier aux fidèles de la ville et de la campagne. L'Ancien Testament, cependant, procure les figures allégoriques et symboliques qui illustrent les vérités de la foi, avec son cortège de patriarches, de rois, de prophètes, de « précurseurs », et avec le « Songe de Jessé » dont l'arbre généalogique — qui intègre le Christ dans sa génération humaine — est surtout, aux verrières bleues de Chartres comme ailleurs, le prétexte à de somptueuses compositions décoratives en rinceaux à l'antique.

L'expression artistique de la foi s'intègre toutefois dans la vision du siècle, en même temps qu'elle s'humanise. Dieu a son trône et sa couronne. Le thème de la glorification de la Vierge, qui apparaît vers 1170 au portail de Senlis, donne à la Mort et à l'Assomption de Marie un aboutissement monarchique dans le Couronnement de la Mère par le Fils. L'archange saint Michel prend la forme d'un cheva-

lier de la foi. Les saints marquent la présence de leur
siècle. A un tel humanisme, l'histoire offre un cadre
à la fois tangible et hiérarchique. Le Christ a le
visage de l'homme historique qu'il fut, avec son
entourage humain. La Vierge et les apôtres lui font
escorte comme la cour des vassaux fait à son seigneur — la liturgie use à l'envi de l'appellation
« Seigneur » — et non plus seulement à travers
l'accompagnement symbolique des quatre figures
ailées en quoi l'ancienne iconographie reconnaissait
les évangélistes. Au Christ maître du monde, au Pan-
tocrator des mosaïques byzantines, à l'imperceptible
deuxième personne de la Trinité, succède dans sa
diversité celui qui est, selon les besoins de la prédication visuelle, le Christ docteur, le Christ juge, le
Christ bénissant, le Christ douloureux.

La production littéraire reflète bien cette activité
intellectuelle sortie du cloître et confrontée aux nouvelles réalités politiques que sont une royauté restaurée, une vassalité transformée en éthique et une
bourgeoisie triomphante qui s'ouvre à l'activité intellectuelle. La langue vulgaire l'emporte sur le latin :
ce sont ces langues d'oil au nord, d'oc au sud, qui
se dégagent depuis trois siècles déjà d'un latin diffé-
rencié de longue date, et qui éclosent alors dans
l'extrême diversité de dialectes fortement caractérisés.
La langue du Limousin Bernard de Ventadour n'est
pas celle du Toulousain Peire Vidal, et celle du Normand Wace se distingue aisément de celle que met
en œuvre le Champenois Chrétien de Troyes.

L'inspiration procède d'un héritage complexe où
l'Antique redécouvert avec passion — Virgile,
Ovide — s'intègre au vieux fonds héroïque du
monde carolingien, plus ou moins christianisé. La
femme occupe vite la place centrale que les premières chansons de geste oubliaient de lui faire, cette
place que les romans « bretons » consacreront et qui
se figera au siècle suivant dans le *Roman de la Rose*.

La vie de cour, que favorise une centralisation
politique retrouvée, crée le milieu propice aux échan-

ges, aux expériences, à l'émulation. Elle offre aussi l'hospitalité, forme élémentaire d'un mécénat qui assure la vie des créateurs et les fait contribuer au prestige du prince. Comme les cathédrales, les œuvres littéraires de l'esprit concourent à l'affirmation des puissances politiques et des capacités économiques. La cour provençale de Raymond-Bérenger IV et de Pétronille d'Aragon et la cour normande du roi Henri Ier Beauclerc, comme la cour royale au temps de la reine Aliénor d'Aquitaine, sont les foyers d'une vie littéraire qu'elles-mêmes tendent à diversifier.

Tous les genres fleurissent à la fois. La mise en forme de la matière épique se poursuit avec des œuvres fortes mais déjà délicates, comme la *Chanson de Guillaume* ou le *Couronnement de Louis*. Très vite, le roman courtois acquiert la faveur de l'aristocratie militaire aussi bien que celle de la bourgeoisie intellectuelle. Ce sont les premières rédactions du *Roman d'Alexandre,* la grande fresque du *Roman de Thèbes,* et les deux œuvres — *Éracle* à l'inspiration orientale, *Ille et Galeron* qui tient à la tradition bretonne — de Gautier d'Arras. C'est surtout, dominé par les nombreuses versions, conservées ou perdues, de l'histoire de *Tristan* et par l'œuvre de Chrétien de Troyes, l'ensemble complexe né de traditions bretonnes, d'un christianisme marginal — celui du Graal et de *Perceval* — et d'une vision vassalique et chevaleresque des relations entre hommes : le cycle « arthurien », les romans « bretons ».

L'héritage, c'est ici une Bretagne de légende, insulaire autant que continentale. Elle offre un cadre commun à ces œuvres d'imagination où la bravoure, l'honneur et la fidélité sont les ressorts dramatiques d'histoires qui mêlent la prouesse et l'amour, et que colorent un mysticisme complètement détaché de l'Église et un merveilleux rigoureusement hors du temps. Récits venus du fond des âges pour une part, constructions littéraires de clercs comme Geoffroy de Monmouth ou d'écrivains à la mode comme Chrétien de Troyes, ces romans « bretons » sont à la fois

l'exaltation d'une identité culturelle, un prétexte à
imagination et une construction implicite de modèles
politiques et religieux.

L'aventure s'humanise. Le merveilleux tend à
s'estomper, qui rehaussait d'un peu d'extraordinaire le
récit des exploits dont pouvait honnêtement rêver le bon
chevalier. *Tristan et Iseut, Érec et Énide, Lancelot ou le
chevalier à la charrette, Yvain ou le chevalier au lion,*
tous sont encore des héros. Déjà, ce sont des types.

Le lyrisme n'est pas moins vivant. Chrétien de
Troyes adapte *l'Art d'aimer* d'Ovide. Marie de
France compose ses « lais ». L'amour offre son thème
à bien des « chansons de toile » que chantent les femmes au travail. Béroul puis Thomas donnent forme
au poème de *Tristan* dont s'inspirent à leur tour
Marie de France pour son *Lai du chèvrefeuille,* Chrétien de Troyes pour son *Cligès* et un auteur anonyme
pour la *Folie Tristan.* L'Amour se heurte ici à la
Fatalité. Le Malheur devient à son tour personnage
dans ce monde courtois où l'amour est tout sauf
immédiatement charnel.

Bien différent est le lyrisme courtois des troubadours qui donnent alors aux littératures des langues
d'oc leurs plus purs chefs-d'œuvre. Continuant la tradition des Marcabru et des Guillaume IX d'Aquitaine
(† 1127), ce sont le Limousin Bernard de Ventadour — nullement parent du grand baron qu'est alors
Eble II de Ventadour, lui-même poète d'un certain
talent — et le Toulousain Peire Vidal, le Périgourdin
Bertrand de Born et le Gascon Jaufré Rudel. Mises
en musique ou chantées au fil de l'improvisation,
leurs chansons introduisent dans la littérature romane
une donne nouvelle : la rime. Mêlant parfois le propos politique ou le témoignage vécu à l'expression
des sentiments amoureux, les troubadours confèrent à
la poésie courtoise du Midi de la France un ton personnel qu'ignorent pour la plupart les grandes constructions imaginaires du Nord.

L'histoire, enfin, trouve de nouveaux matériaux — les
croisades — et de nouveaux publics grâce à la langue

vulgaire. La *Chronique des ducs de Normandie* composée en octosyllabes sur l'ordre de Henri II Plantagenêt par Benoît de Sainte-Maure est l'un des premiers fruits de ce goût du monde laïque pour le récit historique.

Cet affinement de la vie intellectuelle hors du contrôle de l'Église n'est pas étranger, en pays de langue d'oc, à la rapide diffusion d'une hérésie comme le catharisme. Échec de la réforme, ou plutôt effet indirect des aspirations à la réforme en un pays où les initiatives ecclésiales et les créations monastiques apparaissent souvent comme des apports extérieurs, le catharisme est l'une des formes de l'individualisme duquel ressortissent aussi l'érémitisme et le pèlerinage. Il est aussi l'une des expressions du perfectionnisme auquel prétendent les nouveaux ordres monastiques et que cristallise de temps à autre la Croisade. Il est l'un des fruits portés par la reprise de l'activité intellectuelle, tout autant que par une rigueur morale retrouvée et opposée au clergé traditionnel.

Depuis le milieu du XIe siècle, les hérésies populaires se sont multipliées entre les Alpes et l'Atlantique. Elles ont sommeillé durant le temps d'exaltation procuré par la Croisade. Elles se fondent vers le milieu du XIIe siècle dans ce catharisme qui est une synthèse des aspirations occidentales à la pureté et des importations orientales favorisées par deux croisades. Plus qu'une hérésie, le catharisme est une autre religion, fondée sur l'opposition dualiste des principes éternels et fondamentaux : le Bien et le Mal, l'esprit et la matière. Au contraire des vaudois qui se distinguent de l'orthodoxie par leur morale, mais non par leur foi, les cathares récusent en bloc l'Église et la société : tout ce qui compromet l'esprit avec le monde. Mais le catharisme s'organise. Il a ses rites, ses évêques, ses communautés de « parfaits ». La société ne tardera pas à réagir, et de la manière la plus violente.

Le rituel des relations sociales s'accommode en revanche très bien d'une « courtoisie » qui s'étend à l'art d'aimer dans la vie comme dans la littérature. Les règles de l'amour courtois régissent dans le milieu aristocratique les relations de l'homme et de la femme, comme celles de la chevalerie régissent les relations entre hommes. Il y a un savoir-vivre de la courtoisie qui est à la fois fait d'une réaction contre la brutalité naturelle à une société de guerriers, d'une moralisation des inévitables relations non conjugales — l'abnégation de l'amant courtois s'oppose à la possession par le mari — et d'une codification des usages par lesquels se creuse le fossé entre comportements des initiés et comportements de la masse. La courtoisie participe à la fermeture sociale qui constitue la noblesse ; elle en est un moyen et elle en est une expression.

Mode de comportement social, l'amour courtois tourne, on l'a vu, au type littéraire, et le type dépasse largement l'amour. La courtoisie littéraire tient à l'évolution des mœurs, mais la courtoisie vécue prend modèle sur la courtoisie littéraire. L'aboutissement est une délicatesse lyrique, par laquelle s'expriment les porte-parole de la société raffinée du XIIᵉ siècle. Les vertus que l'on exalte sont, avec le désintéressement, le dévouement sans réponse, le courage physique et la dignité dans l'épreuve. Le héros est un modèle en ce qu'il tient son « état » de chevalier ou de damoiseau selon les canons de l'élégance morale. Et le poète s'identifie à son héros.

Mode particulièrement aigu de l'activité intellectuelle en cet âge de renaissance, la courtoisie fleurit dès le début du siècle dans le Midi. Elle atteint le Nord au temps de Chrétien de Troyes. Peut-être Aliénor et sa suite aquitaine ont-elles, comme naguère Constance d'Arles et entourage provençal, laissé cet héritage à la cour de Louis VII ?

Émergence du catharisme

Le catharisme n'est pas une de ces variantes l'interprétation de l'Écriture ou dans l'appréciation des fonctions ecclésiales comme en a souvent suscité depuis l'Antiquité l'effort des théologiens vers une définition plus précise de la vérité révélée. Métaphysique nouvelle et radicalement différente du christianisme, elle emprunte au vieux manichéisme de l'Orient et en déduit une relation de l'homme et du surnaturel qui ébranle les mêmes bases de la construction sociale. Le caractère irrémissible du Mal exige une pureté sans accommodement : voilà qui condamne pêle-mêle le mariage et l'eucharistie, la famille et le clergé, l'argent et le plaisir. Les sacrements sont sans effet, les mérites acquis sans valeur.

On a connu en Bulgarie les sectateurs du pope Bogomil, dont le manichéisme a fait tache d'huile dans l'empire byzantin. Malgré les réactions de l'empereur et, en Dalmatie, celles de la papauté romaine qui dépêche ses inquisiteurs et tente même de mettre sur pied une croisade, le bogomilisme triomphe ; il durera en certaines régions jusqu'à la conquête turque du XVe siècle. D'autres prédications manichéennes ont entre-temps porté des fruits en Occident. Le XIIe siècle est jalonné de missions et de conciles où l'on prétend extirper ce qui apparaît surtout comme une hérésie. Les observateurs superficiels mêlent d'ailleurs tous les courants marginaux de la religion ; ils font mal la différence, en particulier, entre le dualisme manichéen et les mouvements de pauvreté volontaire dont l'action « évangélique » — c'est le cas pour les vaudois — semble également dangereuse pour la société hiérarchique des clercs et pour celle des laïcs. On a arrêté de tels hérétiques à Orléans en 1022, à Arras en 1025, à Soissons en 1114, à Liège en 1135, à Vézelay en 1167, à Arras de nouveau en 1172. L'Église riposte. Le danger passe encore pour sporadique.

Le concile de Reims voit en 1148 les cisterciens prendre en main, avec l'approbation pontificale, la prédication contre l'hérésie et sa répression pour la part qui en incombe à l'Église : le « bras séculier » ne saurait intervenir en premier alors qu'il s'agit de définir ce qui est orthodoxe et ce qui est hérétique. Il est vrai que saint Bernard mène alors l'affaire, et qu'un voyage en Languedoc l'a déjà confronté au manichéisme.

Tous ces cathares qui finissent plus ou moins sur le bûcher ont en commun d'être marginalisés par une société laïque qui marque sa défiance et qui les rejette par crainte. L'originalité du catharisme languedocien est, en revanche, qu'il bénéficie vite de la connivence des milieux les plus divers. Il s'agit là d'un mouvement en profondeur, contre lequel les luttes classiques — prédication, épreuve, punition — vont s'user en se déconsidérant. En deçà de Béziers, Albi, Cahors, Agen et Mirepoix, sur la rive droite de l'Ariège et de la Garonne, c'est un catharisme établi que l'Église voit se dresser contre elle. Il a déjà son dogme lorsqu'en 1119 le concile de Toulouse le condamne. La prédication cathare du moine Henri bouleverse assez l'Aquitaine, le Languedoc et la Provence pour déterminer en 1145 saint Bernard à venir lui-même prêcher, de Bordeaux à Albi, l'obéissance et la rectitude dans la foi. Déjà, le catharisme triomphe. L'opinion publique hésite à peine. L'autorité locale tergiverse et, souvent, compose.

A partir des années 1160, le catharisme s'organise. Il constitue des églises locales. Les assemblées se tiennent ouvertement. En 1167, l'Église éberluée voit apparaître des évêchés cathares, avec leurs diaconies. Le monde laïque constate vite que les cathares ont leurs places fortes.

Les grands se rallient volontiers. La sœur du comte Raymond-Roger de Foix sera reçue — « consolée » — cathare en présence de son frère en 1204. Certes, Raymond V de Toulouse a soutenu de sa force politique et militaire, en 1178, la prédication de l'abbé de Clairvaux, mais il a déjà contre lui des barons tels que le vicomte de Béziers et Carcassonne, Roger Trencavel. Comte de Toulouse en 1194, Raymond VI apparaît au contraire comme le complice des cathares, ni plus ni moins que Bernard de Comminges ou Gaston VII de Béarn. Ce qui a été une hérésie spontanée tourne, dans les années 1200, à l'évidente rébellion politique.

Erreurs en Orient

La France n'a cessé de s'intéresser au destin du royaume latin fondé sur les traces de la première croisade. Des princes originaires de France s'y succèdent à la couronne. Au fondateur Baudouin de Boulogne, frère de Godefroy de Bouillon, a succédé en 1118 son cousin Baudouin II. Lorsque celui-ci meurt en 1131, c'est son gendre le comte d'Anjou Foulques V — le grand-père de Henri Plantagenêt — qui reçoit la couronne de Jérusalem. Dans le même temps, l'oncle d'Aliénor d'Aquitaine, le comte Raymond de Poitiers, épouse l'héritière de la principauté d'Antioche.

La conquête a échappé au pape et à son légat, mais il reste, de l'ambiguïté initiale, la présence en Orient de ces ordres militaires qui entretiennent un courant d'immigration — les nouveaux frères viennent d'Europe et pour une bonne part de France — et constituent un pouvoir religieux porté par une capacité militaire largement autonome par rapport à l'autorité du roi de Jérusalem et de ses grands barons. Alors que les chevaliers teutoniques s'occupent surtout des frontières orientales de l'Europe et que les ordres espagnols ont assez à faire sur le front de la Reconquête, l'ordre du Temple et celui de l'Hôpital recrutent en France nombre de nouveaux combattants qui, venus en Terre Sainte pour assurer la relève, s'opposent inévitablement à ces « poulains » qui sont les Chrétiens de la deuxième et de la troisième générations, ces natifs de l'Orient latin que les années portent à s'accommoder du voisinage de l'Islam et à emprunter mœurs et coutumes du pays naguère conquis.

C'est dire que les premiers succès de l'atabek Zangi ont ému en France les nombreux milieux qui gardaient le contact avec les réalités de la Terre Sainte. Atabek d'Alep et de Mossoul, Zangi s'attaquait à la principauté d'Antioche, puis au royaume de Jérusalem. Édesse tomba une première fois en

1144. Deux ans plus tard, le fils de Zangi, Nur-ad-Din, reprenait la ville et s'y établissait fortement. Cette fois, l'Occident réagit.

En mars 1146, à Vézelay, saint Bernard lançait un appel solennel à la Croisade. Mais les conditions politiques de l'entreprise n'étaient plus celles dont avait joué Urbain II. Deux souverains se portèrent immédiatement à la tête de cette deuxième croisade : le roi de France Louis VII et l'empereur germanique Conrad III. Nul ne parla d'un légat pontifical. La Croisade échappait à la papauté. On était loin des constructions théocratiques qui couronnaient, un demi-siècle plus tôt, le temps de la réforme grégorienne.

Entre les deux croisades, il y avait cependant un point commun : pas plus que leurs prédécesseurs de 1096-1097, les croisés de 1147 n'étaient au courant des subtilités politiques de l'Orient. Et pourtant, les choses avaient changé : il ne s'agissait plus de conquérir à toute force tout ce qu'avaient les Turcs. L'accommodement avec l'Islam qui fondait la position politique du royaume franc de Jérusalem bouleversait les priorités politiques et militaires que pouvait entrevoir l'Occident. Les nouveaux croisés eurent quelque mal à comprendre que l'Infidèle de Damas fût tenu pour un allié.

Il fallait attaquer Alep, d'où venaient tous les assauts contre la présence franque. Les deux souverains venus d'Europe décidèrent au contraire d'aller au plus près de Jérusalem : ils attaquèrent Damas. Au vrai, Raymond de Poitiers avait tout fait pour que Louis VII n'écoutât pas ses conseils : le comportement douteux du prince d'Antioche et de sa jeune et jolie nièce la reine de France rendait le Capétien sourd à tous les avis. L'affaire aggrava les effets de l'incompétence et conduisit le Capétien à faire exactement le contraire de ce qu'on lui suggérait. L'équilibre politique de la Terre Sainte allait s'en trouver ruiné.

Les croisés échouèrent devant Damas. C'était la fin de la croisade (juillet 1148). L'expédition se disloqua. Les Européens repartirent. L'année suivante,

Nur-ad-Din écrasait l'armée du roi de Jérusalem, désormais privé de son allié damasquin. Raymond de Poitiers fut tué dans l'affaire. Le roi Baudouin III allait assister, impuissant, en 1154 à l'annexion de Damas par un Nur-ad-Din en voie de réaliser l'unification de l'Islam. L'Orient latin était sur la défensive depuis ses origines ; après un demi-siècle, il était déjà réduit de moitié. L'atabek occupait toute la partie orientale de la principauté d'Antioche, au-delà l'Oronte, et nul ne songeait plus à lui reprendre Édesse. Les jours de la Jérusalem latine étaient comptés.

Le pouvoir et l'administration

Le pouvoir politique s'organise alors en France, en même temps que se mettent en place des structures administratives qui sont d'abord vouées à la gestion domaines, du domaine royal comme des autres. Mais la conception vassalique du service — une conception très personnelle — demeure présente en toutes les innovations : l'idée ne prévaut pas encore que la fonction préexiste à l'homme. Au moins comprend-on maintenant que l'administration ne s'improvise pas de tous côtés à la fois. Écrivant le *De administratione sua* où il fait l'éloge de son propre abbatiat à Saint-Denis, Suger, qui est aussi le conseiller politique de Louis VI et de Louis VII, renoue avec une tradition perdue depuis le temps où l'archevêque Hincmar rédigeait le *De ordine palatii*.

L'administration domaniale, c'est l'exploitation de la propriété foncière et des droits banaux et féodaux dans une région donnée. La division territoriale s'impose, à la base du moins. Mais on voit s'affirmer dans le même temps la puissance publique telle que l'exercent quelques princes territoriaux et avant tout le roi. Dans ce jeu qui renoue les liens personnels singulièrement distendus hors des réseaux locaux, et qui fait de nouveau de la société politique une pyramide de fidélités digne des premiers temps carolin-

giens, l'administration omniprésente qu'appelait la
gestion domaniale trouve une fonction plus haute
— représenter les intérêts du prince — et l'occasion
de développer une gamme d'échelons capable d'assurer son emprise sur le pays.

Les organes centraux du gouvernement changent
peu. La Chancellerie voit croître son rôle et ses
effectifs à la mesure de la place que prennent dans la
vie administrative l'ordre écrit et l'information écrite,
et dans les relations sociales et les systèmes juridiques de preuve l'acte écrit, dorénavant considéré
comme autre chose qu'un support de la mémoire des
témoins vivants. La Trésorerie tient son importance
nouvelle des extensions du domaine royal et de la
multiplication des redevances et fermages perçus ou
convertis en numéraire. Quant à l'organe suprême de
gouvernement, le Conseil, il demeure à la discrétion
du roi, mais il est en fait l'émanation du baronnage.
La présence d'un homme comme Suger — que l'on
trouve même dans le conseil de régence mis en place
par Louis VII avant son départ pour la croisade —
ne doit pas faire illusion : le rôle de Suger est essentiel, mais le cas est exceptionnel.

Si les grands sont autour du roi, on aurait tort de
prendre cette présence pour signe de faiblesse et de
croire que ses grands vassaux mettent Louis VII en
tutelle. L'horizon politique du Capétien change, en
ces années du milieu du siècle, et c'est tout naturellement que la cour royale, naguère faite des chevaliers du domaine, intègre progressivement la plus
haute aristocratie de tout le royaume. Le roi de
France a besoin de l'appui des grands, et il l'obtient
en prenant leur avis. Ils viennent aux assemblées qui,
de 1145 à 1147, préparent cette action collective du
royaume qu'est la Croisade. Ils sont au Conseil après
1150, pour constituer un entourage politique dont la
permanence et la cohésion renforcent le pouvoir royal
sans le contraindre vraiment. On verra même, de plus
en plus souvent, au Conseil les princes territoriaux
qui reconnaissent ainsi, autant que par l'hommage

prêté une fois pour toutes, un lien de subordination encore conçu comme vassalique mais déjà exploité, en sorte que la souveraineté royale paraît hors du commun.

L'innovation est ailleurs, dans le domaine, où l'on imagine de placer au-dessus des agents domaniaux traditionnels et polyvalents que sont les prévôts (domaine capétien, Flandre) ou les vicomtes (Normandie) des sortes de commissaires extraordinaires venus de la cour et retournant à la cour, mission accomplie. Aussi bien inspecteurs que juges délégués, ce sont les « baillis ». Ils sont déjà connus de la Normandie avant le temps des Plantagenêts. Henri II les multiplie pour maintenir la cohésion de son État continental. Cherchant à renforcer les structures administratives de son royaume avant de s'absenter pour la troisième croisade, Philippe Auguste y recourt lui aussi dans les années 1190.

L'éclosion économique cantonne le prévôt et le vicomte dans une gestion domaniale qui s'alourdit. De plus en plus souvent, ils prennent leur fonction à ferme, et c'est leur intérêt qui les guide, plus que celui du duc ou du roi. Celui-ci se trouve trop content de parvenir à enrayer une évolution vers l'appropriation et vers l'hérédité qui ferait des administrateurs domaniaux les agents d'un démembrement. Le bailli, lui, n'est que l'agent intermittent, du prince, mais il l'est de plus haut et en tout. Choisi parmi les chevaliers de l'hôtel, il est capable d'exercer sur les hommes libres, en rapprochant d'eux la justice supérieure, une autorité qui dépasse la perception des redevances. Et, parce qu'il n'a pas encore de siège fixe, ses tournées présentent l'avantage politique de rappeler aux vassaux nobles du duc ou du roi les devoirs de fidélité qu'ils pourraient oublier, faute d'en ressentir les exigences dans la vie quotidienne.

Plus stables sont d'emblée les sénéchaux du Midi. Le roi avait son sénéchal, grand officier chargé de coordonner les services domestiques et l'administration centrale du royaume. Le comte d'Anjou avait

aussi le sien, de même que le comte de Toulouse.
Lorsque Henri II Plantagenêt systématise les cadres
administratifs de son empire, il met des sénéchaux à
la tête des différentes unités politiques et territoriales
de la France du Sud-Ouest. A l'époque où vivent
dans le royaume les derniers sénéchaux de France
— c'est en 1191 que Philippe Auguste renonce à
donner un successeur au trop puissant Thibaut de
Blois — et alors que l'administration locale du Nord
fonde la présence de l'autorité du prince sur l'envoi
de chevaliers de l'hôtel, l'administration du Plantagenêt transforme, hors de la Normandie, ce qui avait
été une fonction de gouvernement central en un
organe d'administration locale. Au siècle suivant, le
Capétien exploitera l'idée.

Trois principautés font dans le même temps des
expériences parallèles qui donneront à la gestion
financière souplesse et efficacité, et qui feront au
prince sa part dans le profit de l'expansion économique. Ce sont la Flandre, la Normandie et le domaine
royal. Sans être des institutions permanentes, des
organes de contrôle comptable et de centralisation du
mouvement des fonds comme la Renenghe de Flandre, l'Échiquier de Normandie ou la Cour royale siégeant «dans les comptes» prennent certains
caractères de continuité. Des hommes se spécialisent
dans les affaires financières. On met au point des
méthodes comptables capables de garantir le prince
contre les effets de la diversité monétaire : alors
même que les Flamands commencent de convertir en
argent les redevances, y compris celles que l'on doit
bien continuer de lever en nature, les Anglo-Normands
systématisent la conversion comptable en monnaie
«blanche», autrement dit en une monnaie théorique
qui équivaut à un poids de métal fin. La périodicité
s'établit pour la reddition des comptes des gestionnaires locaux, qui en vient à coïncider avec les termes de paiement des dépenses régulières de la
trésorerie. Et partout, parce que c'est la condition
d'une gestion cohérente, les documents financiers pren-

nent place au premier rang de ce que l'on conserve en des archives désormais établies à poste fixe.

Le Capétien est seul, toutefois, à tenter une expérience dont les développements se révéleront fructueux. Pour la première fois en 1155, il ose promulguer par ordonnance une paix. Autant dire qu'il met en action la puissance publique du souverain — une notion quelque peu oubliée depuis les Carolingiens — pour intervenir en matière de droit. Certes, Louis VII a pour cela le consentement de ses grands barons et des principaux prélats : il ne saurait exercer chez un haut justicier ce qui serait vraiment une restauration du ban royal. Le roi ne légifère pas seul, mais il légifère : il fait admettre son droit à légiférer. Encore use-t-il avec prudence de cette prérogative perdue depuis les derniers grands capitulaires : le droit privé demeure, pour deux siècles encore, hors d'atteinte des ordonnances royales.

C'est à cette époque — précisément pendant la deuxième croisade — qu'apparaît dans l'arsenal de l'idéologie royale un concept dont feront grand usage les légistes des siècles suivants : la Couronne de France prend place dans la symbolique politique. Les juristes de Louis VII traduisent ainsi en une personnalisation juridique cette identification de la royauté parmi les principautés que l'on voyait s'ébaucher dans la pratique depuis le temps de Louis VI. Dans le milieu des intellectuels parisiens que forment les écoles, leurs maîtres et leurs anciens élèves, le droit prend alors une place essentielle à côté de la logique et de la théologie. On commente le *Décret* dans les années 1160. Le droit romain s'introduira plus tard dans cette réflexion qui commence à l'école et qui finit au Conseil royal.

Si Louis VII pose les bases juridiques de la paix, le droit privé reste du domaine de la coutume, une coutume dont les théoriciens du XIIIe siècle établiront en principe qu'elle est au-dessus des princes. Mais la coutume est chose imprécise tant qu'elle est orale, et les discordances du témoignage des anciens ne laissent pas d'engendrer des contradictions dont on s'accommode moins bien quand s'élargit l'horizon des relations sociales. Migrations de populations, commerce à longue distance, administration de principautés, tout appelle un droit plus cohérent pour un monde moins morcelé.

Les juges en ressentent particulièrement la nécessité dans un État centralisé comme le duché de Normandie, et ceux du Plantagenêt sont les premiers à entreprendre, à la fin du XIIᵉ siècle, la mise au net et la rédaction d'une coutume. Cette *Très ancienne coutume de Normandie,* ainsi qu'on l'appellera après la rédaction du *Grand Coutumier au* temps de Saint Louis, n'apporte aucune sanction du duc, ou du roi à ce qui n'est d'ailleurs qu'une rédaction brute. Elle amorce au moins le mouvement qui fait passer l'interprétation du droit privé dans la compétence des gestionnaires de la chose publique.

Le défrichement organisé

Avec l'accélération de la croissance démographique et l'amélioration de la sécurité publique, l'expansion de l'homme dans l'espace naturel connaît au XIIᵉ siècle son plus fort dynamisme. Laïque ou ecclésiastique, le seigneur prend maintenant en main l'organisation de la conquête. Il choisit les massifs forestiers ou les landes à défricher, il assure l'infrastructure d'exploitation et de commercialisation. Grâce au seigneur, les « essarts » ont leur statut juridique. Une politique de grands travaux s'esquisse même à l'échelle de la principauté : canaux de drainage dans les basses terres, digues de protection contre les crues, chemins de desserte et de charroi.

Le défrichement troue la couverture forestière, multiplie les clairières et les écarts. Un peuplement intercalaire s'organise en marge des communautés villageoises. Certains se transformeront en paroisses indépendantes, et ce jusqu'au milieu du XIIIᵉ siècle. L'espace habité commence de l'emporter sur l'espace

vierge : la forêt prend le nom du village. Bientôt on
ne dira plus la Bière, mais la forêt de Fontainebleau.

Le statut des paysans bénéficie de cette croissance,
alors que la terre est encore abondante et que l'on
cherche des bras. Les villes-neuves sont créées avec
des clauses de sauvegarde et d'affranchissement.
Dans les domaines de Saint-Denis — ainsi à Vau-
cresson — puis dans le domaine royal l'abbé Suger
donne l'exemple d'une politique de libération des
serfs qui intéresse la main-d'œuvre à la prospérité.
Villes-neuves, bourgs-neufs, sauvetés, toutes ces formes d'organisation sociale ont une profonde identité,
malgré la diversité des situations régionales : en
accordant des avantages individuels et des franchises
collectives qui vont du droit des personnes à certains
types de droit public, on assure le peuplement et le
maintien de centres d'exploitation. On constitue ainsi
un réseau propre à faciliter l'économie d'échanges et
à garantir la paix par le rétrécissement des zones
désertiques. Que certaines de ces agglomérations nouvelles aient ensuite pris l'allure de villes — bien des
bastides seront fortifiées au XIVᵉ siècle — pendant
que d'autres restaient de simples villages ruraux ne
change rien aux volontés initiales des seigneurs désireux de profiter au mieux d'un mouvement général
d'expansion : attirer et fixer chez eux la main-d'œuvre.

Bien des peuplements intercalaires garderont leur
caractère familial. Cellules d'exploitation à l'écart de
la communauté villageoise, ils sont par nature inorga-
nisés. Ils affirment l'individualisme et font éclater
l'unité domaniale avec ses solidarités propres. Ces
nouvelles tenures se multiplieront à la fin du
XIIᵉ siècle et jusqu'au milieu du XIIIᵉ, cependant que
s'essoufflera le développement villageois confronté à
des limites qui sont le plus souvent mesurées en
temps aussi bien qu'en distances, des limites techniques. L'habitat groupé résiste mal à l'éloignement
des terres nouvelles.

La dispersion qui s'établit en certaines campagnes
tend à bouleverser le paysage à travers les habitudes

qu'il impose ou reflète. Lorsque le tissu forestier aura suffisamment régressé pour ne plus assurer la protection de l'individualisme agricole, le bocage lui succédera, construction artificielle d'une campagne coupée de haies dont la raison d'être tient moins au climat qu'aux mentalités.

Deux conceptions de l'exploitation s'affrontent donc. Le terroir villageois voit s'organiser les pratiques communautaires qui conduiront à l'assolement : l'unité est ici le terroir commun, et tout y concourt à l'amélioration des façons culturales dont le produit principal est une récolte céréalière. Les habitats intercalaires, eux, systématisent l'appropriation familiale ; ils favorisent, sur des exploitations d'un seul tenant, les nouvelles productions — chevaux, bêtes à laine, bêtes de boucherie — qu'appellent les mutations de la consommation citadine. Le rapport entre ces deux types d'économie et de paysage tient, selon les régions, au jeu complexe des conditions naturelles, des marchés de consommation et des psychologies ataviques.

Il apparaît alors peu de techniques nouvelles, mais les innovations du XIe siècle se généralisent. L'usage s'étend de la charrue et de la herse ; ces deux instruments sont maintenant présents dans presque toute la France du Nord. A partir des années 1150, un quatrième labour prend place dans le cycle agricole des régions de rotation triennale. Ainsi, alors que la terre libre commence de se faire rare ou lointaine, une meilleure régénération des sols permet-elle de forcer quelque peu les rendements. Un labour, ce n'est pas seulement un sol mieux aéré et mieux ameubli ; c'est aussi un sol enrichi par la décomposition des chaumes retournés et par celle des herbes de la jachère. Le quatrième labour signifie, pour le paysan, des épis plus nombreux et plus beaux.

Il est significatif que ce labour supplémentaire ne serve pas à l'amélioration des céréales d'usage commun comme l'orge, mais bien à celles des terres vouées par la rotation à une prochaine culture de froment : l'organisation agricole vise bien le marché des villes et la commercialisation qui hausse le revenu seigneurial. La consommation commune, cependant, se trouve bien de la multiplication des « mars » — les céréales que l'on sème au printemps — et en particulier de l'orge, dont le rendement atteint facilement le double, voire le triple, du rendement normal du froment. Certes, l'orge se vend moins bien, mais elle échappe aux risques climatiques de l'automne et de l'hiver, qui rendent si aléatoires les blés que l'on sème, comme le froment mais aussi comme le seigle, avant la saison du gel. Mieux vaut, se dit le paysan, manger mal que pas du tout.

Quant à l'avoine — autre « mars » — elle conditionne l'élevage du cheval, un élevage fort rémunérateur, que l'on vende le cheval à bon prix ou qu'on le garde pour des labours générateurs de meilleures récoltes. L'avoine est un luxe auquel ne peuvent songer ceux dont la terre est tout juste suffisante pour assurer les rations alimentaires. Mais c'est un luxe qui multiplie l'avantage de ceux qui peuvent y prétendre.

Qu'on ne s'y trompe pas. Bien des régions à sol pauvre gardent la rotation biennale qui met la terre en repos une année sur deux. Bien des rotations triennales n'incluent encore, vers 1200, que les trois labours traditionnels. Et il y a en France plus de terres à seigle que de terres à froment. Pour le paysan démuni d'outillage et pauvre en fils ou en gendres, le calendrier des façons culturales est lourd. Beaucoup s'en tiennent au strict minimum qui les condamne à la médiocrité perpétuelle.

Les terres pauvres du Massif central ou de Bretagne connaissent encore la culture temporaire qui laisse à plusieurs années de jachère le soin de reposer le sol après une seule récolte. Le mil tient souvent lieu des céréales panifiables. Même sur des sols relativement fertiles, on use volontiers de ces mélanges de semences qui, tel le méteil où se mêlent seigle et froment, divisent les risques et limitent

LE CYCLE DES LABOURS

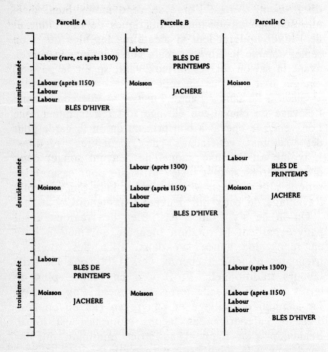

N.B. Les dates sont évidemment approximatives, selon les années et les régions.

l'investissement qu'est le prélèvement de la semence sur la récolte.

Même si les dynamiques agricoles paraissent circonscrites dans l'espace, nous voyons ainsi s'améliorer l'adéquation des cultures aux sols et aux climats, et progresser dans le même temps des techniques agraires où l'outillage et la bête de trait servent plus souvent au long d'un cycle annuel mieux aménagé. L'agriculteur français tire profit de rendements qui s'élèvent. Au bénéfice du propriétaire comme de l'exploitant, le revenu foncier progresse.

A la même époque, l'économie de marché engage à développer les cultures vivrières — légumes, fruits — et les cultures industrielles comme le lin, le chanvre ou le pastel qui fournit une teinture bleue fort appréciée dans la draperie. Profitant d'un climat encore favorable, et répondant à une demande accrue des bourgeoisies marchandes, la culture de la vigne se développe jusqu'en Picardie.

L'élevage, enfin, profite de la hausse des rendements céréaliers : plus n'est besoin de consacrer au pain ou à la bouillie tout le terroir cultivé. Les troupeaux de moutons sont plus nombreux, en particulier dans le Midi languedocien et dans les régions montagneuses. Au voisinage des villes, c'est l'élevage des bêtes de boucherie qui prend son essor.

Routes et foires

La fonction commerciale commence de trouver sa place dans la société. En admettant les marchands au bénéfice de la «trêve de Dieu», le concile du Latran consacre en 1179 cette intégration et justifie le profit commercial dans une légitime rémunération du service rendu à la communauté sociale. Dans le même temps, les princes font place à l'économie dans une vue globale de leur politique. Le comte de Champagne, le comte de Toulouse, le roi lui-même, distribuent les privilèges en un dosage subtil dont l'effet doit être à la fois d'assurer l'équilibre social et d'accroître le revenu fiscal. Les finances du seigneur ont tout à gagner aux affaires qui se traitent sur le marché ; une foire profite au prince autant qu'aux marchands. Du roi à la plus humble bourgade et au plus modeste des seigneurs péagers, chacun trouve avantage à la sécurité d'une route commerciale et à la régularité de son trafic. Et l'on voit, dans les années 1150, se multiplier sur les routes et les fleuves ces péages qui n'auraient aucune raison d'être s'il n'y avait rien à taxer. La fréquence des procès qui les concernent alors suffit à prouver leur nouvelle importance.

C'est l'usage des marchands qui crée les routes commerciales. Elles tiennent surtout à la situation géographique des productions et des centres de consommation. Elles s'infléchissent en se détournant selon les conditions de la circulation, selon le poids des exigences fiscales qui se rencontrent, selon le coût des transports fluviaux et routiers. Le fleuve attire les pondéreux ; il favorise par là l'essor des vignobles aisément accessibles, comme ceux du bassin de la Garonne, ceux de la Loire ou ceux de la Moselle. Les grands courants partent des zones de production — le bas Poitou et la Bretagne méridionale pour le sel — aussi bien que des ports importateurs comme Marseille, Montpellier, Narbonne, Rouen ou Bruges. Ils joignent les villes à forte population consommatrice et les places de distribution et de réexportation que sont les points de rupture de charge et les grandes foires périodiques.

Il y a donc une ou plusieurs routes des épices et des soieries d'Orient vers les villes du Nord, des draperies de laine flamandes vers Paris qui consomme ou vers l'Italie qui réexporte, du sel breton vers les pêcheries de la mer du Nord, du vin gascon vers les pays mal ensoleillés de la Manche et d'au-delà. La route du Mont-Cenis rivalise pour le franchissement des Alpes avec celle du Grand-Saint-Bernard et du col de Jougne, et la route « regordane » par Le Puy fait concurrence à la voie méridienne que tracent naturellement la Saône et le Rhône.

L'avant-port de Bruges naît alors à Damme ; celui de Rouen se constitue sur le vieux site de Harfleur. Les progrès politiques du Capétien assurent désormais la sécurité de la route de Paris à Orléans, ceux du Plantagenêt facilitent à leur tour les relations entre Aquitaine et Normandie.

Des foires s'organisent, fruit de la confluence spontanée des trafics mais aussi — et surtout, en bien des cas — de la volonté politique des princes soucieux d'attirer les affaires. Les comtes de Flandre protègent les foires de Lille, d'Ypres, de Bruges. Les comtes de Champagne font de même en des villes qui, pour le trafic entre Flandre et Méditerranée, n'ont cependant rien d'un point de passage obligé : Troyes, Provins, Lagny, Bar-sur-Aube. Le comte de Toulouse Alphonse Jourdain accorde aux Toulousains des privilèges économiques qui favorisent la tenue de deux foires annuelles. De moindres seigneurs font également éclore des foires comme celles de Chalon-sur-Saône, où le duc de Bourgogne n'aura qu'à développer au siècle suivant une foire déjà très active au XIIe siècle grâce à l'évêque ou à l'abbé de Saint-Pierre.

A Paris et au voisinage de la capitale, c'est dès le temps de Louis VI que s'organise un système de foires. Louis VI crée en 1110 la foire Saint-Lazare, que son petit-fils Philippe Auguste transfère en 1181 au lieu dit Les Champeaux pour en faire le centre permanent des transactions en gros : les Halles y seront jusqu'au milieu du XXe siècle. Le même Louis VI donne à l'abbaye de Saint-Denis la foire annuelle du Lendit — à la Saint-Jean de juin — qui devient rapidement l'une des bases de la régulation commerciale de la France du Nord. A la même époque, l'abbé de Saint-Germain-de-Prés développe sa foire du temps pascal et, en échange d'une protection royale en faveur des marchands qui s'y rendent, en donne au roi la moitié.

Les foires de Champagne ont commencé comme des foires aux blés, aux vins, au bétail et aux draps locaux. Au milieu du XIIe siècle, on commence d'y voir les Flamands, venus vendre leurs lainages de haute qualité et acheter les produits du commerce méditerranéen. Quelques années plus tard, les Italiens font eux-mêmes le déplacement. Les quatre villes champenoises sont devenues le centre économique et financier où se rencontre l'Europe marchande.

La politique des comtes a fait l'essentiel. Les foires doivent tout à l'intelligence du comte de Champagne Henri le Libéral, contemporain et compagnon de croisade de Louis VII. Les marchands ont confiance dans le sauf-conduit que leur accordent les comtes, dans celui que les mêmes comtes sont capables de leur obtenir d'autres princes. On le sait vite dans toute la France et hors de France : aller aux foires de Champagne est une aventure sans grand risque. De même la police commerciale est-elle propre à conforter les créanciers et protéger les isolés ; simples agents de surveillance jusque-là, les «gardes des foires» reçoivent en 1174 une véritable juridiction sur les marchands et sur les affaires.

Pour épisodique qu'elle soit, la foire développe les fonctions permanentes de la ville. Le cycle des foires — six dans les quatre villes de Champagne — crée une quasi-continuité des mouvements d'hommes et de capitaux. Les marchands sont à Lagny du début de janvier à la Mi-Carême, à Bar-sur-Aube de la Mi-Carême à l'Ascension ; ils sont au printemps à Provins, vont ensuite à la «foire chaude» de Troyes, qui les occupe de la Saint-Jean à la mi-septembre. Ils retournent alors à Provins pour la foire Saint-Ayoul, que suit après la Toussaint la «foire froide» de Troyes. Il est des marchands qui ne quittent plus guère la Champagne ; les étrangers s'y organisent en colonies.

Le marché financier fondé sur le règlement des opérations commerciales tourne vite, dans ces conditions, au marché bancaire : un marché permanent mais à termes échelonnés, où la compensation et les trafics triangulaires affranchissent des circuits et des rythmes de la circulation des denrées.

Parce que l'on y vient et que l'argent y circule, la ville accroît ses productions propres à la mesure de l'aire de rayonnement de ses échanges. Les produits que l'on apporte créent un marché pour les artisanats locaux. Les villes champenoises créent ainsi leur industrie drapière et mêlent, avec plus ou moins de succès, leur drap de laine à celui des plus prestigieuses villes drapantes de Flandre.

La circulation monétaire s'accélère. Elle dépasse largement l'horizon des marchés locaux auxquels des ateliers monétaires non moins locaux fournissaient des moyens de paiement. Encore dominante vers 1100, l'autarcie — jamais complète — des seigneuries laïques et ecclésiastiques laisse place à une économie des relations à moyenne et longue distance où les paiements en numéraire deviennent chose normale. Seigneurs et paysans commencent de s'entendre pour convertir en espèces des redevances jusque-là payées en céréales ou en volailles, voire certaines corvées de travaux domestiques ou agricoles. La ville en pleine croissance ne saurait payer sa nourriture autrement qu'en argent. Les fruits de l'expansion agricole ne sauraient se mettre en réserve et se réinvestir sans passer par la forme monétaire. On se met à convertir les recettes en monnaie, même si la perception se fait encore en fruits de la terre.

Chacun, dès lors, entend avoir à soi cet instrument économique qui est aussi un symbole politique. Les ateliers monétaires se multiplient au long des routes, apparaissent au flanc des foires et des marchés. Mais, comme chacun veut émettre le plus grand nombre possible de pièces, le lent mécanisme de la dépréciation s'accélère brusquement. Certes, la masse métallique disponible augmente dans le même temps. On exploite les vieilles mines du Lyonnais, de nouvelles mines dans les Vosges et le Jura. On voit arriver l'argent des mines de l'Europe centrale et les espèces importées d'Orient par les marchands italiens. Mais cet afflux de métal précieux ne suffit pas à enrayer une inflation qui condamne les opérateurs économiques, depuis les années 1100, à préciser en toute occasion le type exact des espèces comptées. Un denier n'en vaut plus un autre, et tout le monde sait bien que le tournois compte un cinquième d'argent fin de moins que le parisis.

Pour rapide que soit la circulation monétaire, elle est donc insuffisante au regard des besoins créés par la croissance économique. Et le roi de France doit assister, impuissant, à cette éclosion de monnayages qui fait l'affaire de tous mais fait oublier l'origine et la nature régaliennes du droit à émettre des espèces. Chacun trouve son compte, sur l'instant, à cette dilapidation de la puissance publique et à cette érosion des étalons monétaires de la nouvelle économie d'échanges. Mais, entre l'avènement de Louis VI et celui de Philippe Auguste, le denier parisis — qui est l'un des meilleurs — a perdu le tiers de sa teneur en argent fin.

Le recours au crédit devient une forme ordinaire du financement des activités économiques. Les Juifs prêtent à la petite semaine, et à des taux élevés : de 40 à 60 pour cent l'an. Ils ne sont pas les seuls : bien des bourgeois, bien des clercs aussi, font ainsi valoir à court terme une part de leur capital. Les prêteurs chrétiens sont simplement obligés de respecter les formes de l'interdit religieux : plus qu'au prêt sur gages, ils recourent à tous les types de l'obligation hypothécaire, à la constitution de rentes perpétuelles en particulier. Les monastères jouent aussi, en bien des régions comme en Normandie, le rôle de véritables établissements de crédit. Les prêteurs « lombards » n'apparaîtront qu'au XIIIe siècle, aux foires de Champagne d'abord, dans la plupart des grandes villes ensuite. Ils y tiendront pour deux siècles, dans le panorama humain, une place originale.

CHAPITRE V

La France capétienne

(1180-1226)

L'indépendance royale

Philippe Auguste a été sacré du vivant de son père, en 1179. La mort de Louis VII le fait seul roi en 1180. Il connaît les affaires et, d'emblée, peut distinguer trois menaces : celle d'un État plantagenêt qui va d'Outre-Manche aux Pyrénées, celle de la double principauté de Blois-Champagne qui bloque Paris vers le sud-ouest comme vers l'est, celle d'un comté de Flandre où émergent déjà les principales forces économiques nées dans le royaume de la renaissance industrielle et commerciale. Le roi doit compter d'autre part avec les aspirations à l'indépendance d'une France du Midi où l'on trouve le Capétien bien lointain et où un comte de Toulouse ou un comte de Foix font volontiers figure de souverains.

Le plus aisé fut la mise au pas des Champenois : Adèle de Champagne, veuve de Louis VII, et ses quatre frères, l'archevêque de Reims Guillaume aux Blanches Mains, le comte de Champagne Henri le Libéral, le comte de Blois et Chartres Thibaut V — de surcroît sénéchal de France — et le comte Étienne de Sancerre. Le jeune roi se tourna vers le comte de Flandre Philippe d'Alsace dont, pour sceller l'entente, il épousa la nièce, Isabelle de Hainaut. La dot n'était autre que l'Artois.

Se voyant mis à l'écart, les Champenois tentèrent de mettre dans leur camp le Plantagenêt : Henri II pensa trouver avantage à se poser en protecteur du nouveau roi de France : ce fut, le 28 juin 1180, le traité de Gisors.

Les princes comprirent vite que Philippe Auguste
les avait tous joués et qu'il assurait son indépendance
en les opposant. Le parti flamand et le parti champenois s'unirent au printemps de 1181 pour attaquer le
domaine royal. L'attitude prudente du Plantagenêt permit
au Capétien de résister et d'attendre le moment où la
lassitude disloquerait la coalition. Philippe Auguste
fit opportunément valoir ses droits sur le Vermandois,
menaça de répudier la reine Isabelle — ce qui calma
les ardeurs belliqueuses du comte de Hainaut — et se
réconcilia avec Thibaut de Blois et son frère l'archevêque. Le traité de Boves, en juillet 1185, organisa la
victoire royale : Philippe recevait Amiens et le Vermandois, outre l'expectative de l'Artois. Pour la première fois, le domaine capétien touchait à la mer.

Non sans ingratitude, le roi se tourna alors contre
son trop puissant vassal le Plantagenêt. Le protecteur
devenait encombrant, voire inquiétant. Or sa cuirasse
avait un défaut : ses fils. Philippe Auguste allait
s'entendre à les dissocier.

L'aîné, Henri le Jeune, était mort en 1183 en
pleine révolte armée contre son père. Le deuxième,
Richard Cœur de Lion, manifestait l'impatience avec
laquelle il attendait le moment de gouverner : il était
évident qu'il ne souhaitait partager le pouvoir ni
avec son puîné Geoffroy, comte de Bretagne, ni avec
le plus jeune des fils de Henri II, celui que l'histoire
allait nommer Jean sans Terre. Philippe Auguste
négociait déjà avec Geoffroy lorsque celui-ci mourut,
en août 1186. Restaient Richard et Jean.

Le roi de France déclencha les hostilités en 1187 :
il attaqua le Berry. Henri II céda Issoudun pour éviter une guerre où il savait que Richard serait tenté de
le trahir. On imagina un mariage d'Alix de France et
de Jean sans Terre : l'Aquitaine et l'Anjou seraient pour
eux. Cela signifiait que Richard ne conserverait, avec
l'Angleterre, que la Normandie. Il jugea bon de se
tourner vers le Capétien.

Henri II avait perdu sur les deux tableaux.
Lorsqu'il apprit en décembre que Philippe Auguste et

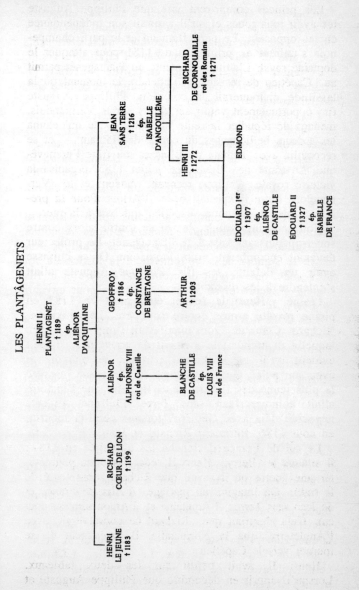

LES PLANTÂGENETS

HENRI II
PLANTAGENÊT
† 1189
ép.
ALIÉNOR
D'AQUITAINE

HENRI
LE JEUNE
† 1183

RICHARD
CŒUR DE LION
† 1199

ALIÉNOR
ép.
ALPHONSE VIII
roi de Castille

BLANCHE
DE CASTILLE
ép.
LOUIS VIII
roi de France

GEOFFROY
† 1186
ép.
CONSTANCE
DE BRETAGNE

ARTHUR
† 1203

JEAN
SANS TERRE
† 1216
ép.
ISABELLE
D'ANGOULÊME

RICHARD
DE CORNOUAILLE
roi des Romains
† 1271

HENRI III
† 1272

EDMOND

ÉDOUARD Ier
† 1307
ép.
ALIÉNOR
DE CASTILLE

ÉDOUARD II
† 1327
ép.
ISABELLE
DE FRANCE

l'empereur Frédéric Barberousse s'étaient rencontrés
à Ivois, sur la Meuse, et qu'ils y avaient précisé les
objectifs de leur alliance, il comprit qu'il était seul.
Le comte de Hainaut gagna dans l'affaire le comté
de Namur. Le roi de France en profita pour faire en
Hainaut une visite qui fut bien comprise comme une
déclaration d'influence.

Les perspectives de croisade procurèrent un répit
au Plantagenêt. A Gisors, le 21 janvier 1188, les
deux rois s'accordèrent pour gagner du temps.
Richard Cœur de Lion se croisa. Henri II n'en fit
rien : l'âge et la maladie l'en dispensaient. Philippe Auguste se garda bien de lui laisser le champ
libre.

Une révolte des barons aquitains contre Richard
précipita le dénouement. Richard attaqua le comte
de Toulouse, qui soutenait les rebelles. Philippe Auguste le somma de s'en remettre à la justice du roi
de France, puis feignit de croire que le père et le fils
étaient d'accord et se saisit du prétexte pour envahir
le Berry, le Vendômois et le Vexin.

Les deux rois se retrouvèrent en novembre 1188 à
Bonsmoulins, près de Mortagne. Richard arriva avec
Philippe Auguste. Henri II comprit la collusion qu'on
ne cherchait même pas à lui cacher. On reparla du
mariage d'Alix, mais cette fois avec Richard, lequel
devait prendre immédiatement le gouvernement de
tout l'État plantagenêt. Henri II refusa de tout céder.
Richard, sur-le-champ, se tourna vers le roi de
France et lui fit hommage pour tous les fiefs continentaux de sa famille. La rupture était consacrée.

Philippe et Richard s'entendirent alors pour mettre
la main, en 1189, sur l'Anjou, le Maine, le Perche et
la Touraine. Henri II était usé. Il céda. A Colom-
biers, puis à Azay, au début de juillet, il fit sa soumission. Il demanda une dernière faveur : qu'on lui
communiquât la liste de ceux qui l'avaient trahi :
Jean sans Terre était en tête. Le 6 juillet, à Chinon,
celui qui avait créé un empire s'éteignait, vaincu,
trompé et ruiné.

Les profits les plus rapides furent pour Richard : il reçut tout l'héritage. Philippe Auguste lui rendit ce qu'il avait pris à Henri II. Jean resta « sans Terre ». Le nouveau roi d'Angleterre se montra chevaleresque : il donna quelques fiefs à son frère, retira en revanche ce qu'il avait donné aux vassaux en rébellion contre son père.

Alors seulement, on s'occupa sérieusement de la Croisade. Philippe et Richard partirent dans le même temps, pendant l'été 1190, au moment même où disparaissait en Asie Mineure celui qu'ils devaient retrouver en Terre Sainte, l'empereur Frédéric Barberousse. Ils s'attardèrent en Sicile, où ils se mêlèrent fâcheusement aux affaires internes du royaume normand. Lorsque au printemps de 1191 le roi de France et le roi d'Angleterre parvinrent enfin devant Acre, ils étaient déjà à demi brouillés. Richard avait au passage occupé Chypre, ce que le Capétien prenait fort mal.

Le camp chrétien était profondément divisé. Soutenu par Richard et fort de l'appui des marins pisans, Conrad de Montferrat cherchait à évincer le roi de Jérusalem Guy de Lusignan. Le roi Guy devait sa couronne au fait qu'il avait épousé la tante du dernier des rois de la famille de Godefroy de Bouillon, mais il avait très vite fait la preuve de son incapacité. Mal conseillé, audacieux sans en avoir les moyens, Guy de Lusignan avait dû céder une à une la plupart de ses places fortes au nouveau maître de l'Égypte, Salah-ad-Din. Vaincu à Hattin en 1187, il avait ensuite perdu Acre, Jaffa, Beyrouth et Jérusalem. De l'Orient latin, restaient à l'arrivée des croisés les villes de Tyr, Tripoli et Antioche, ainsi que quelques châteaux comme le Crac des chevaliers.

Salah-ad-Din — dont l'Occident allait faire Saladin — avait relâché Guy de Lusignan, et celui-ci tentait de reprendre Acre, lorsque débarquèrent les croisés. Salah-ad-Din assiégeait lui-même les assiégeants. Le 13 juillet 1191, les croisés l'emportaient. La Croix flottait de nouveau sur Acre. On put croire l'affaire en bonne voie.

Acre n'était pas Jérusalem, et Salah-ad-Din demeurait maître de la Terre Sainte. Philippe Auguste feignit de l'oublier. Prétextant maladroitement de sa
santé, il annonça qu'il rentrait. Pour dire vrai, il
n'entendait pas qu'on réglât sans lui la succession du
comte de Flandre Philippe d'Alsace, mort le 1er juillet devant Acre. Richard ne fut pas dupe, mais dif-
féra son propre retour. Sans doute se faisait-il une
autre idée de son engagement personnel pour la libération des Lieux Saints.

Philippe Auguste était en France pour Noël. Il
commença par établir son autorité sur sa part de
l'héritage flamand, l'Artois et le Vermandois. Les
choses eussent été cependant plus malaisées pour lui
si Richard, rentrant à son tour, n'était tombé aux
mains du duc d'Autriche qu'il avait malencontreuse-
ment outragé devant Acre. Le roi de France en profita sans vergogne, affectant de ne plus tenir Richard
pour un croisé dont les biens étaient protégés de ce
fait, et n'hésitant pas à négocier avec l'empereur
Henri VI pour prolonger la captivité du roi d'Angleterre.

Jean sans Terre voyait venir son heure. Philippe et
Jean s'entendirent pour se partager les terres du prisonnier. Lorsque Richard recouvra, au début de 1194,
une liberté achetée à haut prix, les Français lui
avaient déjà pris le Vexin et — avec Évreux — une
partie de la Normandie.

Pour une fois, Jean sans Terre se montra prudent.
Il se soumit. Il est vrai que l'affaire pouvait lui coû-
ter ses espérances de l'héritage entier. Mais, dès lors
que Jean se rangeait aux côtés de son frère Richard,
le conflit prenait l'allure d'une guerre franco-anglaise.

Cette guerre ravagea pendant cinq ans la Normandie, l'Aquitaine et le Berry. Elle était faite de batailles non décisives, de villes prises et reprises, de
trêves sans lendemain. Pour la première fois, la
guerre conduisait de part et d'autre à la pression fiscale. On se fortifia : l'architecture militaire fit des

progrès. L'enceinte redevint la défense nécessaire des villes désireuses de protéger leur récent développement. Le Plantagenêt verrouilla la route de Rouen en élevant Château-Gaillard. Le Capétien dota Paris d'une nouvelle muraille.

Les choses tournaient mal pour Philippe Auguste. Bien des barons avaient peu apprécié cette attaque lancée contre les terres d'un croisé, celui-ci fût-il alors captif d'un prince chrétien. Flandre, Hainaut, Blois, Toulouse se trouvèrent dans le camp d'un Richard fort habile à jouer maintenant du prestige que lui valait sa bravoure en Orient. Le déséquilibre des forces s'aggrava lorsqu'en 1197 les électeurs portèrent à l'empire Othon de Brunswick, le neveu de Richard.

Philippe Auguste perdit plusieurs batailles, abandonna une partie de ses conquêtes. A Fréteval, en 1194, il avait perdu dans la bataille une bonne partie de ses archives sinon le tout ; il décida de les laisser dorénavant à demeure au Louvre. Il avait perdu dans la même affaire pas mal d'argent. Mais à Courcelles, en 1198, c'est la face qu'il perdit dans une fuite que la propagande du Plantagenêt ne manqua pas d'exploiter : on rappela à l'occasion combien le roi de France avait pris peu de part aux combats de Terre Sainte.

Au nom d'Innocent III, le légat Pierre de Capoue s'interposa pour éviter le pire. Philippe Auguste ne garda de toutes ses conquêtes que Gisors. L'acquisition avait sa valeur, mais la France l'avait payée cher. Pour sanctionner la trêve, on fiança le futur Louis VIII à une nièce de Richard Cœur de Lion : Blanche, fille d'Alphonse VIII de Castille et d'une fille de Henri II Plantagenêt. Ce mariage allait être le fruit le plus notable de la trêve de Vernon (janvier 1199). Sur le moment, nul ne pouvait penser que Blanche de Castille, alors une enfant de onze ans, gouvernerait la France pendant un quart de siècle.

L'année suivante, le traité de Péronne ne laissa au Capétien qu'une partie de l'Artois. Le domaine royal avait bel et bien reculé de vingt ans.

Le 6 avril 1199, alors qu'il assiégeait en Limousin le château de Châlus, Richard Cœur de Lion était tué d'une flèche qui l'étonna. «Que t'avais-je fait?» eut-il le temps de demander à l'arbalétrier qu'on lui amenait, prisonnier, avant de l'exécuter. Les usages de la chevalerie n'exposaient normalement pas le souverain aux coups infâmants.

Jean sans Terre recueillait, enfin, tout l'héritage plantagenêt. Mais il était aussi impopulaire que Richard était estimé. L'héritage comportait donc des vassaux mais, au vrai, peu de fidèles. Soutenu par nombre de barons bretons et angevins, son neveu Arthur, fils de son frère Geoffroy, s'avisa de réclamer sa part. Philippe Auguste saisit l'occasion de renverser la situation : il soutint à son tour Arthur, fomenta contre Jean une révolte des féodaux du Maine et de l'Anjou, et attaqua lui-même la Normandie.

Philippe se leurrait. Les vassaux du Plantagenêt voulaient leur indépendance, non changer de seigneur. La coalition avorta. Les deux rois se réconcilièrent en définitive, aux dépens d'Arthur (traité du Goulet, 22 mai 1200). Le Capétien y gagna Évreux, qui était une place importante, et le Berry, qui était une extension précieuse du domaine royal. Tout le monde avait fait des concessions, Jean confirma sa vassalité envers le roi de France, mais celui-ci renonçait à tout droit sur la Bretagne. On crut la paix faite et le compromis durable.

Jean sans Terre était trop incertain pour garder longtemps ses fidèles. C'est ainsi qu'il enleva — et épousa — la fiancée d'un de ses vassaux, Hugues IX de Lusignan, comte de la Marche. Notons en passant que cette Isabelle Taillefer, qui était la fille du comte d'Angoulême, sera un jour veuve du roi d'Angleterre et se remariera alors avec le propre fils de son ancien fiancé.

Dans le moment, l'affaire fit du bruit. Les barons s'indignèrent. Quelques-uns firent appel au roi de France. Pour celui-ci, l'occasion était belle : Phi-

lippe Auguste décida de reprendre en main la cause
d'Arthur et ajourna le Plantagenêt à Paris devant sa
Cour. Le jugement fut rendu en avril 1202 : la Cour
prononçait la « commise », la confiscation de tous
les fiefs tenus du roi de France par Jean sans Terre.

Restait à exécuter la sentence. La conquête
commença en juin 1202. Cette fois, les barons se
trouvaient tous derrière leur suzerain le Capétien : à
y manquer, ils eussent risqué, eux aussi, la commise.
Seuls, les Angevins du parti de Guillaume des
Roches avaient d'abord rallié Jean. Celui-ci les lassa
vite ; ils se tournèrent vers le roi de France.

La chance était inégale : Arthur fut vaincu et pris,
à Mirebeau, en août 1202. Son oncle le fit emprison-
ner, d'abord à Falaise, puis à Rouen. Vers la fin de
1203, il le fit assassiner dans sa prison. Les barons
angevins, poitevins et bretons ne devaient jamais pardonner ce geste.

En septembre 1203, Philippe Auguste vint mettre
le siège devant Château-Gaillard. La forteresse fut
enlevée d'assaut en mars. Il ne fallut ensuite que
deux mois pour conquérir la Normandie. Le Plantagenêt semblait paralysé, n'osant plus quitter une Angleterre où menaçait la révolte. La propagande de
Philippe Auguste exploita habilement cet abandon.
Les populations se rallièrent sans peine. Rouen
résista ; le roi de France acheta la reddition des bourgeois en confirmant leurs privilèges commerciaux.

Ce fut ensuite le tour de l'Aquitaine, qui s'ouvrit
immédiatement, puis se rebella, se soumit enfin. Philippe Auguste étendait en même temps son pouvoir
sur la Bretagne. En 1208, tout était fini. De ce qui
avait été un empire continental, le Plantagenêt ne
conservait, de Bordeaux à Bayonne, qu'une Guyenne
étendue au Béarn et au Comminges.

De l'Artois à la Saintonge, le roi de France était
maître de son littoral. Il avait uni à son domaine le
Berry et l'Auvergne. Des principautés qui le mena-
çaient un demi-siècle plus tôt, les unes — Normandie, Anjou — lui appartenaient désormais, les

autres — Flandre, Champagne, Blois — étaient isolées. L'indépendance capétienne était enfin assurée.

L'horizon européen

Philippe Auguste n'avait pas attendu cela pour se
risquer à une politique d'envergure. Le Capétien
commençait de compter sur l'échiquier européen. Ses
revenus avaient crû avec son domaine, et avec
l'exploitation fiscale de la nouvelle circulation
commerciale : il pouvait maintenant financer des
clientèles bien au-delà de son vasselage direct.

Le pape avait été médiocrement satisfait de la croisade avortée. L'affaire d'Ingeburge n'en conduisit
que mieux à l'une des plus graves crises de l'histoire
des relations franco-pontificales. Veuf d'Isabelle de
Hainaut, le roi avait épousé en 1193 une princesse
danoise, Ingeburge, dont la venue en France devait
sceller l'alliance de revers contre l'Angleterre. Le
lendemain des noces, Philippe Auguste répudia sa
jeune femme sans fournir la moindre explication.
Ingeburge refusa de partir. Il la mit au couvent. Le
clergé français avait complaisamment accordé un
divorce que rien ne fondait : le roi Knut de Danemark en appela à Rome.

Célestin III, puis Innocent III, virent là l'occasion
d'assujettir le Capétien. Philippe Auguste ne tint
aucun compte de leur avis. Bien pis, il se remaria
avec la fille d'un seigneur bavarois, Agnès de Méranie. Au vrai, il n'avait encore pour héritier que le
seul et fragile prince Louis, le futur Louis VIII, et
l'avenir dynastique semblait mal assuré.

Innocent III menaça le roi aussi bien que les évêques. Le légat Pierre de Capoue mit en 1198 le
royaume en interdit, ce qui signifiait la cessation de
toute vie cultuelle, notamment de toute administration
des sacrements. Il y avait là de quoi rendre impopulaire le meilleur des princes. Philippe Auguste fit
savoir aux évêques qu'il leur fallait choisir entre le
pape et lui ; rares furent ceux qui, feignant d'ignorer

la menace, choisirent le camp du pape. L'interdit fut levé, mais rien n'était réglé.

Le pape ne souhaitait pas la rupture. Le roi ne pouvait prendre de risques pour la légitimité de sa descendance. Ingeburge retrouva en 1213 sa liberté et son rang, sinon son rôle. Le pape transigea lui aussi : comme Agnès de Méranie était morte, il légitima les deux enfants qu'elle avait donnés au roi. L'affaire avait surtout, pendant vingt ans, donné la mesure de la capacité qu'avait le Capétien de résister aux pressions et de tenir son royaume.

Jean sans Terre évincé sur le continent, la tentation était forte de le poursuivre en Angleterre, où l'on pouvait escompter le mécontentement des barons et celui du clergé. Jean était en conflit permanent avec l'archevêque de Cantorbéry Étienne Langton. La crise religieuse créait un terrain favorable à l'intervention étrangère. Des relations se nouèrent, dans les années 1209-1212, aussi bien avec les Anglais las des exactions royales qu'avec les Irlandais et les Gallois las des Anglais. On vit en France les adversaires du Plantagenêt. En fin de compte, le pape chargea expressément le roi de France d'aller Outre-Manche détrôner le roi Jean. Le prince Louis, fils de Philippe Auguste, était désigné pour conduire l'expédition et recevoir ensuite la couronne d'Angleterre. A Soissons, en avril 1213, les barons français se rangèrent derrière le roi. Il n'y en eut qu'un pour refuser : Ferrand de Portugal, comte de Flandre.

L'armée et la flotte étaient concentrées à Boulogne lorsqu'on apprit que rien n'allait plus. Jean sans Terre venait de se soumettre et, faisant don de son royaume au pape, il l'en recevait à son tour en fief ! Dès lors qu'il était le maître de la Couronne de saint Édouard, Innocent III s'en faisait naturellement le protecteur. Il n'était plus question d'aller la conquérir.

Philippe Auguste avait nargué le Saint-Siège dans l'affaire d'Ingeburge. Le champion de la théocratie pontificale venait de se venger. Pendant que les barons anglais s'engageaient dans un nouveau combat

contre l'arbitraire royal, un combat qui allait
conduire à la Grande Charte de 1215, les barons
français reprochaient à leur roi et à son fils la vaine et
onéreuse préparation d'une campagne aux arrière-plans
incertains. En bref, les Capétiens étaient ridicules.

L'affaire avait souligné l'entente naissante entre
Jean sans Terre et Ferrand. Le comte de Flandre
avait quelques griefs, qui s'appelaient Aire et Saint-
Omer : le roi de France gardait indûment ces places.
Il avait aussi le souci d'une politique impériale où
ses intérêts se trouvaient plutôt du côté d'Othon de
Brunswick — le neveu de Richard et de Jean — que
du côté de son compétiteur Philippe de Souabe, le
propre frère de l'empereur mort en 1197, Henri VI.
Or le pape prenait parti pour Othon : il n'avait
qu'une chose à reprocher à Philippe de Souabe,
c'était d'être le fils et le frère d'un empereur.
L'hégémonie politique du Saint-Siège pouvait souffrir
d'une hérédité de fait, cette hérédité qu'eût manifestée l'accession successive à l'empire des deux fils de
Frédéric Barberousse.

A seule fin de faire pièce à la théocratie alors
qu'il était lui-même en conflit avec le Saint-Siège,
Philippe Auguste prit le parti du Hohenstaufen Philippe de Souabe. Il ne fit guère qu'une chose pour
lui : en attaquant la Normandie, il empêcha réellement Jean sans Terre de songer à soutenir efficacement son neveu. Mais en juin 1208, Philippe de
Souabe était assassiné. Pour contrarier Othon de
Brunswick, le pape et le roi d'Angleterre tout ensemble, le Capétien lança une nouvelle candidature ; ce
fut celle du duc de Brabant, qui fit long feu. Quoi
qu'en eût la France, Othon IV reçut à Rome, en
1210, la couronne impériale.

Le roi de France semblait déconfit. Il eut la joie
de voir Othon reprendre alors en Italie la même politique qui avait dressé contre le Saint-Siège les Gibelins du siècle précédent. Othon IV se trouva en lutte
avec la papauté comme l'avait été son prédécesseur
Barberousse, et comme allait l'être le petit-fils de

Barberousse, Frédéric II. Le résultat fut que le pape se rapprocha de la France.

La double diplomatie d'Innocent III et de Philippe Auguste procura, en décembre 1212, l'élection d'un nouveau candidat à l'empire. C'était précisément ce Frédéric II, le Hohenstaufen qui régnait déjà en Sicile pour en avoir hérité la couronne de sa mère, Constance, la dernière représentante de la dynastie normande. A Vaucouleurs, quinze jours avant l'élection impériale, le roi de France et le Hohenstaufen avaient précisé les conditions de leur alliance. L'Europe vit bien que Frédéric II était le candidat du Capétien autant que du pape.

En tournant court, l'affaire anglaise changea les données. Philippe Auguste allait poursuivre sa vengeance contre le comte Ferrand et son allié le comte de Boulogne Renaud de Dammartin, et cela dans une suite logique de son conflit avec le Plantagenêt. Ainsi entrait-il en lutte ouverte avec la coalition menée en Allemagne par l'empereur Othon IV. Dans cette conjoncture, le pape ne pouvait que se trouver mal à l'aise : il avait à la fois ses intérêts en Angleterre et dans le camp de Frédéric II.

Cette coalition qui se nouait en 1212 à l'image des fidélités naguère acquises à Jean sans Terre, elle avait un sens bien différent en France et dans l'Empire. Pour beaucoup, comme pour le comte de Boulogne, il s'agissait d'une vengeance : le Capétien, par ses ambitions et par ses progrès même, avait multiplié les mécontents, et ceux qui lui devaient le plus n'étaient pas les derniers à se dresser contre lui. Pour d'autres, comme le comte de Hollande ou le duc de Limbourg, le roi d'Angleterre avait simplement dispensé les livres sterling. L'armée d'Othon IV était bel et bien soldée par le contribuable anglais, lequel s'accommoda mal de la chose.

Le roi de France prit les devants. Il envoya sa flotte bloquer Damme et son armée prendre Cassel, Ypres et Bruges. L'intervention anglaise le dérouta : pendant que les Français assiégeaient Gand, les

Anglais vinrent couler devant Damme, en mai 1213, la flotte du Capétien. Celui-ci préféra brûler ce que les Anglais n'avaient pas détruit, afin de ne pas leur livrer le reste de sa flotte. Il n'était, en tout cas, plus question d'envahir l'Angleterre. Sur terre, en revanche, la guerre de Flandre continua tout l'hiver. Pillages, incendies et massacres exacerbèrent l'hostilité des bourgeois et des paysans envers le roi de France. Celui-ci crut remédier à cette réaction hostile par la violence. Mal lui en prit.

Au printemps de 1214, les coalisés se proposaient de prendre leur adversaire dans une tenaille. Othon et Ferrand attaqueraient par le nord, cependant que Jean sans Terre rallierait l'ancien domaine plantagenêt et marcherait sur Paris. En avril, on put croire au succès : les barons et les villes d'Aquitaine se rangeaient derrière leur ancien duc.

Philippe Auguste prit le commandement d'une rapide chevauchée d'intimidation au sud de la Loire. Puis, laissant son fils Louis tenir tête au roi d'Angleterre, il se porta au-devant de Ferrand. Jean sans Terre franchit la Loire, occupa Angers et vint mettre le siège devant La Roche-aux-Moines, cette forteresse qui tenait la route de Nantes. C'est là que, le 2 juillet, la seule approche de l'armée du prince Louis mit en déroute les troupes du Plantagenêt, cependant supérieures en nombre. Jean était impopulaire ; si les Poitevins s'étaient en apparence ralliés, ils n'avaient au fond aucune envie de se battre pour lui.

Pendant que les choses se gâtaient pour eux dans l'Ouest, les coalisés poursuivaient leur plan dans le Nord. Othon de Brunswick et Ferrand de Flandre prenaient position à Valenciennes. Philippe Auguste vint s'établir à Péronne, puis marcha sur Tournai afin d'engager l'action avant que son adversaire ait reçu le renfort des contingents lorrain et allemand. Ainsi prenait-il Othon et Ferrand à revers, en les coupant de leurs ports. Othon répliqua en venant occuper Mortagne.

Les Français voulurent se dégager d'une position qui commençait de paraître aventurée. Ils étaient venus ravager les terres d'un comte félon, non se faire occire par surprise. Ils firent retraite vers Lille. Othon et Ferrand crurent alors qu'ils pouvaient l'emporter sans peine. Le 27 juillet, alors que les Français franchissaient à Bouvines la Marcq en empruntant le seul pont possible au milieu des marais, les coalisés attaquèrent. Ils avaient l'avantage de la position, et prenaient celui de l'initiative.

L'infanterie des communes, lente au mouvement mais solide à l'assaut, avait déjà passé la Marcq. Philippe Auguste dut attendre qu'elle repassât la rivière. Un temps, on put croire à la victoire impériale. Le roi de France fut en danger, et il s'en fallut de peu qu'Othon n'accomplît la promesse qu'il s'était faite : tuer le Capétien au terme d'une bataille que tous concevaient comme un duel à mort entre les deux souverains affrontés. Dans la soirée, le sort des armes changea. Othon ne se sauva qu'en prenant la fuite. Le comte de Flandre, puis le comte de Boulogne furent pris. Les coalisés se débandèrent.

Le Hohenstaufen avait gagné sa couronne impériale sans se déranger. Othon erra quelque temps, puis se réfugia chez lui, à Brunswick ; il y mourut dans l'isolement en 1218. Ferrand allait passer quinze ans au Louvre et perdre en prison son goût pour l'aventure. Quant à Jean sans Terre, il n'avait plus rien à dire aux Anglais pour justifier l'effort financier qu'il leur avait demandé : il lui fallut faire face à l'insurrection des barons et des communes, puis accepter en juin 1215 la Grande Charte qui limitait définitivement son pouvoir. Pendant ce temps, les barons poitevins faisaient savoir au vainqueur de Bouvines qu'ils étaient ses fidèles.

Le Capétien avait tout joué dans une sorte de jugement de Dieu, où il s'était fait précéder de l'oriflamme, sortie pour la circonstance du trésor de Saint-Denis et confiée pour le temps de la campagne à l'infanterie des communes. La légende allait s'emparer de l'image. De sa victoire, Philippe Auguste tira surtout beaucoup d'argent — la rançon des

nombreux prisonniers — et un avantage politique
bien supérieur à ce qu'avaient été les enjeux militaires d'une bataille où les prouesses avaient été rares
et où, avec un ou deux chevaliers, ne mourut guère
que de la piétaille. Dans une histoire capétienne déjà
longue mais où les batailles en règle avaient été
rares, il était le premier vainqueur d'une bataille
livrée contre un autre souverain. Et cette bataille
avait fait de lui l'arbitre de la compétition impériale.
Il avait de surcroît enchaîné un vassal félon. L'historiographie officielle — celle qui s'élaborait à Saint-
Denis et à Paris — allait vite faire de Bouvines un
symbole.

Domaine et royaume

Du temps de Philippe Auguste à celui de
Louis VIII, le domaine royal s'accroît en de telles
proportions que Saint Louis s'interrogea un jour sur
le bien-fondé de cette croissance dont les princes
territoriaux font les frais. On verra même le roi tirer
de l'affaire albigeoise un profit que nul, ni le pape
ni les barons « croisés » n'avaient prévu. Henri II
Plantagenêt a finalement joué pour le compte du
Capétien le rôle du rassembleur de terres. Raymond VII de Toulouse aura semblablement travaillé.

D'autres consolident et élargissent dans le même
temps leur patrimoine. Pierre Mauclerc, ce petit-fils
de Louis VI qui devient duc de Bretagne en épousant
la sœur du malheureux Arthur, réunit à la Bretagne
le Perche et le comté de Penthièvre. Le duc de Bourgogne et le comte de Champagne remodèlent leur
principauté, transformant ici en fief un ancien alleu,
rachetant là le fief d'un vassal besogneux. Les uns et
les autres organisent une administration efficace,
capable d'exploiter au mieux les droits anciens et les
revendications nouvelles. Aucun n'est plus en état de
se mesurer seul au roi.

Le premier résultat de quarante années de lutte
contre le Plantagenêt et contre les coalitions féoda-

les — et le plus délibérément recherché — est une augmentation spectaculaire des ressources royales, de ce que rapporte le domaine royal, de ce que procurent les fiefs directement tenus du roi. Ce sont de nouveaux revenus en espèces, de nouveaux contingents en hommes. Le roi voit croître les moyens qu'il a de rémunérer services et fidélités en nature, c'est-à-dire en fiefs et en bénéfices ecclésiastiques. Mais le Capétien et ses conseillers ne sont pas moins conscients, malgré leur méconnaissance de la géographie, des progrès politiques que sont le libre accès à trois mers, la mainmise indirecte sur la Bretagne, le désenclavement de Paris, la sécurité des routes. Ils peuvent parler un autre langage qu'au temps où aller de Paris à Orléans relevait de la gageure. Il est le plus grand seigneur du royaume, le plus riche en hommes et en forteresses. Les féodaux tentés par l'indépendance devront en tenir compte.

La mutation de l'entourage royal traduit ce nouvel équilibre politique. Les grands féodaux et les prélats de haut rang continuent de siéger à la Cour du roi parce que c'est leur droit en même temps que leur devoir. Mais la décision politique n'est plus leur fait. La Cour des pairs devient un organe judiciaire d'exception, et les princes territoriaux ne répondent à des convocations du roi que pour les fêtes et pour la guerre. Pour gouverner, le roi se fie désormais à ses fidèles les plus proches, à ses clients. L'hôtel et la cour se peuplent de petits seigneurs et de clercs originaires de la région parisienne ; les bourgeois de Paris commencent d'y jouer un rôle. Un type d'hommes apparaît alors : le professionnel de l'administration, de la justice, des finances.

Les membres de ce nouvel entourage du roi n'ont qu'un état personnel assez médiocre, et c'est ce qui garantit leur fidélité. Leur fortune passe par le service du roi. Les figures les plus typiques sont ici un frère Guérin, roturier devenu chevalier de l'Hôpital, puis évêque de Senlis, et un Barthélemy de Roye, chef d'un petit lignage féodal établi aux confins de la plaine de France et de la Picardie. Frère Guérin devient chancelier sous Louis VIII. Chambrier de France sous Philippe Auguste, Barthélemy de Roye comptera encore pendant la minorité de Saint Louis parmi les conseillers expérimentés dont la régente fera grand cas. Il sera le mentor politique du jeune roi après avoir été le fidèle serviteur de son père et de son grand-père.

Pendant que la petite noblesse occupe sans titres les rouages du gouvernement, Philippe Auguste met fin à la présence encombrante de ces grands officiers qui se connaissaient des droits sur leur fonction. Lorsqu'il choisit en 1185 de remplacer le chancelier Hugues du Puiset par un simple « garde du sceau » révocable à volonté, lorsqu'il supprime en fait la charge du sénéchal de France à la mort du comte Thibaut de Blois en 1191, le roi met en œuvre une politique réinventée depuis Louis VI, après trois siècles d'appropriation privée de la puissance publique : il entend n'être servi que par ceux qu'il a choisis.

Le système administratif se complète, aux dimensions nouvelles des affaires et de l'espace. S'y mêlent toujours la gestion des revenus — terres et droits — et l'exercice des prérogatives politiques et judiciaires. Reprenant à son compte les expériences administratives de l'État plantagenêt et peut-être celles de l'État toulousain, Philippe Auguste éprouve déjà le besoin d'établir au-dessus des prévôts — souvent simples fermiers du domaine et de la justice — des « baillis », c'est-à-dire des hommes de confiance. Ainsi s'exercera plus efficacement la représentation de l'autorité royale face à la petite féodalité du domaine, voire face aux princes territoriaux les plus proches. Mieux que la nuée des prévôts, ces baillis vont assurer le mouvement financier qui s'impose : les revenus fonciers sont de plus en plus perçus ou convertis en argent, et la guerre et l'administration supposent des paiements en numéraire autrement répartis dans l'espace que ne le sont les recettes.

Les premiers baillis apparaissent comme des envoyés, des commissaires aux missions variables selon les temps et les lieux. Très vite, baillis et sénéchaux — on garde ce terme dans les régions méridionales — occupent de véritables ressorts, avec une résidence administrative connue des populations et avec un embryon de personnel permanent. La liste de ces bailliages et sénéchaussées va se fixant. C'est elle qui règle l'ordonnance, trois fois par an, du règlement des comptes financiers devant la Cour du roi.

La petite féodalité ne s'y trompe pas : ces administrateurs sont aussi des agents politiques. Elle ne cessera de dénoncer leurs excès et leurs empiétements. Malgré les scrupules d'un Saint Louis, et sans attendre les abus systématiques du temps de Philippe le Bel, baillis et sénéchaux vont être tout au long du XIIIe siècle les meilleurs artisans de la cohérence politique à travers un royaume qui redécouvre la royauté. L'ordre capétien leur devra tout.

Cette emprise administrative, qui s'exprime en un réseau hiérarchisé de responsabilités territoriales, conduit à l'exaltation politique de la fonction, jusque-là implicite, de la capitale. Siège d'organismes centraux qui ne suivent plus la cour dont ils sont issus parce qu'administrateurs et administrés doivent savoir où les trouver, et parce qu'on ne travaille plus sans personnel subalterne et sans archives, Paris ne tient plus de la résidence royale sa place unique dans le royaume. Aussi bien n'est-ce pas comme une résidence mais comme un symbole politique qu'est conçu le Louvre qui s'élève aux portes de la ville dans les années 1190. A la fois demeure, coffre-fort et prison, le Louvre est surtout la tour de laquelle seront « tenus » les fiefs des vassaux du roi. Dans les mêmes années peut-être après le désastre de Fréteval en 1194 — le roi organise à demeure un service d'archives. La capitale, c'est d'abord une permanence.

Déjà, Paris et le cœur du domaine royal donnent le ton. Le personnel politique, c'est l'Ile-de-France au

pouvoir. Mais l'art nouveau de la France moyenne —
le gothique — apparaît bien comme un art capétien.
Et c'est à Paris, sous les voûtes de Notre-Dame toute
neuve, que s'élèvent les polyphonies audacieuses de
l'organiste Pérotin, balbutiements de génie sur la
voie qui conduira aux grandes compositions de la
Renaissance.

L'affaire albigeoise

Jusqu'à la fin du XIIe siècle, l'Église s'était seule
inquiétée des progrès du catharisme en Languedoc.
Louis VII et Henri II Plantagenêt avaient bien songé,
en 1178, à une croisade contre l'hérésie ; le projet
avait avorté. Tout s'était soldé par une prédication.
Mais avec l'entrée en scène des grands plus ou
moins acquis au catharisme ou tolérants à son égard,
le roi de France entrevoit un enjeu politique. Alors
que l'Église intensifie son effort contre les mani-
chéens, l'occasion est belle d'affirmer à la fois la
responsabilité de la Couronne en tant que défenseur
de la foi et la présence du Capétien entre Rhône et
Garonne. Assurément sincère dans sa volonté de
pourfendre les ennemis de Dieu, le croisé Philippe Auguste est tout aussi soucieux de ne pas laisser le pape agir seul sur ce nouveau front de la
Chrétienté.

Les barons méridionaux, et le comte de Toulouse
en premier lieu, se voulaient suffisamment indépendants pour que le roi ne les laissât pas ajouter un
particularisme religieux à cette quasi-indépendance.
La tolérance de Raymond VI de Toulouse, la connivence de Raymond Roger de Foix, l'adhésion de
quelques moindres barons et de quelques notables
bourgeois faisaient planer une menace bien réelle sur
cette chose fragile qu'était encore la souveraineté
royale sur le Languedoc.

Innocent III faisait feu de tout bois. Taxant le roi
de France de dérobade, il en appela aux dynamismes
d'au-delà des Pyrénées pour relayer l'action des cis-

terciens, quelque peu essoufflés et souvent déconsidérés. C'est ainsi qu'en 1205 on vit arriver à Montpellier, revenant de Rome, l'évêque d'Osma, Diègue, flanqué d'un de ses chanoines, Dominique. A peine avaient-ils constaté l'inefficacité des grands affrontements théologiques dans lesquels se complaisaient les cisterciens, que les deux Espagnols se mettaient à prêcher eux-mêmes, de village en village, en un style plus dépouillé et plus direct.

Lorsque Diègue regagna son diocèse en 1207, Dominique avait déjà réuni quelques émules. Ils prêchaient par la parole, mais aussi par l'exemple d'une pauvreté évangélique — ils mendiaient — qui tranchait avec l'opulence des prédicateurs cisterciens. Dans l'esprit des populations soumises à la prédication contraire des «parfaits» cathares, la différence était notable. Dominique et les siens apparaissaient comme des religieux détachés de ce que les cathares reprochaient à l'Église : sa compromission avec le siècle.

Les choses allèrent très vite. Dominique fondait en 1206 la maison de Prouille pour y réunir quelques nobles dames récemment converties du catharisme ; il en fit l'année suivante un véritable couvent, avec une règle qui mettait en œuvre l'exemple évangélique : prière, travail et pauvreté.

La même année, le légat pontifical Pierre de Castelnau fulmina une excommunication contre le comte Raymond VI de Toulouse. Quelques mois plus tard, un écuyer du comte assassinait le légat.

Innocent III répliqua par un appel direct à la Croisade. Il en profita pour offrir à qui les prendrait les biens du comte de Toulouse, ce qui faisait bon marché des droits du roi de France. Philippe Auguste ne pouvait contrarier la prétention du pape qu'en partant lui-même à la conquête des terres de son vassal. En vain Raymond VI fit-il, en 1209, sa soumission, doublée d'une pénitence publique. La croisade tant espérée par la papauté se mettait en marche.

Les barons du Nord la concevaient comme une promenade en armes, et c'est bien ainsi qu'elle

commença, à la faveur de l'inorganisation politique
et militaire du pays envahi. Chacun se replia sur soi,
et fit confiance à ses murs. Au vrai, le comte de
Toulouse n'était pas fâché de voir assaillis ses trop
remuants voisins de Foix ou de Carcassonne. Les
croisés entrèrent dans Béziers en juillet 1209, dans
Carcassonne en septembre. Ils occupaient l'Albigeois
à la fin de l'année, le Minervois en 1210, l'Agenais
en 1211. Raymond VI ne garda que Toulouse et
Montauban.

Tous ceux qui n'avaient pas d'ambitions personnelles avaient quitté la croisade à la fin de 1209. Les
maîtres de l'entreprise restaient le légat Arnaud-
Amaury et le baron Simon de Montfort. Ils crurent
un peu vite que l'affaire était terminée. Les cathares
se convertissaient. On brûlait les « parfaits » impéni-
tents. Les seigneurs rendaient leurs châteaux sans se
faire trop prier, plus portés qu'ils étaient à négocier
pour eux-mêmes qu'à se battre pour leur foi. Quant
aux bourgeois, ils avaient souvent fait les frais de la
rapidité : les massacres s'étaient succédé lors de
l'entrée des croisés dans les villes. Le Midi allait
s'en souvenir pendant un bon siècle.

On évita le pire, en bien des cas, grâce à d'habiles
temporisations. Le comte de Toulouse resta, autant
que possible, à l'écart d'un conflit où il était cependant impliqué au su de tous. Les évêques souhaitaient éviter le bain de sang.

Pierre II d'Aragon avait trop d'intérêts en Languedoc pour ne pas se mêler de l'affaire. Il intervint
ouvertement en 1212, à la fois pour sauver son beau-
frère Raymond VI et pour affirmer sa suzeraineté sur
quelques fiefs désormais tenus par Simon de Montfort et les siens. Il y trouva la mort, en septembre
1213, devant Muret. Les comtes de Toulouse, de
Foix et de Comminges ne durent leur salut qu'à la
fuite. Montfort s'en alla tranquillement occuper le
Quercy et le Rouergue.

Vers 1215, l'affaire semblait terminée. Les barons
cathares avaient, après la défaite de Muret, cédé la

place à Simon de Montfort et à ses fidèles. Le concile de Latran consacra leur éviction. Publiés en 1212, les statuts de Pamiers avaient organisé la conquête et mis le menu peuple du côté des vainqueurs. Un arbitrage du pape, quelque peu forcé par le concile de Latran en 1215, ne laissa à Raymond VI que les terres qu'il avait au-delà du Rhône.

Pendant ce temps, les chefs de l'Église cathare se taisaient. Certes, les « réconciliations » se multipliaient. Mais quelques places fortes subsistaient, comme celle de Montségur où s'était retranché l'évêque cathare de Toulouse. Une nouvelle démonstration militaire semblait nécessaire. Elle fut menée, en 1217-1219, par le futur Louis VIII. Elle se solda par un échec total. Le massacre des habitants de Marmande suscita l'indignation dans toute la France du Midi. L'expédition échoua sur la rive gauche du Rhône. La mainmise des anciens croisés sur les terres naguère conquises devait se trouver consolidée par cette manifestation de force ; elle s'en trouva compromise.

Mais l'ordre des « frères prêcheurs » s'organisait dans le même temps, à partir du petit groupe de prédicateurs mendiants qu'avait réunis le chanoine Dominique. Il était constitué en 1215 avec une règle, intermédiaire entre celle des moines et celle des chanoines réguliers. Étude et prédication avaient la première place, l'office et le travail manuel étaient là secondaires. D'ailleurs, les « maisons » n'étaient pas des monastères, et le frère prêcheur demeurait par essence un errant. Cela n'empêcha pas les couvents de « dominicains » de devenir rapidement des foyers de rayonnement religieux au cœur des villes.

Simon de Montfort était mort en 1218 alors qu'il tentait de reprendre Toulouse. Son fils Amaury ne put tenir contre la réaction et l'offensive des anciens comtes de Toulouse, de Foix et de Comminges. L'une après l'autre, les villes languedociennes tombèrent aux mains des barons dépossédés en 1215. Les

cathares relevaient la tête. Derechef, on parla de
Croisade. Mais le pape tergiversait : Honorius III se
méfiait des appétits du Capétien.

Raymond VII crut éviter le pire en faisant sa soumission. Il est vrai que le cardinal de Saint-Ange,
légat du pape, avait résolu d'employer la force et
d'aller jusqu'à l'écrasement du pays touché par
l'hérésie. Amaury de Montfort fut convaincu de laisser ses droits sur le pseudo-héritage de son père au
roi de France. Louis VIII prit la tête d'une nouvelle
expédition de reconquête. En 1226, l'armée royale
prit Avignon, sillonna un Languedoc peu désireux de
résister et, assuré de la collaboration des évêques et
de la crainte des bourgeois, rétablit sans peine un
semblant d'autorité.

Au vrai, la confusion régnait, et elle régnait par la
violence. Anciens et nouveaux maîtres du Midi se
partagèrent tant bien que mal — plutôt mal — les
seigneuries. Le domaine royal ainsi conquis aux dépens
de l'héritage de Montfort fut divisé en deux sénéchaussées, celle de Beaucaire et celle de Carcassonne.

Le roi s'en retourna ; il allait mourir, le 8 novembre, sur le chemin du retour. Imbert de Beaujeu resta
en Languedoc à la tête de l'armée royale. Il s'aliéna
vite les quelques alliés qu'avait le Capétien dans la
population. Derechef, l'Église cathare s'afficha au
grand jour.

On semblait revenu au point de départ lorsqu'en
1229 se fit la paix. On la devait à l'entregent du cardinal de Saint-Ange devenu entre-temps le conseiller
politique de la régente Blanche de Castille. Le traité
de Paris laissa à Raymond VII un comté de Toulouse
accru du Lauragais, mais le comte abandonnait tous
ses droits sur la rive gauche du Rhône et prenait
l'engagement de combattre lui-même l'hérésie. Surtout, Raymond VII promettait son héritage à sa fille
Jeanne, promise en mariage à l'un des frères du
jeune roi, Alphonse de Poitiers.

Les parfaits se dispersèrent encore une fois. Les
plus ardents se retranchèrent dans quelques forteres-

ses, où se regroupa finalement tout ce qui survivait de la hiérarchie cathare. Pour ceux qui, sans l'avoir cherché, avaient mis en péril l'unité religieuse du royaume, la fin commençait.

Un monde urbain

En ville comme à la campagne, la croissance démographique et le développement conjoint d'une économie d'échanges portent à ce moment-là des fruits nouveaux et originaux. Cette éclosion se marque dans le paysage comme dans les structures de la société ou dans l'organisation politique de l'espace.

Les grands défrichements ouvrent de nouveaux terroirs, de vastes clairières dans l'ancien tissu désormais morcelé d'une forêt qui cesse d'isoler les communautés d'habitants. Ceux qui savent profiter de telles opportunités se trouvent maintenant à la tête d'exploitations étendues, qui feront de leurs successeurs une paysannerie plus résistante aux crises économiques que la population des anciennes censives. Le clivage social par la sécurité fait, en bien des régions, oublier l'ancien clivage par la liberté.

L'initiative économique, déjà, n'est plus dans la communauté d'habitants ou dans la seigneurie : elle est dans la ville, que celle-ci prolonge une antique cité épiscopale ou un vieux bourg castral, ou qu'elle procède — bastide ou ville-neuve — de la décision politique et d'un peuplement artificiel.

La croissance urbaine apparaît au premier examen des plans. Des quartiers surgissent. Les anciens noyaux péri-urbains se fondent en un tissu plus ou moins continu. Des enceintes maçonnées donnent déjà à plusieurs villes — à Paris, à Metz, à Montpellier — l'apparence d'une unité interne que les structures institutionnelles ne consacreront le plus souvent qu'au cours du XIIIe siècle. Le nom de la cité s'étend à toute l'agglomération comprise dans l'enceinte : ainsi « Toulouse » désigne-t-il, dans les années 1180, le bourg Saint-Sernin qui restait jusque-là bien distinct de la cité.

Avec l'enceinte de Philippe Auguste, Paris reconquiert la rive gauche où s'étendait la cité galloromaine. Ainsi se fixe, pour six siècles, une structure tripartite de la capitale — la Ville, la Cité et l'Université — indifférente aux divisions seigneuriales (censives et justices) et à la géographie religieuse des paroisses : bien des paroisses sont remodelées pour tenir compte du nouveau tracé de l'enceinte, qui englobe l'abbaye de Sainte-Geneviève, mais laisse encore hors-les-murs les bourgs de Saint-Victor et de Saint-Germain-des-Prés.

Les relations changent entre la campagne et ces villes qui se referment en s'individualisant. Centre d'impulsion économique, refuge et objectif militaire, marché de consommation des produits ruraux, la ville s'érige en propriétaire — à tout le moins en ayant-droit — de son plat-pays. Elle le finance, le contrôle, l'exploite. La foire et ses infrastructures, l'outillage lourd — le moulin, le poids — et les passages obligés par le pont et par le nœud routier sont les moyens de cette domination qu'expriment des monopoles, des privilèges et des taxations. Rouen et Paris se partagent le droit de naviguer sur la Seine, Toulouse organise le financement de la vie agricole en Languedoc, La Rochelle — avant Bordeaux — assume la régulation des trafics maritimes du vin. Aux limites de la navigabilité normale, Auxerre développe une fonction de collecte et de distribution. Rouen, Péronne, Tours ou Cahors exploitent leur pont. Avignon et Narbonne construisent le leur.

Porté par une capacité de financement qui tient d'abord au commerce, l'artisanat prend en quelques villes l'envergure d'une industrie. C'est ici le triomphe du textile, la seule production qui fasse appel à une intégration technique. Vingt corps de métier y coopèrent, et tel organise la chaîne qui la finance parce qu'il fournit la matière première et assure l'écoulement des produits. Il y a cent métiers en voie de réglementation dans le Paris de Louis IX. Les rivalités pour le partage de l'activité conduisent vite au particularisme professionnel, qui s'exprime par le compartimentage anticoncurrentiel.

Le poids du groupe se fait sentir à la campagne comme à la ville. Il s'était allégé dans les débuts du grand mouvement de conquête des sols. Il s'appesantit alors qu'on entrevoit les limites de l'expansion. On ne peut plus laisser n'importe qui faire n'importe quoi. Et le groupe d'organiser l'exploitation d'un finage aux horizons bientôt limités, comme celle de privilèges et de franchises dont les premiers établis n'entendent pas partager indéfiniment l'avantage.

Des hiérarchies apparaissent, que crée le pouvoir de l'argent. En se compliquant, la vie économique suscite des phénomènes de commandement, d'embauche, de clientèle. Le travail urbain crée des liens ; l'endettement aussi, qui noue des relations complexes entre le capital détenu par les citadins et le besoin d'argent ressenti par une paysannerie naturellement soumise à l'irrégularité du revenu agricole.

L'égalité politique des bourgeois souffre d'un tel contexte. Le temps n'est plus où, dans le combat pour les franchises et les communes, un tisserand valait un marchand. Une aristocratie citadine se dégage, outre la noblesse toujours très présente dans les villes et même active dans la vie municipale des consulats du Midi. Magnats, riches hommes, patriciens, tels sont les noms que l'on donne à cette aristocratie qui ne doit rien à la vieille fonction militaire des nobles. Ils sont le petit groupe qui met la main sur la gestion des affaires communes, qui conforte sa solidarité par des alliances familiales et qui manifeste dans la pierre et le bois, voire par le vêtement, sa position dominante au sein de la cité.

Les troubles de la deuxième moitié du siècle, de même que l'intervention de la royauté dans les affaires municipales, seront la conséquence de cette traduction politique des inégalités économiques. Dès lors que l'autorité seigneuriale — le roi, le comte, l'évêque — abandonne ou délègue aux bourgeois une notable part de son droit de commander, de juger et d'imposer, l'enjeu d'une telle mainmise déborde largement l'organisation de la vie économique. Les « libertés » de la ville tournent aux privilèges des notables.

L'émergence de la ville dans les structures de la société se traduit aussi dans les domaines de la pensée, de la spiritualité, de l'art. Cadre de vie religieuse essentiellement autonome, le monastère perd son rayonnement — et celui de son école — au profit des institutions urbaines que sont par excellence l'église cathédrale et son cloître, l'université, les couvents de frères mendiants.

L'université, c'est la concentration de l'enseignement en quelques centres urbains, privilégiés par le pape comme par le roi. C'en est fini des écoles où vingt élèves se pressaient autour d'un maître. D'entrée de jeu, la moitié de la France intellectuelle se presse et se forme à Paris. L'autre moitié se partage encore quelques grands centres comme Toulouse ou Montpellier.

Le même phénomène se traduit dans la pierre. On ne mettra plus guère au goût du jour les grandes églises de pèlerinage, les monastères au nom prestigieux. A quelques achèvements près — le chœur de Vézelay ou celui du Mont-Saint-Michel — le monastère restera roman. Il n'y aura pas de Conques gothique, ni de Cluny gothique. Mais le règne de Philippe Auguste voit s'achever Notre-Dame de Paris, s'élever les cathédrales de Soissons, Bourges, Chartres, Rouen, Reims, Toulouse. Et l'on commence de reconstruire celle d'Amiens.

Les formes de la vie religieuse s'adaptent à cette réalité c'est en ville que les choses bougent, et c'est la ville qui donne le ton. C'est également en ville que circule le numéraire sans lequel ne pourraient vivre des couvents que ne supporte aucun patrimoine foncier. Les franciscains, les premiers, entreprennent de couvrir tout le réseau urbain. La vocation intellectuelle des dominicains — les prêcheurs — les cantonne surtout dans les grands centres. D'abord établis aux portes ou à la périphérie des villes, les couvents occupent parfois, dès le temps de Saint Louis, des positions plus centrales : aller vers les fidèles ne peut signifier une persistance dans la marginalité. Les couvents parisiens n'en demeurent pas moins voisins de l'enceinte : les dominicains sont aux « Jacobins » de la porte Saint-Jacques, les franciscains aux « Cordeliers » de la porte Saint-Germain.

C'est en 1207 que le fils du marchand d'Assise Pietro di Bernadone a réuni quelques compagnons pour vivre avec eux la pauvreté de l'Évangile, et c'est en cette même année 1207 que le chanoine Dominique de Guzman a fondé sa première maison, à Prouille. Successeur d'un Innocent III qui souhaitait regrouper les ordres religieux plutôt qu'en créer de nouveaux, Honorius III n'en approuve pas en 1216 la règle des prêcheurs, en 1226 — après de sérieuses retouches — la version définitive de la règle des frères mineurs. Dominique meurt à Bologne en 1221, François à Assise en 1226. Tout s'est donc fait très vite, et tout continue très vite. Les dominicains sont à Paris en 1217, les franciscains y sont en 1219, là encore, les dynamismes sont bien en ville.

La création littéraire ne souligne pas moins l'urbanisation de la vision sociale. La ville gouverne la campagne, l'exploite et s'en moque. Désormais sûr de lui et de sa propre différence, le bourgeois tourne en dérision un monde féodal où sa place semble mal marquée et il ironise sur la société rurale qui supportait la vieille féodalité. Le temps n'est pas encore où le bourgeois trouvera à la noblesse des charmes proportionnels aux moyens qu'il aura d'y accéder. Cependant que l'auteur d'*Aucassin et Nicolette* continue d'exploiter les thèmes inépuisables de la courtoisie et chante la supériorité du bonheur sur la gloire, et alors que l'érudition des clercs donne, après le *Roman de Troie* du Tourangeau Benoît de Sainte-Maure, le cycle complexe du *Roman d'Alexandre,* des veines originales se dégagent du mouvement intellectuel que signifie aussi l'émergence de la bourgeoisie.

Les fabliaux sont la mise en scène, diverse en ses sources lointaines — du vieux fonds gréco-romain à quelques contes indiens ou persans transmis par l'arabe et par le latin — comme en ces variations sur des thèmes éternels, de cette suffisance bourgeoise qui daube sur le clerc et sur le vilain, donne au chevalier le rôle ingrat et, posant comme acquise la supériorité intellectuelle de la femme, dresse volontiers le catalogue des vices féminins : la rouerie, la duplicité, la vénalité, le bavardage. Les premiers datent des années 1170. On en inventera pendant tout le XIIIᵉ siècle, et le temps de Saint Louis prendra grand plaisir à broder, en fables brèves et pleines de verve, sur ces paraboles d'une morale pratique faite de cynisme et de préjugés. Les fabliaux attestent la superbe du bourgeois, mais aussi sa connaissance d'un monde villageois. Quelques types émergent, pour longtemps comme le mari berné, le fils indigne, le médecin malgré lui.

Le Roman de Renart aurait pu n'être qu'une série de fabliaux à personnages animaux, si quelques conteurs au talent exceptionnel ne s'étaient avisés d'organiser cette succession d'historiettes empruntées aux couches les plus profondes du folklore et d'en construire toute une symbolique sociale. La satire devient ici subtile autant qu'ambitieuse. Commencée vers 1175 par Pierre de Saint-Cloud, l'œuvre est déjà riche vers 1200 d'une douzaine de « branches » dues à trois ou quatre poètes successifs. La satire s'affine, touche le système social au-delà des types humains et se risque même à une critique politique que permet la fiction animalière. La vivacité d'un récit où l'intérêt ne cesse de rebondir assure le succès du *Roman de Renart* chez les contemporains de Philippe Auguste, un succès tel que le nom propre du héros principal remplacera dans la langue française le nom commun du goupil. Mais le succès conduit à l'exploitation, l'invention s'use, les épisodes se doublent. Les branches qu'ajouteront les continuateurs jusqu'à la fin du siècle ne feront que tirer en longueur.

Un autre talent se fait déjà connaître dans ce genre nouveau qu'est la satire sociale. Avec des accents vigoureux, Rutebeuf chantera la dureté des temps, l'égoïsme des nobles et l'hypocrisie des clercs. Il y joindra ce que la génération des premières branches de *Renart* n'a pas encore imaginé : une expression directe et personnelle des sentiments et des passions.

Naissance des universités

La société des maîtres et des élèves ne bouge pas moins. Au vrai, c'est tout Paris qui bouge, alors que la fonction de capitale développe ces activités de justice et d'administration qui appellent des compétences en nombre accru, et que l'essor des relations commerciales bouleverse l'équilibre des forces politiques dans la ville. Le monde des écoles met soudain en cause le droit qu'avaient l'évêque et son chancelier — tuteur officiel des écoles — à gouverner seuls les choses de l'esprit et à régenter à leur guise la vie des intellectuels. Maîtres et élèves tendent à s'affranchir, comme l'ont fait un siècle plus tôt des bourgeois qui jugeaient inadaptés les vieux cadres féodaux. Ils restent d'Église pour garder leurs privilèges, et notamment pour résister au roi et à son prévôt, aussi bien que pour conserver bénéfices, prébendes et cures. Mais ils se placent délibérément à l'écart de la hiérarchie pastorale, même s'il leur faut jouer pour cela de leurs relations avec le roi.

Le pape, lui, voit avec faveur la naissance d'organes propres à ranger l'enseignement doctrinal sous son autorité directe. Aux yeux du pape, l'Université répond, face aux développements de l'hérésie, au même besoin que quelques années plus tard l'inquisition dominicaine : c'est bien d'une centralisation et d'une concentration des responsabilités qu'il s'agit, dans les deux cas.

L'idée d'organiser la gent scolaire en une sorte de corporation, une « université » au sens très large qu'a ce mot quant il signifie simplement un ensemble

d'hommes ayant une définition commune, vient tout
naturellement dans ce monde citadin où les apparte-
nances socio-professionnelles l'emportent délibérément sur les vieilles dépendances du monde
seigneurial. A des moments divers de leur carrière,
maître et élèves se sentent solidaires. C'est cette
association, « université des maîtres et des élèves »,
qui s'organise définitivement peu après 1200. Ses
privilèges fondamentaux et constitutifs lui sont donnés en 1174 par Célestin III, en 1215 par le légat
Robert de Courzon, en 1231 enfin — c'est la bulle
Parens scientiarum — par Grégoire IX.

Les maîtres et les écoliers parisiens prennent leurs
distances à l'égard du « cloître Notre-Dame ». L'abbé
de Sainte-Geneviève leur offre sur la rive gauche une
hospitalité qui n'est pas désintéressée mais qui séduit
par son libéralisme. La plupart des écoles émigrent
donc, en quelques années, pour s'établir entre le
Petit-Pont et la Montagne Sainte-Geneviève.

Il faut le rappeler, ces écoles ne comportent
aucune installation permanente. Les maîtres enseignent à domicile ou dans les salles qu'ils louent à
cet effet, et c'est seulement leur groupement habituel
qui donne à certaines rues l'apparence d'un établissement organisé. C'est ainsi que les écoles inférieures
vont se retrouver rue du Fouarre et aux environs, que
les juristes vont coloniser le clos Bruneau, que les
médecins seront dès le temps de Saint Louis en la
Bûcherie, non loin du Petit-Pont, et que les théologiens se grouperont au centre autour de la future
Sorbonne. Pour l'heure, l'homme fait l'institution.
L'Université n'existe que par les privilèges dont ses
membres jouissent en commun, et elle n'est manifeste que par ses assemblées, lesquelles se tiennent
généralement dans la nef des Mathurins.

Les quatre facultés — celle des arts libéraux, par
laquelle on commence au sortir de l'enfance, puis les
facultés « supérieures » de droit, de médecine et de
théologie — ne sont encore au vrai que des cursus
communs au terme desquels s'obtiennent des titres

communs. Quant aux « nations » — France, Normandie, Picardie, Angleterre — qui regroupent les étudiants de la Faculté des arts, elles ne sont
matérialisées que par une caisse de secours mutuel.

Fondations pieuses pour étudiants pauvres, puis
pour étudiants recommandés, les collèges seront, à
partir du milieu du siècle et surtout après 1300, la
principale réalité topographique de ce quartier que
l'on n'appelle pas encore latin. Ils y seront le cadre
de vie idéal, et bien des enseignements s'y donneront.

De ce cadre immatériel de l'Université naissante
vient la souplesse de manœuvre politique qui caractérise vite le milieu des maîtres et des écoliers. Le
droit de grève — la « cessation » — lui est reconnu
par le pape en 1231. Avec la pratique de la dispersion spontanée, la grève est l'arme redoutable dont
joue la corporation universitaire pour anéantir toute
activité. Il suffit que chacun rentre tout simplement
chez soi pour engourdir la capitale. On craint l'Université quand elle fait front, mais elle se révèle
impalpable quand elle entend se dérober.

Les conflits ont et auront donc bien souvent un
tour personnel. Ainsi en va-t-il des affaires de doctrine. Mais, dès que l'intérêt commun est en cause,
l'Université apparaît une. Elle est une pour assurer
seule son propre recrutement et imposer au chancelier
de l'évêque l'obligation de conférer la « licence
d'enseigner » aux candidats agréés par les maîtres.
Elle est une pour sanctionner seule les études en des
épreuves, simples commentaires de textes fondamentaux ou « disputes » plus élaborées. Elle en est une,
enfin, pour défendre ce gagne-pain qu'est l'enseignement contre l'intrusion des concurrents déloyaux que
sont, pour les maîtres séculiers qui vivent de leur
métier, ces frères mendiants qui ne se cachent pas
d'enseigner comme ils prêchent : gratis.

De sa reconnaissance par le Saint-Siège, l'Université tire un universalisme intellectuel qui prolonge
celui des écoles du XIIᵉ siècle, lequel n'était autre

que l'universalisme de l'Église. Qu'un moine italien comme Lanfranc enseignât dans l'abbaye normande du Bec-Hellouin de plus normal au XIe siècle ? Qu'un Rhénan comme Albert le Grand, un Italien comme Thomas d'Aquin ou Lotharingien comme Siger de Brabant enseigne au XIIIe sur les bords de la Seine, et ce au cours d'une vie magistrale commencée sous d'autres cieux, n'a rien, non plus, que de très normal.

Les maîtres de Bologne et ceux d'Oxford ont, à près dans le même temps, créé leur unité. A Montpellier, les médecins se groupent eux aussi en une corporation que le légat Conrad dote en 1220 de ses premiers statuts ; le mouvement touche à leur tour les juristes et les « artiens » : l'Université de Montpellier se constitue. Et les Toulousains de tenter, déjà en 1229, d'imiter leurs rivaux montpellierains. De toutes parts, maintenant, c'est comme une université que l'on conçoit le cadre normal de la vie intellectuelle.

L'Orient latin

Organisée en réplique à la prise de Jérusalem par Salah-ad-Din, la troisième croisade avait surtout offert aux princes chrétiens l'occasion d'étaler leurs divisions. Seul, Richard Cœur de Lion avait fait preuve d'une réelle détermination, aidant à dégager le royaume latin, puis à repousser Salah-ad-Din devant Arsouf et Jaffa (août 1192). Mais il avait aussi, à l'aller, fait la facile conquête de Chypre qui était aux Byzantins, non aux Infidèles, et cette mainmise inopportune allait être pour quatre siècles la base de survie d'un Orient latin. Richard céda l'île au malheureux roi de Jérusalem Guy de Lusignan, dont nul ne voulait plus dans son royaume. Elle resta aux Lusignan jusqu'en 1474, passa alors aux Vénitiens, et ne tomba aux mains des Ottomans qu'en 1571.

Richard s'était finalement accordé avec Salah-ad-Din. Un compromis en résulta, qui laissait la Ville Sainte à l'Islam mais garantissait aux Francs la liberté de pèlerinage. Autant dire que le royaume latin, ainsi réduit à un court et étroit littoral, ne pouvait survivre que de manière artificielle, avec l'aide d'une Europe portée à ne plus voir en Orient que des aires d'influence commerciale. Les « échelles » — les escales — succédaient, dans la préoccupation de l'Occident chrétien, aux Lieux Saints. Cette émergence des intérêts économiques dans les affaires de l'Orient latin, de même que l'incapacité croissante du royaume dit de Jérusalem et des ordres militaires, allait très vite dénaturer la Croisade.

Quelqu'un ne désarmait pas : Innocent III, qui fit de nouveau appel à la générosité héroïque des chevaliers « francs ». Cette quatrième croisade, prêchée en France par Foulques de Neuilly, réunit surtout des barons du Nord groupés autour de princes comme Baudouin IX de Flandre, Henri de Hainaut et Louis de Blois. Un grand seigneur champenois, Geoffroy de Villehardouin, allait s'en faire, par souci tardif de justification, le brillant et irremplaçable chroniqueur. C'est cependant un Piémontais que les croisés choisirent en 1202 comme chef de l'expédition : le marquis Boniface de Montferrat. Boniface avait été l'un des héros malheureux de la défaite de 1187. Il connaissait bien l'Orient.

La croisade était à Venise, prête à l'embarquement, quand on s'avisa, un peu tard, que les nefs des Vénitiens étaient hors de prix. Comme les barons ne pouvaient trouver d'argent, ils se trouvèrent bien d'un marchandage. Le roi de Hongrie Béla III avait, en 1186, mis la main sur le petit port adriatique de Zara (auj. Zadar) et marquait bien son intention d'en faire un concurrent de Venise. Pour loyer de leur transport en Orient, les croisés allèrent d'abord reprendre Zara pour le compte des Vénitiens. Innocent III protesta vainement que la croisade s'en prenait à un prince chrétien.

C'est devant Zara que les croisés reçurent Alexis Ange, le fils de l'empereur byzantin Isaac II, que venait de détrôner son propre frère Alexis III. Le jeune prince fit entendre aux uns — les Vénitiens —

que sa revanche leur garantirait de substantiels privilèges commerciaux en mer Noire. Il promit aux
autres — les croisés — qu'il épongerait leurs dettes.
A tous, il laissa entendre que Byzance rentrerait,
après un siècle et demi de schisme, dans le giron de
l'Église romaine. Or le schisme byzantin était depuis
1054 une écharde douloureuse, et la proposition pouvait à elle seule justifier une nouvelle dimension de
cette entreprise qu'était la Croisade. Elle pouvait
aussi justifier le rêve que commençaient de faire des
croisés éblouis à l'avance par les richesses de Constantinople. La plus grande ville du monde connu passait à juste titre pour la plus riche, et la plus
ostensiblement riche. Les anciens croisés du siècle
précédent en avaient d'autant plus parlé qu'ils
avaient dû se contenter de camper devant la ville.

Ces mêmes croisés et leurs successeurs avaient
jusque-là fait bon marché des droits de l'empereur
sur les terres reconquises aux dépens de l'Islam.
Alors que l'Islam regagnait du terrain et que nul
n'avait plus à se poser de questions sur la propriété
éminente de la Terre Sainte, les croisés allaient faire
semblablement bon marché des droits de l'empereur
schismatique sur ce qu'il gardait de terres chrétiennes. Au reste, aux yeux d'un brave chevalier occidental plus à l'aise dans un combat que dans les
disputes théologiques ou canoniques, un schismatique
était une sorte d'ennemi comme les autres.

Le doge Enrico Dandolo s'était croisé. Il emporta
sans peine la décision : l'armée des chrétiens d'Occident s'en alla par mer prendre position devant Constantinople.

Un premier siège, en juillet 1203, provoqua une
émeute dans la ville et le rétablissement d'Isaac II.
Mais celui-ci se trouva derechef déposé quand il
parla à ses sujets de payer aux croisés les sommes
promises pour prix de l'expédition. Au printemps de
1204, les croisés mirent de nouveau le siège devant
la capitale de l'empire. Le 12 avril, un assaut victorieux emporta la ville.

Les croisés s'émerveillèrent de la ville et la saccagèrent. Puis ils mirent sur le trône l'un d'entre eux : Baudouin IX, comte de Flandre. Le chef de la croisade, Boniface de Montferrat, se retrouva roi de Thessalonique.

La conquête se poursuivit en Macédoine et en Thrace. Pendant que l'empereur évincé s'installait à Nicée, où allait subsister l'empire grec jusqu'à la reconquête de 1261, les barons venus de Champagne ou de Lombardie pour libérer le tombeau du Christ se partagèrent sans vergogne les terres de la seconde Rome. Le Comtois Othon de la Roche eut Athènes, le Champenois Villehardouin la Morée.

Les Latins allaient se transmettre la conquête comme un vulgaire patrimoine. A Baudouin de Flandre succéda son frère Henri de Hainaut, puis le beau-frère de celui-ci, Pierre de Courtenay, qui laissa le diadème à son fils Robert. Lorsque ce dernier mourut, en 1228, les Grecs avaient pratiquement reconquis l'empire, sa capitale exceptée. Baudouin II de Courtenay, fils de Robert, allait cependant régner jusqu'en 1261 — dans un partage ambigu avec l'ancien roi de Jérusalem Jean de Brienne — sans jamais parvenir à remplacer la cohérence interne de l'empire grec par une véritable intégration de l'empire latin dans l'Occident chrétien.

Venise avait gagné à l'affaire des positions économiques qui allaient s'effondrer en 1261. La Chrétienté y perdit bien des illusions sur la Croisade. Geoffroy de Villehardouin put bien écrire sa *Conquête de Constantinople* pour expliquer le détournement — également narré, sans prétentions politiques, par le modeste chevalier picard Robert de Clari — il ne fit que donner à la littérature française l'un de ses premiers chefs-d'œuvre historiographiques en langue vulgaire. L'Occident ne comprit pas.

L'idée de Croisade allait en souffrir. Urbain II voyait dans son initiative un moyen de canaliser à des fins saintes l'ardeur belliqueuse des hommes de guerre. La Croisade ramenait à la guerre, et l'on

avait, un siècle après l'appel d'Urbain II, massacré
des Chrétiens en place des Sarrazins.

D'autres formes de combat pour la foi entraient
alors dans les esprits, et cela sous l'influence des
nouveaux ordres religieux. Grégoire IX devait l'écrire
en 1238 aux deux grands ordres mendiants, mieux
valait «amener les Infidèles à confesser le Verbe
divin que de réprimer par les armes leur perfidie».
La mission succédait à la Croisade. Cette évolution
expliquera les hésitations, les attitudes et même les
naïvetés d'un Louis IX.

Triomphe du gothique

Un art nouveau est né depuis la fin du XIe siècle.
A la fois dans le vieux domaine capétien — les premières ogives de Morienval — et dans l'aire géographique irriguée par le dynamisme anglo-normand
— les voûtes de Durham ou de Gloucester — on a
vu se dégager un nouveau type de construction,
caractérisé par une recherche audacieuse des espaces
verticaux, par le recours à des applications systématiques du principe fondamental de l'arc et par une
grande cohésion des volumes architectoniques et des
partis décoratifs.

Cet art, que les siècles classiques affubleront du
nom de gothique, est aussi la manifestation plastique — non que l'inscription dans le paysage — de
la fonction nouvelle des bourgeoisies urbaines dans
la Cité de Dieu. Le n'est plus où les œuvres les plus
remarquables de l'art chrétien s'érigeaient au fond
des vallons ou sur des pitons isolés. Ce n'est plus
Cluny, Vézelay, Senanque, Aulnay-de-Saintonge.
L'art explose au cœur des villes qui sont la puissance économique du XIIe siècle et constituent déjà
un élément du jeu politique. A quelques exceptions
près — on en sera encore à achever le Mont-Saint-
Michel au XVIe siècle — les œuvres majeures sont
maintenant des cathédrales, élevées par la fierté des
bourgeois, avec leur argent et grâce à l'appoint des
mécénats princiers.

La première découverte, c'est l'ogive, autrement dit la croisée d'arcs qui supporte une voûte légère, la raidit, en reporte les poussées aux quatre angles et permet d'évider ainsi dans une large mesure un mur jusqu'ici écrasé par les voûtes romanes, voûtes en berceau ou voûtes d'arêtes.

De divers côtés, on tâtonne. Entre Oise et Aisne, on tire quelques conséquences, dont tous les constructeurs du domaine royal s'inspirent dans les années 1120-1150 : à Morienval, d'abord, vers 1122, puis à Saint-Denis vers 1137, à Sens, à Saint-Martin-des-Champs ou à Saint-Étienne de Beauvais vers 1140, à Noyon après 1145, à Cîteaux en 1148. Le Vexin, puis la Normandie adhèrent aux expériences plastiques du pays capétien, même si les architectes savent encore mal maîtriser la technique et si nul ne peut dire quand la croisée d'ogives porte bien la voûte nouvelle et quand elle ne fait que conforter et souligner une voûte d'arêtes à l'ancienne. En tout cas, dans les années 1160, la mode est à l'ogival. La cathédrale de Laon est entreprise vers 1155, Notre-Dame de Paris, en 1163, la cathédrale de Soissons vers 1180. A la fin du siècle, une ville sur deux a son chantier.

Autant que de techniques désormais assurées, l'art nouveau apparait bien, dans les années 1200, comme l'expression d'un nouvel esprit artistique. La verticalité l'emporte sur l'équilibre pyramidal. La lumière triomphe et se colore. Le décor n'est plus conçu qu'en étroit accord avec les structures. Comme tel, cet art rayonne bien au-delà de son berceau français, champenois et normand. Des filiations se dénotent. A Bourges dès 1190 comme au Mans vers 1220, on s'inspire des partis choisis à Notre-Dame de Paris. Laon influence Reims et Chalon-sur-Marne. La cathédrale de Soissons est fille de celle de Noyon.

Le génie propre des régions riches de leur héritage roman transfigure en l'adoptant la technique du gothique. Il crée en Anjou des voûtes nées de la coupole autant que de l'ogive : elles ont seize mètres de

large à Saint-Maurice d'Angers. Dans le Midi, l'ère
gothique s'ouvre en 1210 avec une cathédrale de
Toulouse où se définit déjà ce qui sera le nouvel art
de la Langue d'oc. Car le Midi a connu très tôt le
principe de la croisée d'ogives — celle de Moissac
est contemporaine de la cathédrale de Sens — mais
s'est longtemps refusé à en tirer autre chose que de
rares applications techniques. Subjugué par un art
roman encore en pleine floraison — jamais le Nord
n'est allé si loin — et peut-être retenu par un développement économique moins avancé que dans les
villes du Nord et du Bassin parisien, le Midi n'a ni
vu ni voulu voir tout de suite la nécessité du gothique. Mais l'art qui naît à Toulouse — et peu après
Béziers — au début du XIIIe siècle est héritier d'une
civilisation de la parole, où le goût des vastes assemblées et les besoins de la prédication conduisent à
une organisation originale de l'espace social qu'est
l'église. Peu élevée, l'unique nef de la cathédrale de
Toulouse a vingt mètres de portée. C'est ce parti que
reprendront et transformeront encore les architectes
des couvents dominicains. L'audace et l'inspiration
du gothique méridional ne devront en définitive à
l'art de Laon ou de Sens que ses ogives.

Le gothique du Nord, cependant, s'insinue jusqu'à
Lyon, jusqu'à Bayonne, jusqu'à Quimper. Les maîtres
d'œuvre font circuler idées et recettes. Contemporain
de Louis VIII, l'architecte Villard de Honnecourt
dessine sur son album, au fil de ses voyages et au
gré de sa curiosité personnelle, tantôt un profil de
nervure, tantôt un parti décoratif de fenêtre, tantôt un
équilibre de masses, comme celui d'une façade et de
ses tours. La transmission verbale fait le reste.

Dans l'élévation, la grande conquête est le dégagement de hautes fenêtres. Elles deviendront dans les
années 1230 l'essentiel de la paroi murale. A brève
échéance, cela signifie le triomphe du vitrail : on
comptera à Chartres 2600 mètres carrés de verrières.
Mais on n'ose pas encore laisser la poussée des
voûtes s'attaquer dangereusement aux parties hautes

de ce mur allégé. Des tribunes — un premier étage voûté, sur le bas-côté lui-même voûté haussant les voûtes collatérales qui contrebutent celles de la nef. Des contreforts s'appliquent à l'extérieur contre le mur, à l'aplomb des ogives. On invente l'arc « formeret » qui, tout au long du mur, reporte les charges vers les points où se ressent déjà la retombée des ogives. La poussée se concentre, et devient un poids.

Surtout, on invente alors l'arc-boutant, cet arc lancé dans le vide extérieur pour cueillir la poussée à la naissance des ogives et la transmettre avec légèreté jusqu'au sol. Encore faut-il au début tâtonner — on le voit bien à Chartres, où plusieurs arcs superposés témoignent de l'hésitation des bâtisseurs — et bien des écroulements ne seront que le résultat d'une erreur commise quant au niveau d'application de l'arc-boutant.

Le plan se développe. Le chœur prend de l'importance. Le déambulatoire se développe autour, avec sa couronne de chapelles. La nef gagne en largeur. Pour ne pas devoir espacer d'autant les retombées de la voûte et pour ne pas multiplier les ogives, on se risque à concevoir des travées rectangulaires. Achevée en 1236, la nef d'Amiens aura quinze mètres de large.

L'espace intérieur s'aère. La tribune disparaît, son office étant tenu par l'arc-boutant. Déjà à Rouen dans les années 1200, ce n'est plus qu'une tribune factice, décor résiduel de l'élévation intérieure. A Saint-Vincent de Laon, dans les mêmes années, l'édifice n'a plus que trois niveaux et la lumière passe librement des collatéraux à la nef centrale.

On continue de monter. Les clés de voûte de Laon sont à 24 mètres, celles de Soissons à 30, celles de Paris à 32 ; celles de Chartres sont à 37 mètres — sans tribune latérale — et celles d'Amiens atteignent 43 mètres. Les grandes arcades qui séparent les nefs laisseront finalement s'épanouir à Bourges, où le chœur est achevé vers 1220 mais la nef seulement après 1270, un espace unique à travers lequel la lumière joue selon les heures.

Au-dessus des grandes arcades, le « triforium » qui scandait le mur au niveau des combles de la tribune perd sa raison d'être dès lors que l'architecte peut, l'arc-boutant supportant les chéneaux, concevoir un toit à double pente sur le collatéral. Le triforium devient alors une barrière de lumière, qui supporte le troisième étage, celui des grandes fenêtres. Il finira par se fondre en elles, la paroi se changeant en un mur de verre dont l'idéal sera réalisé, entre 1243 et 1248, par l'audacieux maître d'œuvre de la Sainte-Chapelle.

Fini le mur, fini le décor mural. Si la fresque garde encore quelques champions, le mur évidé et la voûte compartimentée par les ogives se dérobent à l'appétit du peintre, tout comme les façades ajourées de rosaces et de lancettes à celui du sculpteur. Le mur de Notre-Dame-la-Grande de Poitiers pouvait être une page sculptée, comme la voûte en berceau de Saint-Savin-sur-Gartempe était une enluminure déroulée. Maintenant, le décor sculpté se regroupe aux portails et aux chapiteaux, avec une plus grande rigueur dans la distribution des volumes ciselés : la sculpture resserre ses liens organiques avec les lignes architectoniques. La statue procède encore du support au portail royal de Chartres, vers 1145 ; trente ans plus tard, alors que la grande statuaire sort enfin du mur, le décor s'en tient souvent à souligner les structures et à les conforter. Disparaissent les chapiteaux historiés où l'art roman présentait ses histoires et ses légendes, ses personnages et ses chimères. Vient le règne discret de l'ordre végétal, et bien des efflorescences, à l'angle des chapiteaux, ne sont au vrai que l'habile passage du carré des retombées d'ogives au cercle de la colonne...

L'iconographie, cependant, commence de faire place à l'homme — ou plutôt à l'humanité des personnages — dans un rapide renouvellement de sa grammaire expressive. Les vues sur la Rédemption prennent une dimension humaine. Le Fils de l'Homme l'emporte sur le Juge immatériel. La Vierge à l'Enfant remplace la hiératique Mère de Dieu.

Alors que les *Miracles de la Vierge* mettent en scène
un surnaturel aux apparences du vécu, la composition
des ensembles figurés abandonne la hiérarchie des sta-
tures, qui faisait le Christ plus grand que ses apôtres et
les apôtres plus grands que les pécheurs. Un réalisme
tempéré s'instaure, qu'illustre le léger sourire qui donne
vie aux lèvres de l'ange de droite, au Jugement dernier
de Paris, ce sourire qui va illuminer le visage de la
Sainte-Modeste de Chartres, humaniser vers 1235 l'al-
tière sérénité du «Beau Dieu» d'Amiens et situer tant
de martyrs au-delà de leur souffrance. Il resplendira,
une génération plus tard, avec la Sainte-Arme de Reims
autant qu'avec l'Ange célèbre de l'Annonciation.

Le canon de cet humanisme plastique, c'est à
Chartres qu'il prend corps, dans la diversité des personnages que résume peut-être le bon chevalier,
solide et modeste, dont l'imagier fait le glorieux martyr saint Théodore.

Les mystères eux-mêmes se parent d'une historicité
humaine. C'est à Senlis vers 1190 et à Notre-Dame
de Paris vers 1200 qu'apparaît la trilogie bientôt
classique qui va remplacer la Vierge en majesté des
temps anciens : mort, assomption et couronnement de
la Vierge. L'enfance du Christ offre le charme de ses
scènes bucoliques et familiales. La Création elle-
même apparaît au portail de Rouen comme une suite
d'épisodes où le Créateur a surtout le visage d'un
homme. Les symboles se font moins abstraits, et
l'animalerie mythique qui les supportait parfois
s'estompe devant un recours plus subtil à l'histoire
sacrée ou profane. A l'époque où l'imaginaire symbolique va se donner lui-même les apparences de
l'aventure humaine dans le *Roman de la Rose,* la
grammaire de l'imagier répudie le Basilic et la Sala-
mandre, le Pressoir mystique et le Cerf à la fontaine.

L'éclosion du vitrail tient autant au besoin de
raconter qu'à la capacité d'occuper les nouvelles
ouvertures et de saisir la lumière d'Ile-de-France, de
Normandie ou de Berry en ce lieu où les heures la
changent au long du jour. Le vitrail doit de vivre à

la lumière modérée et au soleil qui tourne. Après les rouges vifs et les bleus glauques de l'extraordinaire ensemble chartrain du XIIe siècle — les trois fenêtres occidentales, avec l'Arbre de Jessé, et la Belle Verrière du déambulatoire — les verriers des années 1200 renforcent leur palette : rouge et bleu sont plus denses, le violet s'insinue, le vert est plus fréquent, la grisaille apparaît, qui précise le trait des visages et le modelé des drapés plus finement que ne ferait à elle seule la structure de fer et de plomb qui constitue le vitrail.

C'est l'abbé Suger qui, le premier, à Saint-Denis, impose délibérément le vitrail comme instrument de pédagogie aussi bien que comme ornement intégré de l'architecture. Les vitraux de Saint-Denis, quelques vitraux d'Angers, du Mans et de Vendôme, ouvrent la voie dans les années 1150 à ce qui devient après 1180 à Saint-Rémi de Reims, après 1200 à Laon et à Chartres, vers 1220 à Rouen, une page essentielle du livre d'images gothiques. Lorsque à Bourges, dans les années 1230, le vitrail apparaît comme le relais vers la lumière extérieure d'un espace intérieur où les piliers ne sont plus qu'une scansion, l'art gothique a définitivement trouvé sa cohérence.

L'équilibre des techniques et celui des volumes sont assurés dans les mêmes années 1200-1230. Les travaux commencent sur le chantier de la cathédrale de Rouen vers 1200, sur celui de Reims en 1209, à Amiens en 1120. Le type de la façade à deux tours, celui du plan cruciforme à plusieurs nefs collatérales, celui du grand chœur qui fait de la croisée du transept le pivot architectural de l'édifice, tout cela est acquis, comme l'est pour longtemps l'équilibre des thèmes aux cinq — voire aux neuf — portails et celui des personnages historiques et symboliques aux ébrasements des façades, et comme l'est, grâce à ces rosaces qui sont une combinaison d'arcs opposés, l'irruption dominante de la lumière à travers les murs pignons de la nef et du transept.

C'est par une rosace à ses armes qu'à Paris comme à Chartres le Capétien signera sa présence.

CHAPITRE VI

Le temps du roi Saint Louis

(1226-1270)

Recul des princes territoriaux

Le nouvel équilibre politique est encore mal assuré lorsqu'en 1226 un enfant de douze ans succède à l'improviste à Louis VIII. Jusqu'à Philippe Auguste, tous les Capétiens ont été associés, du vivant de leur père, à la Couronne. Sans être sacré, Louis VIII a longuement partagé les responsabilités de son père, et celui-ci lui a laissé mainte occasion de se faire connaître. Le jeune Louis IX, lui, n'a pour titre qu'une hérédité à laquelle, tacitement du moins, barons et prélats ne songent plus à redire.

Nul ne s'élève non plus contre le fait qu'une étrangère, la reine Blanche de Castille, ait été choisie comme régente du royaume par Louis VIII mourant. D'abord régente, ensuite principale conseillère de son fils, en attendant une deuxième régence au temps de la croisade, Blanche va gouverner en fait le royaume de France jusqu'à sa mort en 1252.

Quelques hommes sont à ses côtés, qui l'informent, la secondent, l'inspirent même. Ils sont au pouvoir depuis le temps de Louis VIII; quelques-uns ont servi Philippe Auguste. Avec la reine, ils dirigent le rude apprentissage du métier royal que fait très réellement Louis IX: enrichi par l'expérience de la croisade et par l'épreuve de la défaite, cet apprentissage conduira directement au gouvernement plus personnel et aux grandes réformes de la maturité.

Le plus clairvoyant et le plus efficace de ces gouvernants familiers de la régente est certainement même Barthélemy de Roye, le légat Romano Frangi-

pani, que l'on appelle surtout le cardinal de Saint-
Ange, du nom de sa « diaconie » romaine, la petite
église de *Sant'Angelo* « *in foro piscium* ». Le jeune
roi lui devra d'avoir consolidé dans les épreuves la
construction politique de son grand-père et de son père.

Les menaces sont nombreuses, qui planent sur les
prérogatives de la Couronne aussi bien que sur les
récentes conquêtes territoriales du Capétien. Il est
vrai que ces conquêtes ont été, déjà, entamées par les
apanages qu'a prévus pour ses fils un Louis VIII
encore soumis à la conception patrimoniale du
domaine royal : l'héritage se partage. Les barons,
eux, sont tentés de profiter d'une minorité. Le versa-
tile comte Thibaut IV de Champagne, que son talent
personnel fera surnommer Thibaut le Chansonnier,
mêle dans une politique ambiguë le soutien qu'il
apporte à la régente, les avantages qu'il entend en
retirer et les foucades d'un poète peut-être amoureux
d'une reine intraitable. Quant au Plantagenêt
Henri III, la reine pourrait voir en lui son seul
parent proche dans le royaume : le mariage du futur
Louis VIII et de la princesse de Castille, nièce de
Jean sans Terre, a naguère scellé une vaine tentative
de paix. Mais Henri III et ses conseillers entrevoient
surtout, avec la minorité du roi de France, le temps
d'une possible revanche. La réaction est la même,
quoique plus diffuse, dans un Midi languedocien où
l'on songe à bouger dès lors que le Nord paraît fragile.

Les évêques renâclent sans cesse devant les empiètements juridictionnels des nouveaux officiers
royaux ; ils n'attendent, pour se rebeller, qu'un signe
de faiblesse. Maîtres et écoliers tâtent de même le
terrain pour voir jusqu'où pourrait aller leur indépendance. Et les populations récemment soumises à
l'autorité immédiate du Capétien se prennent à
l'occasion de fidélité pour les princes évincés, désormais parés de toutes les vertus.

La coalition de 1226 regroupe ainsi nombre de
barons autour des vieux ennemis de Louis VIII : il y
a là le comte de Champagne Thibaut IV, le comte de

la Marche Hugues de Lusignan, le comte de Bretagne Pierre Mauclerc. L'Anglais est à l'arrière-plan, tout prêt à écouter si l'on dit maintenant qu'il a été dépouillé de son héritage au mépris du droit. Deux princes marquent cependant leur réserve envers l'entreprise des féodaux : Raymond VII de Toulouse négocie déjà la paix qui se fera en 1229 et Ferrand de Flandre, le vaincu de Bouvines, s'en tient au réalisme qui lui dicte la prudence. Ferrand manifeste à l'envi sa fidélité à la régente qui vient de lui rendre la liberté pour éviter le pire : la comtesse Jeanne de Flandre, l'épouse par laquelle Ferrand de Portugal était comte de Flandre, songeait à se considérer comme veuve et à se remarier. Mieux valait un comte de Flandre en liberté quinze ans après Bouvines qu'une héritière de Flandre épousant, par exemple, un Pierre Mauclerc.

Thibaut de Champagne fit tout avorter. Amoureux et ambitieux, il était de surcroît assuré d'être la première victime de la réaction royale. Il rallia le camp de la régente, laquelle sut acheter d'autres revirements et joua habilement, contre les barons, de la fidélité des bourgeois. La rébellion se tourna contre la Champagne : on était alors en pleine guerre privée.

Pierre Mauclerc changea la tournure politique de l'affrontement en offrant au Plantagenêt son hommage. La reine fit prononcer la déchéance du comte de Bretagne, puis convoqua contre lui une armée à laquelle les coalisés de la veille préférèrent se rendre pour n'être pas taxés de félonie. Finalement, tout le monde traita. A l'automne de 1230, la paix était faite. L'autorité royale, si souvent menacée, sortait intacte de l'épreuve.

Malgré tout, les grands féodaux partageaient avec le roi la maîtrise du jeu politique. De Blaye aux Pyrénées, la Guyenne était toujours au Plantagenêt. Béarn, Périgord et Limousin demeuraient plus ou moins dans sa mouvance. Et Henri III se sentait doublement fier de sa couronne anglaise et de son bon droit en France : se disant spolié de son héritage, il

n'avait prêté aucun hommage au Capétien pour ce
qui lui en restait. Les distances, cependant, affaiblis-
saient quelque peu son dispositif, et le roi-duc passait
en Gascogne pour un insulaire. Thibaut de Champagne, au contraire, était sûr de sa force. Il étendait ses
possessions jusqu'aux abords de Paris — il était chez
lui à Lagny — et bénéficiait de l'extraordinaire prospérité des six foires annuelles dont le cycle faisait
une place commerciale et financière permanente à
l'échelle de l'Europe. Allié aux familles de Blois, de
Sancerre, de Châtillon et Saint-Pol, d'Avesnes, de
Brienne et de Toulouse, et par là à tout le baronnage
chrétien d'Occident et d'Orient, successivement marié
à une princesse lorraine, puis à une Beaujeu, enfin à
une Bourbon, Thibaut le Chansonnier allait devenir
en 1234, à la mort de son oncle maternel Sanche VII, roi de cette Navarre qui flanquait au sud la
Guyenne et le Béarn, le comte de Toulouse et celui
de Foix. Quant à Raymond VII, il s'en tirait bien :
en 1229, les traités de Meaux et Paris laissaient
intacte sa principauté toulousaine. L'équilibre politique du Midi de la France dépendait encore de ses
relations avec un voisinage où le Capétien était, certes,
présent, mais où il ne pouvait se sentir prépondérant.

C'est du côté de la Guyenne que les choses allèrent le plus vite. Henri III s'entendait à faire figure
de victime de l'arbitraire capétien : il mit dans son
jeu les princes qu'inquiétait le progrès de la monarchie. Mais il était lui-même incertain de son pouvoir : son père avait dû céder aux barons — la
Grande Charte de 1215 en témoigne — et son propre
frère Richard de Cornouailles se trouvait à la tête
d'une opposition que favorisaient les intrigues de
cour. Le roi d'Angleterre n'en tenta pas moins en
1230 une vaine campagne en Bretagne et en Normandie, quitte à laisser son allié Pierre Mauclerc se tirer
seul d'embarras en 1234. Il se mit enfin en quête
d'alliances et chercha contre le Capétien l'appui de
l'empereur Frédéric II et la connivence du Toulousain Raymond VII.

L'occasion qu'attendait l'Anglais, c'est le mécontentement du comte de la Marche Hugues de Lusignan qui la procura. Hugues avait épousé Isabelle Taillefer, la veuve de Jean sans Terre. Il avait donc des prétentions et des griefs. En 1241, il donna le signal de la révolte aux barons poitevins inquiets des comportements de leur nouveau comte, le frère du roi de France, Alphonse. Henri III débarqua à Royan le 20 mai 1242 avec une armée.

La reconquête plantagenêt tourna court. Parmi les barons poitevins, Louis IX avait aussi ses fidèles ; la réaction fut rapide. Sur les bords de la Charente, à Taillebourg et à Saintes, l'Anglais se trouva déconfit avant même d'engager la moindre vraie bataille. Lusignan s'humilia. Henri III perdit son temps à faire le blocus de La Rochelle, puis il attendit en vain l'intervention d'un Raymond VII qui se jugeait assez occupé en Languedoc pour ne pas se mêler des affaires de Guyenne. Le 12 mars 1243, une trêve de cinq ans était conclue. Le succès du roi de France, qui semblait avoir maté tout le monde en quelques semaines, dépassa largement les objets initiaux de l'entreprise montée contre lui.

L'affaire ne fut cependant close qu'après la croisade d'Égypte. Henri III connaissait à son tour la révolte de la noblesse gasconne. Il songeait d'autre part à se croiser lui-même. Surtout, il avait d'autres ambitions : il guignait pour son frère Richard la couronne impériale et pour son fils Edmond la couronne de Sicile. Mieux valait traiter en France. Le 28 mai 1258, le traité de Paris mettait fin à un siècle de conflits : Henri III renonçait définitivement à l'essentiel de l'héritage plantagenêt, gardait la Guyenne, récupérait — immédiatement ou à la mort d'Alphonse de Poitiers — une partie du Quercy, du Périgord, du Limousin et de la Saintonge, et faisait pour le tout hommage au roi de France. Des deux côtés, l'opinion jugea que l'on faisait trop de concessions.

Au même moment, le traité de Corbeil (11 mai 1258) mettait provisoirement un terme à la longue querelle de la France et de l'Aragon ; les interférences de ce conflit avaient souvent aggravé les relations du Capétien et du Plantagenêt, et l'intervention aragonaise dans les affaires du Languedoc avait pesé lourd depuis un demi-siècle. Là encore, Louis IX faisait de notables concessions : elles étaient le prix de la neutralité aragonaise, combien précieuse alors que le destin de Toulouse demeurait mal assuré.

Raymond VII de Toulouse avait habilement manœuvré. Il avait déclaré la guerre au catharisme alors que celui-ci ne menaçait plus guère l'orthodoxie, et il avait abandonné ses droits sur la rive gauche du Rhône, mais il gardait son comté de Toulouse, accru du Lauragais. Son héritage irait — sauf remariage et descendance nouvelle — à sa fille Jeanne, mariée à Alphonse de Poitiers, frère du roi. Blanche de Castille allait s'ingénier à entraver toute tentative de remariage.

L'inquisition avait été réorganisée en 1229. Quatre ans plus tard, le pape la confiait aux dominicains, qui montrèrent leur zèle. On fit la chasse aux « parfaits » qui s'étaient dispersés. On déterra les morts, que l'on brûla tout comme les vivants. La terreur passa surtout sur les petites villes où nul pouvoir assuré ne balançait celui des inquisiteurs. Ailleurs, comtes et consuls évitèrent le pire.

La guerre se ralluma lorsqu'en 1240 le vicomte de Béziers, Raymond Trencavel, tenta de reprendre Carcassonne, l'ancienne seigneurie de son père Raymond Roger. Une petite armée royale le mit à la raison. Le comte de Toulouse n'avait pas bougé. Il ne manqua pas, en revanche, d'adhérer en 1242 à la coalition ourdie par Hugues de Lusignan avec le soutien du Plantagenêt.

C'est dire que l'assassinat de deux inquisiteurs et de l'archidiacre de Toulouse, le 29 mai 1242 à Avignonnet, prit tout le monde au dépourvu. Les cathares de Montségur s'étaient aventurés en cette affaire sans aucune assurance, escomptant au plus la connivence du sénéchal de Raymond VII. Pour le comte de Toulouse, alors au bord de l'insurrection, le risque était grand de paraître compromis avec les cathares. Mais ces derniers sortaient de leurs repaires. Au risque du pire, le comte saisit l'occasion d'une revanche, prit Albi et entra triomphalement dans Narbonne.

L'échec de Henri III devant Saintes scella celui de Raymond VII en Languedoc. Il se soumit, accepta en janvier 1243 le traité de Lorris et alla se faire pardonner à Rome par le pape. Mais il ne parvint pas à obtenir avec ce pardon les dispenses qui lui eussent permis un remariage. Au vrai, il s'en tirait une nouvelle fois à bon compte, même si le roi gagnait tout à long terme. La clémence du roi de France avait deux raisons : Saint Louis ne souhaitait pas agir avec le patrimoine de la famille de Saint-Gilles comme l'avait fait son grand-père Philippe Auguste en 1202 avec le patrimoine des Plantagenêts — Louis IX doutait encore du bon droit de son aïeul — et il ne voulait pas risquer une remise en cause intempestive de ce qui semblait acquis, à savoir la dévolution à terme du comté de Toulouse à un prince des fleurs de lis. L'héritage d'Alphonse de Poitiers protégeait Raymond VII.

Les derniers rebelles se virent pourchassés. Indépendance politique et particularisme religieux se combinaient pour animer quelques foyers de résistance, comme Montségur, qui résista d'avril 1243 à mars 1244. Les deux répressions s'épaulèrent. Le roi de France en profita pour couvrir sa frontière face à l'Aragon : la prise tardive de Quéribus, en 1255, devait plus à la stratégie des glacis qu'à la lutte contre l'hérésie. Les irréductibles émigrèrent, en Italie pour la plupart. Il subsista cependant en Languedoc, jusqu'au début du XIVe siècle au moins, des signes équivoques d'un catharisme latent et timide dont la réanimation épisodique allait se compliquer de la rivalité endémique des deux principaux ordres mendiants, franciscains et dominicains. L'esprit « évangélique » du catharisme l'emportait, alors que s'estompaient les différences fondamentales d'ordre métaphysique. Les particularismes entraient désormais dans le cadre nouveau des mouvements de pauvreté volontaire — héritiers directs des vaudois et des patarins — qui allaient secouer de l'intérieur l'Église et la Chrétienté d'Occident.

Les ambitions de Thibaut IV de Champagne se donnaient pendant ce temps libre cours. Pour résister aux revendications de sa cousine Alix de Champagne, reine de Chypre, il avait grand besoin du roi de France, et son revirement de 1227 n'était nullement désintéressé. Mais l'homme se révélait en tout fantasque, et il accumulait les inimitiés. Sa volte-face ne fit qu'en augmenter le nombre et la violence. Au moins dut-il à l'intervention de l'armée royale de ne pas succomber en 1230 devant une attaque simultanée du duc de Bourgogne et du comte de Bretagne. L'arbitrage royal permit d'en finir à temps avant l'arrivée en France de la reine de Chypre ; celle-ci prit sagement le parti de renoncer à ses droits sur la Champagne, moyennant une forte somme que Thibaut se procura en vendant à Louis IX sa suzeraineté féodale sur plusieurs comtés : Blois, Chartres et Sancerre furent désormais tenus directement du roi.

La fortune vint d'ailleurs au comte Thibaut. Sa mère était fille du roi de Navarre Sanche VI. La mort de Sanche VII, en 1234, procura au comte de Champagne un royaume au-delà des Pyrénées.

Le nouveau roi de Navarre se crut assez fort pour défier à ce moment le Capétien. Malgré les engagements qu'il avait d'abord pris, il maria en 1236 sa fille aînée à Jean le Roux, fils et héritier du comte de Bretagne Pierre Mauclerc. Louis IX convoqua son armée. Thibaut céda. Il lui en coûta deux forteresses, dont Montereau.

La carte politique avait singulièrement changé. Thibaut de Champagne avait une couronne, mais elle était à Pampelune, et l'union de Blois et de la Champagne, qui avait si souvent fait trembler le Capétien, se distendait alors que l'héritière du dernier Thibaut de Blois portait son comté dans la famille d'Avesnes. Quant à la Champagne féodale, elle n'allait pas tarder à basculer définitivement dans le patrimoine des Capétiens. A la mort de Thibaut IV, son fils Henri III lui succéda. Il épousa une fille de Saint Louis. Leur fille Jeanne apportera la Champagne à Philippe le Bel.

Sur cette carte politique du royaume de France, d'autres prenaient la place des féodaux évincés : les princes des fleurs de lis. Jusque-là, à l'exception de la Bourgogne donnée jadis à l'un des fils de Robert le Pieux, les puînés des rois de France n'avaient eu que des compensations limitées, à la mesure du domaine capétien des XIe et XIIe siècles. Un fils de Louis VI avait eu Dreux ; fils de Philippe Auguste, Philippe Hurepel avait eu Mortain et Aumale. La dilatation du domaine, soudain, offrait d'autres possibilités et, peut-être, créait d'autres devoirs : la part du puîné devait être en rapport avec ce royaume que recevait l'aîné. Et caser les princes capétiens à travers le royaume, en profitant des récents accroissements, assurait à la fois la mainmise dynastique et la présence des « royaux ». On en fit des princes territoriaux. Ainsi donnait-on aux habitants des principautés, et aux vassaux en premier lieu, l'illusion que leur autonomie politique n'avait pas sombré dans l'expansion capétienne.

Louis VIII fut généreux. Robert eut l'Artois. L'Anjou et le Maine étaient pour Jean, qui mourut jeune : son héritage alla finalement à Charles, le fils posthume pour lequel le roi n'avait évidemment rien prévu. Alphonse recevait le Poitou. Une habile diplomatie matrimoniale — Blanche de Castille excellait dans cet art, et le cardinal de Saint-Ange l'y aida — renforça ces diverses principautés : Alphonse de Poitiers épousa l'héritière de Toulouse, Charles d'Anjou l'héritière de Provence. L'un et l'autre pouvaient jouer un rôle à l'échelle de l'Europe.

Louis IX avait exécuté les volontés de son père. Il se montra moins généreux envers ses fils : l'un eut le Valois, l'autre Alençon, un autre — Robert,

LA SUCCESSION DE CHAMPAGNE

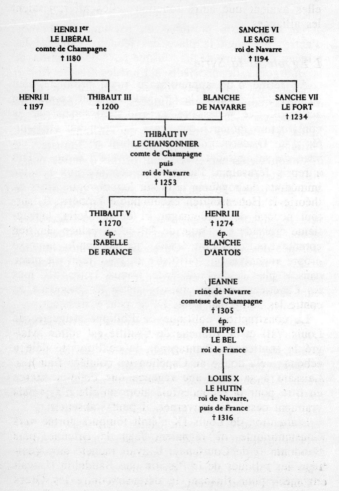

HENRI Ier
LE LIBÉRAL
comte de Champagne
† 1180

SANCHE VI
LE SAGE
roi de Navarre
† 1194

HENRI II
† 1197

THIBAUT III
† 1200

BLANCHE
DE NAVARRE

SANCHE VII
LE FORT
† 1234

THIBAUT IV
LE CHANSONNIER
comte de Champagne
puis
roi de Navarre
† 1253

THIBAUT V
† 1270
ép.
ISABELLE
DE FRANCE

HENRI III
† 1274
ép.
BLANCHE
D'ARTOIS

JEANNE
reine de Navarre
comtesse de Champagne
† 1305
ép.
PHILIPPE IV
LE BEL
roi de France

LOUIS X
LE HUTIN
roi de Navarre,
puis de France
† 1316

l'ancêtre des Bourbons — le modeste comté de Clermont en Beauvaisis. Respectivement mariées au roi de Navarre, au roi de Castille, au duc de Brabant et au duc de Bourgogne, les filles avaient meilleur train que leurs frères. Dans le jeu politique du Capétien, elles avaient une autre fonction : elles affermissaient les alliances.

L'Égypte et la Syrie

Au terme d'un apprentissage royal prolongé bien au-delà de l'enfance, la Croisade apparaît comme un acte politique nécessaire à l'accomplissement de la construction monarchique. Elle doit peu aux difficultés d'un Orient latin où la situation ne cesse, il est vrai, de se dégrader depuis qu'en 1187 Salah-ad-Din a repris Jérusalem. Plus qu'une réponse aux besoins immédiats du royaume latin sur lequel règne alors en théorie le Hohenstaufen excommunié Frédéric II, surtout occupé de l'Allemagne et de la Sicile, la septième croisade est l'acte de foi qu'un prince chrétien comme Louis IX doit à son tour accomplir pour sa propre régénération spirituelle et pour tenir sa place dans le plan de la Providence. Depuis Louis VII, tous les Capétiens se sont croisés, contre les Sarrazins ou contre les Albigeois. Louis IX ne peut y manquer.

La construction politique de Philippe Auguste, de Louis VIII et de Blanche de Castille est solide. Malgré le soutien du Plantagenêt, la coalition féodale a échoué ; cela donne au Capétien les coudées franches. Laissant à sa mère une régence que celle-ci exerce en titre pour la seconde fois alors qu'elle n'a jamais vraiment cessé de gouverner, il peut s'absenter.

L'attention de Louis IX s'était toujours portée vers Constantinople, où régnaient Jean de Brienne, puis Baudouin II de Courtenay. Il avait racheté aux Vénitiens les reliques de la Passion que Baudouin II avait engagées pour financer la défense contre les Grecs aussi bien que contre les Turcs. L'arrivée en France de la Couronne d'épines, en 1239, et la construction,

à partir de 1244, de ce reliquaire de prestige qu'est
la Sainte-Chapelle marquent bien l'importance prise
par l'Orient et par les Lieux Saints dans les préoccupations du roi. L'affaire se trouva cependant précipi-
tée par des nouvelles alarmantes qui venaient de Syrie.

Menée par Thibaut IV de Champagne, par
Hugues IV de Bourgogne et par le comte de Bretagne Pierre Mauclerc, une croisade avait en 1239
conduit vers Acre nombre de barons français. Les
efforts s'en étaient gaspillés dans l'incohérence des
alliances que permettait l'hostilité fondamentale de
Damas et du Caire. Au terme, en 1241, les Chrétiens
avaient retrouvé, avec Jérusalem, la plus grande partie de la Judée. La reconquête paraissait en bonne voie.

Louis IX avait surtout gagné en la circonstance un
comté de Mâcon facilement acquis sur l'héritage d'un
baron endetté. Il souffrait d'avoir fait trop peu pour
la foi, d'avoir manqué l'indulgence de la Croisade,
d'être passé à côté d'une occasion de prestige. Une
grave maladie, en 1244, précipita les choses : sans
laisser à sa mère et à son entourage le temps de lui
représenter que son devoir de roi était surtout en
France, il se croisa.

L'aggravation subite de la situation en Terre Sainte
vint justifier cette décision. La féodalité se substituait
en Orient à un pouvoir royal miné par des successions incertaines. La pression des Mongols, surtout,
se faisait sentir. Ils avaient ravagé la Pologne et
écrasé les Hongrois en 1241, puis, deux ans plus
tard, défait les Turcs. Le calife de Bagdad avait dû
accepter l'hégémonie du petit-fils de Gengis khan. Le
roi arménien de Cilicie faisait de même. Les « Tartares », comme on disait en Occident, poussaient
maintenant les Turcs vers la Galilée, et exigeaient
directement la soumission de Bohémond V d'Antioche. Jérusalem tomba en août 1244 aux mains des
Turcs. Deux mois plus tard, près de Gaza, l'armée du
royaume latin était taillée en pièces.

On ne parla plus en Europe que de Croisade. Innocent IV, qui devait assurer son pouvoir face aux pré-

tentions impériales, convoqua un concile qui se tint à Lyon en juin 1245. Mais les souverains trouvèrent de bonnes raisons pour différer leur départ pour la Terre Sainte. Frédéric II était excommunié, et les princes s'engageaient d'autant plus dans les conflits internes de l'Empire que le pape accordait aux adversaires du Hohenstaufen l'indulgence même des croisés. Quant aux Espagnols, ils avaient fort à faire pour mener à bien la «reconquête» de leur péninsule. L'Anglais, enfin, n'avait aucune envie de faire cause commune avec son vainqueur de Taillebourg.

Le pape lui-même, Innocent IV, réfugié sur les bords du Rhône, avait plus besoin de la protection du Capétien qu'il n'était en état de l'aider vraiment.

Ainsi désunie, l'Europe laissa Louis IX affronter seul l'Islam. A prêcher à la fois la Croisade contre l'Infidèle et contre l'empereur, le pape aggravait même la confusion dont allait souffrir l'entreprise.

L'armée royale s'assembla dans l'été de 1248. Il y avait là quelque 25 000 hommes — dont 2 500 chevaliers — et sept ou huit mille chevaux. La chasse aux navires disponibles s'ouvrit. On en trouva jusqu'en Écosse, qui se retrouvèrent enfin à Aigues-Mortes, le nouveau port méditerranéen du domaine royal. Des réserves de vivres furent envoyées par précaution à Chypre.

Tout cela coûta fort cher. Ceux qui ne participaient pas à la Croisade en partagèrent la dépense : les villes et les églises. Le clergé grogna fort contre le roi et contre son allié le pape.

Admirablement préparée, l'expédition fut menée de façon déplorable. Le roi s'enlisa en des scrupules stratégiques, s'obstina à croire que le chemin de Jérusalem passait par Le Caire, perdit son temps à attendre les contingents en retard. Il ne vit pas que ses hommes se fatiguaient et que le trésor se vidait. L'idée d'une attaque contre l'Égypte — contre le cœur de la puissance militaire des Sarrazins — n'était bonne qu'à une condition : que la campagne fût rondement menée. Une croisade perdue dans les sables d'Égypte était une croisade inutile.

Louis IX avait quitté Aigues-Mortes le 25 août 1248. La reine Marguerite de Provence l'accompagnait, comme avait fait jadis Aliénor d'Aquitaine. Le 18 septembre, la croisade était à Chypre. Elle y passa l'hiver, en attendant les navires promis par Gênes et Pise aussi bien que les derniers contingents, comme celui de Bourgogne qui venait par la Morée.

La flotte appareilla enfin le 30 mai 1249. Le 6 juin, les croisés prenaient Damiette, sur le grand bras oriental du Nil. Une simple bataille de plage provoqua la débandade de la garnison. Les soldats du roi de France crurent que la suite serait aussi aisée.

Les croisés étaient dans Damiette plus tôt que prévu : ils disposaient de six semaines avant la crue du Nil. Mais il ne pouvait être question de marcher, en pleine chaleur, sur Le Caire. Force fut d'attendre cinq mois, pendant lesquels les Égyptiens s'enhardirent. Les croisés se retrouvèrent sur la défensive. Le moral en souffrit.

L'armée reprit sa marche le 20 novembre. Le 19 décembre, on mit le siège devant la Mansourah. Une habile manœuvre, le 8 février, conduisit une charge des croisés jusque dans le camp sarrazin. Encore fallait-il prendre la ville elle-même. Robert d'Artois, qui supportait mal les tergiversations de son frère, pénétra en force dans la ville et trouva la mort dans une bataille de rues perdue d'avance. La victoire sembla amère, et la Mansourah barrait toujours la route.

Scorbut et dysenterie décimaient l'armée du Capétien. Les nouvelles de Damiette étaient mauvaises : les Égyptiens d'Alexandrie faisaient par mer le blocus de la tête de pont franque, où demeurait la reine. Louis IX ordonna la retraite. Les Égyptiens n'eurent aucune peine à le faire prisonnier. Une bonne partie de l'armée se trouva anéantie.

Le désastre réorienta l'entreprise. Libéré après un mois de captivité — Damiette fut sa rançon, et il fallut donner 400 000 écus pour la rançon des barons captifs — le roi de France ne pouvait plus rien tenter en Égypte, mais il était libre de ses mouvements

dans le reste de l'Orient. Encore la libération des
barons était-elle chose complexe, et Louis IX n'était
pas homme à s'en aller tandis que ses vassaux
demeuraient captifs.

Les croisés gagnèrent enfin la Syrie. C'est là que,
de manière paradoxale, Saint Louis allait mener une
œuvre autrement durable que son entreprise d'Égypte.
Mais ce séjour en Syrie allongeait une absence royale
dont la mort de Blanche de Castille (27 novembre 1252) aggrava les effets déjà fâcheux. A prendre
en main les destinées du royaume latin de Jérusalem,
le Capétien acquérait toutefois une gloire que lui
avait refusée l'offensive contre l'Islam. De même ga-
gnait-il le respect de ses barons en partageant délibérément leurs incertitudes. Pour sa politique
européenne, ce prestige d'un vaincu qui passa très
vite pour organisateur de la défense n'était indifférent ni dans l'immédiat ni à long terme.

Il s'agissait de mettre l'Orient latin en état de
résister. Les dissensions internes de l'Islam facili-
taient la tâche, et l'on pouvait jouer de l'hostilité
ouverte des Aiyûbides d'Alep, descendants de Salah-
ad-Din, et des usurpateurs Mamelouks qui tenaient
Le Caire depuis 1250.

Les survivants de l'expédition d'Égypte se retrouvèrent pour la plupart, dûment soldés, dans l'armée
de Terre Sainte. Des renforts parvenaient d'Occident.
Le Temple et l'Hôpital reçurent de nouvelles recrues.
Improvisant une mission pour laquelle rien ne le qualifiait, Louis IX pouvait dès lors se consacrer à ce
qui fut une mise en défense efficace plus qu'une
véritable reconquête. Aux frais du roi de France, on
agrandit l'enceinte d'Acre, on restaura celle de Césarée et celle de Jaffa, on compléta celle de Sidon. Un
arbitrage du Capétien éclaircit de surcroît la situation
politique d'Antioche et de Tripoli.

Dans ces mêmes années, Saint Louis cédait à la
grande espérance d'une alliance de revers contre
l'Islam ; on échangea des ambassades avec le khan
mongol et avec ses lieutenants. La Chrétienté occi-

dentale découvrait, émerveillée, qu'il y avait une Chrétienté d'Asie centrale, où voisinaient les Chrétiens turcs et mongols et les captifs ramenés d'Europe orientale. La liberté religieuse qui semblait régner chez le khan induisit les Occidentaux en erreur ; on s'aperçut à la longue que les Mongols étaient peu enclins à abandonner leurs prétentions à l'hégémonie universelle. Saint Louis n'était pas disposé à se soumettre. Il renonça à son propos et laissa s'évanouir les illusions.

L'aventure orientale s'achevait. Le roi de France ne pouvait rien faire pour reconquérir Jérusalem, et ses tentatives d'alliance de revers contre l'Islam sombraient dans la fumée. Les nouvelles qui parvenaient de France n'étaient pas bonnes. Depuis que Blanche de Castille n'était plus, l'unité du royaume paraissait menacée : c'était au moins vrai en Flandre et en Guyenne. Au reste, tous les prisonniers francs étaient enfin libres, et aucun scrupule de morale seigneuriale ne retenait plus le roi en Orient. Le 25 avril 1254, la flotte du Capétien quittait Acre.

Crise chez les clercs

Les contemporains en ont été conscients, la naissance des ordres mendiants et la multiplication de leurs couvents bouleversent au XIIIe siècle les données de la vie religieuse. Elles touchent même aux fondements religieux de la vie politique. Ce foisonnement a ses causes, qui sont le besoin d'une rénovation des formes organisées du don de soi à Dieu, et l'adaptation heureuse de la plupart des fondations nouvelles à une société où les dynamismes et les besoins ne s'expriment plus dans les clairières et les reculées chères au monachisme réformé du XIe siècle, mais dans les villes, où ils s'illustrent à travers les chefs-d'œuvre de l'art gothique.

Les ordres naissent donc de tous côtés. Le concile de Lyon, en 1274, les ramènera à quelques grands modèles. Dominicains et franciscains ont été les premiers. Carmes et augustins ont suivi au milieu du siècle. Les uns et les autres bénéficient de l'engourdissement du monachisme bénédictin, et cela dans le temps où bien des monastères commencent de ressentir une crise matérielle qui est en bonne partie fille d'une confiance excessive en la perpétuité des revenus fonciers. Ces ordres nouveaux tranchent sur des ordres très hiérarchisés, très institutionnels, où les querelles d'intérêts prennent à l'occasion un tour politique : ainsi à Cîteaux, où le roi lui-même, puis le pape, doivent s'entremettre pour éviter un véritable schisme, cependant que le Temple, dont le prestige est encore entier en Occident, développe à l'excès des activités purement bancaires.

Cent villes de France ont, au milieu du siècle, au moins un couvent de l'un des ordres « mendiants », et cela malgré les embarras que leur créent déjà le clergé séculier, voire les autres réguliers : les « frères » ont l'oreille du bon peuple, et c'est vers leurs maisons que va la générosité des fidèles. Rigueur de vie, qualité intellectuelle, tout oppose les frères aux curés ignares, douillets et parfois encore concubinaires que le peuple chrétien, en dépit de notables exceptions, voit trop souvent dans les paroisses, ou croit y voir.

Les « mendiants » sont très vite partout. Les universités leur font place, malgré la jalousie des maîtres professionnels, généralement chanoines ou archiprêtres peu portés à enseigner gratis. Il est vrai que la concurrence est évidente, puisque les frères enseignent, non dans les écoles où sont les séculiers, mais dans leurs propres couvents, érigés de ce fait en écoles particulières de même qu'ils se constituent en lieux de culte particularistes. Cette crise, toutefois, n'est vraiment ressentie qu'à Paris, où les frères s'immiscent dans les enseignements où brillaient déjà les écoles : ceux de logique à la Faculté des arts, ceux de théologie à la Faculté de ce nom. A Montpellier, par exemple, où les grands enseignements traditionnels sont ceux de médecine et de droit romain,

les leçons de théologie dispensées dans les couvents
ne troublent pas les situations acquises.

Le roi fait aussi grand cas de l'avis des frères
mendiants que de leurs prières. Il finance même la
construction de bien des couvents, sans renoncer pour
autant à combler de ses faveurs quelques monastères
traditionnels comme Royaumont. Certains trouvent
d'ailleurs qu'il y gaspille son argent. D'autres se
montrent agacés du rôle tenu par les frères dans
l'inspiration moralisatrice des réformes royales. Et
l'on s'inquiète des collusions entre l'inquisition et la
justice royale. Dominicains et franciscains ne sont-ils
pas de toutes les enquêtes ?

Leur présence dans l'Université complique à tous
égards des relations déjà ambiguës. Menés par Guillaume de Saint-Amour, les maîtres séculiers tentent
d'évincer les mendiants en les taxant de complaisance pour les thèses hérétiques de Joachim de Flore
et de ses continuateurs qui annoncent l'avènement de
l'Église spirituelle à la place de l'Église institutionnelle. Innocent IV prend même parti contre les mendiants. Les frères répliquent, et notamment Thomas
d'Aquin, qui enseigne alors à Paris.

C'est Alexandre IV qui garantit aux frères leurs
privilèges et empêche Saint Louis de scinder l'Université pour ménager les uns et les autres, mesure
qui mécontenterait à l'évidence tout le monde. La
réaction pontificale va même jusqu'à priver Guillaume de Saint-Amour de son droit d'enseigner. En
définitive, Louis IX sauve la face aux dépens de son
trésor : il aide à la construction des Jacobins et des
Cordeliers — les couvents parisiens des dominicains
et des franciscains — et finance dans le même temps
la fondation d'un collège par son chapelain, le très
séculier maître en théologie qu'est le chanoine
Robert de Sorbon.

Saint Louis a beau offrir à la cathédrale de Chartres ses dernières grandes verrières, l'opinion universitaire colporte volontiers qu'il est à la dévotion des
mendiants et ne se prive pas de brocarder le roi et

ses maîtres à penser. A la même époque, le pouvoir royal doit aussi faire face aux premières manifestations politiques de l'Université de Paris, et voit les maîtres et les écoliers jouer contre lui d'une arme nouvelle, la grève. Des exils s'ensuivent : ils donneront une vocation universitaire à des villes où l'on a poursuivi l'enseignement dans l'ancien cadre des écoles : ainsi à Orléans et à Angers.

Les Parisiens ayant délibérément écarté le droit romain de leur enseignement, les maîtres orléanais ont commencé de développer cette spécialité. Tout le monde, en fin de compte, trouvera commode de perpétuer cette différence. Une partie de l'encadrement administratif des derniers Capétiens bénéficiera de la double formation juridique : le droit canonique appris à Paris, le droit romain à Orléans.

Dans leur querelle avec les ordres mendiants, évêques, chanoines et curés se trouvent aisément d'accord avec les barons, portés de leur côté à juger sévèrement l'influence politique des frères, et sans doute à l'exagérer. A vrai dire, les barons sont systématiquement hostiles à toute innovation, et c'est en particulier le cas lorsque se trouve impliquée dans l'innovation la vue traditionnelle de la société.

Le roi de France et ses barons se trouvent en revanche fort unis contre les prétentions de cette même Église séculière que menacent les frères en disant la servir. On le voit bien lorsque les juges ecclésiastiques, qui citent volontiers les laïcs à comparaître devant les tribunaux d'Église pour des causes purement civiles, s'avisent d'excommunier les récalcitrants. Car les laïcs n'acceptent guère de voir les clercs juger de leurs affaires pour le motif que des biens d'Église s'y trouvent mis en cause. C'est ainsi que le roi se tait lorsqu'une assemblée de barons, en 1235, décide qu'en pareil cas la justice laïque pourra saisir le temporel des juges ecclésiastiques. De même est-il muet quand les barons se promettent, en 1246, une assistance mutuelle contre les

extensions abusives de la compétence judiciaire que
se reconnaissent les évêques.

Comme tous les princes territoriaux, le roi cherche
à exploiter ses droits sur les temporels ecclésiastiques. L'élection de l'évêque par les chanoines et
celle de l'abbé par les moines sont soumises à l'autorité royale. Une recommandation ferme et précise
accompagne le plus souvent cette autorisation.
L'épiscopat français s'en trouve bien, d'ailleurs, car
le choix du roi se porte souvent sur des clercs de
qualité, bons pasteurs et administrateurs avisés, que
n'aurait peut-être pas distingués le jeu hasardeux des
brigues locales. En attendant, le roi — ou le
prince — perçoit les «régales», autrement dit les
revenus. Quant aux bénéfices mineurs, ils sont à la
disposition des « patrons », lesquels — le roi tout le
premier — s'en servent pour récompenser les fidélités et rémunérer les services. Chapelains, notaires et
conseillers se trouvent ainsi payés, aux frais de
l'Église, d'une prébende ou d'une paroisse. Le niveau
intellectuel du clergé s'en trouve, naturellement,
plutôt élevé, mais ces clercs sont presque toujours
dispensés de résider dans leurs bénéfices : les fidèles
ont un excellent curé, mais ils ne le voient jamais.
Autant dire que la vie religieuse n'y gagne rien.

A cette politique, les évêques ne sauraient trouver
à redire. Trop d'entre eux doivent à ce système leur
crosse pour qu'un front commun de l'épiscopat soit
possible. Mais chaque occasion, chaque conflit local,
chaque élection douteuse, chaque collation contestée
offre un nouveau prétexte à la manifestation d'un
mécontentement latent. Les « libertés » de l'Église se
définissent donc, à la fois, contre les empiètements
du roi et contre la concurrence des frères mendiants.

Et puis, il y a l'impôt. Même lorsque Innocent IV
et Louis IX, déjà en désaccord à propos des mendiants, s'affrontent au sujet de l'empereur Frédéric II
que le pape a excommunié et que le roi de France se
refuse à accabler, la connivence du Saint-Siège procure au Capétien, pour préparer la Croisade, le droit

de lever l'impôt sur les biens de l'Église. Alexandre IV, ensuite, prend très logiquement le parti du roi de France contre ses évêques et déclare, par principe, le souverain hors d'atteinte de sentences canoniques prononcées par le clergé du royaume. Naturellement, l'élection de papes français partir de 1261, ne fait que resserrer l'alliance. Les décimes se succèdent — un dixième du revenu net des églises — que justifie toujours la Croisade : déjà, on parle de la prochaine.

Les évêques se lassent en définitive. A quoi continuer de protester, quand c'est toujours en vain ? Au reste, les coupables sont vite trouvés : ce sont les frères mendiants de l'entourage royal. L'épiscopat les rend collectivement responsables d'une ponction fiscale dans laquelle, à tort ou à raison, certains s'obstinent à voir une brimade moralisatrice. Les frères gagneront là une solide réputation d'hypocrites : la générosité royale donne un peu trop l'impression qu'ils vivent, non de mendicité comme ils l'affirment, mais de ce que le fisc royal lève sur les autres. De la polémique à l'ironie satirique, un thème naît, dont Villon, deux siècles plus tard, attestera encore la vivacité.

Les réformes de Saint Louis

Les progrès de la royauté ne sont pas seulement une expansion territoriale ; ils sont aussi une construction intellectuelle. On redécouvre les principes romains du droit public. On risque une nouvelle approche des théories politiques de l'Antiquité, telles que les formule Aristote. On fait enfin le rapprochement entre le roi de France et le responsable providentiel de la Cité de Dieu selon saint Augustin ; le Capétien a maintenant les moyens matériels de ses ambitions, et ce rapprochement, qui donne au royaume sa place dans la Jérusalem terrestre, n'a plus rien qui puisse étonner. Une réflexion est en particulier menée sur la justice et sur la monnaie ;

elle portera ses fruits dans les institutions et dans la pratique politique.

C'est ainsi que les légistes commencent de revendiquer pour le Capétien une souveraineté inspirée de la charge historique de la *res publica*. Seul, jusquelà, l'empereur pouvait invoquer cette tradition. Audelà des rares cas où le roi suzerain pouvait juger selon le droit féodal en appel de ses vassaux, le droit de juger par-dessus tous les justiciers apparaît donc maintenant comme une prérogative politique. Il s'inscrit dans la continuité du devoir moral que fait au roi le serment du sacre : assurer son droit à chacun, respecter le droit de chacun. Avant d'être une science et un métier, le Droit est une vertu.

Saint Louis est particulièrement sensible à cette mission, qui tient à la place de la Couronne dans le plan divin. En jugeant lui-même quelques affaires simples — sous le chêne de Vincennes ou ailleurs — il manifeste bien que la justice, et même la « basse justice » des petits conflits, n'est pas indigne du souverain.

L'alourdissement de l'autorité royale se traduit pour les sujets en d'innombrables contentieux, en d'incessantes plaintes contre les agents du pouvoir. Il est ressenti avec encore plus d'inquiétude dans ces régions qui sont dans le même temps passées de la principauté autonome, riche de ses originalités coutumières, à un domaine royal combien divers mais inévitablement unificateur. Bien des Normands, bien des Poitevins s'interrogent encore sur l'attitude qu'ils doivent adopter quand s'affrontent leur suzerain le roi et leur ancien duc le Plantagenêt. La « réforme » du royaume et la répression des abus — ceux des gens de justice et ceux des gens du fisc — s'imposent donc comme l'intervention la plus efficace en faveur du Droit, mais aussi comme le seul moyen d'apaiser de dangereuses inquiétudes.

Il y a longtemps, certes, que l'on envoie des enquêteurs à travers le domaine : s'assurer sur place de la bonne gestion du zèle et de l'intégrité des agents locaux est la sagesse même. Les *missi dominici* de Charlemagne ne faisaient pas autre chose. Mais en ce milieu du XIIIᵉ siècle, c'est aux administrés que l'on songe d'abord. Et ce qui est nouveau en 1247, c'est le caractère systématique de l'enquête prescrite par un roi qui met en paix sa conscience avant de partir pour la Croisade, et qui veut à cette occasion remettre en ordre son administration. Les enquêteurs vérifient la gestion des baillis, entendent les plaignants. Le roi tire les leçons, change certains agents. De nouveaux baillis sont mis en place, plus jeunes et surtout plus étrangers aux intérêts locaux.

En assurant une meilleure administration et une justice plus sûre, Louis IX garantit la paix publique et conforte l'adhésion politique des villes et de la petite féodalité. Il emplit ses coffres, aussi : les profits illicites sont confisqués, les fautifs paient l'amende, les fermiers voient leurs baux révisés. A la veille du gouffre financier que sera la croisade, la réforme est largement bénéficiaire.

La vraie réforme, cependant, vient au retour du roi. Déçu à la croisade par l'irréalisme politique d'une chevalerie toujours en proie aux rivalités internes, aux affaires de lignages et aux querelles de prérogatives, Louis IX constitue alors une équipe nouvelle de gouvernement. C'est aussi le temps où croît à la cour l'influence politique des ordres mendiants et où parvient au pouvoir — c'est-à-dire dans l'entourage royal — la première génération des gradués des universités. On voit s'imposer, bien avant la venue des légistes méridionaux, les juristes formés à Orléans dans la tradition retrouvée du droit public romain.

Il est un autre facteur de réforme, qui est presque accidentel. Son séjour en Languedoc, au retour d'Orient, a contribué à ouvrir les yeux du roi : dans ces sénéchaussées, éloignées du gouvernement royal et des organes de contrôle et d'appel pour lesquels Louis IX fait en ce même temps construire à Paris le Palais de la Cité, fleurissent aisément la négligence et la compromission, l'excès de zèle et l'abus de pouvoir. Les officiers royaux, en un mot, en usent à leur guise.

En ce sens, l'ordonnance de 1254 est véritablement novatrice : elle tend à écarter de la fonction publique toute notion de profit local. Saint Louis fulmine contre les agents qui acceptent les cadeaux, qui constituent sur place à trop bon marché des patrimoines fonciers et des réseaux d'alliances familiales, qui ne craignent pas d'exploiter à leur profit les prérogatives royales comme la justice, le droit de gîte ou le contrôle des exportations. Il organise la reddition des comptes. Il dessine les voies de recours. Pour prévenir les collusions d'intérêts, il multiplie les mouvements de baillis et de sénéchaux.

Parallèlement, il s'en prend à la gestion des corps municipaux. L'ordonnance de 1262 tend à l'assainir en limitant les effets d'une trop fréquente confiscation du pouvoir municipal par les oligarchies urbaines et leur jeu d'alliances familiales. L'intervention royale jugule les « libertés » de ces aristocraties marchandes, rogne les prérogatives des justices échevinales, renforce la part du menu peuple au gouvernement de la ville et favorise la désignation comme maires ou comme échevins d'administrateurs déjà riches d'une expérience au service du roi.

Souci moral et préoccupation politique se combinent encore quand le roi reprend en main l'ordre public dans deux domaines où le serment du sacre fonde sa responsabilité : l'orthodoxie des mœurs et celle de la foi. Il sévit contre les dés, les blasphèmes, l'ivrognerie, la prostitution. Saisies et expulsions — rachetables au profit du trésor royal — se succèdent contre les usuriers juifs, cependant que les évêques punissent les usuriers chrétiens. Finalement, en 1269, une ordonnance d'expulsion frappe à la fois tous les manieurs d'argent, les Lombards et ces usuriers méridionaux connus sous le nom collectif de « Cahorsins ». Au reste, la connivence du peuple ruine cette politique moralisatrice, car le roi mesure mal le besoin de crédit ressenti par une société où l'usure est interdite mais où, de l'investissement du marchand ou du gros exploitant rural à l'emprunt quotidien du malheureux qui engage ses hardes, nul ne saurait se passer de crédit.

Tout se mêle encore quand en 1255 le sénéchal royal assiège et prend la vieille forteresse cathare de Quéribus : son indépendance était une menace, face à l'Aragon, pour la sécurité de Carcassonne. Sûreté du royaume, ordre public et unité de la foi se confondent à tout moment dans l'esprit de Saint Louis.

Le souci d'ordre et de morale n'est pas étranger non plus aux interventions en matière économique. Nommé « garde de la prévôté de Paris » après l'unification des administrations locales autour du Châtelet, Étienne Boileau inspire une codification des statuts et usages du commerce et de l'artisanat parisiens : ce *Livre des métiers* facilitera la mainmise de la justice royale sur la vie corporative et professionnelle de la capitale. Ainsi la bourgeoisie parisienne se retrouvera-t-elle dans le jeu financier du roi.

La clarification qu'apporte au droit l'organisation — dans les années 1230 à Montpellier, Toulouse et Orléans — d'un véritable enseignement fait éclore à partir de 1250, à l'usage des cours et des tabellionages, les premières grandes compilations des usages attestés qui forment coutume. Œuvres spontanées, de pure commodité, le *Grand Coutumier de Normandie*, le *Conseil à un Ami*, le *Livre de justice et de Plaid* et même, malgré leur nom, les *Établissements de Saint Louis* ne bénéficient d'aucune sanction officielle. Mais les auteurs manifestent dans ces ouvrages un souci très nouveau de cohérence, qui fera de la coutume un droit.

C'est à cette même époque que commence l'enregistrement des arrêts rendus par la Cour du roi en ses sessions judiciaires, les « Parlements ». Les registres dits des *Olims* s'ouvrent en 1254, l'année qui voit le retour du roi dans sa capitale. Beaucoup d'affaires sont pendantes, la pratique de l'appel à la justice royale se développe et les baillis, déjà juges d'appel au-dessus des prévôts, se présentent à des termes réguliers devant cette Cour où les professionnels du droit se font indispensables. L'enregistrement concourt donc à systématiser la jurisprudence, tout comme la présence des « maîtres » concourt à introduire une logique et des principes inspirés du droit romain dans la pratique du droit coutumier. L'interdiction du duel judiciaire, en 1261, souligne bien cette entrée du droit des juristes dans le domaine de la justice : la preuve par témoin l'emporte, et avec elle l'enquête. Les barons ne s'y trompent pas, qui voient là le triomphe de la justice des clercs sur la bravoure des chevaliers : c'est un recul politique de l'aristocratie par l'unification des justiciables devant la justice du roi.

La réforme monétaire procède aussi de la vision aristotélicienne d'un État qui garantit les données fondamentales de toute relation sociale : l'étalon monétaire ne saurait être incertain. Chez les juristes, les philosophes et les théologiens, on s'interroge alors sur la nature même de la monnaie, sur le droit qu'a le prince sur « sa » monnaie : droit à tirer profit des émissions, droit à muer les espèces, droit au monopole des frappes et de la circulation. L'idée d'un monnayage royal privilégié par-dessus les autres se fait jour dans l'affirmation des prérogatives régaliennes. Certes, la commodité impose de laisser encore aux prélats et aux barons le droit et le soin d'approvisionner le marché en petites espèces, nécessaires aux transactions locales et quotidiennes. Mais il est dans la monnaie un symbole de souveraineté, et l'on entreprend — tout comme pour la justice — d'en réunir les parties démembrées après le temps de Charles le Chauve.

La réforme monétaire répond aussi à de nouveaux besoins du marché. Le volume des échanges ne cesse de croître depuis deux siècles au moins, et le vieux système fondé sur le denier d'argent inventé à l'époque carolingienne ne suffit plus à assurer les paiements. Comme la masse globale du métal précieux disponible en Occident ne croît pas en proportion, le jeu de l'inflation a repris. Il y a de moins en moins de métal fin dans le denier : 2,039 grammes dans celui de Louis le Pieux au début du IXᵉ siècle, 0,815 gramme dans celui de Louis VII au milieu du XIIᵉ siècle, 0,351 gramme dans le tournois de Saint Louis au milieu du XIIIᵉ siècle. Et les espèces frappées dans les ateliers seigneuriaux ne sont pas moins « noires »...

Autre donnée de la réforme monétaire, l'expérience faite par Louis IX en Orient et peut-être aussi dans le Midi a fait découvrir les avantages commerciaux d'un système plus complexe et bimétalliste, mieux adapté à la diversité des niveaux du besoin de paiement. Déjà, l'Italie a mis en circulation de grosses monnaies d'argent et, surtout, des espèces d'or, d'abord inspirées des monnayages arabe et byzantin, puis nettement distinguées de ceux-ci : c'est le ducat à Gênes, le florin à Florence.

L'élargissement du domaine capétien facilite grandement le remembrement du monopole royal. Nombre d'ateliers, jusque-là seigneuriaux, émettent maintenant des deniers royaux. Ainsi l'atelier de Tours, réuni au domaine par Philippe Auguste, continue-t-il de frapper des deniers « tournois » ; mais ceux-ci entrent maintenant dans le système monétaire du Capétien, avec un nouveau rapport — fixé à cinq tournois pour quatre parisis — qui franchira les siècles. Face à la concurrence et sous le coup de l'inflation, le jeu de toutes les monnaies royales sera le même, et il sera concomitant.

Pendant que les officiers royaux multiplient les tracasseries afin d'entraver l'activité des monnayages seigneuriaux, deux grandes ordonnances posent en 1263 et 1266 les bases du nouveau système monétaire. La monnaie du roi a dorénavant cours obligatoire dans tout le royaume, hors du domaine royal comme dans celui-ci. La monnaie des barons et des prélats n'a cours que dans leur seigneurie — le manque de numéraire fera que les monnaies les plus diverses continueront de circuler partout — et reste, surtout, cantonnée dans les espèces traditionnelles : les monnayages seigneuriaux ne frapperont que des deniers de faible aloi, autrement dit la monnaie d'appoint.

Or, au même moment, le roi décide d'émettre de nouvelles espèces : un « gros » tournois — une grosse pièce d'argent fin valant douze deniers tournois, autrement dit un sou de monnaie de compte — et, pour la première fois depuis quatre siècles, une monnaie d'or, l'écu. Après l'Italie — et sans compter un essai sans lendemain, en 1257, dans une Angleterre qui n'y viendra vraiment qu'en 1344 — mais dans un contexte économique moins favorable car la balance des relations commerciales de la France avec l'Orient est déficitaire, on en revient au bimétallisme.

L'expérience est hardie. Il est permis de penser que Louis IX et ses conseillers n'en mesurent pas sur l'instant le risque financier. L'attraction qu'exercent sur le métal argent les marchés orientaux, celui d'Alexandrie d'Égypte en particulier, va se trouver aggravée de la tentation qu'éprouvent maintenant les marchands français : acheter de l'or en Orient en le payant en argent.

Le roi et les siens ne sont sensibles qu'à deux aspects de leur réforme. Elle vivifie les courants d'échanges à l'intérieur du royaume, aux foires de Champagne en particulier. Elle manifeste en Europe la situation exceptionnelle du Capétien. En frappant une monnaie d'or, Louis IX relève une prérogative que beaucoup considèrent comme impériale.

Le rayonnement capétien

La position du Capétien était, désormais, assez assurée dans son propre royaume pour que s'élargît l'horizon politique. Nul ne mettait plus en cause la descendance de Hugues Capet. Le premier de sa lignée, Louis IX pouvait négliger ces alliances matrimoniales avec le sang carolingien qui faisaient naguère tout l'intérêt d'une Adèle de Champagne ou d'une Isabelle de Hainaut. Le Capétien ne se sentait plus gêné de n'être pas le Carolingien.

Une crise et des opportunités dans l'Empire, des relations privilégiées avec la papauté, l'enracinement désormais assuré de la dynastie, le prestige personnel d'un Saint Louis revenu de la croisade avec la réputation d'un héros, d'un sage et presque d'un martyr, tout cela fit de la seconde moitié du règne — celle du gouvernement personnel — le temps d'un rayonnement, pas toujours éphémère, à l'échelle du monde connu.

Tout avait commencé de manière très habituelle : par un mariage arrangé dans la tradition qui avait jadis procuré au roi de France alliances et espérances en Aquitaine, en Champagne, en Hainaut, voire en Castille. Blanche de Castille avait, en 1234, marié le jeune roi avec la fille aînée du comte Raymond-Béranger de Provence et de Forcalquier, Marguerite. Raymond-Béranger était le neveu du roi Pierre II d'Aragon, et il avait maille à partir avec son voisin le marquis de Provence, qui n'était autre que Raymond VII de Toulouse. Autant dire que le mariage de Louis IX et de Marguerite de Provence rééquilibrait les alliances espagnoles de la France, garantissait du côté du Rhône le Languedoc royal et faisait du Capétien un arbitre dans une terre d'empire : la Provence était l'un des vestiges de l'ancien «royaume d'Arles», et le roi de France y était jusque-là tenu pour étranger.

Le comte de Provence avait, lui aussi, sa politique matrimoniale : il donna une autre fille au roi d'Angleterre, une troisième au frère de celui-ci, Richard de Cornouailles. A peine était-il mort que Blanche de Castille négociait et obtenait la main de la dernière, Béatrice, pour Charles d'Anjou. Or le comte avait, avant de mourir, jugé que ses aînées étaient suffisamment dotées et assez bien mariées : il avait légué ses comtés à Béatrice. Charles d'Anjou, frère du roi de France, devenait maître de la Provence.

Il y avait fallu la connivence d'Innocent IV. Le pape était alors exilé d'Italie par l'effet de son conflit avec Frédéric II. Le pape était à Lyon, rassuré par le voisinage d'un roi de France qui le protégeait sans épouser nécessairement sa querelle contre l'empereur. Entre bien des mariages possibles et qui appelaient tous l'intervention du pape car la princesse était cousine de tous les partis qui s'offraient, Innocent IV donna la préférence au Capétien. Henri III d'Angleterre protesta. En vain.

Ces mariages provençaux facilitèrent sans doute la solution des affaires de Toulouse et de Guyenne. En tout cas, en plaçant l'un d'eux sur les Alpes, ils ouvraient aux Capétiens la voie d'une politique méditerranéenne laquelle la génération précédente ne pouvait songer.

Saint Louis s'était bien gardé d'intervenir dans le conflit de l'empire et de la papauté. Mieux, il s'était montré en Orient respectueux des droits d'un Frédéric II aussi absent qu'excommunié. Car la vieille rivalité d'influence, toujours vivace en Lombardie et en Toscane, prenait de nouvelles proportions : maître de l'empire — et donc du « royaume d'Italie » qui bordait au nord les États pontificaux — après son grand-père Frédéric Barberousse et son père Henri VI, et héritier par sa mère d'un royaume normand de Sicile qui comprenait à la fois l'île et l'Italie méridionale, Frédéric II de Hohenstaufen avait démasqué ses ambitions en occupant la Toscane et le duché de Spolète. L'indépendance politique du Saint-Siège était réellement menacée. En 1245, Innocent IV avait fini par lancer l'excommunication.

La mort de Frédéric II, en 1250, ne laissa que confusion dans ses États. Conrad IV affronta en Allemagne les candidats élus à la faveur de la déchéance de son père. Il laissa faire en Sicile son demi-frère Manfred, lequel se fit élire sénateur de Rome. Pour le pape, la menace reparaissait. Or le royaume de Sicile était tenu en fief du Saint-Siège. Innocent IV observa qu'il n'avait donné aucune investiture et chercha un roi pour un royaume qui restait à conquérir.

Richard de Cornouailles refusa l'aventure. Henri III accepta pour son fils Edmond, mais ne put financer l'expédition nécessaire. Louis IX refusa d'abord, pour lui comme pour ses fils. En mai 1263, il accepta cependant pour son frère Charles d'Anjou, lequel n'attendait que cela. Charles Ier fut couronné à Rome en juin 1265. Le 26 février 1266, il écrasait à Bénévent l'armée du Hohenstaufen. Manfred se trouva parmi les morts.

Le fils de Conrad IV, Conradin, tenta vainement de reconquérir le royaume de Sicile. Il connut quelques succès, fit à Rome une entrée triomphale, rallia bien des fidèles de son grand-père. Cela ne dura pas. Mis en déroute le 23 août 1268 à Tagliacozzo, dans les Abruzzes, au terme d'une bataille sanglante et longtemps indécise, il fut pris et exécuté. Il avait eu l'imprudence de faire décapiter le maréchal de son adversaire et annonçait son intention de faire semblablement décapiter Charles d'Anjou si celui-ci tombait en ses mains.

Pour représenter ce qui avait été la cause des Hohenstaufen, il ne restait plus que Constance, la fille de Manfred. Mais elle avait épousé en 1262 le fils de Jacques Ier d'Aragon, le futur roi Pierre III. L'Aragonais allait se faire le champion de l'ancien parti gibelin.

En Italie, Charles Ier d'Anjou reprenait l'ambitieux propos de Frédéric II. L'armée qu'il avait fait venir de Provence avait aidé les villes lombardes à se révolter contre Manfred, et les Milanais avaient choisi Barral des Baux comme podestat. Les Romains, par deux fois, avaient élu sénateur le nouveau roi de Sicile. Les Florentins en avaient fait leur podestat. Clément IV s'inclina devant les faits : en 1268, il nomma Charles vicaire apostolique et impérial en Toscane. En Lombardie, cependant, bien des villes guelfes s'étaient ralliées à son autorité : il étendit jusque-là les compétences de son sénéchal de Provence. Bref, avec l'aval d'un Clément IV qui se souvenait d'avoir été le conseiller et

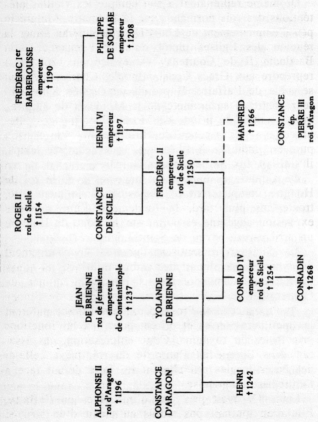

LES HOHENSTAUFEN

l'enquêteur de Louis IX, Charles d'Anjou fut à la fois le successeur des rois normands en Sicile et à Naples, le protecteur du pape à Rome et le chef du parti guelfe à travers la Toscane, la Lombardie et le Piémont.

De même reprenait-il à son compte les vieilles prétentions des rois normands sur la Dalmatie. Malgré le peu d'empressement de Louis IX, qui préférait tenter la réunion des Églises plutôt qu'aider l'empereur latin Baudouin II de Courtenay — évincé en 1261 — à reprendre aux Grecs Constantinople, Charles d'Anjou se mêla de l'affaire. Il promit une armée à l'empereur contre la suzeraineté de la Morée et de l'Épire ; puis il obtint du prince de Morée Geoffroy de Villehardouin — petit-neveu du chroniqueur — la cession pure et simple de son héritage. Dans le même temps, il s'alliait aux Serbes et aux Bulgares.

Deux mariages habilement négociés avec le roi de Hongrie complétèrent le dispositif. Ils allaient être, trente ans plus tard, le fondement d'une nouvelle expansion angevine et porter sur le trône de Hongrie un arrière-petit-neveu de Saint Louis.

Les Siciliens ressentirent durement le changement de dynastie. La plupart des cadres politiques et administratifs s'étaient compromis lors de l'équipée de Conradin. Charles Ier fit venir ses fidèles de France et de Provence. Les Provençaux, surtout, accaparèrent les meilleures terres et prirent pour eux les fonctions principales du royaume. Cette colonisation, qui assurait dans l'immédiat l'autorité du roi, priva celle-ci des bases locales qui allaient lui faire défaut face à l'entreprise aragonaise.

Louis IX avait pris peu d'initiatives en l'affaire. Elle n'en tournait pas moins au profit d'un lignage dont il était, aux yeux de tous, le chef. La crise interne de l'Empire — le «Grand Interrègne» dura de la mort de Conrad IV en 1254 à l'élection de Rodolphe de Habsbourg en 1273 — et celle de l'Angleterre facilitèrent cette émergence du Capétien qui fit vraiment figure, alors, de premier roi chrétien.

Les arbitrages que l'on sollicitait de lui suffiraient à prouver ce prestige, en bonne partie personnel, du roi de France. Mais il avait, en premier lieu, établi chez lui sa paix. Alphonse de Poitiers, son frère, régnait sur le Languedoc depuis qu'en 1249 le comte Raymond VII était mort sans nouvel héritier. Le Plantagenêt s'estimait satisfait d'avoir gardé une Guyenne plus vaste que ne laissait espérer son échec de 1242. Charles d'Anjou avait fini par soumettre une Provence où l'insurrection de la noblesse et des villes avait accueilli en 1247 l'envoi d'enquêteurs chargés de recenser les droits du comte et, comme plus tard en Sicile, des sénéchaux français prenaient la tête de l'administration provençale. Une politique de bascule, cependant, assurait la paix sur les Pyrénées.

Une réglementation très stricte, confortée par plusieurs arrêts du Parlement, réduisait à ce point les possibilités qu'avaient les barons de se faire la guerre entre eux que l'on peut parler, dès le temps de Saint Louis, d'une véritable interdiction des guerres privées.

Et voici que l'on se tournait vers Saint Louis pour faire la paix chez les autres. Par choix moral aussi bien que par calcul politique, il était prêt à jouer ce rôle de conciliateur.

Une première occasion s'offrit en marge du royaume : il s'agissait de la difficile succession de Marguerite, fille de ce comte Baudouin de Flandre et de Hainaut dont croisade de 1204 avait fait un empereur de Constantinople. Marguerite avait en premières noces épousé Bouchard d'Avesnes, mais l'union était douteuse : Bouchard avait été sous-diacre, et cette ordination lui interdisait le mariage. Lorsqu'elle s'en avisa, la comtesse avait déjà deux enfants. Un deuxième mariage, avec Guillaume de Dampierre, lui donna trois fils, dont la légitimité ne tenait évidemment qu'à la séparation d'avec Bouchard. En d'autres termes, les deux lits ne pouvaient être légitimes. Chacun avait ses raisons, et chacun ses alliances dans le baronnage.

Marguerite s'était souciée de régler sa succession de son vivant, et avant même que la mort de sa sœur Jeanne fît d'elle la seule héritière des deux comtés. Suzerain de la Flandre, mais non du Hainaut, Louis IX avait entériné l'accord de 1235 qui divisait l'héritage en avantageant les Dampierre. C'est lui qui avait, en 1246, avec le légat Eudes de Châteauroux, ménagé un nouvel accord : le Hainaut aux Avesnes, la Flandre aux Dampierre.

Nul n'était content. Jean d'Avesnes se disait l'aîné et voulait toute la succession. Guillaume de Dampierre le fils voulait tout refuser à des gens qui le traitaient de bâtard. Le comte Guillaume de Hollande, que l'excommunication de Frédéric II venait de faire roi des Romains et comme tel candidat à l'Empire, se souvint que Jean d'Avesnes avait épousé une de ses sœurs : il intervint au contraire du roi de France. Il donna à Jean d'Avesnes l'investiture pour le Hainaut. Il y joignit même le comté de Namur, négligeant le fait que Baudoin II avait engagé ce comté au roi de France pour cinquante mille livres dépensées en Orient. A la veille de la croisade d'Égypte, l'affaire parut enfin se régler sans le roi de France, par un viager pour Marguerite et un partage pour ses fils. Le pape déclara légitimes les frères d'Avesnes. On pouvait croire l'affaire terminée.

Les choses se gâtèrent quand, à la mort de son fils Guillaume de Dampierre, Marguerite donna la Flandre à l'autre Dampierre, Guy. Guillaume de Hollande répliqua en donnant sur-le-champ à Jean d'Avesnes une nouvelle investiture — immédiate celle-ci — pour le Hainaut, Namur et la partie de la Flandre qui était d'empire. L'accord était violé. Les Dampierre en appelèrent au pape contre la légitimité des frères d'Avesnes. On reprenait tout au début.

Marguerite en profita pour tenter l'impossible : elle prétendit rappeler au comte de Hollande l'ancienne suzeraineté de la Flandre sur la Zélande. Une expédition militaire, en 1253, se solda par un désastre.

Charles d'Anjou voulut s'en mêler. C'était encore l'époque où il cherchait autre chose qu'un simple comté sur les bords de la Loire. Marguerite lui proposa le Hainaut pour prix d'une intervention contre Guillaume de Hollande. Louis IX n'entendait nullement se fâcher avec le roi des Romains ; il calma les ardeurs de son frère. Ainsi passa-t-il pour avoir sauvé la paix. Marguerite se tourna alors vers lui, et lui demanda de se faire l'arbitre du conflit. Seuls les bourgeois de Gand comprirent qu'ils allaient faire les frais de l'opération : sans plus attendre, ils manifestèrent leur mécontentement.

Le roi de France prononça son arbitrage le 24 septembre 1256. Ce « Dit de Péronne » reprenait le propos de 1246. Marguerite paya le désintéressement de Charles d'Anjou, lequel renonça au Hainaut. Comme prévu, les villes payèrent. La mort de Jean d'Avesnes acheva de clarifier la situation : son frère Baudoin ne fit aucune difficulté pour reconnaître les droits de Guy de Dampierre sur la Flandre. Louis IX était en apparence le seul à ne rien gagner en l'affaire. Il en tira grand prestige.

Le plus favorisé était Guy de Dampierre. Il eut la chance de racheter à bas prix le comté de Namur. Il eut l'intelligence d'épouser la fille de Henri de Luxembourg, ce qui lui ménageait une alliance précieuse pour l'avenir. Quant à Jean d'Avesnes, il alla soutenir, après la mort de Conrad IV et celle de son compétiteur Guillaume de Hollande, la cause de Richard de Cornouailles. Louis IX répliqua en soutenant un temps l'éphémère candidature de son gendre le roi de Castille Alphonse X, puis en nouant une alliance plus réaliste avec le Brabant. Finalement, il adhéra à la cause de Richard : l'essentiel était de préserver la paix en Guyenne, et le roi de France avait tout à redouter d'un ennemi établi à la fois sur la Meuse et sur la Garonne.

D'autres arbitrages vinrent asseoir la réputation de « droiture » du roi Louis. Il contraignit en 1254 les héritiers de Thibaut IV à un accord qui faisait en

définitive de sa fille Isabelle une reine de Navarre.
Trois ans plus tard, il apaisait une querelle entre
Charles d'Anjou et sa belle-mère Béatrice de Savoie,
la veuve de Raymond-Béranger de Provence : Béatrice renonça au comté de Forcalquier qu'elle avait
gardé pour elle et où elle accueillait tous les opposants à l'autorité du nouveau comté de Provence. En
1256, Louis IX rétablissait également la paix dans le
comté de Bourgogne, ruiné depuis cinq ans par la
guerre que, là encore, provoquaient un remariage et
l'inévitable rivalité de deux lits. En 1268, enfin,
après une longue enquête et bien des marchandages,
il apaisait le conflit complexe dont l'objet était la
seigneurie lorraine de Ligny-en-Barrois : une affaire
où s'affrontaient le comte de Bar et le comte de
Luxembourg et où intervenait le comte de Champagne. Celui qui trouva le plus grand avantage à l'arbitrage royal fut Thibaut V de Champagne, le propre
gendre du roi.

De toutes ces interventions, et de quelques autres,
le roi n'avait tiré aucun profit personnel. La Chrétienté nota qu'il était en tout animé par l'amour de
la paix. Cela fut compté, après sa mort, dans
l'enquête qui devait aboutir en 1297 à une canonisa-
tion hâtée par opportunisme — le pape avait à se
réconcilier avec Philippe le Bel — mais documentée
par une information sans faille et sans complaisance.

Le succès fut moindre lorsque Louis IX accepta
d'arbitrer le différend de son ancien adversaire
Henri III et de ses barons insurgés contre une politique étrangère — en Guyenne, en Sicile, dans
l'Empire — qui coûtait plus cher à l'Angleterre
qu'elle ne lui rapportait. Les barons avaient choisi
pour chef le comte de Leicester Simon de Montfort,
l'un des fils du chef de la croisade contre les cathares. Montfort avait épousé une sœur de Henri III, et
jouait donc d'une situation ambiguë. Il fit approuver
par le Parlement, en 1258, un programme de réformes, les « Provisions d'Oxford », qui allait bien au-
delà de la Grande Charte imposée en 1215 à Jean

sans Terre : cette fois, les barons retiraient au roi le
libre choix de ses agents. Au vrai, Montfort et son
épouse voulaient aussi leur part de l'indemnité promise par le roi de France au traité de Paris.

Saint Louis vit surtout qu'une telle affaire minait
une royauté. Pour soucieux qu'il fût d'équité, il ne
souhaitait pas voir se développer la pratique d'un
contrôle politique des prérogatives souveraines.
L'insolence de Simon de Montfort choquait le Capétien dans sa conviction religieuse de la dignité
royale. Il accepta d'arbitrer le conflit, mais tout le
portait dans le camp du roi d'Angleterre. Le « Dit
d'Amiens » fut un désaveu catégorique de l'action
menée par les barons. Montfort refusa de s'incliner.
Il prit les armes, écrasa en 1264 l'armée du Plantagenêt, fit même prisonniers Henri III et Richard de
Cornouailles. L'année suivante, le futur Édouard Ier
anéantit l'armée des insurgés à Evesham   (4 août
1265). Montfort fut tué. Saint Louis eut la charité
d'offrir un asile à sa veuve et à son fils, lequel passait aussi, à juste titre, pour un grand baron français.

Le « Dit d'Amiens » avait été un échec, dans la
mesure où l'arbitrage du Capétien n'avait pu procurer
la paix. Au terme de l'affaire, cependant, l'évolution
politique du royaume d'Angleterre répondait au des-
sein du roi de France : une royauté responsable
devant Dieu seul, sans véritable contrôle et sans prise
pour les ambitions. Louis IX en tira finalement la
gloire d'avoir été, un temps, pris pour un arbitre possible entre un souverain et ses barons. Là comme en
Terre Sainte, il se haussait au-dessus de ses pairs.

C'est donc vers lui que montaient à nouveau les
appels d'un Orient latin aux abois, cependant que le
khan Hülegü lui écrivait comme au premier des princes chrétiens. L'Occident avait de moins en moins
peur de ces Mongols que l'on croyait bienveillants
aux Chrétiens, mais les Mamelouks d'Égypte craignaient maintenant un encerclement auquel, il est
vrai, les « Tartares » d'Iran aussi bien que la Chrétienté d'Occident avaient songé. Et ils prenaient les

devants. A peine Louis IX avait-il quitté le royaume
latin que celui-ci subissait de nouveaux assauts. Dans
les années 1260, il n'en subsistait plus qu'une frange
littorale. Encore était-elle en proie à l'anarchie.

Césarée tomba en 1265, Jaffa et Antioche en 1268.
Constantinople était revenue aux Grecs en 1261. Sur
tous les fronts, l'honneur de l'Occident paraissait en
cause. Bien sûr, beaucoup d'Occidentaux étaient
sceptiques, et beaucoup étaient las. Clercs ou laïcs,
les contribuables en avaient assez. Il y avait, d'autre
part, la concurrence que faisait à la reconquête des
Lieux Saints une affaire de Sicile que l'on s'était
pressé de baptiser croisade pour les besoins de la
cause pontificale. On n'en parlait pas moins d'une
nouvelle croisade contre l'Islam. Le fils aîné du duc
de Bourgogne, Eudes de Nevers, mena jusqu'à Acre
une expédition dont il ne revint pas et qui ne servit
à rien. Manfred vaincu, on vit des barons d'empire
annoncer leur prochain départ pour l'Orient.

Charles d'Anjou se montra réaliste : il fit entendre
qu'il était, en restant en Sicile, fort utile à l'entreprise. Sicile ou Palestine, disait Clément IV, c'était
même chose. L'Angevin y trouvait son avantage.

Le pape était passablement naïf. Il écrivit à
l'empereur grec Michel VIII Paléologue, au khan
mongol et au roi d'Arménie. Puis on arrêta le plan
de campagne : une attaque en force sur les côtes de
Palestine et une diversion navale au large de
l'Égypte pour retenir les renforts que les Mamelouks
seraient tentés d'envoyer vers Jérusalem.

Saint Louis troubla le jeu en annonçant, en mars
1267, qu'il se croisait en personne. Vingt ans après
l'expédition d'Égypte, nul ne s'y attendait. Bien des
barons — Joinville en particulier — exprimèrent
leurs réticences : la précédente croisade les avait ruinés, et les plus fidèles étaient restés absents six ans !
Pour la plupart, cependant, et pour le pape après un
temps d'hésitation, un nouvel horizon se laissait
entrevoir : au lieu d'une petite expédition sans lende-

mains, on allait conduire vers Acre la grande armée
de la reconquête.

Trois ans plus tard, la croisade cinglait vers Tunis.
Saint Louis vivait là son grand rêve missionnaire
d'une paix universelle, et d'une paix chrétienne. Une
démonstration militaire devant Tunis devait permettre d'obtenir rapidement la conversion de l'émir
Al-Mustansir, lequel avait laissé entendre ses inten-
tions favorables et passait de longue date pour bien-
veillant aux Chrétiens. Al-Mustansir n'entretenait-il
pas, de surcroît, des relations économiques essentielles avec la Sicile, grand fournisseur de blé du
Maghreb ? Ne disputait-il pas de théologie avec les
dominicains du couvent de Tunis ? Il suffisait d'aller
en armes impressionner ses hommes. Ensuite, l'armée
de l'émir se joindrait à la croisade, qui parviendrait
en Orient au moment où, on l'espérait, les Mongols
d'Iran attaqueraient sur son front septentrional la
puissance mamelouke. On savait l'inimitié profonde
de l'émir pour les Mamelouks, et l'on connaissait
celle du khan mongol. Toute la stratégie de Saint
Louis se fondait sur des illusions, mais elle était crédible.

La Croisade devait unir les princes chrétiens. Ils y
allèrent dans le désordre. A la même époque, et
l'exemple était fâcheux, les cardinaux ne parvenaient à
s'entendre pour donner un pape à l'Église : le siège de
saint Pierre allait demeurer vacant pendant trois ans.

Le roi d'Aragon partit le premier, en septembre
1269. Il revint à la première tempête. Le futur
Édouard Ier, avec une armée d'Anglais, d'Écossais et
de Néerlandais, devait rejoindre Louis IX à Tunis.
Charles d'Anjou, que l'on avait poussé sur le trône
de Sicile dans l'intérêt même de la Terre Sainte,
attendit février 1270 pour annoncer sa participation à
l'entreprise. Quant aux grands ports italiens, il fallut
d'abord les persuader de faire la paix entre eux : les
négociateurs envoyés à cette fin par Louis IX parvinrent à cette paix alors que le roi de France agonisait
déjà devant Tunis.

Portant dix ou quinze mille hommes, la flotte avait quitté Aigues-Mortes le 2 juillet 1270. Elle relâcha à Cagliari, en Sardaigne. C'est là, le 13 juillet, que le roi annonça leur destination réelle à des croisés qui se croyaient en route vers l'Orient. Il y eut des protestations. Le légat cautionna la décision du roi : Tunis n'était qu'un détour — et un épisode — sur le chemin du Caire et de Jérusalem.

Débarquée le 18 juillet, l'armée des croisés prit Carthage le 24. Et c'est alors que s'effondra le mirage : l'émir ne parlait pas de se convertir. Une autre illusion se dissipait : Charles d'Anjou n'arrivait pas. Les Arabes, cependant, harcelaient le camp. La chaleur devenait insupportable. L'eau des puits était fétide. La dysenterie se déclara. Le roi vit mourir son deuxième fils, Jean-Tristan. Puis ce fut le tour du légat. Le roi mourut enfin, le 25 août.

Charles d'Anjou arriva trop tard, tout comme l'inutile ambassade du khan. Le futur Édouard Ier arriva plus tard encore. A la place du nouveau roi Philippe III, qui avait échappé de justesse au mal, Charles d'Anjou et Thibaut V de Navarre prirent la direction des opérations : ce ne pouvait être qu'un désengagement. L'émir traita : il paya le départ des croisés. Charles Ier n'oublia pas les intérêts de son royaume sicilien. Nul ne songeait plus vraiment à gagner l'Orient, sinon Édouard d'Angleterre, qui fut le seul à reprendre sa route vers Acre.

Le retour fut catastrophique. Les croisés étaient épuisés. Thibaut V de Navarre mourut en Sicile. La nouvelle reine de France, Isabelle d'Aragon, mourut à Cosenza, en Calabre. Alphonse de Poitiers mourut à Savone. Le monde politique allait connaître de nouveaux visages.

Une nouvelle culture

L'indépendance universitaire commence alors de porter ses fruits. Un nouveau milieu intellectuel se constitue, où la pensée semble encore affaire de clercs mais échappe de plus en plus souvent au contrôle de l'Église. Une nouvelle culture se dégage, riche à la fois de l'héritage classique transmis par le cloître et par l'école, et de l'expérience récente des essors urbains.

La coïncidence n'est pas fortuite, dans un tel contexte, entre l'entrée en scène des ordres mendiants et la découverte d'un rationalisme aristotélicien qui sera pendant deux siècles l'une des pierres de touche de toute réflexion sur l'homme et sur la société. Les maîtres qui surgissent au sein des ordres mendiants se sentent moins contraints par les anciens moules scolastiques élaborés dans les écoles épiscopales et abbatiales. Plus accessibles à l'innovation, voire à l'audace, ils sont naturellement portés à prendre le contre-pied de leurs rivaux, les maîtres séculiers. Dominicains et franciscains ne manquent donc pas l'occasion de renouvellement intellectuel qu'offre l'introduction en Occident d'une métaphysique jusque-là cachée par l'image d'un Aristote logicien.

Le Moyen Age n'a jamais ignoré celui qu'on appellera longtemps « le Philosophe ». Mais on citait surtout sa dialectique ; encore le faisait-on d'après les compilateurs tardifs, normalement d'après Boèce († 524). Pour les maîtres des écoles épiscopales de Paris, de Laon ou de Chartres, Aristote était le fondateur du raisonnement scolastique. Sa raison était formelle.

Or voici qu'on découvre, au XIIIe siècle, les commentateurs arabes de la métaphysique aristotélicienne. Averroès et Avicenne ouvrent aux philosophes chrétiens de l'Occident des vues nouvelles sur l'éternité du monde, sur la coexistence possible de deux vérités — celle de la Révélation et celle de la connaissance rationnelle — et sur l'unité globale de l'intelligence du genre humain. Toutes ces thèses, il va sans dire, sont propres à conduire au bûcher des hérétiques. Mais on s'en contente, faute de savoir le grec : chacun lit les Arabes traduits en latin et croit avoir ainsi lu *l'Éthique à Nicomaque*.

Trois maîtres parisiens se distinguent alors dans leur effort pour construire une nouvelle approche de la foi. Leurs origines suffisent à souligner l'attraction et le rayonnement de la jeune Université de Paris. L'un, Siger de Brabant, prend appui sur Averroès et met Aristote au nombre des autorités indiscutables : il laisse en conséquence les deux vérités face à face. Pour Siger, Aristote ne peut s'être trompé, et il ne peut être question d'accorder à l'Écriture, donc à la Révélation, le bénéfice d'un préjugé favorable. L'autre, le dominicain allemand Albert le Grand laisse planer le doute : la contradiction est telle que l'homme ne saurait accéder à sa solution. Autrement dit, l'intelligence a ses limites. C'est aussi ce qu'enseigne le dominicain italien Thomas d'Aquin, maître régent à Paris de 1252 à 1259 et derechef de 1269 à 1272. L'auteur de la *Somme théologique* — composée en Italie et en France à partir de 1266 — tente de construire avec une audace mesurée une théologie rationnelle en ses démarches mais non en ses fondements.

Naturellement, les maîtres séculiers n'attendent guère pour contre-attaquer. Ils opposent Platon à Aristote. Ils en appellent à saint Augustin. A la rivalité corporative des prébendés et des mendiants se superpose l'hostilité viscérale des maîtres de la Faculté de théologie — les plus influents à Paris — et des philosophes de la Faculté des arts, dont l'ouverture d'esprit pourrait mettre en péril la pureté de la foi.

Trouver dans Averroès quelques concepts incompatibles avec le dogme est chose aisée. On les met sans gêne au compte d'Aristote. Dès lors, pour les maîtres séculiers, tout aristotélisme est suspect.

L'évêque de Paris a marqué sa méfiance bien avant l'entrée en scène des ordres mendiants : la *Métaphysique* d'Aristote était interdite dès 1210. C'était d'ailleurs en vain. A Toulouse d'abord, à Paris ensuite, Aristote est officiellement commenté. Au temps de Thomas d'Aquin, on peut croire à l'apaisement.

Ce serait compter sans l'acharnement des séculiers. En 1270, l'évêque de Paris Étienne Tempier condamne l'averroïsme. Après la mort, en 1274, de Thomas d'Aquin, Tempier attaque en face l'aristotélisme : il interdit en 1277 tout ce qui pourrait lui ressembler, thomisme compris. Siger de Brabant n'a plus qu'à s'enfuir : il finira ses jours, peut-être assassiné, dans un couvent italien. Mais les dominicains resteront fidèles au thomisme ; ils s'abstiendront simplement de l'enseigner hors de leurs maisons.

Même si le public n'entend de ces querelles de clercs qu'un faible écho, l'affrontement le touche quand le monde des clercs organise la nouvelle culture et fait front contre les nouveaux venus. Le bon peuple des villes fait donc un accueil favorable à la satire que lui offrent, en des langages différents, l'encyclopédisme d'un Guillaume de Lorris, le lyrisme d'un Rutebeuf ou le réalisme social d'un Adam de la Halle. Le frère mendiant devient ici allégorie morale et politique : il est le grippe-sou, le vicieux, l'inutile, l'hypocrite surtout.

Rutebeuf écrit à Paris vers 1250-1285. Ses poèmes, son *Miracle de Théophile*, son *Testament de l'Ane,* sont faits à la fois d'anecdotes à plusieurs ententes, d'une morale assez usuelle et d'une critique sociale parfois acerbe. Son *Renart le Bétourné*, qui s'inscrit au terme de la gestation multiforme du mythe de Renart, est une violente satire de l'hypocrisie religieuse. Les mendiants sont, ici, directement visés.

Vers la même époque, à Arras, Adam de la Halle invente la comédie de mœurs : ses chefs-d'œuvre sont le *Jeu de la Feuillée* et *Robin et Marion.*

Mais c'est le *Roman de la Rose* qui va marquer le plus profondément les modes de pensée du Moyen Age finissant. Il offre au monde laïque, non moins qu'à celui des clercs, une somme de la pensée séculière telle que peuvent la vulgariser les clercs, quitte à égratigner les concurrents sous les couleurs de l'allégorie — Faux Semblant, c'est évidemment le frère mendiant — et à donner dans la misogynie facile d'une société surtout inattentive à la personnalité de la femme.

La quête de la Rose — la femme aimée — emprunte à l'amour courtois ses cheminements et ses formulations, aux romans de chevalerie ses épisodes et ses épreuves, aux *Arts d'aimer* inspirés d'Ovide l'ébauche d'une philosophie de la femme et de la relation amoureuse. Mais les auteurs greffent sur la fiction romanesque d'un songe courtois leur vue du monde et de la société. Et c'est ainsi que l'œuvre alimentera pendant deux siècles lectures et controverses. Reflet de la pensée rénovée dans la renaissance du XIIe siècle, le *Roman de la Rose* conduira une partie de la pensée médiévale jusqu'aux approches de la Renaissance du XVIe. On en conserve plus de trois cents manuscrits. Villon, encore, en sera nourri.

Le premier auteur du *Roman* est un clerc de famille noble, Guillaume de Lorris. Il écrit entre 1230 et 1240 les 4 058 vers d'une œuvre qui participe de la tradition courtoise : l'allégorie porte le récit. Les interlocuteurs de l'Amant sont Danger, Bel Accueil, Jalousie. Langage conventionnel, certes, mais bien compris de ses lecteurs et mis au service d'une poésie souriante et raffinée.

Jean de Meung, un demi-siècle plus tard, transforme le *Roman* en lui ajoutant, de 1275 à 1280, les 17 722 vers d'une encyclopédie scolastique où l'Amour n'est que prétexte et où la courtoisie n'est que façade. Une philosophie vaguement stoïcienne, facilement cynique et ouvertement misogyne couvre un fatras de notations souvent fines, de critiques à l'ironie percutante et de peintures réalistes de la société politique et ecclésiastique contemporaine de Philippe III. La courtoisie disparaît souvent derrière la satire : l'amour courtois devient en allégorie l'odieux Faux Semblant. Il faudra Christine de Pisan, à la fin du XIVe siècle, pour conduire une révision de l'anti-féminisme mis en scène par Jean de Meung. Quant à l'autorité politique ou ecclésiale, elle sombre dans le *Roman* sous les coups du scepticisme, et l'hypocrisie perce sous l'évangélisme affecté des ordres mendiants.

Les œuvres dépassent donc les querelles qui les animent. On met vraiment en forme neuve une vue du monde et de la société, celle que l'on peut proposer aux contemporains de Louis IX et de Thomas d'Aquin. Alors que décline, avec les reflets d'un monde révolu, la vogue des chansons de geste et que s'affadit le filon héroïque qui donnera encore tant de romans de chevalerie après le grand *Lancelot* mis en prose au temps de la jeunesse de Saint Louis, et cependant que se démodent bien des conventions sociales qui ont fait la courtoisie, une nouvelle conjonction du réalisme bourgeois, de la courtoisie aristocratique et du systématisme clérical fait éclore une littérature encyclopédique en langue française plus originale en sa forme qu'en sa matière et place la pensée — voire la polémique — politique ou ecclésiale hors du cadre austère des traités théoriques. Pour le bon peuple des villes, c'est bien une nouvelle culture qui naît.

Un futur âge d'or

La courbe de la conjoncture économique est à ce moment-là à son zénith, du moins pour qui l'analyse sur le long terme. Les générations suivantes en auront le sentiment très vif, qui construiront un « âge d'or » avec les souvenirs du bon roi Saint Louis, de ses campagnes fertiles et de sa forte monnaie. Les contemporains voient les choses différemment. Tout autant qu'aux symptômes de grandeur, de paix et de prospérité, ils sont sensibles à une pression fiscale sans précédent, à une emprise croissante de l'administration, au laminage de particularismes qui résultent de l'histoire et qui finiront par s'appeler « libertés », aux tensions sociales, enfin, qu'engendre une croissance jusque-là incontrôlée et que l'on voit soudain buter sur les limites du possible.

L'expansion rurale — la conquête agraire — a dilaté les terroirs cultivés au-delà de ce que permettront ensuite, jusqu'aux temps contemporains, les conditions climatiques et les technologies de la culture. Mais à cet horizon élargi depuis deux siècles, le monde est déjà surpeuplé. La famille groupée dépasse déjà ce que peut supporter la terre pourtant agrandie par deux siècles de défrichements. Quelques conquêtes ultimes montrent un dynamisme que l'épreuve n'a pas encore bridé : une dernière et vigoureuse vague de défrichements bouleverse dans les années 1220-1250 le paysage picard, de nouvelles paroisses se créent en Normandie pour organiser les conséquences de l'ouverture des clairières les plus récentes, et l'on essarte encore avec ardeur jusque vers 1250 dans la forêt berrichonne. Dans la plupart des régions, cependant, le mouvement s'essouffle, faute de terres. Pousser plus loin l'offensive contre les landes et les forêts serait mettre en péril l'équilibre biologique sur lequel se fonde, avec son cortège de droits de pâture et d'usages forestiers, la vie des communautés d'habitants.

Quelques améliorations dans les façons culturales nous apparaissent essentielles pour l'avenir. Dans l'immédiat, elles ne font qu'élever les rendements sur quelques terroirs fertiles : ainsi la rotation des cultures, qui se diversifie, ou l'assolement, expérimenté avant 1250 en quelques exploitations de la région parisienne et des plaines du Nord : il se généralisera dans les grandes plaines céréalières vers la fin du siècle.

L'exploitation du patrimoine foncier tient compte, maintenant, des leçons portées par deux siècles d'expansion sur fond d'inflation. Les capitaux venus des villes concourent mieux à la mise en valeur. Des systèmes de crédit rural s'établissent spontanément, qui font la fortune des bourgeois et préparent bien des transferts de propriété. Le développement des baux à participation — métayage, champart, complant pour le vignoble — permet aux maîtres du sol de se garantir contre l'érosion monétaire qui ruinait le

revenu des anciennes censives, fait de cens perpétuels : le seigneur en use sur sa réserve, pour laquelle
la faible valeur économique des corvées agricoles
conduit à l'abandon rapide du faire-valoir direct. Le
paysan audacieux et déjà bien casé y gagne de pouvoir, en partageant l'investissement et le revenu, faire
fructifier les produits de sa propre expansion. Entre
une paysannerie assez mal aisée pour profiter des
nouvelles occasions et celle qui continue de vivre
mal sur de maigres tenures, le fossé se creuse une
seconde fois.

La seigneurie perçoit encore le fruit de la croissance. Mais sa prospérité ne tient qu'à sa capacité de
réinvestir. Que l'attrait des placements urbains intro-
duise sa concurrence, que les nécessités politiques ou
sociales fassent apparaître des dépenses étrangères à
la gestion économique des exploitations — comme la
croisade ou le fisc, l'activité de cour ou la carrière
administrative, voire le paraître citadin — et cette
capacité se trouve entravée.

Quelques administrateurs imprudents suffisent à
compromettre l'avenir en dépensant tout leur revenu
net. Ainsi des monastères comme Saint-Martin de
Tournai sont-ils, dès la fin du XIIIe siècle, au bord
du désastre financier.

L'unification des statuts procède à la fois des progrès de l'esprit juridique — on cherche à clarifier —
et d'un réalisme social qui donne maintenant la
primauté aux clivages économiques. Tout s'achète, y
compris la liberté. L'essentiel est donc bien de savoir
qui est riche et qui est pauvre, non qui est libre et
qui est serf. Dans la plus grande partie de la France,
le mouvement d'émancipation commencé au siècle
précédent touche à son terme. Entre les affranchisse-
ments collectifs — notamment ceux qui ont accom-
pagné la fondation des villes-neuves — et les
négociations individuelles, tous les serfs y ont acquis
ces droits auxquels se reconnaît l'homme libre. Ils
ont le droit de se mouvoir, le droit de posséder et de
léguer, le droit de se marier sans rencontrer de trop

sérieuses entraves, le droit d'accéder aux ordres sacrés. Mais il est des contrées où l'uniformisation se fait en sens contraire, et où serfs et vilains se voient parfois confondus dans une même soumission aux empêchements et aux contraintes du servage. Ainsi en va-t-il en Champagne, en Vermandois, en Nivernais, en Gascogne. Encore ces nouveaux serfs sont-ils moins dépendants que les anciens, avec une infinité de nuances locales entre la macule personnelle et le lien réel qui ne tient que la terre. Le vrai fossé apparaît, ici encore, dans la capacité qu'ont les uns et les autres de participer aux profits de l'expansion. Ce sera, à brève échéance, une capacité de résister aux crises.

On voit s'atténuer la différence que fait la société entre le noble et le non-noble. Le bourgeois achète des terres et vise la notabilité ; il transformera souvent cette dernière en noblesse. Certes, l'ancienne aristocratie parvient à introduire une distinction entre l'acquisition d'un fief et l'entrée dans la noblesse : la chevalerie tient en l'affaire un rôle nouveau. Mais ce n'est guère qu'un combat de retardement, alors que se multiplient les anoblissements par lettres royales. Le roi a surtout besoin d'administrateurs et de juges : la nouvelle stratification sociale intègre naturellement ce besoin.

Si l'expansion rurale semble portée par la vague séculaire, le décollage des sociétés urbaines, qui l'est tout autant, prend alors une dimension économique inattendue. Là encore, les progrès sont limités dans l'espace, et les différences de dynamisme se traduisent durablement sur la carte des prospérités régionales. Malgré sa vieille civilisation urbaine, l'ancien Midi romain est distancé. L'essor de l'économie médiévale a son épicentre dans la France du Nord, entre le bassin de la Meuse et de l'Escaut et celui de la Seine. Les relations maritimes y jouent un rôle désormais essentiel, et de nouveaux trafics apparaissent à côté des relations avec l'Orient qui font toujours la fortune des foires de Champagne et des ports

italiens. C'est maintenant le temps du grand
commerce des vins de Gascogne et d'Aunis vers
l'Angleterre et la Flandre, celui des flottes du sel qui
approvisionnent l'Europe septentrionale — et d'abord
la Normandie et le bassin de la Seine — jusqu'aux
rivages de la Baltique en sel de Guérande ou de Bour-
gneuf. C'est aussi, avec les laines anglaises indispensables aux tissages flamands, le temps des importations
massives de matières premières industrielles.

Tout se tient, de l'expansion des activités urbaines
à la croissance démographique. Paris double en trois
générations. Le marché de construction et le marché
de consommation qu'est en soi la capitale engendrent
eux-mêmes des trafics d'approvisionnement et des
activités de production et de service. La grande
ville — de quinze à quarante mille habitants, si l'on
met à part l'exception qu'est Paris avec quelque deux
cent mille habitants à la fin du siècle — développe
maintenant un type de fonctions et un type de société
qu'ignoreront les laissés-pour-compte du développement commercial. Aux métropoles industrielles du
Nord — Gand, Lille, Douai, Arras — et aux grandes
étapes du commerce maritime — Bruges, Rouen, La
Rochelle, Bordeaux, Bayonne, Montpellier, Marseille —
il faut joindre ce monstre urbain qu'est la capitale, à
la fois marché régional de redistribution — lié à
Bruges autant qu'à Rouen — et place financière née
des mouvements d'argent du Trésor royal et de ceux
que les nécessités politiques, administratives ou judiciaires déterminent en conduisant vers Paris les sujets
du roi. La capitale commence de concurrencer, dans
leur rôle de place des règlements financiers et de
Bourse permanente aux denrées et aux compensations, ces foires de Champagne qui restent quand
même, jusqu'à la fin du siècle au moins, l'un des
grands pôles du monde occidental des affaires.

En même temps que de dimensions, la société des
villes change de visage. L'unité profonde du corps
des bourgeois, exaltée au temps du front commun
contre le châtelain et contre l'évêque, éclate alors

que des intérêts économiques opposés caractérisent les entrepreneurs capitalistes, grands marchands et manufacturiers liés à l'ensemble de l'aire de rayonnement commercial de la ville, les petits patrons de la boutique et de l'atelier artisanal où l'on se claquemure volontiers derrière le protectionnisme sécurisant des métiers organisés, et le salariat qui commence de prendre conscience de ses forces et de ses faiblesses. Car la détermination des temps de travail et des rémunérations dépend étroitement de la situation démographique et des flux d'un exode rural sans cesse ranimé. Avec le « takehan » de Douai en 1245 apparaît une forme de grève quasi insurrectionnelle : l'entente épisodique des salariés répond à l'organisation statutaire de corps de métier qui se donnent des règles avant de se fermer. La promotion sociale est encore possible, dans ce peuple des villes où les degrés de la fortune et de l'influence l'emportent sur les clivages absolus, mais elle est déjà canalisée.

L'inégale répartition des charges communes de la ville, aggravée par l'entrée en jeu de cette nouvelle charge qu'est la fiscalité royale, provoque des tensions particulièrement vives dans le concert municipal. De plus en plus favorable à l'imposition globale, qui rend la ville collectivement responsable d'une somme fixée à l'avance et garantit donc le prince contre toute faiblesse dans la levée, un Alphonse de Poitiers en Languedoc et un Saint Louis dans le domaine royal multiplient les interventions pour contraindre les villes à des formes de répartition où « le fort porte le faible ».

Mais l'intérêt des princes est aussi divers que les situations. On voit en Flandre certaines oligarchies municipales, capables de concevoir une politique extérieure à long rayon, bénéficier de l'appui systématique du roi de France contre un menu peuple dont les horizons politiques plus étroits correspondent mieux à une volonté d'indépendance qui finira par passer pour « nationale ». Une telle collusion, contraire aux principes moraux affichés par Saint

Louis, s'établit d'autant mieux que l'extension du
domaine royal vient de donner au Capétien, qui n'en
avait aucun, quelques ports bien situés comme
Rouen, La Rochelle ou Beaucaire. La France de
Louis IX a donc des capacités commerciales que
n'avait pas celle de Louis VII. Et ce n'est pas à la
légère qu'est décidée en 1247 la création d'un nouveau port à Aigues-Mortes : le Capétien, qui ne dis-
pose ni de Montpellier ni de Marseille, complète
ainsi son dispositif en se dotant d'une ouverture libre
sur la Méditerranée.

La France est donc en pleine croissance. Mais
l'essor des économies rurales commence de s'essouf-
fler alors que les fonctions industrielles et commerciales connaissent de nouveaux développements.
Encore faut-il nuancer le tableau, selon les régions et
selon les produits. L'expansion des villes consomma-
trices et les facilités d'exportation que procure la
paix franco-anglaise font la prospérité du vignoble
gascon, non des terres céréalières conquises aux limites de la fertilité dans le Forez ou le Limousin. Un
rayonnement historique conforte la fonction de Toulouse, centre financier du développement régional,
mais Auch s'étiole, qui est pourtant siège d'un arche-
vêché depuis le temps de Charles le Chauve. Sur la
carte de l'Europe, Paris n'est encore qu'un relais du
trafic international de Bruges, mais c'est, grâce à son
réseau fluvial, le plus grand des marchés régionaux.
Au temps de Saint Louis, déjà, des marchands venus
de Toscane s'avisent qu'il leur faut avoir dans la
capitale du Capétien un hôtel et un comptoir.

CHAPITRE VII

La maturité

(1270-1315)

La montée des légistes

L'essor des enseignements juridiques — à Mont-pellier d'abord, puis à Toulouse, enfin à Orléans — met à la disposition des princes une génération de juristes dont le flot excède largement les besoins de l'enseignement. Pour la première fois depuis les temps carolingiens, les écoles — et à leur suite les universités — sont en mesure d'assurer la formation d'une élite nécessaire à la société laïque. Avocats, juges, conseillers juridiques, administrateurs, les « légistes » sont encore loin de constituer une catégo-rie particulière de serviteurs de la chose publique. Ces gradués en droit civil, que l'on appelle légistes pour les distinguer des canonistes qui pratiquent sur-tout le droit de l'Église, ont des clients de tous ordres, et le roi ou les princes s'inscrivent parmi ces clients. Certains, qui choisissent de servir le roi, fini-ront leur carrière au Conseil ; ils n'y seront jamais en majorité. La plupart demeureront à des fonctions plus modestes du service du prince. Beaucoup, jusqu'au temps de Charles V, se garderont d'entrer dans la voie des offices, où ils savent que l'on subit les effets du bon plaisir du roi.

Ce qui est sûr, c'est qu'à travers tout le royaume les hommes dont la pensée doit beaucoup aux cadres et aux principes du droit romain se mettent à tenir une place originale et souvent essentielle. Dans le même temps, l'aristotélisme politique commence de sortir du milieu universitaire, et la notion d'un état « naturel » est maintenant familière à des hommes plus proches du gouvernement des princes que ne l'étaient les maîtres contemporains de Thomas d'Aquin.

Tout cela conduit à redéfinir les relations de la société contractuelle organisée par la hiérarchie féodo-vassalique et de la société naturelle qui s'impose comme une donnée première de la Création. Les droits et devoirs de l'État s'inscrivent au-delà des obligations nées du contrat vassalique, lequel est un échange de services contre une protection. Il appartient aux agents du roi de faire concourir cette réflexion à l'exaltation de la Couronne. Le suzerain est au sommet de la pyramide, le souverain est au-dessus, mais à côté. La puissance publique ne se négocie ni ne se divise.

La société demeure cependant, pour longtemps encore, profondément marquée par l'institution féodale. Les légistes du roi exploitent donc jusqu'à leurs extrêmes limites les possibilités politiques offertes par la situation de suzerain. Dès les années 1260, des droits sont reconnus à ce titre au roi sur ses arrière-vassaux. Jouant des failles du droit féodal, le Capétien se fait reconnaître des privilèges et des priorités qui sortent du domaine contractuel. Seigneur des seigneurs, le suzerain se place hors du droit commun des seigneurs.

Une telle mutation des principes politiques serait inconcevable si Philippe Auguste n'avait renforcé la royauté et si Louis IX n'avait ajouté à son prestige. Le roi de France peut sortir de la société féodale parce qu'il est fort et que sa justice est respectée. De cette justice qui préserve l'ordre public et garantit la sécurité des affaires, les propagandistes du Capétien font le meilleur usage : elle devient le premier devoir du roi parce qu'on reconnaît dans le roi le premier justicier du royaume. Quant à la force, elle est manifeste lorsqu'à Reims, au jour du sacre, on n'éprouve même plus le besoin de faire acclamer l'héritier de la Couronne avant de le sacrer : nul n'oserait mettre en doute la légitimité de cet héritier pour la raison que son père n'a plus jugé nécessaire de le faire sacrer de son vivant. Même le très jeune Louis IX a su échapper à la coalition des féodaux qui voulaient le mettre en tutelle.

Dès lors qu'au mépris du droit commun des fiefs — « l'homme de mon homme n'est pas mon homme » — le roi de France établit avec ses arrière-vassaux un lien privilégié, il est bien près de gouverner les habitants du royaume parce qu'ils sont ses sujets, non parce qu'ils sont les hommes de ses vassaux. A la faveur des opportunités, l'autorité souveraine s'étend progressivement sur tout le royaume, sans autre intermédiaire que les agents d'exécution. C'est ainsi qu'en 1300, lorsque Philippe le Bel préfère une aide financière à la levée d'une armée, il touche les contribuables en tant qu'ils sont ses sujets, au lieu d'attendre à l'armée ses barons et leurs contingents. Le lien d'homme à homme sur quoi se fondait la structure féodale tend à s'effacer derrière le ressort territorial dans lequel s'exerce, également pour tous et sur tous, une puissance publique.

Cette souveraineté s'esquisse dans le vécu des relations politiques avant de s'inscrire en des textes, si ce n'est, déjà, en de brefs adages. Il est vrai qu'elle bénéficie de la connivence des sujets. Alors que s'élargissent les horizons économiques, ceux des relations humaines comme ceux des échanges commerciaux, on éprouve le besoin d'une justice à la compétence territoriale plus large, mieux acceptée dans ses raisonnements, moins sujette aux influences locales : tout cela désigne la justice du roi. Que le Capétien paie de meilleurs juges, et il est davantage roi. La paix du roi, qui exprime en interdits généraux la préoccupation de l'ordre autant que la vocation ecclésiale du roi sacré, marque bien la différence d'essence entre le pouvoir du souverain et celui des féodaux. Contre l'arbitraire des barons et de leurs officiers, chacun trouve commode d'en appeler à la justice du roi : elle est plus sûrement rendue, et ses jugements sont mieux respectés. Les petits féodaux, d'ailleurs, ne sont pas les derniers à favoriser ainsi le pouvoir royal au détriment des princes.

Le Capétien trouve dans le même temps une autre référence, combien utile pour étayer l'affirmation d'un pouvoir exceptionnel. Elle tient à la nature du pouvoir impérial, un pouvoir qui s'exerce en théorie sur tout l'Occident chrétien et qui recouvre en réalité deux mondes bien distincts : le monde germanique et ses confins, l'Italie et sa mosaïque de principautés et de cités autonomes. Au début du XIIIᵉ siècle, déjà, Philippe II laissait sa propagande lui donner le nom significatif d'Auguste. Mais, après le temps où Frédéric II tentait de rétablir une autorité universelle sur l'Église et sur les autres princes temporels, l'Empire a connu la crise du « Grand Interrègne ». L'élection de Rodolphe Iᵉʳ de Habsbourg, en 1273, a mis fin à la crise, mais n'a pas relevé la couronne impériale : l'empereur n'est plus, pour le roi de France, qu'un interlocuteur. La relation s'inverse entre les deux souverains : « Le roi de France est empereur en son royaume. » Cet adage signifiera que le Capétien n'a pas de supérieur en ce monde. Il voudra dire, aussi, que le pouvoir royal échappe aux contraintes dans lesquelles son origine enferme la seigneurie. Bien plus, l'équivalence affermit les fondements juridiques du pouvoir royal : elle permet d'appliquer à celui-ci les définitions que donne du pouvoir impérial le droit romain. La naissance du droit savant conduit ici à préciser des prérogatives qui sont autant de contraintes exercées par l'État au bénéfice de la collectivité et à l'encontre des engagements individuels.

Ces progrès d'une formulation politique de la royauté ont une conséquence pratique et immédiate, qui est de donner au roi les moyens de son gouvernement. Le vieux principe selon lequel le roi « vit du sien » — autrement dit, comme tout seigneur, de son domaine — ne permet ni le financement des charges nouvelles de la royauté, ni la mise en œuvre d'une politique à l'échelle européenne. Mais Philippe Auguste faisait déjà appel aux revenus du clergé pour financer sa croisade : cette « dîme saladine » fit plus de bruit que d'argent. Plus tard, Saint Louis exploitait semblablement ses bonnes relations avec la papauté — surtout après l'élection en 1261 d'un pape français — pour faire lever à son profit la décime sur les biens des églises. On sait que ce détournement systématique d'un impôt théoriquement levé pour financer la Croisade et réellement affecté à une préparation souvent lointaine, suscita dès le temps du saint roi la résistance des assemblées du clergé. Philippe le Bel n'en imita pas moins son grand-père, et sans étonner quiconque. La réaction de Boniface VIII, en 1296, n'a pas pour cause première le caractère injustifié de la décime mais bien le fait que le roi de France oubliait de solliciter l'autorisation pontificale.

C'est alors que la guerre de Flandre vient aggraver le besoin d'argent. Le déséquilibre des flux monétaires entre la France et l'Orient vide pendant ce temps le royaume de son métal argent. C'est dire que, dans les mêmes années, Philippe le Bel doit faire face à une double nécessité : remplir son Trésor et pourvoir le marché du numéraire sans lequel il s'asphyxierait. Ces deux besoins sont distincts en tout, même s'ils se conjoignent dans l'esprit du contribuable, au point que l'on voit les bourgeois accepter le principe d'un impôt s'il conditionne le retour à la « forte monnaie » du temps de Saint Louis. C'est dire que le roi doit négocier d'un côté les moyens financiers de sa politique, éviter de l'autre une ruine qui serait commune à tout le royaume. Mais, s'il n'est pas responsable de la disette du numéraire, il n'est pas maître des réponses à lui donner. Effectuées pour tenter d'ajuster les cours officiels des monnaies aux cours pratiqués sur le marché des changes, la plupart des mutations ne rapporteront rien au Trésor.

Deux processus juridiques conduisent à l'impôt royal, un impôt dont Charles VII devra encore, un siècle et demi plus tard, négocier le montant et parfois l'opportunité. Au moins Philippe le Bel et ses légistes ont-ils, en dix ans, posé les bases de sa légitimité. D'une part, ils élargissent les possibilités offertes par le droit féodal, qui prévoit une « aide » au seigneur en un certain nombre de cas. D'autre part, ils jouent du péril et de la mise en cause des droits du roi dans l'affaire flamande pour obtenir d'assemblées le plus souvent locales un consentement à la levée d'impôts qui rachètent le service armé dû par le ban et l'arrière-ban, c'est-à-dire de ces arrière-vassaux en qui l'on commence de voir les sujets du roi.

Le gouvernement royal s'essaie sans grand succès à lutter contre les exportations spéculatives de métal précieux. A plus forte raison est-il désarmé devant le bilan déficitaire des échanges commerciaux avec l'Orient. Exception faite de l'Italie, dont le bilan est positif, les autres pays d'Europe évitent la catastrophe parce qu'ils maintiennent le monométallisme : ils n'ont encore que de la monnaie d'argent. Le choix du bimétallisme, fait par Saint Louis et affirmé par Philippe III et surtout Philippe IV, conduit aux aléas de la détermination d'un rapport numérique entre la valeur des deux métaux. Mais l'or et l'argent ne sont pas interchangeables dans la pratique des affaires, et l'afflux d'or aux ateliers monétaires ne compense pas le manque d'argent dont on souffre pour les petits paiements de la vie courante.

Les réformes de Saint Louis ont fait de la monnaie la chose du roi. Seul, il frappe les nouvelles espèces rendues nécessaires par la croissance du mouvement commercial. Sous le règne de Philippe le Bel, les émissions d'or se succèdent : la « masse », la « chaise », le « royal », le denier d'or « à l'agnel »... Toute occasion est bonne, dans le même temps, pour acheter, saisir ou réunir les ateliers seigneuriaux. Louis X achèvera cette mainmise royale sur la monnaie lorsqu'en 1315 il fermera la liste des ateliers autorisés à frapper encore des deniers.

De ce quasi-monopole qui assure jusque vers 1303 un revenu confortable au Trésor royal, la charge du bien public qu'inclut la souveraineté induit surtout un devoir : procurer au royaume assez de numéraire pour que dure la prospérité. Aux yeux des légistes comme à ceux des aristotéliciens, c'est là la justification première du droit du roi.

L'accélération d'un mouvement inflationniste aussi ancien que la monnaie elle-même conduit à un premier ajustement en 1290, puis à une véritable dévaluation de la monnaie de compte en 1295. Dès lors, les altérations se suivent, portant aussi bien sur le poids et le titre des pièces que sur leur cours légal. La plus grave de ces crises marque les années 1303-1305, alors que la guerre permet de passer outre à l'équilibre idéal — équilibre politique — de l'impôt et de la monnaie. Plus lourde de conséquences, toutefois, est la crise des années 1309-1314 : elle souligne les causes fondamentales de l'inflation, et en particulier le manque de numéraire. L'échec d'un timide renforcement, en 1313, signifie bien l'incapacité matérielle des gouvernants à juguler le mouvement qui ruine la monnaie royale. En quinze ans, le prix de l'argent en barre a fait plus que doubler.

Par deux fois, pour satisfaire les représentants de contribuables, le roi accorde à son peuple le retour à la forte monnaie : en 1302 pour obtenir l'adhésion du clergé à l'appel au concile, en 1305 pour acheter l'accord du même clergé à une décime et faire droit à la vieille revendication de la noblesse, touchée comme le clergé dans ses revenus fonciers par la subite accélération de l'érosion monétaire. Chaque fois, c'est l'échec. Le mythe de la bonne monnaie ne résiste pas à l'épreuve du marché, et la perturbation introduite par le renforcement quant au règlement des créances et des loyers mêle dans un commun mécontentement le petit peuple qui se croit joué et les opérateurs économiques qui maîtrisent mal les phénomènes monétaires.

Le temps de guerre justifie l'impôt. De 1292 à 1305, toutes les expériences sont faites. Vient en premier l'impôt indirect : c'est la « maltôte » — la mal-

levée — que bien des villes, telle Paris, rachètent
d'une somme forfaitaire pour éviter la gêne dans le
mouvement commercial. L'impôt direct lui succède,
avec des centièmes et des cinquantièmes sur le capital que complètent à l'occasion des emprunts forcés
sur les villes. La crise des années 1303-1305, enfin,
fait éclore des impôts mixtes sur le capital et le
revenu, ce qui permet de toucher à la fois les patrimoines fonciers et les fortunes marchandes. La pression fiscale s'accentue. Les emprunts forcés se
succèdent et anticipent l'impôt. Nobles et clercs ont
beau se trouver imposés à part, ils n'échappent pas à
la charge commune.

En temps de paix, il est plus difficile de justifier
l'impôt, cependant que l'on s'avise des limites d'une
manipulation monétaire moins fructueuse que ne croit
l'opinion publique, portée à croire que la dévaluation
fait l'inflation. Tout cela force les gouvernants à
recourir aux pires expédients, et aux plus empiriques :
les confiscations. Car la paix ne dispense pas de
financer une diplomatie, de payer des juges et des
administrateurs, d'entretenir une cour qui n'est plus
aux dimensions du domaine royal et de sa petite féodalité. En font un temps les frais les Juifs et les
Lombards, victimes de prédilection d'un gouvernement qui confisque à l'aveuglette, compose ensuite
avec les uns et les autres pour ne pas priver la vie
économique des protagonistes nécessaires, s'aperçoit
enfin, mais trop tard, qu'on ne renouvelle pas le profit en renouvelant l'opération. Les Juifs en 1306, les
Lombards en 1309-1311, échouent à faire comprendre
qu'ils sont plus utiles que vraiment riches, et plus
utiles riches que pauvres. Quant à la saisie des biens
du Temple, en 1307, elle apparaît en définitive
comme une sorte d'emprunt, puisque tous les revenus
de l'ordre seront délivrés, au terme de l'affaire, avec
les propriétés elles-mêmes, à l'ordre de l'Hôpital
choisi en 1312 par le concile de Vienne, sur proposition d'Enguerran de Marigny, comme héritier de
l'ordre supprimé.

Les rouages du pouvoir

Comme tout seigneur entouré de ses vassaux qui accomplissent là une obligation fondamentale née de leur hommage, le roi tient sa Cour entouré de ses vassaux directs, simples chevaliers de l'entourage ou grands feudataires, eux-mêmes riches de terres et d'hommes. Il y a les ducs, les comtes, les évêques « royaux », qui font périodiquement leur service de cour. Il y a aussi les officiers — les grands, comme le chambrier de France ou le connétable, et les petits, comme les « chevaliers du roi » sans autre titre — qui assurent la permanence de l'entourage royal et donnent à la Cour sa continuité, donc son efficacité.

Avec ses chambellans et ses maîtres des requêtes, l'Hôtel demeure l'organe par excellence de la vie quotidienne. Il donne à l'armée royale une structure permanente. Il concourt à la justice du roi quand celui-ci, tel Saint Louis, exerce en personne son droit de juger. La Cour, cependant, tend à éclater en des sessions différenciées où se retrouvent les mêmes hommes, flanqués à chaque fois de spécialistes capables d'assumer les fonctions complexes du gouvernement et de la justice.

La continuation la plus normale de l'ancienne Cour des temps féodaux, c'est le Conseil. Le roi y appelle qui il veut, quand il veut. Les conseillers l'aident à décider de la guerre et de la paix, comme de la finance ou de la monnaie. Les princes du sang royal sont de droit au premier rang de ses conseillers, avec les hauts prélats et barons que le roi ne peut écarter officiellement dès lors qu'il accepte leur libre hommage, mais dont la présence tient maintenant, en fait, à la convocation ou à la bienveillance du souverain. Ils sont là avec ce qu'il reste en France de grands officiers depuis que Philippe Auguste a renoncé à pourvoir l'office de sénéchal et que les autres procurent surtout des titres honorifiques à des barons de grand lignage.

Sont aussi au Conseil, mais tant qu'il plaît au roi, les serviteurs plus modestes que l'on appelle pour leur compétence, voire par l'effet d'une faveur que comprennent assez mal les barons. On a connu au Conseil de Philippe Auguste un simple frère hospitalier, Guérin. On a vu au Conseil de Saint Louis un Étienne Boileau siéger à côté du sénéchal de Champagne Jean de Joinville. On s'étonne enfin, sous Philippe le Bel, de l'entrée en force des chevaliers de bas état comme Marigny, des bourgeois comme Étienne Barbette, des légistes surtout. Encore y a-t-il toutes sortes de légistes ; des nobles comme Pierre Flote, des anoblis comme Guillaume de Plaisians.

La situation de ces conseillers qui doivent tout au roi est toujours précaire : ils sont à la merci des rapports de forces entre les grands. Ils valent ce que valent leurs protecteurs. Des coteries se forment, qui sont autant de groupes de pression au sein du Conseil. Le jeu politique consiste à avoir l'oreille du roi. Les mariages des princes ont naturellement part à ce jeu.

Discrets mais efficaces, il y a enfin les notaires royaux. On les voit au Conseil, prêts à mettre en forme les décisions prises. Ils rédigent les innombrables « mandements » dont est faite, dès la fin du XIIIe siècle, la correspondance administrative. Le droit fonctionnement de la machine royale tient à leur compétence.

Le Conseil des derniers Capétiens reflète dans sa composition même les tendances de la politique royale. Le premier progrès des légistes sous Saint Louis, leur apogée sous Philippe le Bel, leur recul après 1315 en attendant leur retour au temps de Charles V, voilà qui est significatif, comme l'est à certains moments le nombre des Normands, et plus tard celui des Bourguignons et des Parisiens. Bien sûr, le Conseil n'est que l'effet de la volonté royale ; il ne saurait donner que des avis. Le roi, seul, décide. Mais les principes du pouvoir royal, tel que les définissent les juristes forts de la coutume et les scolastiques confortés par Aristote, font au roi obligation de ne prendre que «par grand conseil» toute décision qui excède la gestion de sa seigneurie, de son domaine foncier, de sa suzeraineté féodale. La souveraineté du roi s'exerce «en son Conseil». A peu près libre de consulter qui il veut, le roi ferait une lourde faute s'il oubliait de consulter.

Les «états» procèdent semblablement de la Cour féodale, mais non du même principe. Ils sont la Cour en son ensemble idéal, pour une fois réuni. L'Église est là, en la personne des évêques, des abbés et des docteurs de l'Université. Les vassaux sont également présents; ils peuvent et devraient y être. Quant aux bourgeois des bonnes villes, ou du moins leurs procureurs, c'est-à-dire leurs délégués ou leurs mandataires, ils suffisent à représenter le troisième ordre, celui des gens qui ne sont ni nobles ni clercs. La paysannerie est, on le voit, absente de cette représentation de la société, tout comme l'est le bas clergé.

Cette institution des états, qui sera l'une des réalités politiques les plus vivantes du XIVe siècle, on ne fait que l'entrevoir au temps des derniers Capétiens. Philippe le Bel, surtout, parce qu'il lui faut convaincre le pays du bien-fondé de son action et de ses demandes, ressent le besoin de s'adresser directement à ses arrière-vassaux et à ses sujets, confondant ainsi volontairement les deux notions. Il s'agit de fonder sur un *consensus* qui dépasse l'avis du Conseil les décisions dont l'application appellera ensuite semblable *consensus*. On est encore bien loin d'assemblées représentatives, de délégués élus, d'assemblées organisées. Avant de légiférer sur la monnaie, Saint Louis convoque en 1263 les représentants de quelques villes, plutôt tenus pour des techniciens que pour des émanations du milieu économique. Pour les persuader de son bon droit contre Boniface VIII, Philippe le Bel fait, en 1302, haranguer par son chancelier Pierre Flote une assemblée tenue à Paris. Il réitère la manœuvre en 1308, à Tours, contre les templiers et, en fait, contre Clément V. Malgré

l'absence de bourgeois autres que ceux de la Cour et
de l'Hôtel, les assemblées réunies entre 1316 et 1328
pour décider de la succession à la Couronne procèdent de la même attitude politique : élargir le Conseil
pour bénéficier ensuite d'une plus large adhésion.

La justice devient affaire de spécialistes. Des juges
professionnels flanquent baillis et sénéchaux ; d'autres
font à Paris de la Cour « en Parlement » une véritable
cour de justice. Au temps de Philippe Auguste, déjà,
les juristes siégeaient parfois à la Cour du roi à côté
des grands et des gens de l'Hôtel. Leur présence est
devenue régulière à l'époque de saint Louis, en des
sessions judiciaires développées par l'idée que se faisait le roi de son devoir de justice. A la fin du
XIIIe siècle, barons, prélats et gens de l'Hôtel se lassent d'un métier qui n'est pas le leur et d'une fonction dont la durée excède les brèves sessions d'antan.
Les juges seront bientôt seuls pour exercer la justice
du roi. On ne reverra les grands au Parlement que
dans le sillage du souverain, pour les affaires et les
débats à portée politique.

Les juristes ont tout fait pour se retrouver seuls.
Les heureuses innovations introduites depuis Saint
Louis dans la procédure — comme le développement
de l'enquête ou l'enregistrement des arrêts — ont
pour premier effet d'interdire pratiquement aux non-
spécialistes de s'entremettre de la justice. Une ordonnance de 1316 fixera la structure d'un Parlement
complexe, avec sa Chambre des enquêtes et bientôt
sa Chambre des requêtes, cependant que des juges
clercs et des juges laïcs — ce seront les « conseillers
lais » — se répartissent les compétences par grands
secteurs de la vie judiciaire.

On garde cependant l'idée originelle d'une Cour du
roi siégeant aux côtés du suzerain : c'est la Cour des
pairs, pratiquement constituée au début du XIIIe siècle
et définie à la fin du siècle par le seul fait que les
pairs renoncent à siéger comme juges de la justice
royale quand l'un d'entre eux n'est pas en cause.
Mais, là encore, on ne se passe pas longtemps de

juristes, et c'est au Parlement — les pairs présents — qu'il appartiendra de juger au temps des Valois la personne des grands vassaux du roi.

De la Cour du roi, le Parlement garde les caractères fondamentaux. Juge direct des grands vassaux et de quelques privilégiés distingués par le roi, juge d'appel pour les affaires déjà jugées par les vassaux du roi et par les baillis et sénéchaux, le Parlement est juge souverain, et il est unique. Sa compétence s'étend aux limites du royaume. Mais le roi conserve le droit de casser les jugements de cette cour qui est la sienne, et le droit de juger lui-même s'il l'entend : les maîtres des requêtes de l'Hôtel ont pour tâche d'instruire les recours à la justice personnelle du souverain. Très vite, faute de pouvoir juger à nouveau toute l'affaire en cause, les maîtres des requêtes se contenteront de suggérer au roi que cette affaire soit renvoyée devant le Parlement.

La Cour du XIIIe siècle doit aussi veiller à l'administration financière. Il faut entendre les comptes des officiers. Il faut veiller à la cohérence des décisions par lesquelles croît ou décroît le domaine royal, et examiner en conséquence les actes de don, d'échange, de vente ou d'achat. Autant dire que des spécialistes de la gestion et de la comptabilité sont ici nécessaires : des « maîtres des comptes » se joignaient déjà à la Cour de Saint Louis lorsqu'il fallait y pointer les recettes, y vérifier les quittances, y manier les jetons de compte. Les techniciens des affaires financières l'emportent vite, comme ceux de la justice, sur les barons et les abbés. La Chambre des comptes gagne en autonomie dans les années 1300. Philippe V, en 1320, lui donnera sa structure définitive.

C'est au contraire de l'administration domestique que procède l'autre grand service qui se développe dans les années 1300 : la Chancellerie. A la tradition des prélats chanceliers dont la dignité rappelait que la Chancellerie était née dans la Chapelle des rois francs, succède un usage conforme aux nécessités du temps : on nomma là des juristes. Souvent pourvu du titre moins solennel de garde du sceau, le chef de la Chancellerie se pose alors en censeur de la régularité des actes, en conseiller juridique du roi, voire en chef de la justice royale. Flote et Nogaret illustrent bien ce nouvel aspect des choses, qui correspond à la mutation d'une société politique où l'acte écrit est devenu arme et symbole. On enregistre à la Chancellerie les principales lettres patentes. On commence d'enregistrer une partie de la correspondance administrative. Tout passe, désormais, par la Chancellerie.

Les organes centraux du royaume ne cessent de croître et la stabilité relative des techniciens qui les peuplent conduit à une certaine permanence des fonctions. A ces institutions que deviennent les prolongements d'un service naguère personnel et épisodique, il faut un établissement au moins permanent. Cependant que le roi continue d'aller de résidence en résidence, ses principaux serviteurs se fixent plus ou moins à Paris. Saint Louis commence de construire dans la Cité un palais qu'achèvera Philippe le Bel. Les rois y vivront peu, comme ils ont peu vécu au Louvre. Les maîtres des comptes et les notaires de la Chancellerie y seront en revanche chez eux.

Limites de l'expansion capétienne

A la mort de Saint Louis, le lignage capétien paraît à son apogée. Philippe III le Hardi succède sans peine à son père. Il a vingt-cinq ans, passe pour bon chrétien et bon chevalier. Médiocre politique, il jouit en France d'une paix politique chèrement gagnée par Blanche de Castille et par Saint Louis, mais il ne saurait plus être en Europe l'instrument d'une ambition dynastique qu'il ne contrôle pas plus qu'il ne contrôle les soubresauts d'une cour en proie aux coteries.

Une génération disparaît, qui laisse au roi le champ libre. Les deux fils de Thibaut IV de Navarre et Champagne, Thibaut V et Henri III, sont morts, l'un en 1270, l'autre en 1274 : la jeune héritière

Jeanne de Navarre, fille de Henri III, épouse en 1284 le futur Philippe le Bel. Alphonse de Poitiers et Jeanne de Toulouse sont morts en 1271 sans enfants : tout l'héritage est revenu au Capétien.

Henri III d'Angleterre est mort, lui aussi, en 1272, peu après son frère le pseudo-empereur Richard de Cornouailles. Avec le nouveau roi Édouard Ier, les relations des Capétiens prendront un nouveau tour.

L'un des survivants de la génération de Saint Louis vient cependant à ce moment sur le devant de la scène politique : le vieux Teobaldo Visconti est élu, en septembre 1271, au Souverain Pontificat : c'est ce Grégoire X qui convoque pour 1274 un concile qui devrait être la dernière étape avant l'union des Églises et la conquête des Lieux Saints. Le concile de Lyon sera tout autre chose.

La chance semble sourire au roi de France. Grégoire X passe pour proche de la cour capétienne ; à défaut d'assurer la conversion des Grecs et la reprise de la Croisade, le concile consolide la concorde entre la France et l'Empire. Nul ne discute la dévolution à la Couronne de l'héritage toulousain et aquitain. Blanche d'Artois, veuve du roi de Navarre, qui assume en théorie la tutelle de la jeune Jeanne de Navarre, choisit en 1275 d'en confier l'exercice à son cousin le roi de France. En attendant le mariage, le sénéchal Eustache de Beaumarchais gouverne la Navarre et y réprime une révolte.

Du côté de la Castille, les affaires vont moins bien. Une querelle successorale tourne au désavantage des « infants de la Cerda », qui sont les petits-fils de Saint Louis par leur mère. Écartés de la Couronne par leur oncle don Sanche, ils en appellent au Capétien. Celui-ci a beau tenter, en 1276, une expédition, celle-ci tourne court.

Dans le même temps, la politique méditerranéenne de Charles d'Anjou achève de brouiller la France et l'Aragon. Il est vrai qu'Isabelle d'Aragon est morte sur le retour de Tunis et qu'avec Marie de Brabant le nouveau roi Philippe III a épousé tout un parti

LA POLITIQUE ESPAGNOLE

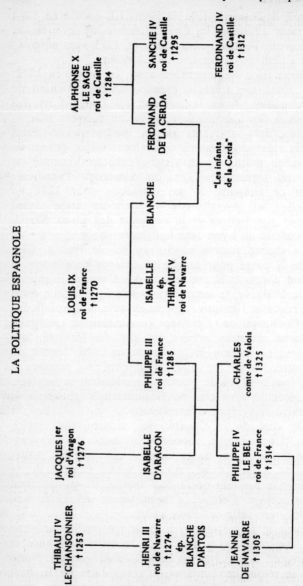

hostile aux Plantagenêts et fort porté à soutenir les menées angevines dans l'ancien royaume d'Arles. Alors que Pierre III d'Aragon fait valoir les droits de sa femme, Constance, sur l'héritage sicilien des Hohenstaufen, tout semble conduire à l'affrontement.

La révolte éclata à Palerme le 31 mars 1282, dans la soirée : on parla des « Vêpres siciliennes ». Elle facilitera le débarquement des Aragonais, qui firent rapidement la conquête de l'île. Pierre III se fit couronner roi de Sicile.

On allait à la guerre entre France et Aragon.

Cette guerre prit les couleurs d'une croisade. Le pape Martin IV — Simon de Brie — avait été chancelier de Saint Louis. Il se laissa aisément convaincre par la diplomatie française que l'entreprise aragonaise sonnait le glas de l'autorité pontificale en Sicile : aussi bien avait-il lui-même besoin de l'appui diplomatique et de l'aide militaire du Capétien pour résister à d'incessantes révoltes dans l'État pontifical. Devant l'évidente collusion des Gibelins hostiles à l'autorité de Saint-Siège et des Aragonais en guerre contre la clientèle guelfe de l'Angevin, le roi de France ne retrouvait un rôle européen qu'en se faisant le bras séculier de l'Église. Comme jadis pour l'Angleterre et naguère pour la Sicile, le bras séculier allait chercher en l'affaire une nouvelle couronne. En 1283, Martin IV offrit au roi de France la couronne d'Aragon pour l'un de ses fils.

On discuta les conditions. Les assemblées se succédèrent. Le 21 février 1284, après une longue délibération des nobles et des barons, le roi fit connaître son acceptation. Son deuxième fils, Charles de Valois, serait roi d'Aragon. Charles d'Anjou avait satisfaction : il regagna Naples. A Paris, on prit encore le temps de célébrer le mariage du futur roi de France et de l'héritière de Navarre et de Champagne. Puis, on prépara la guerre.

L'échec fut brutal. Avant même le début des opérations, la mort priva Philippe III de deux appuis essentiels : Charles d'Anjou disparut le 7 janvier 1285,

Martin V le 29 mars. Le roi de France s'entêta. En mai, à la tête d'une armée qui semble avoir été considérable, il entrait en Roussillon.

Les Français pillèrent de tout côté. Ils saccagèrent Elne, ce qui mécontenta le roi de Majorque en qui le Capétien avait un allié jusque-là fidèle. Puis ils passèrent les Pyrénées et mirent en juin le siège devant Gérone. Pendant ce temps, la flotte aragonaise coupait le ravitaillement des envahisseurs. A peine Gérone était-elle prise qu'il fallut, le 13 septembre, ordonner la retraite. On avait tout juste trouvé le moyen d'organiser une parodie de couronnement, où un chapeau de cardinal remplaça la couronne. Charles de Valois en garda le surnom de « roi du chapeau ».

Le retour de croisade ne valait décidément rien pour les Capétiens. Philippe III mourut en route, à Perpignan, le 5 octobre. Le roi Pierre III d'Aragon le suivit dans la tombe le 10 novembre. Philippe IV le Bel, qui avait désapprouvé l'équipée, fit en sorte qu'on n'en parlât plus guère. Charles de Valois n'osa même pas porter à vie son titre royal.

Le temps des grandes ambitions territoriales n'était plus. La vue des Capétiens et des Valois ne devait plus se porter vers les rivages lointains de la Méditerranée, vers l'autre côté de la Manche ou vers l'autre versant des Pyrénées. Elle allait être plus durement retenue par quelques fronts compris dans l'hexagone : par la Flandre, par la Guyenne. La France allait y perdre quelques-uns de ses rêves de chevalerie. Elle devait y gagner en cohésion.

Vers la guerre de Cent Ans

Si le roi de France compte bien des vassaux incommodes, il en est en effet deux qui supportent difficilement une suzeraineté chaque jour plus affirmée : le duc de Guyenne parce qu'il est d'autre part roi d'Angleterre et qu'il se tient pour dépossédé du plus clair de l'héritage plantagenêt, le comte de Flandre parce qu'il est à la fois du royaume et d'empire, et parce que les fondements de la prospérité industrielle et commerciale des villes flamandes le conduisent à nuancer ses relations avec la France et à les formuler en termes de politique étrangère et non de simple sujétion. L'un et l'autre sont portés, pour des raisons différentes et avec des significations différentes, à traiter avec le roi de France comme avec un égal : ils acceptent donc de plus en plus mal l'intervention des officiers du Capétien dans les affaires intérieures de leur principauté. Ne voit-on pas le bailli royal de Vermandois assister en Flandre aux plaids que tient le comte Guy de Dampierre, et en fait les contrôler ? Ni le roi-duc ni le comte ne supportent volontiers ces incessants recours judiciaires, voire politiques, dont usent en Guyenne comme en Flandre les vassaux et les villes, que leur intérêt conduit souvent à en appeler de leur seigneur le duc ou le comte au seigneur supérieur qu'est le roi de France.

Parce qu'il est trop présent en Flandre et en Guyenne, le Capétien conduit le bourgeois de Gand ou le sire d'Albret à s'interroger pour savoir s'il est avant tout fidèle du comte ou du duc, ou s'il est avant tout l'arrière-vassal ou le sujet du roi de France. L'appel judiciaire au suzerain est de droit en cas de déni de justice, et le marchandage politique de la fidélité est possible en cas de mécontentement ; or, quel vassal peut se dire content, alors que les officiers du comte ou du duc exercent à l'encontre des seigneurs et des communautés urbaines la même emprise tatillonne et intéressée que leur maître reproche avec tant de véhémence au Capétien et à ses officiers ?

Les tensions sociales sont légères en Guyenne. Les vassaux du Plantagenêt font et feront de l'opportunisme. En Flandre, où les praticiens qui gouvernent les affaires voient s'élever les revendications sociales du menu peuple des métiers, tisserands en tête, un parti du roi et un parti du comte se constituent presque spontanément : les notables de la bourgeoisie industrielle et marchande sont les gens des fleurs de lis, les « léliaerts », dont l'horizon politique inclut Paris comme leur horizon économique atteint la Champagne. Les travailleurs du textile supportent tout naturellement un combat du comte de Flandre pour son indépendance qui passera très vite pour une lutte nationale.

Les deux principaux mécontents se rapprochèrent. Dans le même temps, marins français et anglais se cherchaient querelle : en fait, les uns étaient bretons, les autres bayonnais. Ils se battirent sur les lieux de pêche. Ils se battirent pour une cargaison. Des bateaux de bayonne furent coulés à Royan par des Normands en colère. En 1293, c'était la guerre sur mer. Les princes n'y étaient à l'origine pour rien, mais ils se trouvèrent, chacun pour soi, prêts à grossir les affaires et à les joindre au contentieux politique.

Le moment était favorable pour le roi de France, qui venait de mettre un terme à vingt ans de difficultés avec l'Aragon : le nouveau roi Jacques II épousait la fille de Charles II d'Anjou. La France était tranquille sur sa frontière méridionale. Philippe le Bel pouvait songer à calmer les ardeurs belliqueuses de Plantagenêt et à faire enfin de la Guyenne un fief comme les autres. Le 27 octobre 1293, il cita le duc de Guyenne à comparaître devant sa Cour. Édouard Ier tenta d'éviter le pire : il reconnut tous les droits de son suzerain le Capétien. Mais celui-ci voulait la guerre : au lieu de quelques officiers, il dépêcha en Guyenne une véritable armée. Puis il refusa le sauf-conduit qu'attendait Édouard Ier : autant dire qu'on l'arrêterait s'il se présentait à Paris devant la Cour. L'Anglais fit défaut.

Le 21 mars 1294, la Cour prononçait la confiscation du duché. Des deux côtés, on leva des impôts, on recruta des soldats, on compta ses alliés.

L'empereur Adolphe de Nassau prit d'abord parti pour l'Anglais. La Flandre lui était déjà acquise. Brabant, Bar et Savoie suivirent. Par hostilité envers la Flandre, Luxembourg, Hollande et Hainaut se déclarèrent pour le roi de France. Castille et Aragon se firent prier, puis cédèrent à l'intervention des amis de Philippe le Bel.

Aucune de ces coalitions n'avait de cohésion. Adolphe de Nassau joua le double jeu qui lui permettait de ne pas voir l'un des deux adversaires soutenir en Allemagne le parti de ses ennemis ; au vrai, les Français l'achetèrent. Deux princes seulement préparèrent vraiment la guerre : Édouard Ier et Guy de Dampierre. Ils allaient se montrer incapables de coordonner leur action.

Philippe le Bel attaqua d'abord la Guyenne, non sans avoir au préalable neutralisé l'Angleterre en soutenant une révolte des Gallois, puis une attaque des Écossais. A la tête de l'armée royale, Charles de Valois en 1295, puis Robert II d'Artois en 1296, occupèrent la plus grande partie du duché. La noblesse gasconne se rallia sans peine. L'armée de secours envoyée d'Angleterre échoua complètement. Pour faire bonne mesure, Mathieu de Montmorency alla, avec une petite escadre, saccager Douvres.

Guy de Dampierre négociait ce temps à Paris. Il obtenait même, à propos d'un impôt fort impopulaire en Flandre, l'aide du roi de France contre les prétentions politiques et fiscales des Gantois. Autant dire que le roi était tranquille du côté du Nord. Lorsque le comte de Flandre s'aperçut que Philippe le Bel l'avait joué et s'était directement accordé à ses dépens avec les autres villes flamandes, il était trop tard. Le roi s'était taillé là une réputation d'allié des bourgeois, laissant au comte Guy l'étiquette fâcheuse d'un ennemi des libertés communales.

Guy de Dampierre fit alors un éclat. Il alla s'établir à Valenciennes — en Hainaut — et multiplia contre son suzerain les incidents et les insolences. Le roi répliqua par une citation à comparaître, à laquelle le comte eut la sagesse de répondre, sachant qu'il s'était mis, au regard du droit féodal, dans le plus mauvais cas. Il comparut, il s'humilia. Rentré chez lui, il se prit cependant à écouter d'une oreille atten-

tive les propositions de l'Anglais. Guy de Dampierre
ne s'avisa pas que le roi d'Angleterre n'avait plus
rien à perdre sur le continent. Le 7 janvier 1297,
l'alliance était scellée. Le 20, le comte de Flandre
notifiait son défi au roi de France. Guy de Dampierre
se déclarait indépendant.

Il fut bien étonné quand il s'aperçut qu'il était
seul. L'Anglais avait d'autres préoccupations. Il vint
se montrer, festoya à Gand, n'intervint en rien dans
l'affaire. En un été, le tiers de la Flandre fut
occupé : la Flandre occidentale, à l'exception de
Douai. Vainqueurs à Furnes le 26 août, les Français
entrèrent dans Lille, puis dans Bruges. Pendant ce
temps, les alliés se querellaient. Les Flamands reprochaient à Édouard Ier d'être venu sans argent et sans
soldats. Le roi d'Angleterre reprochait au comte Guy
de lui avoir fait croire à la fidélité des villes. Tout le
monde se brouilla.

Édouard Ier négocia sa paix. Il fut assez heureux
de trouver en Boniface VIII un intermédiaire qui
enrageait jusque-là de ne jouer aucun rôle dans
l'affaire. Philippe le Bel, lui, était tout prêt à un
accommodement avec le roi ; avec un comte, il ne
pouvait en être question. Une trêve en Guyenne lui
laissait donc les mains libres pour châtier Guy de
Dampierre. Conclue pour trois ans le 9 octobre 1297,
la trêve de Vyve-Saint-Bavon allait rapidement se
transformer en une paix : le traité de Montreuil, puis
le traité de Paris (20 mai 1303) donnèrent l'impression que l'on s'était battu pour rien, sinon pour un
coup de semonce. Le pape avait réussi à ne donner
qu'une demi-satisfaction à chacun : Édouard Ier gardait la Guyenne mais n'échappait pas à l'hommage
au roi de France.

Le roi d'Angleterre était veuf. Il épousa la sœur de
Philippe le Bel. Le futur Édouard II fut dans le
même temps fiancé à la fille du Capétien, Isabelle.

Le pape n'avait pas écouté les Flamands. Il lui fallait compter avec ses propres rebelles, en l'occurrence
la révolte des cardinaux Colonna, lesquels étaient

forts liés au parti angevin et tout à fait capables de trouver l'appui du Capétien. Boniface VIII ne pouvait inconsidérément prêter l'oreille à des rebelles. Quant aux anciens alliés du comte de Flandre, Philippe le Bel les avait pour la plupart achetés : son homme de confiance, le financier florentin Musciato — on disait «Mouche» — avait eu le temps d'en faire le tour et de leur proposer argent et rentes.

A l'aube de l'année 1300, Charles de Valois occupa la Flandre. Le comte Guy et son fils Robert de Béthune, qui gouvernait maintenant le comté, furent tout simplement conduits en résidence surveillée.

Le roi mit en Flandre un gouverneur, Jacques de Châtillon, qui mécontenta très vite le petit peuple des villes, déjà hostile aux «léliaerts» et à leur mainmise sur les gouvernements municipaux. Il multiplia les maladresses, transforma en réaction contre la France ce qui était simple hostilité des artisans et des contribuables contre les comportements du patriciat. Les fidèles du comte exploitèrent ces faux pas et retournèrent même le patriciat brugeois enfin conscient du risque que lui faisaient courir ses alliances. Le 18 mai 1302, au petit matin — ce sont les «Matines de Bruges» — et par surprise, les gens du roi à Bruges furent massacrés. La révolte gagna en quelques jours toutes les villes. Seule, Gand se tint à l'écart, laissant sa rivale, Bruges, se compromettre jusqu'au bout.

Philippe le Bel envoya Robert II d'Artois avec une armée. Le 8 juillet 1302, à Courtrai, cette armée de chevaliers se faisait tailler en pièces par la troupe flamande que dominaient les artisans de Bruges. Trop longtemps les chevaliers français avaient sous-estimé la valeur militaire des gens de métier.

Pour les villes c'était un triomphe. Pour le roi, le désastre de Courtrai était une humiliation. Philippe le Bel ne devait jamais la pardonner aux Flamands.

Suivirent deux années d'une guerre indécise. La Flandre s'était pour l'essentiel ralliée au parti du comte. Le démagogue Jean de Namur, le jeune frère de Robert de Béthune, gouvernait en théorie. En réalité, le pouvoir était aux métiers de Bruges. L'anarchie s'installait. Elle fit regretter les « léliaerts ».

Pendant que les armées s'enlisaient en Flandre, Philippe le Bel préparait la revanche. Il avait mis Édouard Ier dans son camp : les marchands flamands furent expulsés d'Angleterre. Devant le risque de chômage qui résultait d'une rupture avec l'Angleterre, les meneurs bourgeois perdirent une bonne part de leur popularité. Ils se raidirent. Les tentatives de conciliation faites par le vieux comte Guy de Dampierre — qui aspirait à la liberté — avortèrent par l'effet de ce radicalisme.

L'espérance politique des Flamands s'effondra en quelques jours. Le 22 juillet 1304, Philippe le Bel assemblait son armée à Arras. Le 9 août, il entrait dans Tournai. Le 11, après une bataille navale de deux jours, la flotte flamande allait par le fond au large de la Zélande. Le 17, à Mons-en-Pévèle, Jean de Namur attaquait l'armée royale ; le lendemain, il était écrasé.

Le traité d'Athis (24 juin 1305) répond par sa sévérité à ce qu'avaient été l'humiliation et la colère du roi après Courtrai. La Flandre devait payer une écrasante indemnité, financer l'armée royale d'occupation, servir une rente au Trésor royal. Les « léliaerts » rentrés chez eux seraient dédommagés de ce qu'ils avaient enduré par fidélité au roi. Les enceintes des grandes villes allaient être, bien entendu, rasées. Et, pour donner au désastre sa connotation morale, des pèlerins iraient aux frais des villes implorer en divers sanctuaires le pardon de Dieu. En attendant l'accomplissement du traité, le roi de France garderait trois châtellenies : Lille, Douai et Béthune.

C'était trop. La Flandre ne pouvait s'exécuter. Il en résulta que l'on marchanda pendant dix ans. Enguerran de Marigny, le très réaliste conseiller de Philippe le Bel, se distingua en de telles négociations. Pour éviter un procès contre la mémoire de Boniface VIII, le pape Clément V ne put s'abstenir d'entrer dans le jeu du roi de France. L'entregent de

Marigny procura finalement, en juillet 1312, ce « transport de Flandre » qui laissait au Capétien les trois châtellenies moyennant l'abandon de prétentions financières à l'évidence excessives.

Rien n'était réglé. Devenu comte de Flandre dès 1304, Robert de Béthune était et ne pouvait être qu'un vassal incommode pour le roi de France. On frôla plusieurs fois la guerre. Les empiètements royaux ne cessaient pas, et les tensions sociales qui avaient dressé les gens des métiers contre les grands entrepreneurs n'avaient que secondairement une couleur politique. Les Flamands furent nombreux à penser que le comte avait fait un marché de dupes. En vérité, depuis le début de l'affaire, Guy de Dampierre et Robert de Béthune avaient été les dupes de tous.

Ni le comte ni le roi ne s'avisèrent que la crise la plus grave s'était déjà abattue sur la Flandre. Alors que l'on ne voyait encore que l'effet des rivalités locales entre villes concurrentes sur les marchés européens, l'industrie des villes drapantes, avec son cortège de sous-traitances économiques et techniques, était condamnée par l'évolution même du marché international.

La Couronne et la Tiare

On avait vu sur le siège de saint Pierre des papes français, puis des papes incapables de maîtriser leur propre situation politique. Ainsi s'était trouvé retardé l'affrontement, difficilement évitable, entre une papauté aux prétentions hégémoniques fondées sur la vision augustinienne du monde — le temporel soumis au spirituel — et une royauté capétienne dont l'exaltation ne pouvait tolérer qu'il y eût dans le royaume des hommes et des biens soumis, d'abord ou en concurrence, à un pouvoir extérieur. La question n'allait pas tarder à se poser : l'Église de France et le clergé de France étaient-ils avant tout de France ou avant tout d'Église ? Justifiant sa demande par un

projet de croisade qui n'avait rien de chimérique,
Saint Louis, déjà, s'était heurté à l'exigence d'un
acquiescement pontifical lorsqu'il avait prétendu mettre à contribution les revenus des églises.

L'élection de Boniface VIII en décembre 1294
mena vite à la crise. Benedetto Caetani était un
grand canoniste, peu porté à transiger sur les principes. Sa légation à Paris, en 1290, avait laissé le souvenir d'un homme droit mais raide, orgueilleux
jusqu'à la violence, ayant une conscience personnelle
de la dignité de l'Église. Il avait été le principal artisan de l'abdication de son prédécesseur Célestin V,
la créature des Guelfes, un ancien ermite fâcheusement égaré dans les arcanes de la politique italienne.
Devenu pape, Boniface VIII avait contre lui le parti
des Colonna et des Angevins. L'interférence des
alliances capétiennes en Italie conduisait au conflit
aussi sûrement que la dynamique politique de la Couronne.

Le pape était sincèrement attaché à la reprise de la
Croisade. Or celle-ci supposait le rétablissement préalable de la paix en Occident, et l'on ne pouvait s'y
passer à la fois du roi de France et de ses alliés, de
Charles II d'Anjou en particulier. Boniface VIII tenta
donc avec sincérité une entente avec le Capétien qui
devait surtout profiter à la France. Conciliation avec
le roi des Romains Adolphe de Nassau, médiation,
avec Édouard Ier partialité dans l'affaire de Flandre,
toutes les interventions du pape ne laissèrent qu'un
gagnant : le roi de France.

Une telle conjonction d'intérêts cependant différents éclaire l'alternance qui caractérise les relations
franco-pontificales en ce qui touche à l'Église de
France. Elle explique la rapide réconciliation après
l'affaire de la décime. Le souci profond de la Chrétienté et la volonté hégémonique ne s'opposent pas
dans l'esprit de Boniface VIII, mais ils débouchent
souvent sur une politique hésitante, que scandent les
crises dues à l'attitude orgueilleuse du pape comme
du roi.

L'affaire de la décime éclata en 1296 quand Philippe le Bel décida d'exiger du clergé le paiement d'une décime : pour la première fois, le roi de France s'était passé du consentement de ces conciles provinciaux qui étaient pourtant habitués à ne pas refuser leur accord, quitte à le marchander. Le clergé se plaignit. Le pape sauta sur l'occasion. La bulle *Clericis laicos* (24 février 1296) rappela que la contribution des églises aux charges du pouvoir temporel était subordonnée au consentement du pape. Celui-ci menaçait des peines canoniques les plus lourdes le clercs qui paieraient sans un tel consentement. Pour Boniface VIII, cette imposition menaçait l'éminente dignité de l'Église. Elle pouvait passer pour marque de sujétion, voire de servitude.

Le roi répliqua en interdisant l'exportation de toutes espèces d'or et d'argent. Le fait qu'il visât aussi l'exportation des armes et des chevaux ne trompa personne. La fiscalité pontificale était privée de son principal contribuable, le clergé français. Boniface, qui s'attendait à négocier en définitive son acquiescement, ne pouvait plus céder sans perdre la face. Il réagit donc en tacticien consommé du droit canonique : la bulle *Ineffabilis amor* (20 septembre 1296) formulait une véritable accusation contre la personne du roi. Pour avoir violé tant de franchises ecclésiastiques et si souvent méprisé les droits de ses voisins et de ses vassaux, Philippe le Bel était coupable de péché grave.

Pécheur, le roi était justiciable du pape. Il allait devoir se justifier sur le fond : l'exercice du pouvoir royal. La querelle devenait une affaire de légistes.

Leur réflexion quelque peu forcée fit éclore toute une littérature imprégnée du droit « naturel » — l'influence d'Aristote — et d'un subtil amalgame de logique et de théologie. Le *Dialogue du clerc et du chevalier* en est la démonstration développée. La note que Flote fit diffuser, sans l'envoyer directement au pape, en est la plus vigoureuse expression. L'essentiel tient en une formule : « Avant qu'il y eût des clercs, le roi de France avait la garde de son royaume. » Le roi n'avait, comme détenteur de la Couronne, de comptes à rendre qu'à Dieu.

On transigea, sur les effets sinon sur les principes. Le 7 février 1297, le pape reconnut au roi le droit d'imposer le clergé sans accord préalable, pourvu qu'il y eût évidente nécessité. Puis il institua de lui-même une décime pour aider le roi à faire face à la rébellion flamande. Le 31 juillet, la bulle *Etsi de statu* reconnaissait au roi le droit de juger lui-même de l'urgence qui pouvait légitimer une imposition sur les églises.

Cela dit, Boniface VIII n'avait à aucun moment évoqué la bulle *Clericis laicos*. Il allait même la faire insérer dans le nouveau *Code* de droit canonique. La doctrine demeurait donc sauve, même si la victoire du roi était manifeste dans la pratique politique. En tout cas, la volonté de réconciliation était bien arrêtée : le pape canonisa Saint Louis — on enquêtait à ce sujet depuis trente ans — et abandonna les Flamands à leur vainqueur. Philippe le Bel pouvait alors se faire à son tour le médiateur nécessaire entre le nouveau roi des Romains Albert de Habsbourg, élu en 1298 à la place du fantoche Adolphe de Nassau, et un pape qui marchandait le couronnement impérial contre la Toscane.

Quand à l'essentiel, chacun restait sur les positions définies par les canonistes et les légistes. Il pouvait suffire d'un incident pour ranimer le conflit : ce fut le complot fomenté contre la souveraineté du Capétien en Languedoc par l'évêque de Pamiers Bernard Saisset. Ce prélat, qui était bien en cour à Rome, jouait habilement des vieux griefs d'un Languedoc facilement séduit par un propos d'indépendance, et il sortait une dernière fois de l'arsenal anti-capétien le reproche dynastique contre lequel, jusqu'à Louis VII, tous les descendants d'Hugues Capet avaient lutté en faisant sacrer de leur vivant leur fils aîné : Philippe le Bel ne descendait pas en ligne directe de Charlemagne. Et Bernard Saisset de noter que le changement de dynastie n'avait pas bénéficié, en 987, de la même sanction du Saint-Siège que l'avènement des Pippinides en 751.

Saisset proposa à quelques princes de tenir un rôle dans une nouvelle hiérarchie politique. Ni le comte de Foix ni le comte de Comminges ne furent tentés par le sort du comte de Flandre. Le roi fut prévenu.

Flote organisa l'enquête. Elle avorta quand Saisset manifesta l'intention d'aller s'expliquer à Rome. C'était faire le pape juge du problème dynastique. Le 13 juillet 1301, l'évêque de Pamiers était arrêté. Les enquêteur royaux avaient pris leurs responsabilités.

Le procès commença devant le roi et sa Cour à Senlis le 24 octobre. L'archevêque de Narbonne, le légiste Gilles Aiscelin, tenta d'éviter la voie de fait qu'était le jugement d'un évêque hors de la province et par une cour laïque Puis il proposa de déférer l'évêque au pape. Le roi refusa L'archevêque de Reims — un Courtenay — intervint contre le roi. Flote et les autres légistes trouvèrent une astuce : l'hôtel où était détenu Saisset fut cédé par l'évêque de Senlis à l'archevêque de Narbonne. L'accusé demeurai donc aux mains du roi.

Dans le même temps, les esprits s'enflammaient en Languedoc contre l'Inquisition. La prédication de Bernard Délicieux, un jeune franciscain ardent et indépendant d'esprit, englobait dans une même condamnation l'Église séculière qui soutenait les inquisiteurs, l'ordre dominicain bien sûr, le pape à l'occasion et certainement le roi. Devant les enquêteurs royaux venus pour l'affaire Saisset, il précisa et multiplia ses attaques. Les bourgeois d'Albi et de Carcassonne firent chorus. Tout ce monde députa au roi. Vues de Senlis, les deux affaires Saisset et Délicieux allaient se conjuguer.

Philippe le Bel étaient indifférent à ce qui susbsistait d'hérésie cathare. Il n'y avait plus là le moindre danger, ni religieux ni politique. Une rébellion du Languedoc, en revanche, n'aurait pas arrangé les affaires du Capétien. Or le risque venait des excès des inquisiteurs, autrement dit des hommes du pape.

L'inquisition dominicaine, par ses abus, conduisait à Bernard Saisset comme à Bernard Délicieux. Philippe le Bel décréta que les franciscains donneraient également leur avis sur l'arrestation des hérétiques : il ne lui déplaisait pas de montrer son souci de l'orthodoxie, tout en rognant les prérogatives des exécutants de la politique pontificale.

C'est alors que Boniface VIII prit l'initiative d'une véritable déclaration de guerre. Une trentaine de textes publiés au Latran en décembre 1301 — et surtout la bulle *Ausculta fili* — marquaient la fin d'une temporisation dont on voyait bien à Rome qu'elle favorisait les entreprises du roi de France contre la souveraineté pontificale. Les Colonna s'étaient réfugiés en France, où ils complotaient contre le pape. Albert de Habsbourg ne ménageait pas un pape qui avait soutenu contre lui Adolphe de Nassau. Toute la patience de Boniface avaiit été justifiée par la vue suprême de la Croisade, et nul ne parlait plus de se croiser !

Les deux affaires venues du Languedoc montraient bien que le roi profitait de cette patience pour rogner les prérogatives de l'Église. Mais la prédication « évangélique » de Bernard Délicieux attaquait directement, avec l'Inquisition, la hiérarchie séculière qui s'identifiait à l'Église.

Le pape demandait d'abord à juger l'évêque de Pamiers. Le roi évita de répondre. Il chassa Saisset du royaume. On n'en parla guère. L'affaire, déjà, dépassait sa personne.

Boniface VIII, ensuite, convoquait un concile pour la Toussaint de 1302. On devait y trancher de tout, y compris de la réforme du royaume et de son bon gouvernement. L'Église allait donc juger, par ce moyen, le gouvernement temporel. En attendant, toutes les concessions étaient suspendues, et la décime comme le reste. Délibérément, le pape en revenait à la situation créée par *Clericis laicos.*

Cette fois, la Couronne était menacée. *Ausculta fili,* c'était un exposé dogmatique de la supériorité du Siège apostolique sur les trônes temporels. Les légistes de Flote élaborèrent un résumé des propositions pontificales en dramatisant quelque peu celles-ci ; puis ils ameutèrent l'opinion. Devant une assemblée de barons, de prélats, de docteurs et de bourgeois tenue à Notre-Dame de Paris le 10 avril 1302, Flote réfuta les thèses de Boniface et retourna contre lui sa volonté de réforme : les manœuvres du pape retardaient la réforme que souhaitait le roi.

L'assemblée se déclara pour le roi. Il fut convenu que nul n'irait au concile. Le roi promettait la réforme mais laissait entendre une sourde menace : si l'on allait à un schisme, la faute en serait au pape.

Une ambassade fut envoyée, que Boniface VIII reçut à Anagni à la fin de juin 1302. Le pape tenta une esquive : le responsable de tout ce mal était Pierre Flote. C'était laisser à Philippe le Bel un moyen de capituler sans le dire : il n'avait qu'à révoquer son garde du sceau. Sinon, le roi serait déposé « comme on congédie un valet ». Seraient également déposés les prélats qui ne viendraient pas au concile.

Tout changea avec la mort de Flote, tué à Courtrai le 8 juillet 1302. Mornay et Mouche négocièrent en vain. La moitié des évêques français se rendirent au concile, le roi n'ayant pu trouver dans le droit féodal que le moyen de retenir le prélats du domaine royal : leur conseil aurait pu manquer à sa Cour.

Le concile ne servit à rien : le pape préférait l'offensive directe. Le 18 novembre 1302, il publiait dans la bulle *Unam Sanctam* la formulation la plus audacieuse que l'on ait jamais donnée de la théocratie : l'Église est une, et au-dessus des princes. Le pape a donc tout pouvoir sur l'Église et sur le monde, puisque tout pouvoir concourt au salut des âmes. Le gouvernement du royaume procède par conséquent de l'autorité spirituelle dévolue à saint Pierre. En bref, le pape est juge du roi, et en tout.

Boniface espérait encore faire céder le roi de France sans avoir à l'excommunier. Une excommunication eût avivé la menace d'un schisme. Flote était mort, et le pape ne connaissait pas son successeur. Il

envoya le cardinal français Jean Le Moine voir si le
Capétien s'inclinait. Le roi, lui, allait envoyer Nogaret.

La littérature régalienne fleurissait. Les modérés
— tel le dominicain Jean de Paris dans son traité *Du
pouvoir royal et papal* — voyaient deux pouvoirs
indépendants. Tous donnaient au pouvoir royal une
origine naturelle. La notion antique de *Res publica*
reparaissait pour placer la Couronne hors des hiérarchies tirées de la vision augustinienne de la *Cité de
Dieu*. Mais on allait plus loin, et certains mettaient
en cause le pouvoir pontifical lui-même. Rompant
avec la politique de Flote, qui avait seulement mis
en œuvre des principes, Nogaret affirmait le droit du
roi à agir contre le pape si celui-ci, comme Boniface VIII, se montrait indigne de son office.

Ce fut le temps des accusations personnelles.
Nogaret lança l'affaire devant le Conseil le 12 mars
1303. Son fidèle Guillaume de Plaisians répéta le
propos le 13 juin devant une assemblée élargie, réunie au Louvre. Boniface était hérétique, il était simoniaque, il avait usurpé la tiare.

Ignorant délibérément les autres princes chrétiens
et en particulier l'empereur, le roi de France citait le
pape à comparaître devant son seul juge possible : le
prochain concile universel. En attendant, il se disait
prêt à assurer, de pair avec les cardinaux, la protection de la personne pontificale.

Les causes réelles du conflit, les torts éventuels du
roi de France, les prétentions du pape à l'hégémonie,
tout cela semblait laissé de côté. Le Capétien se faisait
le défenseur de l'Église contre un pape dont chacun
savait bien — et c'était vrai — qu'il avait eu quelque
part à la démission de son prédécesseur Célestin V.

La manœuvre était habile. Le Concile était le
moins mauvais moyen de sortir de la crise. Le pape
tenta d'y échapper : il évoqua le droit qui lui restait
d'excommunier le roi de France. Le temps, désormais, pouvait jouer contre le Capétien. Pour prendre
le pape de vitesse, on dépêcha Nogaret en Italie.
Avec une toute petite escorte, le légiste du roi

n'avait qu'une mission juridique à accomplir, mais elle était essentielle : il devait citer le pape à comparaître devant le Concile avant que soit lancée l'excommunication contre le roi. Un excommunié n'est plus un Chrétien. Il n'en appelle pas au Concile.

Pendant que Nogaret gagnait Rome, puis Anagni où Boniface VIII passait les mois chauds, on s'occupa de mobiliser l'opinion. Il importait que l'appel au Concile vînt de tout le royaume, non du roi et de Nogaret. Des clercs furent envoyés à travers la France, chargés à la fois d'expliquer l'action du roi et de collecter des adhésions en bonne et due forme. En juillet, le gouvernement royal put faire savoir — avec un peu d'anticipation — au Sacré Collège, aux rois de Castille, d'Aragon et de Portugal, aux villes italiennes même, que la France était unanime dans sa dénonciation d'un pontife indigne.

Pour que Boniface ignorât jusqu'au bout la pression exercée sur le clergé français — et sur les villes — le roi prit prétexte de la guerre avec la Flandre pour interdire à tout ecclésiastique de quitter le royaume. Nogaret fut prévenu que les choses étaient en ordre.

Dans la campagne romaine, l'imbroglio politique multipliait les troubles. A la tête d'une petite troupe, Sciarra Colonna menait la vie dure à ses adversaires du clan Caetani. Nogaret, lui, attendait la fin de l'été et le retour à Rome : la citation exigeait une certaine publicité. Lorsqu'il apprit que l'excommunication du roi de France allait être scellée le 8 septembre, il hâta l'opération. Un coup de force de Sciarra Colonna, qui voulait réellement rudoyer le pape et le contraindre à l'abdication, facilitera la tâche du légiste en lui ouvrant, au matin du 7 septembre, les portes d'Anagni, puis celles du palais pontifical. Dans le tumulte où le pape faillit laisser sa vie, Nogaret fit son devoir de juriste et de conseiller du roi de France : il notifia sa citation. Peut-être, au

cours d'une dramatique journée où Colonna parla
d'exécuter le pape, Nogaret fit-il prévaloir le droit
sur la violence.

Boniface allait survivre un mois à l'humiliation
d'Anagni. Le roi de France passa à l'arrière-plan des
préoccupations d'un pontife menacé chez lui dans sa
sécurité physique et non plus seulement dans ses prétentions à l'hégémonie. Charles II d'Anjou vint assurer la tranquillité du conclave. Benoît XI n'avait pas
la trempe d'un Boniface VIII. Nogaret rejoignit le roi
en Languedoc, où l'on avait aussi d'autres affaires à
régler. Philippe le Bel n'avait réellement marqué
aucun point ; la mort de son adversaire le laissait en
apparence vainqueur. Le roi de France était, définitivement, seul maître dans son royaume.

Clément V

Élu pape après un an de conclave le 5 juin 1305,
l'archevêque de Bordeaux Bertrand de Got était un
homme indépendant. Sujet du Capétien et vassal du
Plantagenêt, légiste à Paris, conseiller du roi
d'Angleterre, diplomate du pape, il avait acquis une
réputation d'habileté et de souplesse. Mais il manquait d'esprit de décision. Il commença par ne pas
savoir où s'établir : hésitant devant un retour à Rome
que la querelle des factions italiennes annonçait difficile, il sillonna pendant six ans le royaume de
France, gagna finalement les bords du Rhône par
commodité, après avoir convoqué à Vienne, pour
octobre 1311, un concile qui ne devait être ni celui
qu'espérait le roi de France ni celui qui eût rendu à
l'Église de Rôme son lustre et sa prépondérance.

La crise entre le roi et l'Inquisition — ouverte par
l'agitation de Bernard Délicieux — avait paru
s'achever en 1302 par un compromis alors que le
pape ne s'en était pas encore vraiment mêlé. Les
franciscains avaient manqué de mesure dans leur victoire sur les dominicains, et le roi en avait été agacé.
Délicieux en était venu à prêcher l'insurrection,

laquelle éclata à Carcassonne en août 1303. Le roi se déplaça. Son voyage en Languedoc, qui occupa tout l'hiver 1303-1304, offrit aux ennemis de l'Inquisition l'occasion de se déconsidérer devant lui par leurs outrances. Lorsque les notables de Carcassonne allèrent offrir leur fidélité au roi de Majorque, celui-ci prévint le Capétien.

Philippe le Bel, de nouveau, se trouvait dans le camp de l'Inquisition. Venu à Paris pour se justifier, Bernard Délicieux fut arrêté. On l'envoya au pape. Très vite, on le négligea. Les meneurs de Carcassonne et de Limoux avaient été pendus à la fin de 1305. Clément V put feindre d'ignorer ce qui avait été — l'ancien archevêque de Bordeaux le savait bien — l'une des causes du conflit avec Boniface VIII. On ne devait reparler de Bernard Délicieux qu'au temps de son successeur : Bernard vint à Avignon en 1318 pour plaider la cause des « Spirituels » en rébellion contre l'ensemble de l'ordre franciscain. On l'arrêta. Condamné à la prison perpétuelle, il mourut dans son cachot.

Une hypothèque planait dès l'abord sur le pontificat de Clément V : poussé par un Nogaret fort amer d'avoir été exclus de l'absolution générale de 1304, Philippe le Bel continuait d'exiger, en fonction des opportunités, qu'un procès fût fait à la mémoire de Boniface VIII. Une autre ombre vint d'Allemagne : élu roi des Romains en 1308, Henri VII de Luxembourg se posait en successeur des empereurs gibelins du XIIIe siècle et cherchait à rétablir en Italie un pouvoir impérial pratiquement absent de la Péninsule depuis le temps de Frédéric II. Henri VII s'attaquait donc à l'autorité pontificale, au jeu politique des Angevins de Naples et au réseau complexe des fidélités guelfes. Le résultat fut que la diplomatie capétienne s'introduisit une nouvelle fois dans les affaires d'Allemagne et d'Italie, mettant celle-ci à profit pour amener le pape à composer dans les affaires proprement françaises, en particulier dans le difficile règlement du conflit avec la Flandre.

Nogaret avait besoin de leviers contre le pape. Un premier champ clos s'offrit lorsque parvinrent à la cour de France les dénonciations contre le Temple. Les chevaliers de cet ordre étaient collectivement accusés d'hérésie, d'idolâtrie et de sodomie, et tout cela pour des pratiques pour le moins étonnantes mais qui relevaient plus souvent de la brimade stupide et de l'ignorance que d'une volonté de scandale. Comme ses prédécesseurs, Clément V souhaitait une réforme des ordres militaires afin que sa Chrétienté disposât d'une force cohérente et permanente pour la Croisade. Mais le pape s'accommodait des atermoiements du grand maître Jacques de Molay, qui voyait mieux ce qu'une unification des ordres lui retirerait comme prérogative que ce qu'y gagnerait la Chrétienté. Il semblait donc que le pape ne désirait guère porter remède au scandale qu'était à tous égards l'inutilité croissante du Temple. Philippe le Bel s'indigna de l'attitude pontificale et, pour mettre l'Église devant un fait accompli, fit arrêter, le 13 octobre 1307, tous les templiers de France.

Les rois voisins ne bougèrent pas. Nul ne s'éleva, en revanche, pour défendre un ordre qui ne servait plus à rien depuis la chute d'Acre en 1291. Sa richesse avait fait du Temple l'un des grands banquiers de l'Occident, non l'un des remparts de la foi. Et la façon de vivre de bien des templiers discréditait finalement l'ordre dans toute l'Europe.

L'arrestation des templiers était une première semonce au pape. Une deuxième fut, à partir de 1308, le procès fait à l'évêque de Troyes, Guichard, un personnage assez peu recommandable et déjà compromis dans plusieurs coups fourrés. On lui avait cherché des querelles financières. Il avait été impliqué dans une affaire de sorcellerie. Le procès s'enlisa, Guichard fut en définitive remis au pape : il alla finir ses jours en Bosnie, comme évêque de Diakovar. L'essentiel tenait peu à sa personne : on devait savoir dans l'épiscopat français ce qu'il en coûtait de déplaire au roi et à ses conseillers.

Nogaret et Plaisians remirent en marche la machine qui avait déjà fait merveille contre Boniface VIII. Une assemblée de nobles, de prélats et de bourgeois se réunit à Tours en mai 1308, au terme d'une campagne de propagande où les pamphlétaires spontanés comme Pierre Dubois rivalisèrent avec les légistes du Conseil pour justifier la vocation du Capétien à s'ériger en défenseur de la religion. L'assemblée approuva dans l'ensemble l'action engagée par le roi contre les templiers.

Dès l'automne de 1307, les commissaires royaux avaient obtenu, souvent par la torture, des aveux assez généraux. Les inquisiteurs diocésains, sans torture, avaient ensuite entendu les mêmes révélations, qu'inspiraient à la fois la crainte et la médiocrité. Devant le pape et quelques cardinaux, l'été suivant, ce furent les mêmes aveux. L'affaire du Temple semblait aller vers son dénouement : les fautifs avouaient, on leur donnait l'absolution. Les templiers seraient reconnus coupables et réconciliés, mais rien ne permettait d'accabler l'ordre lui-même.

Pour Philippe le Bel et ses légistes, le fond de l'affaire était autre. Les brimades infligées par les « anciens » aux jeunes templiers et les mœurs douteuses de certains frères n'étaient que le prétexte de l'intervention royale. Laisser l'ordre intact, c'était renoncer à la réforme d'une institution ecclésiale notoirement inadéquate à sa mission.

Lors de l'entrevue de Poitiers en mai-juin 1308, Clément V avait décidé en présence du roi et de ses gens que le procès contre les personnes serait instruit par les officialités provinciales et jugé par les conciles provinciaux, donc à la diligence des archevêques, cependant qu'une commission pontificale enquêterait sur l'ordre lui-même et ferait rapport au prochain concile universel. Une rétractation tardive du grand maître Molay en novembre 1309, puis la démarche de quelques templiers désireux, en avril 1310, d'assurer une défense cohérente de l'ordre, laissèrent entendre aux légistes du roi de France que l'on risquait, moyennant la condamnation de ceux qui avouaient, une absolution pure et simple de l'ordre. Ni la règle du Temple ni les décisions des chapitres n'avaient jamais organisé la sodomie ou l'idolâtrie, c'était bien évident. Le Concile n'allait pas condamner tout un ordre naguère prestigieux parce que quelques esprits simples confondaient vénération d'un reliquaire et culte des idoles. Déconsidéré mais innocent, le Temple allait survivre.

Le roi de France passerait pour avoir subi un échec. Les légistes usèrent d'un subterfuge très régulièrement emprunté à l'arsenal de la procédure. Comme « relaps » — pour être revenus sur des aveux faits sous serment — les frères qui voulaient défendre le Temple furent condamnés par le concile de la province de Sens siégeant à Paris en mai 1310. Le nouvel archevêque de Sens présidait : c'était Philippe de Marigny, le frère d'Enguerran.

Nul n'osa plus s'offrir à défendre l'ordre. Il eût fallu pour cela des templiers n'ayant fait au préalable aucun aveu. Mais, dès lors que nul ne parlait plus pour le Temple, l'enquête sur l'ordre était paralysée.

L'affaire du Temple trouva son épilogue en 1312 pendant le concile de Vienne, mais sans lui. Clément V avait besoin de Philippe le Bel. Marigny menait un grand marchandage où le procès contre la mémoire de Boniface VIII balançait le procès du Temple et où les intérêts en jeu dans la question flamande l'emportaient largement sur les satisfactions morales que pouvait procurer une vengeance tardive. De surcroît, la force du roi de France se laissait voir en face de Vienne. Nul ne tenait à un affrontement. Sans attendre une condamnation inutile et toujours incertaine, le pape supprima l'ordre du Temple par une simple décision (bulle *Vox in excelso,* 22 mars 1312). Personne ne protesta, tant il est vrai que l'ordre était devenu objet de scandale.

Restait à attribuer les biens du Temple. Comme le souhaitait Marigny et malgré les vagues projets d'ordre nouveau auxquels eussent adhéré quelques princes capétiens s'ils y avaient vu avec certitude leur intérêt, les biens du Temple furent dévolus à l'autre grand ordre de chevalerie né de la première croisade : l'Hôpital. Exception fut faite pour les ordres espagnols, dont nul ne discutait l'efficacité : ils eurent leur part.

L'affaire du Temple conduisait à doubler la puissance de l'Hôpital. Le roi de France rendit ses comptes de la gestion des domaines dont il avait eu le séquestre : on s'aperçut à l'apurement que la succession du Temple était débitrice envers le roi.

Au terme de ses palinodies, Molay fut à son tour jugé. Puisqu'il refusait d'avouer, donc de se repentir, il allait être condamné à la prison perpétuelle. Il comprit alors qu'il ne comparaîtrait jamais devant le pape, et que tout son système de temporisation était vain. Il cria son innocence. Le précepteur de Normandie Geoffroy de Charnay le suivit dans cet ultime et trop tardif héroïsme. Comme relaps, ils furent l'un et l'autre envoyés au bûcher (19 mars 1314). La commission cardinalice n'eut pas le temps de réagir.

Déjà, l'attention du roi et de ses conseillers était ailleurs. Henri VII de Luxembourg était mort le 24 août 1313 pendant l'expédition qu'il avait menée en Italie afin de s'y faire couronner empereur. On songea à la candidature du deuxième fils du roi de France, Philippe de Poitiers, le futur Philippe V. Elle fit long feu. Louis de Nevers, fils aîné du comte de Flandre Robert de Béthune, se mit en avant et fit jouer sa diplomatie. Marigny la battit en brèche à grands frais : Louis de Nevers empereur, c'était la Flandre perdue pour le royaume de France. Dans le même temps, l'alliance pontificale était précieuse au Capétien dans sa lutte pour l'exécution du traité d'Athis. A l'horizon de la politique d'un Marigny qui gouvernait au Conseil dans les dernières années du règne, les enjeux n'avaient plus rien à voir avec ce qui orientait dix ans plus tôt la politique de Flote et de Nogaret.

Clément V mourut le 20 avril 1314. Un long interrègne s'ouvrait. Marigny tenta de faire élire son

cousin Nicolas de Fréauville, l'ancien confesseur de
Philippe le Bel. La mort du roi, le 29 novembre
1314, et la disgrâce de Marigny — bientôt condamné
à mort et pendu — firent abandonner l'entreprise.
Après vingt-sept mois de conclave, le vieux cardinal
Jacques Duèse — il prit le nom de Jean XXII — ne
devait rien au roi de France. Mais il était dès l'abord
lié par les habitudes prises. Installé à Avignon depuis
1309 parce qu'il y était près de la vieille cité
romaine de Vienne où allait se réunir le Concile et
parce qu'il y était voisin de ce Comtat venaissin
qu'avait naguère acquis Grégoire X, Clément V y
était resté. En s'établissant à son tour sur la rive
gauche du Rhône, en terre d'empire mais aux portes
du royaume de France, Jean XXII faisait vraiment
d'Avignon la nouvelle capitale du gouvernement pontifical. L'occasion était passée de franchir les Alpes.
Le choix du nouveau pape était délibéré.

  C'est parce que la papauté ne pouvait plus s'imposer dans Rome que l'on avait hésité à y conduire
Clément V. L'afflux des clercs français en Avignon
transforma ce refuge en une réalité politique très
positive : les Français mais nullement le roi de
France — allaient bel et bien mettre la main sur le
Saint-Siège.

CHAPITRE VIII

Le temps des crises

Des successions difficiles

Philippe le Bel mourut le 28 novembre 1314. Un an plus tôt, la Couronne semblait à l'abri des vicissitudes. L'inconduite de ses brus avait tout bouleversé en quelques mois. La reine de Navarre Marguerite de Bourgogne, qui aurait dû devenir reine de France au côté de Louis X, était morte de froid dans son cachot de Château-Gaillard. Blanche d'Artois, épouse de Charles de la Marche, troisième fils de Philippe le Bel, allait vieillir dix ans en prison avant de finir ses jours au couvent. Sa sœur Jeanne, épouse de Philippe de Poitiers, avait assez trempé dans cette affaire d'adultère pour être un temps tenue à l'écart de la cour.

En bref, un an plus tôt, le roi de France avait trois fils bien mariés et une petite-fille en attendant les petits-fils. A son lit de mort, il n'avait plus que des fils sans postérité et une fille, Isabelle, mariée à Édouard II d'Angleterre.

Philippe le Bel eut le temps d'exprimer ce qu'il pensait des successions en ligne féminine : il décréta, avant de mourir, la masculinité perpétuelle de l'apanage de Poitiers.

La malchance continua. Louis X régna peu. Le 5 juin 1316, il laissait sa seconde femme, Clémence de Hongrie, enceinte d'un enfant posthume que l'on compta plus tard comme Jean Ier : il vécut cinq jours.

Philippe de Poitiers affecta de considérer que sa nièce Jeanne, la fille de Louis X et de la malheureuse Marguerite de Bourgogne, n'avait aucun droit

sur la Couronne de France. Il s'était imposé comme
régent jusqu'à la naissance de l'enfant attendu. A la
mort de Jean Ier, l'oncle fit sans peine admettre par
les grands qu'il était le plus proche héritier. Jeanne
était une enfant. Nul ne s'opposa.

Il était cependant difficile de dire que Jeanne
n'avait aucun droit sur la Navarre et la Champagne,
venues aux Capétiens par le mariage de la reine
Jeanne de Navarre avec Philippe le Bel. On s'entendit pour indemniser au plus juste l'héritière. Pour
solde de tout compte, le nouveau roi Philippe V le
Long offrit à sa nièce quinze mille livres de rente.

Jeanne avait bien des torts : elle était une fille, elle
était une enfant, et elle était fille d'une reine adultère. Son oncle maternel le duc de Bourgogne intervint pour qu'on ne la laissât pas sans rien, mais nul
n'était prêt à se battre pour elle contre celui qui
avait déjà mis la main sur l'appareil de l'État. Le
champion dont elle avait manqué dans l'enfance ne
devait même pas être le cousin qu'on lui fit épouser,
Philippe d'Évreux. Les jeux, alors, semblaient bien
faits. Jeanne obtint de garder la Navarre — en fait,
il fallut la lui rendre — et reçut, pour prix de l'ines-
timable Champagne, la baronnie normande de Mortain et, un temps seulement, le comté d'Angoulême.

Jeanne se tint officiellement pour satisfaite. Son
fils Charles d'Évreux, roi de Navarre, allait penser,
toute sa vie, qu'on avait spolié sa famille. Il était né
en 1332, trop tard pour faire valoir quelque droit que
ce fût. L'histoire l'appellera Charles le Mauvais.

Lorsqu'en 1322 meurt Philippe V, son frère le
comte Charles de la Marche lui succède comme normalement. Nul ne parle des droits éventuels des quatre filles de Philippe V. Mais, six ans plus tard, la
mort de Charles IV crée une situation nouvelle : il
n'est plus question de choisir entre héritiers directs,
entre frères et filles, entre frère et sœur. Ou bien
l'on fait droit au dernier survivant des enfants de
Philippe le Bel, Isabelle, dont le fils Édouard III
règne depuis peu sur l'Angleterre, et certains se

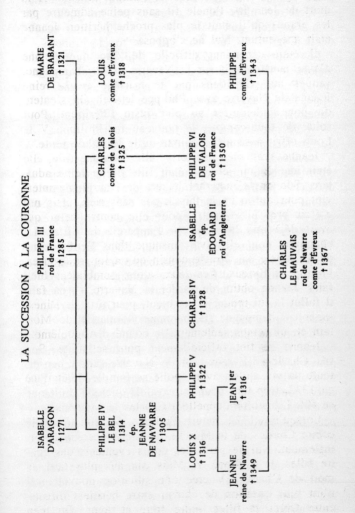

LA SUCCESSION À LA COURONNE

demanderont alors pourquoi la tante passe avant sa
nièce Jeanne, ou bien l'on préfère un héritier mâle,
et force est alors de se tourner vers un cousin. Si
l'on s'en tient aux mâles, il n'y a plus, pour succéder à Charles IV, un seul « fils de roi de France ».

Le cousin, en 1328, c'est Philippe, comte de
Valois, le fils de ce frère de Philippe le Bel qui courut après tant de couronnes et n'en eut aucune. Philippe prend sur-le-champ le titre de régent, car la
reine est enceinte. A peine l'enfant — une fille —
est-il né que le régent se fait reconnaître comme roi
de France par une assemblée des grands réunis à
Vincennes.

On est bien loin, cependant, de la situation simple
de 1316. Philippe de Valois n'est ni le plus proche
parent — c'est Isabelle, sœur des trois derniers
rois — ni le plus direct, car chacun des trois frères a
laissé des filles. En bref, le Valois a pour lui d'être
l'aîné des hommes de la famille, d'être un chevalier
de trente-cinq ans et d'être un baron français. L'autre
cousin, Philippe d'Évreux, a contre lui d'être le
puîné par rapport au Valois, mais son fils Charles le
Mauvais se souviendra d'être petit-fils de roi de
France par sa mère. Tout comme Édouard III.

Philippe de Valois l'emporte, surtout, parce que les
barons français se reconnaissent en lui. Les juristes
peuvent bien ratiociner en faveur d'un principe de
masculinité — alors que les femmes succèdent aux
fiefs, comme on l'a vu en Aquitaine, en Flandre et
récemment en Artois — et l'évêque Jean de Marigny
peut bien invoquer l'Évangile — « Les lis ne filent
point » — le vrai est ce que disent les barons avec
leur rude franchise : « Il n'a jamais été vu ni su que
le royaume de France ait été soumis au gouvernement du roi d'Angleterre. » On ne songera que quarante ans plus tard à rappeler, pour justifier
l'exclusion des filles improvisée en 1316 et confirmée en 1328, cette vieille loi des Francs saliens où
l'article relatif à la propriété foncière excluait les
femmes de la succession aux terres « libres ». Pour

l'heure, personne n'y songe. Rares sont d'ailleurs ceux qui ont entendu parler des Saliens et de leur loi.

L'Anglais, il est vrai, s'accommode du choix des barons français. Son affaire n'est pas de mettre la main sur la Couronne de France, elle est de ne point perdre son propre patrimoine : l'Angleterre d'une part, la Guyenne de l'autre. Le double scandale des relations coupables d'Édouard II avec Hugues Despenser et de la reine Isabelle avec Roger Mortimer, l'insurrection des barons anglais, l'éviction finale d'Édouard II — il fut torturé à mort — au profit de son fils Édouard III, tout cela ne fait guère du Plantagenêt un compétiteur possible pour la succession capétienne. Édouard III est bien trop fragile pour courir l'aventure.

Il s'emploie de son mieux, en revanche, à sauver son duché continental. Après un conflit local — la « guerre de Saint-Sardos » — Charles IV a fait prononcer en 1324 la saisie de la Guyenne mal tenue par l'incommode Édouard II. Son fils compose, accepte de laisser rogner son duché pour ne pas tout perdre. Mais, ainsi réduite à une frange côtière, la Guyenne est vouée à une rapide asphyxie. Le marché de dupes fait par Édouard III est encore plus évident quand on se rend compte à Bordeaux que les officiers du roi de France font traîner en longueur la restitution de cette petite Aquitaine. Trop heureux de secouer le joug, les vassaux du roi-duc multiplient les appels au Parlement de Paris afin de bien rappeler qu'ils sont les hommes du duc d'Aquitaine, non ceux du roi d'Angleterre. Édouard n'a aucune illusion à se faire sur la fidélité des barons aquitains : ils n'ont en vue que leur propre intérêt.

Isabelle de France, reine d'Angleterre, a bien vu qu'on l'écartait de la succession capétienne. Elle n'en pousse que plus vivement le jeune roi d'Angleterre à esquiver son obligation fondamentale : l'hommage qu'il doit au roi de France pour la Guyenne. Philippe VI de Valois trouve sans mal une réplique : il

fait saisir les revenus du duché. Entrevoyant la saisie
du duché lui-même, Édouard III n'a plus qu'à céder :
en juin 1329, à Amiens, il prête comme duc cet
hommage qui lui pèse tant comme roi.

Cet hommage d'Amiens restera un chef-d'œuvre
d'ambiguïté. Mais le roi de France a pour lui la
force : il tient toujours — provisoirement — le
duché, et il ne se prive pas de soutenir dans le même
temps la cause de l'indépendance écossaise.
Édouard III ne peut donc éviter, en 1331, de reconnaître que l'hommage prêté à Amiens était un hommage lige, autrement dit préférentiel et opposable à
tous. En échange de quoi, Philippe VI fait mine
d'abandonner les Écossais de David Bruce, quitte à
reprendre quelques années plus tard l'initiative d'une
expédition en Angleterre.

C'est ainsi qu'au printemps de 1337 il paraît bien
que, malgré les efforts du pape Benoît XII et de ses
légats, les princes chrétiens n'éviteront pas un nouvel
affrontement. France et Écosse d'une part, Angleterre
d'autre part, comptent leurs alliés cependant que
l'empereur Louis de Bavière s'en tient à un équilibre
intéressé entre le Valois, le Plantagenêt et le pape.
Tout le monde voit bien que la guerre approche et
que chacun la prépare. Nul ne saurait, toutefois, dire
si elle aura lieu sur la frontière d'Écosse ou sur celle
de Guyenne.

Nul ne met à ce moment-là en doute que Philippe
de Valois soit bien roi de France. La propagande des
légistes et celle des chroniqueurs plus ou moins officiels s'entendront plus tard pour masquer toutes les
réticences, tous les repentirs, toutes les incertitudes
qui ont marqué et suivi l'avènement de 1328. En
fait, si nul n'est prêt à jurer que le droit du Valois
soit incontestable, nul ne met en doute qu'il soit le
roi.

Au reste, le jugement de Dieu est en sa faveur.
Face à l'interminable révolte de la Flandre maritime — d'abord révolte rurale, puis insurrection
générale animée par Bruges — le comte de Flandre

Louis de Nevers a fait appel au nouveau roi. En marchant au secours de son vassal, Philippe VI affirme
sa suzeraineté. Et, le 23 août 1328, deux mois après
son sacre, il écrase à Cassel l'armée inorganisée que
commande tant bien que mal un paysan aisé impro-
visé chef de guerre, Nicolas Zannequin. On ne
comptera pas un survivant de l'armée insurgée. Pour
un roi à la couronne incertaine, la victoire n'est pas
seulement sur le champ de bataille. Les grands peuvent se dire qu'ils ont fait le meilleur choix.

Les crises de l'économie

Si les Flamands ravagent campagnes et villes, ce
n'est pas en un mouvement de colère aux racines
nationales ou politiques. Cette révolte n'est que l'un
des premiers fruits d'une inadaptation des structures
de la production industrielle ; l'économie traditionnelle commence de sombrer, et avec elle tout le système de relations sociales qu'elle supporte.

On a cru le monde indéfiniment extensible. La
mauvaise passe climatique des années 1315-1317 a
montré qu'il n'en est rien. Il a fallu concentrer la
semence sauvée des eaux sur les meilleures terres ;
on a sacrifié des terroirs récemment asséchés, des
pentes conquises depuis peu, les landes défrichées en
dernier.

L'industrie textile semblait bien lancée dans un
marché où faisaient prime les draps lourds et moel-
leux des grandes villes flamandes et autres, ceux de
Gand, d'Ypres, de Douai, de Rouen, de Paris : ces
villes où une organisation corporative déjà fixée dans
ses grandes lignes suffisait à garantir une certaine
qualité à une certaine clientèle.

Les hostilités franco-anglaises ont montré la fragi-
lité d'une telle économie, alors que la production
drapière est asservie à son approvisionnement en
laine anglaise — la seule laine de haute qualité que
l'on connaisse alors — tout autant qu'à ses débou-
chés normaux, le marché français et, à travers les

foires françaises, les marchés italien et oriental. Une
évolution rapide de la mode vers le vêtement ajusté
achève cependant de ruiner la suprématie des épais
lainages qui triomphaient dans les drapés de la robe
longue : bien avant le règne de la soie, le pourpoint
conduit à l'étoffe légère, celle qu'à moindres frais
produisent nombre de centres textiles moins régle-
mentés que les grandes villes. La diversité des tissages, des dessins et des coloris entrera dorénavant
dans la définition de l'art de vivre.

Le système corporatif a été conçu pour protéger un
réseau technique de production : il se mue en une
série d'entraves à la liberté d'entreprendre, d'imaginer, de financer. Les grands hommes d'affaires, qui
sont nécessairement les commanditaires de la production puisqu'ils fournissent la laine et qu'ils exportent
les produits finis, ne trouvent qu'à la campagne et
dans les petites villes le moyen d'organiser en marge
des règlements et de diriger en fonction des seuls
impératifs économiques des chaînes intégrées d'ateliers où ne seront interdites ni les nouvelles techniques — le rouet, le moulin à foulon — ni les
matières premières moins nobles que la laine anglaise
ou les colorants orientaux. A plus forte raison n'y se-
ra-t-il pas interdit de se lancer dans de nouvelles
productions.

L'industrie des grandes villes drapantes va donc à
la crise, et d'autant plus que quelques villes à
l'industrie plus jeune entrent elles-mêmes dans la
concurrence : ainsi les villes brabançonnes de Malines
et Bruxelles, sans parler de l'industrie qui naît alors
à Florence et dans les autres villes toscanes.

Heureux sont alors ceux qui savent profiter des
mutations pour introduire sur le marché ces draps de
Namur et de Louvain, de Rouen et de Honfleur, de
Paris encore — pour peu de temps — et de bien des
petits centres dont la réputation ne passe pas les
frontières mais dont l'activité artisanale retardera
d'une bonne génération l'entrée dans la crise : ainsi
Pont-de-l'Arche ou Bernay, Falaise ou Saint-Lô,

Dinant ou Courtrai, et ainsi quelques dizaines de gros bourgs normands ou languedociens où le tissage apparaît souvent comme une activité de complément.

On a cru à l'éternelle prospérité des centres d'échanges, apparemment déterminés par la carte des relations commerciales du monde connu. Entre les produits de l'Orient et les draps de la Flandre, entre l'Italie et les villes hanséatiques qui ont fait de Bruges le nœud de leurs relations avec l'Ouest et le Sud, marchands, denrées et capitaux confluaient comme naturellement vers les foires de Champagne, et la fortune des foires était celle des routes qui convergeaient vers la Champagne et vers la toute proche capitale.

De nouvelles routes entre la Méditerranée et la mer du Nord ont commencé de détourner le trafic : celle de Gibraltar aussi bien que celle du Brenner. Fille de la guerre, l'insécurité achèvera de dissuader les marchands. D'autres villes tireront profit de ces effondrements. Lyon, Genève, Chalon-sur-Saône seront à long terme les héritières pour une part de ce trafic entre l'Italie et l'Europe du Nord-Ouest, comme le seront aussi — mais autrement — Marseille et Montpellier.

Paris, surtout, tire dès les années 1300 tous les avantages que lui procure — grâce à la cour, à l'administration financière, au Parlement, à l'Université — la présence d'une clientèle à haut pouvoir d'achat, soucieuse de paraître et capable d'investir dans son train de vie les revenus du service public, du service du roi comme celui des administrés et des justiciables. Cette prospérité d'une ville en pleine dilatation — peut-être deux cent mille habitants lors du recensement des « feux » de 1328 — suffit à créer un centre considérable de consommation alimentaire et vestimentaire, un marché du luxe aristocratique et de l'opulence bourgeoise, une constante embauche dans les métiers du bâtiment comme dans les activités de services. Paris se mue en une place financière, fille pour une part de la centralisation fiscale que renforce, dès le temps de Jean XXII, la centralisation de nombreux transferts financiers vers la cour pontificale d'Avignon. Tout cela, cependant, ne fait pas de la capitale un centre d'échanges.

Trois siècles d'une économie monétaire de plus en plus affinée laissent croire, enfin, en la pérennité de l'étalon-monnaie. Bien sûr, comme jadis le sou d'or romain, le denier d'argent n'a cessé de se dégrader. Mais une dévaluation est-elle perceptible quand, par l'effet du manque de métal précieux dont souffre de manière chronique l'Europe occidentale, elle prive le denier des trois quarts de sa teneur en argent fin en quelque deux cents ans ? Dans une économie en expansion, une inflation annuelle d'un demi pour cent participe de cette expansion, même si les redevances fixées une fois pour toutes — les cents des terres, en particulier — conduisent lentement vers la ruine la seigneurie rurale : cent livres de revenu, qui signifiaient vingt kilogrammes d'argent à l'époque des premiers grands défrichements, n'en procurent plus que trois à l'aube du XIVe siècle.

Qu'importait l'inflation quand on compensait l'érosion du revenu par l'extension des cultures, par de nouveaux baux pour de nouveaux défrichements, par un rajeunissement ininterrompu de l'économie agraire ? Les temps ne sont plus. Le jour où l'on bute sans le savoir sur un monde désormais plein et sur un climat dorénavant hostile, où l'on se heurte en s'étonnant à une monnaie qui s'effondre et à des marchés qui s'évanouissent, on cherche des coupables. Juifs et Lombards, nobles et patriciens, conseillers du roi de France et fidèles du comte de Flandre, les uns et les autres commencent de payer cher un malaise plus durement ressenti que vraiment compris.

La crise frappe d'un côté, de l'autre ; l'idée d'une dépression générale ne saurait effleurer des esprits non encore habitués aux visions globales. La stagnation des prix céréaliers, qui s'amorce en même temps que les premières tentatives d'assolement triennal, touche aussi bien le seigneur que le producteur paysan, mais nul ne songe à incriminer l'essoufflement démographique qui réduit la demande sur les marchés urbains. Nul ne fait donc le lien avec la hausse irrégulière mais continue des salaires — industriels, artisanaux ou agricoles — qui rend difficile l'embauche d'ouvriers agricoles et qui hausse le prix d'achat du soc ou du fer à cheval.

L'érosion de la monnaie de compte, donc l'affaiblissement des redevances fixes, a longtemps protégé la paysannerie des pays fertiles. Elle a sans doute retardé l'explosion de la colère. Le malheur des temps nouveaux, la guerre, l'épidémie, la défaite, le fisc, tout cela finira de secouer ces paysans soudain sensibles au déséquilibre du système social, ces petits propriétaires qui ne profitent même pas de la hausse des salaires : ces gens qui sont assez pauvres pour souffrir du prix des vêtements et de celui des outils ferrés, mais assez riches pour payer la taille du roi. Explosion de colère contre les nobles parce qu'ils sont chevaliers et parce qu'ils sont seigneurs, ce sera la Jacquerie de 1358. Rien d'étonnant à ceci : elle éclatera au cœur de la riche plaine du Valois. Ce ne sera pas la colère des misérables mais l'angoisse de ceux qui se croyaient à l'abri et ne comprennent plus.

Cette crise-là sera de courte durée. La paix sociale importe plus aux gouvernants que le soutien de l'économie : les classes laborieuses, qui bénéficient — comme locataires, comme débiteurs — des dévaluations de la monnaie de compte, échappent presque à chaque fois aux conséquences des renforcements monétaires. Aucun gouvernement ne tient à voir tous les locataires descendre dans la rue à la perspective d'une augmentation subite des loyers. Dans les grandes oscillations monétaires de la crise des années 1350, les salariés — surtout ceux des villages — gagneront à tout coup. Mais ils trembleront en toute occasion.

Une construction institutionnelle

La génération des premiers légistes a dégagé un certain nombre de notions sur lesquelles va se fonder, après 1315, l'organisation systématique d'une administration et d'une justice royales à la mesure des besoins du royaume et non plus de la seule seigneurie féodale du roi. C'est ainsi que d'une Cour du roi déjà spécialisée à l'époque de Saint Louis par la présence, en des sessions distinctes « dans les comptes » ou « en Parlement », d'un personnel de techniciens admis à siéger à côté des membres naturels de la Cour, c'est-à-dire des grands, sortent dès le temps des derniers Capétiens des institutions véritablement autonomes.

Philippe V donne en 1316 son statut quasi définitif au Parlement : une grande chambre pour écouter les plaidoyers et rendre les arrêts, une chambre des enquêtes pour instruire les affaires, une chambre des requêtes pour juger de la recevabilité des causes, soit par compétence directe de la Cour sur les grands vassaux du roi et sur ses proches, en particulier sur les « chevaliers du roi » et les membres de l'Hôtel, soit par l'effet du droit d'appel. Les carrières des conseillers et des présidents s'organisent. Praticiens ayant le roi pour client entre cent autres, les gens du roi — le procureur, l'avocat du roi — se transforment en véritables officiers, serviteurs patentés des intérêts de la royauté.

La Cour des pairs, elle, n'a qu'une courte vie : issue de la Cour du roi et constituée à l'occasion pour le jugement des grands vassaux, elle se fond à nouveau dans la Cour qu'est le Parlement. Session extraordinaire de la justice du roi à l'ancienne mode — le roi juge entouré de ses vassaux directs — elle ne saurait se muer en une institution permanente.

La Chambre des comptes naît aussi de la Cour, une Cour dont les séances périodiques pour l'audition des comptes rendus par les baillis ont de plus en plus fait place aux gens de finance. C'est encore Philippe V qui, en 1320, lui donne son statut et la pourvoit d'un personnel permanent, chargé d'entendre les comptes et de juger la gestion. C'est à ce titre que la Chambre des comptes « enregistre » — au sens matériel du terme — les lettres patentes portant modification du domaine royal. Simple devoir, né d'un souci d'ordre et de mise à jour de la connaissance des intérêts royaux, ce devoir se mue en une prérogative, en un droit dont la Cour s'entend à user dans l'intérêt même du roi : c'est le droit de « remontrer » si l'acte royal présenté à l'enregistrement paraît inconsidéré.

On continue de distinguer, par principe, les finances ordinaires qui sont le revenu du domaine royal et les finances extraordinaires qui sont le produit des exigences fiscales. On voit dans le même temps croître le rôle et la part de la monnaie dans la politique financière et dans le revenu du roi, donc dans le profit que font aux dépens du roi ceux qui le servent. Tout cela conduit vite à constituer de nouvelles institutions, chargées à la fois de vérifier et de juger au contentieux. La Cour des monnaies se détache en 1346 de la Chambre des comptes. La Cour des aides apparaît très progressivement, au temps de Charles V, sur les vestiges de l'organisation mise en place par les états généraux pour faire échapper le produit de l'impôt au gouvernement des gens du roi. C'est l'époque où la noblesse, qui se sent écartée des nouvelles réalités du pouvoir, mûrit dans le désordre ce qui serait un programme réformateur s'il y avait une unité d'action et qui restera, jusqu'aux grands frissons politiques des états généraux de 1355-1358, un simple faisceau de revendications : l'inaliénabilité du domaine royal, le contrôle des dépenses, la réduction des budgétivores, la stabilité du système monétaire. Et de souhaiter que le choix des officiers royaux soit délibéré en Conseil.

Cette tentative de mise en tutelle de la monarchie est le fruit de la fusion, un temps réalisée par

Jean II le Bon, des milieux politiques de la noblesse et de la haute administration. Elle est aussi le fruit des difficultés politiques des années 1350 et surtout de la défaite subie en 1356. Elle n'aboutira finalement qu'à renforcer le poids de l'administration royale, à préciser les moyens de son efficacité, à assurer les carrières qui tendent à s'y dérouler. Désignés par les états de 1355 pour faire l'assiette de l'impôt direct et veiller à l'affermage des aides indirectes, les « élus » sont devenus, deux ans plus tard, de simples agents du roi, de même que les « généraux élus sur le fait des aides », qui deviendront à la longue les « généraux des finances ». Loin de leur propos initial, les états réformateurs ont créé une nouvelle structure administrative au bénéfice du roi. Paradoxalement, l'appellation de « pays d'élection » signifiera plus tard qu'une région est soumise à la gestion directe des agents royaux.

Cette construction administrative et judiciaire, il faudrait la décrire à tous les niveaux de la gestion, de la chicane et de l'ordre public, à tous les niveaux où s'effondre le système de relations publiques fondé sur l'hommage et sur le fief, pour voir se multiplier les emplois de ce qui devient le service public. A mesure que se compliquent les affaires et que s'élargit l'aire des interventions du pouvoir royal, s'accroît le nombre des agents spécialisés dont s'entourent les baillis et les sénéchaux, désormais incapables d'assumer eux-mêmes, comme au siècle précédent, la diversité de leurs attributions. Il y a à Paris les conseillers au Parlement et les maîtres des comptes, les huissiers et les notaires, mais c'est à travers toute la France qu'apparaissent les juges royaux, les receveurs et les avocats du roi, et que foisonnent les lieutenants permanents et les commissaires épisodiques. Autant de profits. Autant de carrières.

Les emplois nés de la fiscalité s'inscrivent en marge des activités d'affaires comme autant de spéculations supplémentaires. On prend à ferme un impôt direct, on se fait nommer receveur d'une taille

ou d'un emprunt. Les carrières se constituent lentement, aux degrés les plus élevés : on cesse d'être
marchand quand on est maître des comptes, mais le
maître des comptes sort souvent de la marchandise et
y compte encore bien des cousins. Les emplois de la
justice et de l'administration offrent en revanche, dès
cette première moitié du XIVᵉ siècle, des chances de
promotion qui bouleversent les chemins de la fortune.
Au temps de Philippe le Bel déjà, on note de véritables « mouvements » de baillis et de sénéchaux qui
montrent bien ce qu'est alors une carrière. Les fils
de la noblesse y trouvent parfois dans le service du
roi le moyen de compenser l'effondrement de la
rente seigneuriale. En d'autres directions, ce sont les
études juridiques qui donnent accès au service public
et à ses parallèles ; au reste, on passe de l'un à
l'autre, et l'avocat qui devient juge n'étonne personne.

De telles perspectives sont propres à précipiter vers
les facultés de droit bien des candidats à l'emploi.
Malgré l'ostracisme dont le droit civil continue d'être
frappé à l'Université de Paris par la volonté des tout-
puissants théologiens, c'est ce droit-là qui l'emporte
dans la faveur des étudiants. Les Méridionaux vont à
Toulouse ou à Montpellier, les autres à Orléans pour
une année qui s'insère plus ou moins bien dans le
cursus parisien. Le pape lui-même ratifie implicitement cette vision des choses, embauchant indifférem-
ment dans son administration financière les licenciés
en décret et les licenciés ès lois — canonistes et
civilistes — parce qu'en définitive ce qui compte,
c'est la formation intellectuelle du juriste. Le seul
droit que l'on applique vraiment, c'est la coutume :
le seul, précisément, que l'on n'enseigne dans aucune
faculté.

Pendant que le juriste rêve de la noblesse ou du
chapeau cardinalice qui peuvent être au bout du chemin pour le laïc ou pour le clerc, le prince s'avise
qu'il lui faut disposer de sa propre pépinière d'administrateurs. L'universalisme du XIIIᵉ siècle s'estompe.

On voit moins de maîtres étrangers dans les chaires françaises, moins d'étudiants français à Bologne ou à Padoue.

Le monde de la robe est en train de naître, distinct du monde de l'Église même lorsque le juge est conseiller clerc et lorsque l'avocat finit évêque. Ce monde a tôt fait de développer ses propres solidarités, rivales de celles par lesquelles l'ancienne chevalerie s'est transformée en noblesse. La licence ou le doctorat ouvrent d'autant plus de portes qu'un parent ou un allié assure une place dans l'institution. On voit se dessiner de véritables dynasties du service public. Certes, la transmission des capitaux — donc de la capacité de crédit au roi — facilite la constitution de tels réseaux familiaux dans ce service financier. Les familles de changeurs donnent des familles de receveurs. Les lignages marchands se muent en lignages du Trésor. Ce sont les Coquatrix et les Barbou au début du siècle, les Braque et les Poilevilain au temps des premiers Valois. Mais d'autres dynasties apparaissent parmi les administrateurs et les juges. Deux Flote sont chanceliers, deux Presles avocats du roi, deux Dormans chanceliers cependant qu'un troisième est archevêque.

Lorsque les députés aux états de 1355 mettent comme condition à l'octroi de l'impôt l'élection d'une commission de gouvernement financier, ils ne font que tenter d'institutionnaliser une tendance à la cooptation, à l'élection et à l'autorecrutement qui triomphera lorsque le chancelier de Charles V et les conseillers au Parlement de Charles VI seront très réellement désignés par une élection.

Le jeu des féodaux

Tous ces progrès de la monarchie ne laissent pas d'inquiéter les féodaux, sensibles au poids croissant de l'appareil monarchique dans la vie publique et privée. Les princes territoriaux voient avec déplaisir le bailli royal, leur voisin, se mêler des affaires politiques de leur principauté et le Parlement accepter avec satisfaction l'appel du premier vassal mécontent. Le hobereau du village voit la pratique se détourner quand le juge royal fait prime sur le marché de la chicane. Il voit aussi fondre son bien quand le receveur royal lève sur ces manants une taille qu'à l'évidence ces manants ne paieront pas une deuxième fois à leur seigneur. Sur chaque terre, sur chaque revenu, deux fiscalités dont nettement une de trop.

Tous voient s'écrouler un système politique et social dont la noblesse était le pivot. Les rênes du pouvoir leur échappent, le Conseil royal se peuple de gens de « petit état », le Trésor royal sert rentes et pensions à des officiers dont le dévouement se paie chaque jour en argent et non par un fief héréditaire. Le rachat du service armé — le roi préfère lever de l'argent et embaucher des hommes d'armes soldés — et le financement de la guerre par l'impôt consenti, tout cela bouleverse la vieille vision tripartite de la société, non moins que l'anoblissement de quelques gens de justice et de finances par de simples lettres royales. La prépondérance de ceux qui avaient la guerre pour vocation s'effondre devant le capitaine aux ordres de qui le paie et devant l'arbalétrier gênois qu'on recrute parce qu'il est un technicien et non parce qu'il entre dans le plan divin. En bref, au temps des premiers Valois, le réformisme sera aristo-cratique.

Les premiers craquements se font entendre à la fin du règne de Philippe le Bel. L'hostilité manifestée à Enguerran de Marigny par les princes — et la pen-daison de Marigny en 1315 — n'a pas d'autre raison que la jalousie. Marigny est monté trop haut. Un Charles de Valois accepte très mal qu'un chevalier pauvre venu vingt ans plus tôt de son Vexin nor-mand, riche seulement du nom d'un cousin en place, soit devenu ce qu'un chroniqueur caractérise fort bien en appelant Marigny « le coadjuteur du royaume ».

C'est alors que se constituent les premières ligues féodales. Quelques nobles du Nord — de la Bretagne

à la Picardie — ont en vain tenté une démarche
auprès de Philippe le Bel : ils demandent le respect
de la coutume, lequel inclut évidemment le renoncement à l'impôt. Peu après, des ententes régionales
commencent de se conclure. Les nobles de Bourgogne tiennent une assemblée, choisissent un chef, éla-
borent un règlement interne pour leur travail,
rédigent la liste de leurs griefs. A la fin de 1314, les
nobles de Champagne, ceux du Forez, ceux du Vermandois font de même. Cas particulier, la noblesse
d'Artois se ligue semblablement, mais c'est contre
les exactions de la comtesse Mahaut, non contre celles du roi.

Le risque politique apparaît quand les délégués de
plusieurs ligues se rencontrent. La noblesse de France
ne va-t-elle pas prendre les armes contre le roi ? Il
n'y a pas tellement longtemps que la chose se voyait
en Angleterre, et nul n'a oublié la situation de Jean
sans Terre ou celle de Henri III face à leurs barons
insurgés.

L'échec des ligues féodales n'a en vrai qu'une
cause l'incapacité des barons français à concevoir et
à s'imposer une stratégie d'ensemble. Chacun lutte
pour ses particularismes. Ce n'est pas pour se fondre
dans une organisation de la noblesse du royaume
qu'ils affrontent un pouvoir royal désireux de niveler
la féodalité. Les différents mouvements se déclen-
chent donc les uns après les autres, ce qui permet au
gouvernement royal de négocier successivement les
« chartes » qui sont autant de promesses illusoires,
destinées à calmer pour un temps l'ardeur des féodaux.

Les nobles ont également oublié de tenir compte
d'une force économique en quoi ils n'arrivent pas
encore à voir une force politique : ils ont totalement
laissé les villes à l'écart du mouvement.

Il restera de ces ligues féodales quelques chartes
appelées à servir pendant deux siècles de référence à
bien des revendications réformistes. La « Charte aux
Normands » sera encore invoquée au temps de

Louis XI. Respect de la coutume et en particulier des droits du seigneur justicier, retour à la bonne monnaie de Saint Louis, consentement à l'impôt par les états, autant de promesses que la monarchie ne pourra tenir et qui donneront surtout une monnaie d'échange dans nombre de marchandages financiers. L'équation est posée dès ce moment-là dans les termes qui régiront toutes les négociations du siècle : l'impôt contre la bonne monnaie, entendons la forte monnaie, celle qui sert l'intérêt des seigneurs, des propriétaires et des rentiers dont les créances ne sauraient suivre l'inflation.

On n'entendra plus guère parler de la petite noblesse mécontente. La guerre va l'occuper. Dûment soldé, le hobereau devient homme d'armes. S'il sait y faire, il est capitaine, c'est-à-dire entrepreneur. Paie régulière, pillages fréquents et rançons occasionnelles valent mieux que des prérogatives battues en brèche et des rentes qui fondent. L'armée royale rend singulièrement caduques les préoccupations du chevalier contemporain de Louis X. Quant à l'entrée de nouveaux venus dans la noblesse, l'aristocratie militaire s'accommode assez bien de la voir contrôlée par le pouvoir royal. Passé le temps des derniers Capétiens, il n'est plus guère question d'accéder patiemment à la noblesse à force de vivre noblement et d'en afficher les apparences. Il y faut de bonnes lettres patentes, bien enregistrées. Le principe selon lequel toute noblesse vient du roi n'est qu'un abus ; ceux qui cherchent à protéger leur corps social s'en trouvent bien.

Les grands barons, en revanche, ne sont nullement prêts à se fondre dans une France monarchique. Leurs relations politiques sont toujours gouvernées par le lien contractuel, par le libre choix du seigneur et de son vassal, par la réciprocité des obligations de fidélité et de protection. On ne comprend rien à l'attitude d'un Geoffroy d'Harcourt ou d'un Jean de Grailly, par exemple, si l'on veut en traiter dans le cadre de l'état et en termes de trahison. Les grands

barons normands comme Harcourt ont leur patrimoine
à cheval sur la Manche, et se sentent vassaux du
Plantagenêt autant que du Capétien ou du Valois.
Que le comte d'Évreux Charles le Mauvais soit par
ailleurs roi de Navarre ne fait qu'ajouter à cette
indépendance. A partir du moment où Édouard III se
pose en héritier de la Couronne de France, il s'agit
tout simplement, pour ces barons, de choisir lequel
des concurrents ils considéreront comme leur roi de
France. Si une telle alternative ne les gêne que fort
peu, c'est qu'un atavisme de relations contractuelles
les y aide. Dans la cérémonie de l'hommage qui crée
le lien vassalique, le vassal s'engage tout aussi librement que le seigneur.

Dans la réalité quotidienne de la vie politique, ces
grands féodaux comprennent leurs relations comme
des alliances. On est du côté du Valois ou l'on est
contre lui, mais les deux positions sont honorables.
Jean le Bon verra de tout côté la trahison. Harcourt
ne la voit pas, non plus que le captal de Buch Jean
de Grailly qui, entre son seigneur le prince d'Aquitaine et son suzerain le roi de France, fait le choix
que lui inspire la nature des choses et l'intérêt de
son lignage : il est du côté du Prince Noir. Ce choix
contredit peut-être dans les faits celui que font les
princes du Midi, un Arnaud-Amanieu d'Albret ou un
Jean d'Armagnac, par exemple, qui jouent l'alliance
du suzerain lointain contre l'autorité trop proche du
prince d'Aquitaine : l'administration du prince
d'Aquitaine s'inspire plus des prétentions d'une
monarchie que des réciprocités du contrat vassalique.
Mais les principes, le choix d'Albret ou d'Armagnac
est le même que celui de Grailly. Un grand baron
choisit ses alliances, puisque c'est d'elles que dépend
sa sécurité.

Bien différent est le cas des princes territoriaux
que les affrontements au sein même de leur grand
fief contraignent à chercher l'alliance du roi de
France ou, au contraire, des alliances étrangères pour
faire pièce à ses adversaires parmi lesquels s'inscrit

L'HÉRITAGE D'ARTOIS

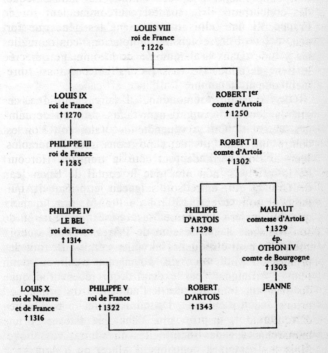

LOUIS VIII
roi de France
† 1226

LOUIS IX
roi de France
† 1270

ROBERT Iᵉʳ
comte d'Artois
† 1250

PHILIPPE III
roi de France
† 1285

ROBERT II
comte d'Artois
† 1302

PHILIPPE IV
LE BEL
roi de France
† 1314

PHILIPPE
D'ARTOIS
† 1298

MAHAUT
comtesse d'Artois
† 1329
ép.
OTHON IV
comte de Bourgogne
† 1303

LOUIS X
roi de Navarre
et de France
† 1316

PHILIPPE V
roi de France
† 1322

ROBERT
D'ARTOIS
† 1343

JEANNE

le roi parce que celui-ci, lui aussi, a le droit de choisir le parti qu'il soutient. Le comte de Flandre est de ces feudataires. Contre Philippe le Bel, Guy de Dampierre et son fils Robert de Béthune ont lié leur cause au parti populaire dressé contre les « léliaerts » fidèles au Capétiens. Face à un pays insurgé, le comte Louis de Nevers préfère, en 1328, appeler au secours son seigneur le roi de France. Il joue du ressort vassalique — le roi lui doit assistance — et Philippe VI de Valois est bien à Cassel le suzerain qui remet de l'ordre dans sa mouvance, mais ce n'est pas parce que vassal que le comte de Flandre a choisi ce parti : c'est parce que l'alliance des couronnes lui apparaît comme l'alliance efficace.

Robert d'Artois est conduit à l'autre choix. Dressé contre sa tante Mahaut, il trouve dans le parti de celle-ci un roi dont il a cependant soutenu en 1328 la cause et qui l'a fait pair de France pour le récompenser. Fils d'un Philippe d'Artois mort trop tôt en 1298 pour succéder à son père Robert II, le neveu de Saint Louis, ce Robert qui devrait être Robert III s'est vu préférer en 1302 sa tante Mahaut, qu'un jugement de la Cour des pairs a confirmée seize ans plus tard dans sa possession de l'Artois. Nulle question de masculinité en l'affaire : le tout est de savoir qui passe en premier du puîné survivant ou des enfants de l'aîné. C'est le droit de représentation qui est en cause, ce droit que les coutumes traitent chacune de façon différente. On en a beaucoup parlé, un siècle plus tôt, à propos d'Arthur de Bretagne, le neveu de Jean sans Terre.

Robert d'Artois a contribué à placer le Valois sur le trône : il se croit des droits. Aide contre protection, c'est le vieil échange vassalique. Pour l'évincé de 1302, le nouveau roi représente une chance. Et Robert est fondé à penser que le choix dynastique de 1328 contredit une succession féminine dans un apanage démembré du domaine royal. Même en Artois, peut-il penser, « les lis ne filent pas ». Le duc d'Alençon, frère du roi, et le duc de Bretagne partagent ce sentiment. Un parti de Robert se constitue. Il était temps : Mahaut meurt en 1329. La sentence de la Cour sera facile à exécuter. En attendant, le roi séquestre l'Artois.

Pourquoi faut-il que Robert aille trop loin ? Il présente des preuves écrites de la volonté manifestée par le feu comte Robert II en faveur de son petit-fils : des pièces que vient de forger la faussaire Jeanne de Division. En décembre 1330, les experts décèlent le faux. Le scandale fait perdre à Robert tous ses amis ; seule, une fuite hâtive le sauve d'un procès criminel, cependant que Jeanne de Division monte sur le bûcher. Le triomphateur, c'est le duc Eudes de Bourgogne, époux d'une petite-fille de Mahaut. La Cour des pairs déboute Robert d'Artois. On le retrouvera en Brabant.

En 1334, Robert est en Angleterre, tout prêt à changer de roi puisque son seigneur le roi de France ne lui a pas «fait justice». Et de menacer : «Par moi a été roi, par moi en sera démis.»

Le jeu des alliances est plus simple en Bretagne, où la succession du duc Jean III s'ouvre en 1341 dans la confusion. La seule chose sûre est que le Valois est impopulaire, car tout le monde sait qu'il a cherché à profiter de la situation pour mettre la main sur le duché : Jean III de Bretagne, en effet, ne laisse pour enfants que des bâtards. Deux prétendants s'affrontent aussitôt : Jeanne de Penthièvre, fille d'un frère de Jean III mort depuis dix ans, et Jean de Montfort, demi-frère puîné du même Jean III. Penthièvre était l'aîné des deux, et la coutume de Bretagne admet fort bien la représentation. Philippe VI a déjà, de surcroît, réussi à marier l'héritière à son neveu Charles de Blois. Sans s'embarrasser du paradoxe, il prend donc le parti de sa nouvelle nièce : ce qui est bon pour la Couronne de France ne l'est pas pour les grands fiefs.

Jean de Montfort a cependant pour lui les Bretons. Il occupe les places fortes. Puis il offre son hommage au seul roi qui puisse lui garantir une protec-

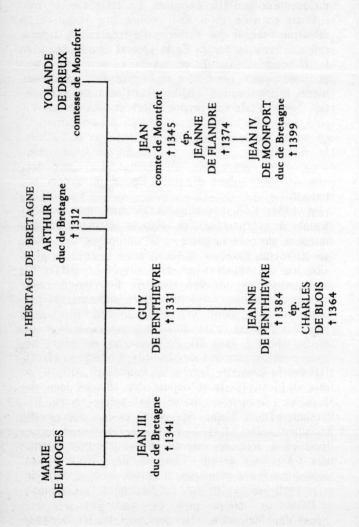

L'HÉRITAGE DE BRETAGNE

MARIE DE LIMOGES — ARTHUR II duc de Bretagne † 1312 — YOLANDE DE DREUX comtesse de Montfort

JEAN III duc de Bretagne † 1341

GUY DE PENTHIÈVRE † 1331

JEAN comte de Montfort † 1345 ép. JEANNE DE FLANDRE † 1374

JEANNE DE PENTHIÈVRE † 1384 ép. CHARLES DE BLOIS † 1364

JEAN IV DE MONFORT duc de Bretagne † 1399

tion. Le Valois tenant pour Blois et Penthièvre, Jean de Montfort va mettre à Windsor ses mains dans les mains d'Édouard III.

C'est en vain qu'il fait ensuite une tentative en direction de Philippe VI. Il accepte même de comparaître à Paris devant la Cour. Quand il voit qu'on va le condamner, il décampe. Dans la forme, tout pourrait passer pour une affaire de fief et d'hommage. En réalité, il s'agit bien de l'affrontement politique de deux blocs cimentés par des alliances.

La guerre

La guerre s'est ouverte officiellement lorsque à la Toussaint de 1337 l'évêque de Lincoln est arrivé à Paris, porteur d'un défi en bonne forme. Édouard III reniait son hommage, mettait en doute le droit des Valois à la Couronne de France et annonçait son intention de faire la guerre à « Philippe de Valois qui se dit roi de France ». Déjà, il avait amorcé sa pression sur la Flandre industrielle en suspendant les exportations de laine anglaise. Et les opérations de s'engager sur mer — la flotte française tenait le passage — aussi bien qu'en Flandre où une armée anglaise vint en 1339 faire une démonstration qui tourna vite à la confusion. Édouard III ne trouva pas là les alliés qu'il espérait. L'empereur Louis de Bavière, en particulier, tint assez mal ses engagements. Et l'Anglais ne parvint pas à accrocher des Français peu soucieux de s'aventurer vers le Nord.

Seule, l'insurrection flamande servait les intérêts du Plantagenêt. Minées par la crise des structures de production, touchées par les difficultés d'importation des laines, les grandes villes connaissaient le chômage. Le cri des artisans insurgés à Gand en janvier 1338 est significatif : « Travail ! Liberté ! »

Gand se donna un chef, le patricien Jacques Van Artevelde. Ni démagogue ni aventurier, Artevelde était un homme d'affaires qui savait bien que la ruine de l'économie drapière allait emporter riches et pauvres. Il coordonna l'action des villes insurgées. Il prôna l'alliance anglaise. Comme en 1328, le comté de Flandre n'avait plus qu'à appeler au secours son seigneur le roi de France. Mais Philippe VI, en 1339, estima qu'il avait suffisamment fait pour le comte Louis. Pendant qu'Artevelde et Édouard III échangeaient d'illusoires promesses — ni l'un ni l'autre n'avait les moyens de sa politique — le Valois se gardait d'une vaine chevauchée et préférait attaquer sur mer : il entendait couper Édouard III de ses bases.

Fâcheusement, les Français ne savaient pas ce qu'était une manœuvre navale. Pour bloquer la flotte anglaise dans le bras de mer qui irriguait Bruges — le Zwyn — les amiraux de Philippe VI n'imaginèrent rien de mieux que de muer leur escadre en barricade. Ils ancrèrent leurs navires devant l'Écluse. Amiraux de rencontre, Béhuchet et Quiéret étaient des terriens ; ils refusèrent d'écouter leur collègue le Génois Barbavera qui voulait prendre la mer et attaquer au large.

Il était venu des navires de tous les ports, de Cherbourg à Boulogne. Le Clos des galées de Rouen avait travaillé quarante ans pour créer une flotte royale. Et voici que deux cents navires français étaient pris à l'abordage sous le tir nourri d'archers habiles à sauter d'un pont à l'autre. Pour la première fois, l'arc maniable et rapide l'emportait sur la lourde arbalète dont on vantait à l'entraînement la précision mais dont, au fort de l'action, les combattants français pouvaient déplorer le maniement lent. La défaite de l'Écluse, ce 24 Juin 1340, fit sombrer tout espoir d'intervention française en Grande-Bretagne. Édouard III avait désormais la maîtrise de la mer, et il pouvait en profiter pour jouer la surprise. Plus jamais les Français ne devaient se sentir à l'abri d'un débarquement imprévu quelque part entre Brest et Calais.

Édouard III, cependant, perdait son argent à demeurer en armes sur le continent. Une médiation pontificale facilita la négociation. Une trêve fut conclue le 25 septembre 1340 à Esplechin. Rien n'était réglé.

Lorsqu'elle reprit, la guerre avait changé d'enjeux. L'affaire de Bretagne offrait à la fois une tête de pont à l'Anglais, un théâtre d'opérations aux belligérants et, aux uns et aux autres, l'appui d'une population divisée mais fortement engagée dans le conflit. Dès 1341, le futur Jean le Bon captura Jean de Montfort en occupant Nantes. La femme du prisonnier — qui mourut en 1345 peu après sa libération — prit la tête du mouvement de résistance à la France. Elle s'appelait Jeanne de Flandre. Contre Jeanne de Penthièvre, la « guerre des deux Jeanne » commençait. Elle allait être ponctuée de trêves plus ou moins bien respectées comme celle de Malestroit en janvier 1343, de surprises comme la livraison de Vannes aux Anglais par Olivier de Clisson ou comme la mêlée de la Roche-Derrien où Charles de Blois fut pris en 1347, de coups d'éclat comme le combat des Trente où s'entre-tuèrent en 1351, par goût de la prouesse et pour passer le temps, trente hommes d'armes de la garnison de Ploërmel et trente de la garnison de Josselin.

Montfort disparu, Jeanne de Flandre s'enfonçant dans la folie, Édouard III se constitua tuteur et protecteur du petit Jean IV. Dans l'autre camp, le roi de France avait trop de soucis ailleurs pour s'engager plus avant dans la défense des intérêts de Jeanne de Penthièvre. La guerre de Bretagne n'allait plus être qu'une longue suite d'escarmouches et de sièges où nulle victoire ne pouvait compter pour décisive.

Au traité de Guérande, le 12 avril 1365, Charles V reconnaissait Jean IV comme duc de Bretagne. Il y gagnait que le maître véritable du duché lui prêtât hommage. Il était de surcroît tranquille du côté de la Bretagne, et pouvait se tourner enfin vers la Guyenne.

Pendant que la guerre s'enlisait ainsi en Bretagne, Édouard III n'avait pas négligé de soutenir ses propres prétentions en France même. L'entreprise de Flandre, en 1340, l'avait convaincu que le royaume des fleurs de lis ne se tournait pas spontanément vers lui ; il avait vu Artevelde isolé dans son alliance anglaise, cependant que demeuraient très théoriques, avant de s'effondrer, l'appui brabançon et l'alliance impériale. L'affaire avait mal fini : les Flamands s'étaient insurgés contre Artevelde et, alors qu'il osait offrir à Édouard III le comté de Flandre, l'avaient tué.

L'Anglais se le tint pour dit. Il renonça aux intrigues trop incertaines dans le monde complexe des grandes villes drapantes. Le 12 juillet 1346, il débarqua en Cotentin. Le gros des forces françaises perdait alors son temps, aux ordres du futur Jean le Bon, sur la frontière de Guyenne où les places se gagnaient et se perdaient d'année en année sans grand profit pour quiconque. Pour l'heure, le duc Jean assiégeait Aiguillon, au confluent de la Garonne et du Lot. Fort des positions que lui livrait immédiatement un Geoffroy d'Harcourt trop heureux de se venger des Valois qui lui avaient fait du tort, Édouard III était libre de sillonner la Normandie. Il prit Saint-Lô, entra dans Caen après avoir mis en fuite devant la ville une armée de secours que commandait le connétable Raoul de Brienne, évita prudemment d'aller gaspiller ses forces devant Paris et gagna finalement la Picardie. Il avait assez fait en narguant le Valois et en parcourant impunément la France pendant six semaines. Il gagnait pour en finir l'un des ports du Nord afin d'y rembarquer.

C'est alors que Philippe VI le rattrapa avec une forte armée, et le contraignit à la bataille. Le 26 août 1346, à Crécy, la fatigue et la nervosité des Français, la charge inconsidérée de leur cavalerie, naturellement vulnérable et portée par le souvenir de Cassel à sous-estimer la piétaille en oubliant que les archers anglais étaient des professionnels de la guerre et non des artisans en armes, l'insuffisante organisation d'un commandement incapable de transmettre ses ordres et

de retenir les ardeurs intempestives, tout cela concou-
rut à la catastrophe. Philippe VI sauva sa vie au prix
d'une fuite qu'on allait lui reprocher sévèrement. Son
frère Charles et son fidèle allié le roi de Bohême
Jean de Luxembourg, le comte de Flandre et le duc
de Lorraine étaient parmi les morts.

Les perspectives venaient de changer pour
Édouard III. Calais lui résistait ? Il prit le temps d'un
long siège, pendant lequel Philippe VI n'alla même
pas jusqu'au bout d'une tentative de secours qui
s'arrêta à Sangatte. Le 4 août 1347, Calais se rendait
à merci ; les six bourgeois exigés pour faire un
exemple ne durent la vie sauve qu'à l'intervention de
la reine Philippa de Hainaut. Édouard III chassa tous
les habitants, les remplaça par des Anglais et décida
de conserver Calais. Six ans plus tard, il en faisait
l'étape obligatoire des laines anglaises sur le continent.

Les états généraux furent sévères pour le roi de
France, tout autant que la noblesse. Le contribuable
avait payé cher deux armées qui s'étaient fait battre — à Caen et à Crécy — et une qui ne s'était pas
battue.

Depuis sa première ébauche en 1316, la gabelle du
sel avait évolué : d'abord contrôle d'un marché organisé pour enrayer la spéculation sur une denrée de
première nécessité, elle tournait à l'impôt pur et simple, fondé sur un monopole. Quant à l'impôt de quatre deniers par livre — soit 1,7 % — sur les
transactions, il tendait à se perpétuer hors des conditions cependant strictes de sa naissance : le financement d'une armée pour une campagne déterminée. La
crise inflationniste, cependant, s'aggravait, et l'opinion ne dissociait guère charge fiscale et coût économique des dévaluations.

Les états généraux de 1343 — les premiers états
véritables — avaient déjà obtenu le renforcement de
la monnaie et la mise au pas des officiers de finance
trop avides. Plus exigeants quant à la réforme — le
mot reparaît alors en bonne place dans le vocabulaire

politique — ont été les états de février 1346, réunis
à Paris pour la Langue d'oïl et à Toulouse pour la
Langue d'oc. Philippe VI a dû, pour obtenir les
moyens de son gouvernement et de sa défense, sacrifier une partie de ses conseillers financiers, et notamment Jean Poilevilain et Pierre des Essarts. Une
commission de trois clercs — les abbés de Saint-Denis, Marmoutier et Corbie — qualifiés de « généraux
députés » s'est vue chargée de réorganiser l'administration centrale et de remettre en ordre la gestion
financière, autrement dit de lutter contre la dilapidation des fonds provenant de l'impôt. De ce mouvement date, outre un éphémère contrôle de l'ordonnan-
cement, une séparation définitive des fonctions de
gouvernement financier et d'apurement comptable :
l'un au Conseil royal, l'autre à la Chambre des
comptes.

Les états ont assaini les finances. Ils n'ont pas
doté l'armée royale des stratèges qui ont à l'évidence
manqué à Crécy. La session de novembre 1347 fut
orageuse. Philippe VI se contenta de gagner du
temps.

C'est alors que frappa la Peste noire. En paraly-
sant toute perception de l'impôt octroyé pour la
guerre, elle allait perpétuer le conflit larvé sur le
front de 1347 : les Français humiliés et les Anglais
dans une impasse. La prise de Calais ne résolvait
rien.

La papauté d'Avignon

Élu pape en 1305 alors qu'archevêque de Bordeaux
il se trouvait naturellement en France, Clément V
n'avait pas choisi délibérément de demeurer en deçà
des Alpes. On l'avait d'abord vu, errant avec sa
petite cour à travers l'Aquitaine et le Languedoc.
Parce que le concile était convoqué à Vienne, il
s'était fixé à Avignon, donc en terre d'empire et aux
portes de la France, à deux pas de la seigneurie pontificale du Comtat venaissin. Clément VI ne devait

acheter Avignon aux Angevins de Provence qu'en 1348.

Nul n'avait donc jamais dit que la « Cour de Rome » ne reviendrait pas à Rome. Mais elle resta à Avignon. Les troubles incessants dont souffraient la Ville et l'état pontifical suffisaient à dissuader le pape et son entourage d'un retour prématuré. A vrai dire, à mesure que la papauté se faisait plus française, l'idée du retour à Rome cheminait plus difficilement.

Les papes français se succédèrent. Jacques Duèse, de Cahors, fut de 1316 à 1334 le pape Jean XXII, le véritable créateur de cette machine politique et financière qu'allait être la Curie. L'austère cistercien Jacques Fournier lui succéda en 1334 : Benoît XII fut le pape d'une profonde réforme ecclésiastique, de la mise au pas des franciscains, d'un développement universitaire conçu comme l'une des voies naturelles de l'universalisme ecclésial. Le fastueux Clément VI — l'ancien archevêque de Rouen Pierre Roger, naguère conseiller du roi de France — eut de 1342 à 1352 la charge de traverser la tourmente : ferme et courageux, il fit face à la Peste noire comme aux menaces antisémites des « flagellants ». Le Limousin Étienne Aubert lui succéda, de 1352 à 1362, sous le nom d'Innocent VI. Il reprit la lutte contre les déviations doctrinales et morales des « Spirituels » de l'ordre franciscain, et plus généralement contre les prétentions des religieux. Forcé d'intervenir dans les affaires italiennes, il acheva d'y ruiner la papauté, malgré l'énergie et l'habileté de son légat Gilles Albornoz, qui se montra capable de neutraliser un temps la plupart des podestats italiens.

Guillaume Grimoard régna ensuite, de 1362 à 1370, sous le nom d'Urbain V. Simple, pieux, grand travailleur et administrateur efficace, c'était un diplomate avisé et un fin lettré. Pétrarque en chanta les vertus. Mais Urbain V gardait des illusions quant à l'attitude des Romains. Le 16 octobre 1367, il faisait son entrée dans la Ville Éternelle. Un an plus tard, il y recevait l'empereur Charles IV de Luxembourg.

Mais le séjour romain n'avait pas cessé d'être semé
d'embûches. Les tumultes se succédaient. Urbain V
revint mourir en Avignon.

Grégoire XI n'en reprit pas moins le projet du
retour à Rome. Élu en 1370, Pierre Roger était le
neveu de Clément VI. Il avait la réputation d'une
tête politique, d'un savant, d'un sage. Mais il
s'épuisa en d'innombrables combats pour faire reconnaître son magistère en matière de dogme, son autorité quant à la discipline et son arbitrage en faveur
de la paix des princes, tant en France qu'en Espagne
ou dans l'Empire. Et c'est dans une Italie plus trou-
blée que jamais qu'il ramena à son tour, en janvier 1377, le Siège apostolique.

Pour français qu'ils soient, les papes d'Avignon ne
sont pas en tout les exécuteurs dociles de la volonté
des Valois. Benoît XII ne se prive pas d'adopter des
positions résolument hostiles à la politique menée par
la cour de France. Les arbitrages politiques des papes
français sont cependant, en bien des cas, quant au
fond et quant à l'opportunité, favorables à la royauté
des fleurs de lis. Celle-ci a aussi sa part d'une fiscalité pontificale alors à l'apogée de son développement. Il est vrai que les papes d'Avignon ont
quelque intérêt à soutenir ceux avec qui ils ont partie
liée en Italie contre les champions de l'autorité impériale. Tant qu'il y a des Angevins à Naples, Guelfe
et Français riment pour quiconque a des intérêts dans
la Péninsule.

L'installation de la Curie sur les bords du Rhône
met en outre à la portée des clercs français — et en
premier lieu des gradués universitaires — les fonctions sans cesse plus nombreuses et convenablement
rémunérées que fait naître la centralisation de
l'Église. Les maîtres de la Sorbonne et les juristes de
Montpellier en tête, les clercs du royaume reçoivent
les cures, les prébendes, voire les évêchés que le
maintien à Rome du Siège apostolique aurait réservés
à des Italiens. Conseillers et agents du roi de France
ont évidemment leur part à cette manne.

Pendant que la France profite de la papauté, le mécontentement croît au-delà des Alpes. Vexation et préjudice matériel s'additionnent. On parle de la « déportation à Babylone ». On pleure les bénéfices perdus. Le temps n'est plus où un Italien comme Gilles Colonna pouvait être, au début du siècle, archevêque de Bourges. Plus que tous autres, les Romains voient la papauté leur échapper. Leur colère favorisera, à la mort de Grégoire XI en 1378, la crise originelle du Grand Schisme d'Occident.

C'est une vaste construction administrative qui naît en effet après 1320, prenant le relais de la construction politique — l'augustinisme d'un Boniface VIII — effondrée sous les coups de Philippe le Bel et de ses légistes. Le pape se réserve la collation d'un nombre accru de bénéfices. Il se réserve même le revenu des bénéfices vacants, et va jusqu'à laisser certains bénéfices vacants à cette fin. La décime devient régulière, et le pape trouve normal d'en partager le produit avec des princes qui n'ont même plus à parler de la Croisade pour y avoir part. Les annates se généralisent : un an de revenu net dû par chaque bénéfice à chaque provision. Enfin, le pape se réserve les procurations, ces indemnités journalières ordinairement versées par le clergé aux évêques et archidiacres à l'occasion de leurs visites pastorales. Très vite, les prélats réduiront leurs visites, et la vie cultuelle en souffrira.

Le réseau des collecteurs pontificaux s'étend sur toute l'Europe. Le mouvement des fonds de la Chambre apostolique — le ministère des finances du pape — engendre un véritable réseau bancaire auquel participent les plus grandes compagnies toscanes. A Avignon, la Chambre, le Trésor, la Chancellerie, la Pénitencerie et les divers tribunaux temporels et spirituels occupent de cinq à six cents fonctionnaires : trois fois plus qu'à Rome au siècle précédent. Les « livrées » des cardinaux se peuplent d'un bon millier de serviteurs en tout genre, du queux et du palefrenier au secrétaire frotté d'humanisme. Clercs ou non, les neveux mènent grand train. Courtisans, clients et quémandeurs se pressent à l'ombre du pouvoir.

Avignon est une capitale. Venant de la Bourgogne autant que du Languedoc, de la Lorraine comme du Dauphiné, sa population ne cesse de se renouveler. Du cardinal au notaire et du neveu du pape au neveu du gouverneur, il y a là toute une clientèle à haut pouvoir d'achat qui définit un marché de consommation original, où affluent le vin de Beaune et celui de Rivesaltes, le sel de Peccaïs et celui d'Hyères, les fromages de Savoie et ceux de Majorque, les poissons des viviers bressans et ceux du lac Léman, les draps écarlates de Malines et les draps d'or de Lucques, les peaux d'hermines et celles de menu vair. Avignon devient une place de règlements financiers. C'est aussi le rendez-vous des aventuriers, et Pétrarque dénonce à l'envi dans la nouvelle Babylone une « sentine des vices ».

Ancien évêque d'Avignon, Jean XXII s'est tout naturellement contenté du palais des évêques. Abandonnant pour un temps l'idée d'un retour à Rome, Benoît XII entreprend en 1335 de doter la papauté d'un moyen de gouvernement : un rude palais, à la fois monastère et forteresse, articulé autour de la tour des Anges. S'y établissent en même temps la résidence pontificale, les coffres du Trésor et les armoires d'une bibliothèque déjà considérable. Clément VI, enfin, fait du palais l'instrument du prestige pontifical : les peintures champêtres de la chambre du Cerf suffisent à témoigner d'un nouvel art de vivre à la Curie. Avec ses vastes salles pour les audiences et les consistoires, ce palais nouveau achevé en 1352 manifeste la réinsertion de la papauté dans le concert des princes temporels.

C'est encore Clément VI qui organise à la cour pontificale la rencontre permanente de l'élite européenne. Il charge un artiste de Viterbe, Matteo di Giovanetti, de peindre à fresque les chapelles Saint-Martial et Saint-Jean, puis la Grande Audience, pendant que le Siennois Simone Martini travaille au décor de Notre-Dame-des-Doms. La polyphonie développe alors ses premières architectures sonores. Les lettrés italiens et leurs émules français trouvent en Avignon un relais comme naturel. On voit chez un cardinal l'humaniste Pierre Bersuire, qui traduit Tite Live pour le compte de Jean le Bon, et Clément VI charge Pétrarque de rechercher les œuvres de Cicéron afin d'en obtenir des copies.

Les cardinaux rivalisent avec le pape pour le faste de leurs livrées et l'ordonnance de leurs chapelles. La beauté des offices est un élément du train de vie. On fait venir des choristes formés dans les écoles musicales du Nord, à Reims, à Liège, à Bruges, à Amiens...

La Peste noire

Avec l'arrivée de la Peste noire, toutes les activités se brisent, tout s'interrompt, tout passe au second plan. En 1348, l'épidémie frappe l'Occident, et l'on a autre chose en tête, pendant l'hécatombe, que la guerre, la réforme de l'État, la crise seigneuriale, la mévente des draps écarlates ou les balbutiements de la polyphonie. Il s'agit de survivre d'abord, de garder la raison ensuite.

Depuis plusieurs siècles, la peste n'est plus qu'un souvenir historique, voire un mal exotique. La France l'a quelque peu oubliée depuis les temps mérovingiens. L'Europe orientale l'a vue en dernier lieu, et c'était avant le temps de la première croisade. On meurt de la variole, de la rougeole, de la typhoïde, de la dysenterie. Le fléau social par excellence, c'est la lèpre, et des milliers de léproseries — deux mille pour le royaume de France — maintiennent les malades hors de la société afin de limiter la contagion et d'aider les bien-portants à n'y pas trop penser. Peut-être la lèpre commence-t-elle de régresser, tout comme s'espacent les quasi épidémies d'intoxications par l'ergot de seigle que les contemporains qualifient de « feu », de « feu de saint Antoine » ou de « mal des ardents ».

Et voici que, venue d'Asie centrale et apportée dans les ports occidentaux par des navires italiens qui l'ont rencontrée en Crimée, la peste frappe à la fois, dans les derniers jours de 1347, Messine et Venise, Gênes et Marseille, Barcelone et Majorque. Elle trouve un terrain de choix dans cette France où trois récoltes pourries viennent d'amenuiser les réserves, d'enchérir les prix alimentaires, de multiplier les disettes et d'aggraver surtout la malnutrition chronique. Terrain de choix que cette population affaiblie : on verra s'y développer très vite cette forme de peste à propagation rapide qu'est la peste pulmonaire.

Au printemps de 1348, l'épidémie s'étend à l'intérieur du pays. La Provence et le Languedoc sont touchés. Il y a huit survivants sur cent quarante frères dans le couvent des dominicains de Montpellier. Chez les cordeliers de Marseille et chez ceux de Carcassonne, on ne compte pas un seul survivant. La Bourgogne et l'Aquitaine sont atteintes au début de l'été. A Givry, en Bourgogne, on enregistre onze morts en juillet, cent dix en août, trois cent deux en septembre. Au fort de l'été, la peste est en Bretagne, en Normandie. Elle contourne d'abord Paris par le nord, puis frappe la capitale en août. L'hiver ralentit la marche de l'épidémie alors qu'elle ravage la Picardie, la Champagne, la Flandre. Mais, déjà, elle s'essouffle dans le Midi. L'année 1349 verra la Peste noire disparaître de France.

L'un dans l'autre, avec des différences qui vont du désert au village épargné, le royaume a perdu un habitant sur trois. Et le plus grave, cependant, est à venir : pendant un siècle, la peste ne va plus cesser de reparaître et d'ajouter ses effets directs à la répercussion complexe, aux générations suivantes, des premières mortalités. Les enfants morts en 1348 sont autant de parents en moins dans les années 1360, alors que survient la peste de 1361 qui tue à l'âge adulte les enfants survivants de la Peste noire et qui anéantit la trop rare génération des petits-enfants. Il n'est ni ville ni village qui ne voie, une fois ou deux par génération, reparaître les bubons tant redoutés.

Dans un monde où la croissance démographique s'établit maintenant à moins de un pour cent, où les villes ne vivent que de l'exode rural et où l'espace occupé se restreint dans les campagnes, de tels accidents tournent à la catastrophe.

Amorcée bien avant la Peste noire, la flambée des salaires traduit immédiatement en un autre drame ce dépeuplement de la France. Les plus touchés sont les salaires urbains, car les patrons haussent leur offre pour ne pas risquer la sous-production. La demande reste forte, en effet, sur le marché de la consommation urbaine. Après le fléau, la clientèle s'est vite reconstituée. Les places ne restent vides qu'en bas de l'échelle sociale. La crise n'est pas moindre à la campagne, où elle porte un ultime coup à une économie seigneuriale déjà disloquée : comment embaucher des ouvriers agricoles à haut prix pour exploiter la réserve ? Il en résultera l'accélération du lotissement des réserves, la multiplication de ces baux à ferme ou à métayage qui font la fortune du paysan aisé, de celui qui peut investir en temps, en bras et en semence. Mais ceci signifie la fin de la complémentarité des tenures et de la réserve : la fin de ce qui faisait l'unité de la seigneurie. Répondant aux besoins et aux capacités de l'économie du haut Moyen Age, elle s'accorde de moins en moins à celle du XIVe siècle.

Le gouvernement royal voudrait bien bloquer les migrations de main-d'œuvre et la hausse des salaires ; à tout le moins s'efforce-t-il de les contrôler. Les deux ordonnances de 1351 et 1354 n'ont malheureusement qu'un succès limité : la complicité des employeurs et des candidats à l'embauche ruine toute réglementation.

Les salaires triplent donc en trois ans. Les pouvoirs publics doivent même renoncer à empêcher que les contrats soient stipulés en monnaie réelle, autrement dit en une quantité connue de métal précieux : acceptée en 1343 pour les loyers, la pratique est étendue après la Peste noire par les ordonnances de Jean le Bon. Et il est vain de compter, comme le fait le gouvernement royal, sur les ordres mendiants pour une lutte contre l'oisiveté qui a surtout pour objet de mettre au travail ceux qui vivent d'aumône ou de rapine.

Est-ce l'âge d'or du salarié ? Pour une part, oui. Mais il est éphémère. Le coût de la vie suit les salaires. Soucieux de n'être pas débordés par leur main-d'œuvre, les patrons durcissent un corporatisme dont l'un des objets sera finalement de multiplier les obstacles devant la promotion sociale des compagnons.

Le seul effet provisoirement heureux de la crise est peut-être le ralentissement de la longue baisse des prix céréaliers. Le progrès de la friche, qui résulte du dépeuplement des campagnes, évite la surproduction qui eût été la conséquence naturelle de la dépression démographique. Une moindre production va soutenir les cours pendant le temps d'une génération ; ce répit ne fera qu'aggraver, après 1375, l'effondrement du revenu rural et la désertion des campagnes les moins fertiles. Dans la mesure où les mieux lotis éviteront la ruine et pourront profiter de celle des autres, des clivages sociaux iront s'élargissant au sein de la paysannerie. Ils prépareront les bonnes affaires du temps de la reconstruction, quand les mieux pourvus sauront profiter avant les autres de la terre libre. Pour l'heure, Jacques Bonhomme qui survit à la Peste noire ignore ce qu'il sera à l'époque de Charles VII. Il voit que le prix du blé continue de stagner, que l'outil est plus cher et qu'on ne trouve plus de valets. La Jacquerie est au bout de ces simples constatations.

Le bouleversement des esprits n'est pas moins perceptible que celui de l'économie. Une chose est de mourir, une autre est de supporter la vue quotidienne de l'entassement des cadavres pour lesquels on ne trouve plus de fossoyeurs après que les anciens sont morts. Un mort n'étonne pas, mais on n'a pas l'habitude de voir les pouvoirs publics ouvrir de nouveaux charniers parce que les cimetières normaux débordent.

Les hommes ont, en ces semaines où déferle la Peste noire, perdu bien des illusions. Les riches se sont réfugiés dans leurs manoirs ruraux, afin d'y mourir un peu moins. Les clercs se sont claquemurés dans leurs maisons en se gardant bien de penser que l'on pouvait avoir besoin d'eux. Franciscains, dominicains et carmes s'entendent à le répéter après l'alerte : on a peu vu les curés au chevet des mourants. Il est vrai que la Peste a moins frappé les chanoines que les cordeliers, et plus souvent épargné les avocats que les artisans. Il n'empêche que l'évêque de Paris est parmi les morts.

Certains ont réagi en cherchant à oublier. Boccace peint dans le *Decameron* l'attitude de ces beaux esprits qui savent la vanité des ordonnances médicales et préfèrent disserter en bonne compagnie dans l'attente du pire ou du mieux. Un tel stoïcisme est l'exception, exception peut-être construite après coup. Plus nombreux sont assurément ceux qui cherchent à faire quelque chose. Les villes louent des médecins à prix d'or. Les charlatans et les sorciers de village font fortune. On se repasse la recette des pilules miraculeuses et celle de la fumigation qui sauve.

Il faut des coupables, que l'on trouve aisément : les Juifs ont empoisonné les puits. Vainement certains font-ils observer que la Peste frappe également Israélites et Chrétiens, cependant que Clément VI, qui a refusé de quitter Avignon en plein péril, fulmine le 4 juillet 1348 l'excommunication contre les Chrétiens qui molesteraient des Juifs. Le seul avantage que trouvent les malheureux à l'attitude du pape est que bien des Juifs de Provence trouvent dans le Comtat venaissin un refuge où beaucoup se fixeront.

Spontanée dans nombre de villes et villages de Provence, de Savoie, de Dauphiné, la violence est organisée en Alsace, où les délégués des villes s'unissent pour ordonner le génocide alors que nul n'a encore vu la Peste en Alsace.

Les Juifs ont été expulsés du royaume de France en 1306, puis en 1322, et ils n'y sont revenus que de manière sporadique. Leur présence n'est donc pas telle qu'un mouvement puisse à nouveau les prendre pour victimes. Les autres marginaux porteront donc la responsabilité de la peste, les lépreux aussi bien que les mendiants. Nul ne renonce toutefois à l'idée qu'une telle catastrophe procède d'un complot.

La colère de Dieu passée, certains esprits s'échauffent. Dans l'été de 1349, des groupes d'exaltés sillonnent l'Allemagne et la France du nord-est. Pour mieux participer à la Passion du Christ, ils se lacèrent le corps à coups de lanières ferrées. On les appelle les « batteurs ». Plus tard, on dira les « flagellants ». Rien d'étonnant, au premier abord, à cette pénitence par la mortification physique, qui s'inscrit dans l'ancienne tradition de bien des ascèses, notamment celles des monachismes primitifs, des orientaux comme des irlandais. Ce qui inquiète cependant les responsables politiques, c'est l'irruption d'un mouvement de masse, et c'est la volonté de situer les relations avec Dieu hors du cadre ecclésial. Le clergé le sent bien, qui cède à contre cœur et ouvre ses églises aux batteurs pour éviter le pire : la désaffection des fidèles ou l'affrontement des violences.

L'hostilité des princes est immédiate : ils voient le désordre public. Celle de Clément VI ne l'est pas moins : l'Église hiérarchique est menacée, et le pape craint les séquelles antisémites de l'excitation. Quant à la Sorbonne, elle dénonce l'hérésie des propos et des pratiques. Tout cela ne saurait cependant avoir raison des Flagellants. La fatigue, seule, les fera rentrer chez eux.

Une mystique plus profonde trouve alors ses droits, conséquence d'une réflexion eschatologique à laquelle l'intrusion d'une mort nouvelle, d'une mort hideuse, donne l'impulsion fondamentale. Dans les esprits comme dans l'art, la Mort à la faux prend la place du diable et de son enfer. Flagellation du Christ, Chemin de Croix, *Pietà* sont les thèmes à la mode, qui reflètent une piété nouvelle, souvent organisée en ces confréries qui sont à la fois, en marge des institutions ecclésiastiques mais contrôlées par elles, des groupes de prière et des organismes mutuels de secours spirituel et temporel. La confrérie offre ce dont on a si souvent manqué dans les semaines de la Peste noire : une foi mieux vécue et une assurance de soins et de sépulture.

Les erreurs du roi Jean

Philippe VI s'est éteint le 22 août 1350. Malgré ce que les uns pouvaient craindre et les autres espérer, son fils Jean le Bon devient roi sans que quiconque y trouve à redire. La propagande politique du Valois a porté ses fruits, et l'on a presque oublié que l'avènement de 1328 procédait d'un choix. Tout au plus le nouveau roi sait-il qu'il lui faut se tenir prêt au combat. Il est vrai que Jean, duc de Normandie, a eu le temps de se faire connaître et de mettre la main sur les rouages du pouvoir. S'appuyant sur les milieux d'affaires dont le consentement détermine le revenu royal, réintroduisant aux postes clés de la gestion financière des exclus de 1347, il mène activement une politique efficace : il a conduit à bonne fin la négociation avec le dauphin Humbert II pour l'achat du dauphiné de Viennois — c'est en 1349 que Charles, fils du duc Jean, devient le premier dauphin de la famille royale — et il veille en Bourgogne sur les intérêts du duc Philippe de Rouvre, un enfant de trois ans qui sera le dernier descendant du fils cadet de Robert le Pieux.

Jean le Bon n'est ni un sot ni un incapable. L'homme est fin, cultivé, amoureux des livres, doué pour la musique. Il a appris à gouverner, et il connaît les embûches du jeu politique : on le voit bien lorsque, pour les neutraliser tous, il fait siéger ensemble à son Conseil les princes et les chefs des grands corps qui constituent la Cour. L'ordre de l'Étoile qu'il fonde en 1351 n'est pas un nostalgique retour vers la chevalerie d'antan mais une nouvelle forme de fidélité, un nouveau lien personnel et exclusif entre le souverain et une élite militaire choisie et disciplinée. Le dauphin Humbert II qui a fondé l'ordre de Sainte-Catherine et le roi Édouard III qui vient de fonder la Jarretière n'ont pas eu d'autre idée : trouver quelque chose pour remplacer une vassalité — engagement personnel à l'origine — que la féodalité a pratiquement dévoyée en donnant la prépondérance au fief matériel. De même Jean le Bon n'est-il nullement la proie de phantasmes quand il voit autour de lui la trahison : plus encore que celui de son père, son règne ne sera qu'une longue série de conspirations, heureusement pour lui mal coordonnées.

Son surnom vante sa générosité, son faste de suzerain prodigue qui sait qu'honorer ses fidèles est un devoir. Mais Jean le Bon est un orgueilleux et un impulsif. Facilement porté à traduire les relations politiques en termes affectifs, il s'emporte face à la résistance. Comme on le sait coléreux et vindicatif, il engendre la méfiance. Aussi maladroit dans le maniement des hommes qu'égoïste dans ses motivations, il multiplie les vexations inutiles et cimente lui-même l'entente des mécontents. Excellent chevalier mais médiocre capitaine, il confond bravoure et stratégie : la prouesse passe avant la manœuvre, et les chevaliers de l'Étoile doivent faire le vœu de ne pas reculer au combat. Dès le premier engagement, en Bretagne, en 1353, c'est le massacre : se regrouper serait rompre le vœu.

Le règne avait commencé par un vilain scandale. Le connétable Raoul de Brienne, pris devant Caen en 1345, venait de regagner la France. Jean le Bon lui fit fête, puis le fit décapiter après un simulacre de jugement. On avait entendu le roi jurer qu'il ne dormirait pas tant que le connétable serait en vie. Nul ne sut le vrai. Complot avec l'Anglais ? Regards coupables sur la reine ? Quand le roi nomma connétable un prince castillan qui passait pour son mignon, Charles d'Espagne, beaucoup pensèrent qu'on avait simplement besoin de la place. Mais les Brienne étaient parents de tous les princes chrétiens, et l'affaire fit autant d'inquiets que de mécontents. Le roi de Navarre en fut lorsque Jean le Bon imagina de donner au nouveau connétable le comté d'Angoulême qu'on lui avait naguère promis pour le dédommager de la succession de Champagne. Le roi Jean crut l'apaiser en lui donnant sa fille en mariage, avec une dot payable par mensualités. Le Navarrais prit la fille à contrecœur, mais ne décoléra pas.

Charles d'Espagne devenait insolent. Il menaça le frère de Charles le Mauvais. Les deux Navarrais le rejoignirent un soir qu'il couchait à l'auberge et le poignardèrent. L'affaire fit beaucoup parler. Les barons normands liés aux Évreux-Navarre, aux Brienne et aux Harcourt hochèrent la tête. Lorsque Jean le Bon envoya une armée contre la Navarre, le comte de Foix se chargea de faire une diversion qui ruina l'entreprise du Valois. Charles de Navarre, cependant, se tournait vers le Prince Noir, le fils aîné d'Édouard III.

Le roi de France était décidé à ne pas se battre à la fois contre l'Anglais et contre le Navarrais. Ce dernier pouvait mettre ses forteresses normandes à la disposition du Plantagenêt. Mieux valait traiter. Ce fut, le 22 février 1354, le traité de Mantes : le Navarrais y gagna une dizaine de belles seigneuries normandes en échange de ses droits sur la Champagne, ce qui ne le priva pas des fidélités qu'il tenait en Champagne de son lignage maternel.

Le duc de Normandie — c'était maintenant le dauphin Charles — devait compter avec la puissance politique renforcée de son cousin d'Évreux-Navarre. Quant au roi de France, obligé d'accueillir à Paris l'assassin de son connétable, il perdait la face. Le traité de Valognes renforça encore, le 10 septembre 1355, la position de Charles le Mauvais, tout en le

dissuadant de poursuivre une tentative à peine cachée
d'alliance anglaise.

A duper tout le monde, le Navarrais ne gagnait pas
que des seigneuries. Il se faisait une réputation de
comploteur qui allait rendre vraisemblable l'intervention du roi Jean à Rouen.

Dans le même temps, Jean le Bon se créait un
ennemi de plus en la personne d'Étienne Marcel. Ce
bourgeois de Paris, prospère et influent, n'avait rien
d'un révolutionnaire. Veuf de la fille d'un échevin, il
avait épousé en secondes noces la fille de Pierre des
Essarts, l'un des plus riches parmi ces financiers
écartés par les états en 1346 et revenus en grâce dès
1347 par la faveur du futur Jean le Bon. Pierre des
Essarts avait simplement dû accepter de payer une
amende considérable : cinquante mille « chaises »
d'or. Lorsqu'il mourut, pendant la Peste noire, les
deux gendres de Pierre des Essarts se séparèrent :
autre financier proche du roi, Robert de Lorris
accepta la succession, cependant qu'Étienne Marcel
la refusait par crainte d'un passif qui pouvait s'alourdir si l'on récupérait au profit du Trésor royal le
produit des opérations douteuses du défunt.

Lorsque Jean le Bon réhabilita Pierre des Essarts,
Étienne Marcel se demanda si son beau-frère n'avait
pas été mieux renseigné que lui. Lorsque le Trésor
versa à ce même Robert de Lorris, à la fin de 1354,
les cinquante mille pièces d'or jadis payées par leur
beau-père, il se jugea trompé. L'année suivante, il
était élu prévôt des marchands de Paris. Pour tout le
monde, c'était un notable qui s'inscrivait dans une
lignée de notables. Sa haine pour les gouvernants qui
l'avaient dupé allait se découvrir à la faveur des circonstances.

Les états convoqués en décembre 1355, alors
qu'on voyait bien l'imminence de la guerre, mirent à
l'octroi d'un impôt des conditions sévères : l'impôt
levé pour la défense devait être affecté à la défense.
C'était raisonnable, comme l'étaient les limites mises
à l'arbitraire des officiers royaux ; mais c'était rappe-

ler que les autres charges de la royauté devaient être supportées par les finances ordinaires, donc par le domaine royal. Tout le monde le savait, c'était chose impossible : la monarchie était mise à genoux.

Les Artésiens avaient été, dix ans plus tôt, les premiers à protester. Ils avaient payé comme les autres habitants du royaume, mais ils avaient vu passer chez eux la chevauchée d'Édouard III, et ils avaient constaté sans plaisir que le roi de France n'avait rien fait pour assurer leur défense. Les villages brûlés à travers l'Artois plaidaient lourdement contre le fisc royal, et Philippe VI avait dû promettre d'affecter dorénavant à la défense de l'Artois ce qui serait levé en Artois pour la défense. L'unité du royaume reculait, mais l'on en avait médiocrement vu le profit en 1346.

Les états de Vermandois et ceux de Normandie avaient déjà, jouant à la fois des chartes de 1315 et des circonstances nouvelles, obtenu la même promesse que ceux d'Artois. Alors que Jean le Bon multipliait habilement, dans les premières années de son règne, les réunions régionales où s'ébauchait une consultation régulière des contribuables, l'idée de contrôler l'utilisation de l'impôt était dans l'air. Les états généraux de 1355 revinrent à l'unité du royaume : il ne s'agissait plus d'affecter à l'Artois ce qui venait de l'Artois mais à la défense du royaume ce qui venait du royaume. C'était oublier un peu vite que l'impôt rentrait mal et que les réticences des contribuables ne visaient pas le roi. Qu'il fût affecté par le roi ou par les états, l'impôt était impopulaire dans chaque village dès lors que celui-ci ne se sentait pas immédiatement menacé et ne se voyait pas défendu. Les députés des états chargés de l'impôt rencontrèrent les mêmes difficultés que connaissaient bien les gens du roi écartés en bloc comme prévaricateurs. Il y eut dans chaque diocèse des « élus » pour gérer la levée et centraliser la recette. Il y eut à Paris des « généraux élus » pour administrer la dépense. Les contribuables ne furent pas dupes.

La noblesse et la bourgeoisie d'affaires s'étaient en effet entendues pour préférer l'impôt sur la consommation — gabelle et taxes sur les transactions — car celui-ci les épargnait. Et chacun voyait bien que tous ces élus coûtaient cher. Les assemblées municipales renâclaient, discutaient le principe même de l'impôt et s'estimaient peu liées par le consentement des états. Il fallut reculer. Les états remplacèrent, en mars, l'impôt sur la consommation par un impôt sur la fortune — capital mobilier et revenu foncier — qui, grâce à un plafonnement, épargnait cependant les plus riches. L'échec n'était pas moins patent. Une réforme du mode de calcul, en mai, ne sauva pas le système. A vouloir gérer les finances publiques, les états n'avaient pas gagné grand-chose. Le roi, lui, avait perdu une part de son pouvoir.

C'est alors que Jean le Bon reçut de Rouen d'étonnantes nouvelles. On cherchait tout simplement à se débarrasser de lui. L'année précédente, ses ambassadeurs chargés de négocier avec l'Anglais étaient prêts à abandonner un tiers de la France à Édouard III, et son Conseil avait délibérément paralysé la réaction royale. Maintenant, à l'instigation d'un entourage politique que dominait l'ambitieux évêque de Laon Robert Le Coq, Charles le Mauvais complotait de remplacer le roi par le dauphin. Le Coq songeait même à faire soutenir l'opération par l'empereur Charles IV de Luxembourg, dont la sœur avait été la mère du dauphin. L'empereur ignorait naturellement le rôle que lui préparait son neveu.

En donnant au futur Charles V le gouvernement effectif de son duché de Normandie, le roi Jean avait retardé le péril — Charles préféra prendre possession de son nouveau domaine — mais l'avait fortifié. A Rouen, le duc Charles était chez lui : Charles le Mauvais, comte d'Évreux, eut tout naturellement table ouverte chez son cousin. On parla beaucoup. De bons esprits répétèrent tout au roi, y compris les propos que l'on tenait à Rouen à son égard.

Le 5 avril 1356, pendant que le duc de Normandie et ses invités banquetaient, le roi fit irruption à Rouen. Il était en armes, flanqué du maréchal d'Audrehem et d'une forte troupe. Faisant peu de cas des lois de l'hospitalité — tout ce monde était hôte de son fils — il ordonna une justice aussi expéditive que spectaculaire. Quatre barons, dont Jean d'Harcourt, furent exécutés. Le Navarrais fut proprement secoué, puis arrêté. Robert Le Coq se tira de l'affaire parce qu'il était évêque.

Au moment où s'ouvrait la double campagne de 1356, Jean le Bon avait donc irrité toute la société politique. Évident dès le mois de mai, l'abandon des réformes financières donna bonne conscience à la bourgeoisie, qui oublia l'aide militaire promise au roi : nul ne vit arriver les contingents des villes. Les barons, eux, restaient inquiets des mouvements d'humeur du roi Jean et des exécutions capitales difficilement explicables. Le Trésor était vide, et l'on rappelait aux affaires ce milieu financier honni des contribuables — et d'Étienne Marcel pour les raisons que l'on sait — et déjà deux fois écarté, en 1346 et en 1355, par la volonté des états. La dévaluation décrétée parce qu'on ne pouvait enrayer l'inflation acheva de laisser penser que les spéculateurs l'emportaient.

La solidarité de l'entourage politique du roi — Bucy, La Forêt, Lorris, Braque et quelques autres parvenus, à côté de quelques barons d'ancien lignage — ancra dans l'esprit du public l'idée d'un roi prisonnier des budgétivores, d'un roi mal conseillé, sinon d'un roi dépossédé de son gouvernement. Une tardive reprise en main des affaires, en 1355, ne fut pas suffisamment perceptible pour atténuer, un an plus tard, la colère populaire.

De la défaite à l'insurrection

La guerre avait repris depuis l'automne de 1355. De Bordeaux à Carcassonne, le Prince Noir, fils aîné

du roi d'Angleterre, avait mené une chevauchée sans
objectif immédiat : le propos était de montrer qu'il
pouvait impunément ravager le royaume du Valois et
de fixer pour l'année suivante dans le Midi une part
appréciable de la capacité défensive des Français. Le
Prince Noir terrorisait les populations, donnait une
leçon aux alliés du roi de France — Armagnac et
Comminges — et s'attachait par le butin la fidélité
des soldats qu'il lui fallait retrouver prêts à la guerre
au printemps de 1356. Harcelés sur leurs arrières par
le connétable de Bourbon et le comte d'Armagnac,
les Anglo-Gascons l'emportèrent parce qu'ils surpre-
naient, qu'ils étaient prompts à changer de cap et
qu'ils ne s'attardaient pas à assiéger les villes. Les
faubourgs brûlaient, mais l'enceinte de Toulouse et
celle de Carcassonne tenaient bon, alors que les petites villes aux remparts de terre se voyaient saccagées. La fortification allait être désormais la
principale dépense des municipalités.

De septembre à décembre 1355, Édouard, prince
de Galles, n'avait rien conquis. Il avait préparé, politiquement et militairement, la grande opération de
diversion qui devait, au printemps suivant, le mener
vers le nord à la rencontre de son frère Lancastre,
chargé d'attaquer la Normandie. Édouard III avait
placé ses deux fils à la tête de la double manœuvre : il
avait payé trop cher, en Angleterre même, sa longue
absence de 1346-1347 pour prendre à nouveau le risque
de laisser le champ libre aux intrigants et aux Écossais.

Jean de Lancastre — on l'appelait aussi Jean de
Gand parce qu'il était né au temps de la vaine entreprise flamande d'Édouard III — prit position en juin
au cœur du Cotentin. Il y retrouva les Anglais de
Robert Knolles, qui venaient de Bretagne. Reprenant
à son compte la tactique éprouvée l'année précédente
en Languedoc par son frère le Prince Noir, il traversa d'une traite la Normandie, alla brûler Vernon
et les faubourgs de Rouen, puis revint vers l'ouest.

C'est alors qu'en juillet 1356 Jean le Bon le rejoignit devant Laigle. Toujours amateur de prouesses et

bien décidé à tirer vengeance de ces Anglais qui le narguaient, il attendit l'heure d'une vraie bataille, selon les règles de la chevalerie codifiée. Pendant ce temps, les Anglais s'éclipsaient discrètement, laissant une ligne de cavalerie visible par-dessus les haies afin de leurrer les Français trop naïfs. Jean le Bon s'en alla assiéger Breteuil. L'idée que sa victoire de Laigle n'en était pas une ne l'effleura pas.

Quand il apprit que le Prince Noir entrait en campagne, il bâcla l'affaire de Normandie qui avait déjà coûté fort cher, engagea de nouvelles troupes et passa la Loire. Après quelques feintes entre Tours et Loches, les deux armées se trouvèrent face à face à la mi-septembre au sud-est de Poitiers.

La position des Anglo-Gascons était faible. Leur armée manquait de vivres, et le Prince Noir voyait bien que sa jonction avec son frère était impossible, les Français tenant les ponts sur la Loire. Si Jean le Bon renonçait à la bataille, il renonçait à battre les Anglais : on comprend qu'il ait mal accueilli la médiation des légats du pape. Le cardinal de Périgord eut beau s'entêter au point de passer pour acquis à l'Anglais, Jean II s'obstina à chercher le combat. Il refusa, tout autant que le compromis d'une trêve, la victoire facile qu'eût été le blocus d'une armée affamée.

Cette bataille de Poitiers (19 septembre 1356) fut l'échec d'une armée forte en nombre mais incapable de substituer la discipline des masses à la prouesse individuelle. Des charges inopportunes, mal coordonnées, gaspillèrent sous le tir nourri des archers anglais la masse de manœuvre qu'était la cavalerie lourde. Montrant une faible intelligence de la tactique anglaise — une fuite en avant — aussi bien que du terrain marécageux où toute offensive était vaine, le roi et ses proches multiplièrent les fautes. Faire sortir de la bataille le dauphin et ses frères — sauf le futur Philippe de Bourgogne — pouvait passer pour du réalisme politique, comme jadis à Crécy la fuite de Philippe VI ; au moment tardif où était prise cette

décision, alors que basculait le sort des armes, c'était
un erreur qui incita bien des barons à limiter désormais les risques. Une fausse manœuvre du frère du
roi acheva le désastre. L'héroïsme personnel de Jean
le Bon et de son fils Philippe — «Père, prenez
garde...» — ne pouvait rétablir la supériorité de ceux
qui, au matin, étaient les plus forts et les plus nombreux. Un habile mouvement tournant du captal de
Buch, un assaut décisif de Chandos, et c'en était
fait : le roi de France se rendait.

A se rendre quand on s'est bien battu, l'honneur
chevaleresque ne voit nulle honte. On allait traiter le
captif selon son rang, et le rançonner de même. Le
roi avait fait son devoir envers ses sujets en se bat-
tant pour eux, ils allaient faire le leur en payant sa
rançon. C'était l'un des cas, prévu par toutes les coutumes, de l'aide féodale.

Pendant que Jean le Bon tenait hôtel à Bordeaux,
puis à Londres, le futur Charles V affrontait les états
généraux. Le Trésor était vide, et les bourgeois pensaient tout haut que la noblesse n'avait pas fait sur
les champs de bataille l'effort qu'allaient devoir faire
devant le fisc les contribuables. Force était donc au
dauphin de se battre sur plusieurs fronts : à l'opposition de nombreux barons qui se recommandaient toujours du roi de Navarre — pour l'heure en
prison — s'ajoutait l'opposition de bourgeois qui
mettaient en cause à la fois la gestion des affaires
publiques par les officiers royaux et la défense
commune par les nobles.

Le dauphin devait, enfin, faire face à un gouvernement anglais habile à mêler deux choses en théorie
distinctes : le prix à payer pour la paix après une
défaite, et le prix de la liberté du roi.

La coïncidence de ces affrontements politiques et
diplomatiques avec un mouvement paysan fut en bonne
partie fortuite. La Jacquerie allait cependant se trouver
très vite intégrée dans la coalition des mécontents.

Charles voyait aussi se dresser contre lui, à la tête
d'un parti de riches bourgeois, de drapiers, d'orfè-

vres, de changeurs, le prévôt des marchands
Étienne Marcel naguère frustré de son héritage et
bien décidé à tirer vengeance des gens au pouvoir.
Devant les états de Langue d'oil convoqués à Paris
pour constater le désastre, il n'eut aucune peine à se
faire le porte-parole de tous ceux qui exigeaient des
réformes, des révocations, voire le contrôle du pouvoir et de ses moyens. Il se retrouva là avec l'ancien
tribun du parti de Navarre, l'évêque Robert Le Coq.

En octobre, les états de Langue d'oil à Paris et
ceux de Langue d'oc à Toulouse formulèrent leurs
exigences politiques. A Paris, on demandait la constitution d'un conseil de gouvernement élu par les états.
A Toulouse, on prétendait interdire au roi de se
mêler de l'impôt. Il fallut, pour commencer, rétablir
la forte monnaie, ce qui alourdissait les créances : le
menu peuple manifesta. On décria les espèces en circulation : les affaires s'en trouvèrent paralysées. En
bref, tout le monde était mécontent. Étienne Marcel
jugea opportun de prendre la tête des mécontents.

A la mi-janvier 1357, le prévôt des marchands
était devenu l'interlocuteur direct du dauphin, lequel
s'en accommodait pour éviter la révolution. Les états
de février réintroduisirent la province dans le concert
politique. La réforme qu'ils obtinrent établissait avant
tout un régime d'assemblée, organisé par l'ordonnance du 3 mars avec des sessions périodiques. Des
généraux élus ordonnanceraient le produit de l'impôt.
Accessoirement, les états obtenaient l'épuration de la
haute administration. On nomma, enfin, des réformateurs généraux pour entendre les plaintes des administrés.

L'agitation demeurait parisienne. Rien n'avait
entamé la prépondérance de la noblesse au Conseil et
dans les divers rouages du gouvernement. Le dauphin
se rendit compte qu'il pouvait jouer la province
contre Paris. Avec tous les aléas de cette politique,
c'était compter que le temps tournerait en sa faveur.
L'échec d'un coup de force contre les états et la
municipalité parisienne, en août, acheva de convain-

cre Charles qu'il ne pouvait s'en sortir sans temporiser.

L'évasion du roi de Navarre, en novembre 1357, ridiculisa le gouvernement d'un dauphin qui avait refusé de le libérer alors qu'on savait très bien les circonstances dans lesquelles Charles le Mauvais avait été arrêté quand il était précisément l'invité du dauphin. Paradoxalement, cette rentrée en scène du Navarrais allait sauver le futur Charles V.

D'abord, en rappelant ses propres droits sur la Couronne de France, Charles le Mauvais niait ceux du Plantagenêt. Le dauphin s'en trouva bien. Ensuite, l'alliance immédiate du Navarrais et des Parisiens, qui devait beaucoup à des intérêts communs comme la mainmise sur la basse Seine, allait s'user rapidement devant quelques choix difficiles : opportunité des réformes, alliance avec les Jacques.

Dans un premier temps, le dauphin se trouva mis en tutelle. Navarre et son fidèle Le Coq dominaient le Conseil, y introduisaient Marcel et ses partisans, faisaient peu de cas de l'autorité royale. Déjà, cependant, les intérêts divergeaient : le Navarrais veillait sur ses domaines normands, le prévôt des marchands tenait à ce que l'agitation continuât. Et puis, bien des gens s'interrogeaient sur le programme politique des réformateurs : où allait-on ? La province se lassait d'autant plus que la défaite n'était pas la paix : il restait à travers le pays quelques milliers d'hommes d'armes officiellement inemployés, qui multipliaient, pour s'occuper et pour vivre, les pillages et les saccages.

Marcel, lui, était allé trop loin pour composer : le roi de Navarre et l'évêque de Laon pourraient négocier des égards s'ils perdaient la partie, le bourgeois Marcel et ses semblables seraient pendus.

Les épreuves de force se succédèrent donc à Paris, dans une fuite en avant aux objectifs indécis. Cela tourna au drame le 22 février lorsque les maréchaux de Champagne et de Normandie furent assassinés dans la chambre du dauphin par des émeutiers

qu'avait excités la rencontre d'un conseiller de Jean
le Bon. Charles s'en tira en coiffant le chaperon
rouge et bleu des Parisiens. Puis il se nomma lui-
même «régent» — il n'était jusque-là que lieutenant
du roi — et prit prétexte des états de Champagne
pour quitter Paris.

Les Champenois prenaient mal la mort de leur
maréchal. Ils confortèrent le dauphin, qui entreprit
d'isoler Paris. Aux états convoqués à Compiègne en
mai 1358, les Parisiens firent défaut. Le régent
confirma qu'il entendait réformer le royaume — les
états y tenaient toujours — et pendre les meneurs de
l'affaire parisienne.

La Jacquerie bouleversa tout, à la fin de mai, et
débloqua la situation de la manière la moins attendue. Révolte de paysans aisés, au cœur d'une plaine
fertile que la dépression économique a jusque-là peu
touchée, le mouvement qui éclate le 28 mai 1358 à
Saint-Leu-d'Esserent, près de Chantilly, s'étend en
quelques jours à tout le Valois, à la plaine de France
et à la Brie. Elle touche la Normandie, la Bourgogne,
la Lorraine, la Beauce. Les Jacques s'en prennent
indistinctement à tout ce qui ressemble à un noble, à
un seigneur foncier, à un propriétaire : toutes gens
que divisent les clivages politiques nés de la maladresse et de la défaite, de l'inadaptation des structures et de l'opportunité du jour. En bref, les fidèles
du régent et ceux qui font peur au régent se mettent
à trembler ensemble au récit — forcé par la
terreur — des atrocités imputées aux rustres : femmes
empalées, enfants égorgés, manoirs incendiés.

La révolte des Jacques n'est ni un appel à la
révolte ni un cri de misère : ils crient «Montjoie!»
comme de bons fidèles du roi qu'ils sont, et la
région où éclate le mouvement est des plus fertiles
d'Europe. C'est la réaction à l'inquiétude d'hommes
qui croyaient que la crise passerait au large. Ils pos-
sèdent assez — terres et outillage — pour subir le
fisc, pour craindre les hommes d'armes dévastateurs,
pour ne pas profiter de la flambée des salaires agri-

coles ; pas assez pour atteindre aux nouveaux profits du temps, ceux que l'opinion publique rassemble un peu vite dans la notion floue de spéculation. Mais, parce que la réaction est inconsidérée, elle reste inorganisée, et ce n'est pas l'ancien soldat Guillaume Carle qui suffit à donner aux Jacques un commandement, une discipline et une cohésion.

L'erreur d'Étienne Marcel est de se laisser aveugler par sa haine du dauphin. Dans ces paysans décidés à tuer du noble, il veut voir des alliés, des troupes, des utilités. Comme eux, il est allé trop loin pour espérer une paix honorable. Aux Jacques plus ou moins regroupés du côté d'Ermenonville, il envoie des secours. Quelques artisans s'en vont ainsi rejoindre les Jacques qui pillent à l'envi, dans les villages alentour, les maisons de campagne des notables parisiens. Le prévôt des marchands n'a pas vu que la Jacquerie allait renvoyer la noblesse, qui avait été fort active dans le parti des réformes, vers un dauphin devenu le garant de l'ordre social.

Charles le Mauvais réagit à l'inverse de son allié Étienne Marcel. A la faveur de l'affaiblissement du pouvoir royal, il entend dominer le Conseil et non renverser le Valois. Son intérêt est donc d'apparaître en protecteur du gouvernement. Au reste, ses réflexes politiques sont ceux d'un prince : loin de lui l'idée de pactiser avec des manants en rébellion. Le roi de Navarre ne peut avoir qu'une attitude face aux Jacques : celle de la chevalerie française face aux artisans flamands à Cassel. Il va les massacrer.

Trop heureux de se montrer comme le bras armé du régent, il réunit une petite armée, joint les Jacques de Guillaume Carle sur le plateau de Mello, près de Creil, et, le 9 juin, les taille en pièces. Les survivants de l'affaire chercheront, rentrés chez eux, à se faire oublier.

Quant à l'armée parisienne, elle tente d'occuper le marché fortifié de Meaux, où sont réfugiées la dauphine et les dames de la cour. D'autres barons du parti de Navarre — le captal de Buch, le comte de Foix — mènent la riposte et jettent dans la Marne les Parisiens et leurs alliés de la Jacquerie.

L'alliance du Navarrais et du prévôt des marchands est désormais plus riche de réticences que d'enthousiasmes. La répression nobiliaire contre les Jacques fait planer une menace explicite sur les artisans et les marchands parisiens qui hésitent maintenant à s'afficher au côté d'Étienne Marcel. La bourgeoisie d'affaires voit s'effondrer la monnaie, cependant que le blocus de la capitale interdit toute relation économique. Chacun commence de voir qu'il faut sortir de l'impasse et qu'on n'en sortira pas par la force. Le roi de Navarre, pour sa part, se sent de plus en plus mal à l'aise dans cette alliance avec des révoltés. En juillet, sûr de pouvoir maintenant dicter ses conditions, il négocie avec le dauphin.

Le roi de Navarre avait sauvé l'ordre public hors de Paris. Il était dans Paris le garant de cet ordre. Il allait gouverner la France. Le dauphin Charles se prépara à gagner son dauphiné.

Dans la capitale, les quelques Anglais de l'armée de Navarre se rendaient déjà impopulaires ; on les chassa de la ville, puis on voulut les anéantir devant le bois de Boulogne. Les Anglais étaient des professionnels du combat : ils mirent à mal les bourgeois. Le roi de Navarre avait eu dans l'affaire une attitude pour le moins ambiguë, lançant puis retardant sans raison apparente l'expédition. N'avait-il pas trahi les Parisiens ? Lorsqu'on vit qu'Étienne Marcel se préparait à faire rentrer une nouvelle fois les Navarrais dans Paris, l'opposition qui couvait en ville éclata de toutes parts. Le 31 juillet, après une brève bousculade devant la porte Saint-Antoine, Marcel tombait sous les coups de couteau.

Les Parisiens négocièrent leur pardon avec un dauphin que la nouvelle avait dissuadé à temps de gagner le Dauphiné. Le 2 août 1358, le futur Charles V entrait sans tapage dans sa capitale. Il ne devait jamais cesser de s'en méfier.

De l'œuvre accomplie par les états de Langue d'oil, il ne subsista pratiquement rien. Victorieuse des Jacques, la noblesse ne l'était ni des Parisiens — qui avaient réglé leurs comptes entre eux, ni des grands financiers du Conseil royal. Plus modestes dans l'expression de leur réformisme mais non dans leurs ambitions, les états de Langue d'oc consolidèrent mieux leurs conquêtes. Il faut dire que la noblesse méridionale était mieux intégrée dans la société des villes et qu'elle fit naturellement cause commune avec une bourgeoisie qui sut ne pas effrayer. L'alliance des villes du Midi obtint donc un contrôle véritable — et durable — du fisc royal. Elles y gagnèrent un poids nouveau dans la vie politique du royaume.

Brétigny

Pendant qu'on tiraillait en France, on négociait à Londres. Le roi Jean n'était nullement forcé de traiter parce qu'il avait été vaincu ; on n'avait pas traité après Crécy, non plus qu'on ne devait traiter après Azincourt. Mais il y était contraint par sa capture. Édouard III entendait profiter de l'occasion pour en finir avec le contentieux né de l'histoire bi-séculaire de l'état plantagenêt. Parce que le roi de France voulait sa liberté et refusait de la devoir à une revanche à laquelle on songeait au sein des états généraux, la France allait payer sa défaite plus cher qu'aucune autre. Charles V retiendra la leçon : comme jadis Philippe le Bel, il n'aventurera jamais la Couronne dans les mêlées.

Les premières exigences formulées par Édouard III en septembre 1357 étaient lourdes mais prévisibles : quatre millions d'écus pour la rançon du roi, et la pleine souveraineté d'une Aquitaine qui engloberait le Poitou et le Quercy aussi bien que la Bigorre. L'Anglais ne parlait pas de la Normandie et renonçait à revendiquer la Couronne de France. Mais les événements parisiens l'incitèrent à rompre la négociation. Après une alliance avec le roi de Navarre délibérément orientée contre le Valois, il doubla ses exigences. Le 24 mars 1359, Jean le Bon entérinait les deuxièmes préliminaires de Londres. Il abandonnait la moitié du royaume de France, avec la Normandie et la suzeraineté de la Bretagne. Il perdait ainsi tous ses ports, de Boulogne à Bayonne. On en revenait au temps où les premiers Capétiens espéraient un accès à la mer.

Édouard III avait sous-estimé le régent Charles. Au printemps de 1359, celui-ci avait derrière lui toute la force des villes et n'avait même plus contre lui le parti de Navarre. Charles le Mauvais s'était vite rendu compte que son allié anglais se souciait comme d'une guigne des intérêts territoriaux de la maison d'Évreux. Quant à la bourgeoisie, elle ne souhaitait pas la paix à tout prix : la paix allégerait, certes, les charges fiscales, mais, en supprimant l'impôt, elle ôterait toute raison d'être aux états et tout prétexte aux bourgeois pour se mêler des affaires du royaume. Les Parisiens tenaient peu à voir la Seine fermée à leur influence par les Rouennais sujets du roi d'Angleterre, les Normands craignaient de se trouver sans arrière-pays et les Aquitains eux-mêmes craignaient un roi anglais à la puissance renforcée. Et l'on sentait de toutes parts l'inquiétude des barons qui craignaient maintenant du Plantagenêt ce qu'ils reprochaient depuis Saint Louis au roi de France : l'empiètement de l'autorité souveraine sur les prérogatives féodales.

Le dauphin se trouva donc très fort pour refuser tout net de céder aux exigences d'Édouard III. A vrai dire, Charles n'était peut-être pas pressé de rentrer dans le rang. Il convoqua les états, obtint d'eux un refus en bonne et due forme, et fit décider — finances à l'appui — que l'on reprendrait la guerre contre l'Anglais.

Édouard III crut achever en 1359 l'œuvre de 1356. Il envoya son fils Lancastre avec une armée, puis le rejoignit avec une autre. On était à l'automne. Le temps travaillait pour le dauphin. Sacrifiant les campagnes, Charles refusait le combat et laissait l'Anglais s'épuiser en d'inutiles sièges, comme celui de Reims. On vit passer l'armée anglaise en Champagne, en Bourgogne. Le Navarrais s'y trompa, qui joua derechef la carte anglaise et envoya son fidèle Jean de Grailly, le captal de Buch, mener un coup de main significatif sur Clermont-en-Beauvaisis. Il n'y gagna qu'une impopularité accrue. Le duc de Bourgogne paya pour voir partir les envahisseurs. Le succès politique était donc mince pour le roi d'Angleterre. Il risqua le tout pour le tout : il fit une tentative devant Paris. Le régent lui opposa le silence. Édouard III était ridicule : l'ancien vainqueur fut victime des giboulées.

Tout le monde, désormais, était prêt à traiter sur des bases raisonnables. Les villes murmuraient contre le blocus économique résultant de cette nouvelle guerre qui n'en était pas une. Paris manquait de viande, de poisson, de vin, et le pain était cher. Le parti de la revanche perdait du poids, et l'archevêque de Sens Guillaume de Melun chambrait le régent dans son hôtel pour le soustraire à l'influence de ceux qui auraient bien laissé le roi en Angleterre jusqu'à une problématique victoire.

L'Anglais, lui, savait ce qu'il lui coûterait de se présenter devant le Parlement sans avoir tiré le moindre profit d'une campagne longue et onéreuse. Et l'on savait à Londres que le dauphin Charles correspondait avec les Écossais.

L'accord fut conclu à Brétigny le 8 mai 1360. Édouard III renonçait à ses droits sur la Couronne de France. Il recevait la grande Aquitaine d'Aliénor, mais abandonnait toute prétention sur l'Anjou et la Normandie de ses ancêtres Plantagenêts. Dans le Nord, il gardait Calais, son héritage de Ponthieu et le comté de Guines, mais c'était tout. Le royaume des fleurs de lis était diminué ; il n'était pas rayé de la carte. Quant à la rançon du roi Jean, elle était fixée à trois millions d'écus, gagés à Londres par des otages — princes, chevaliers et bourgeois — et en Aquitaine par quelques places fortes.

Le traité fut ratifié à Calais le 24 octobre. Moyennant le paiement immédiat de quatre cent mille écus, Jean le Bon était libre. L'archevêque Guillaume de Melun et son frère le chambellan de Tancarville mirent la main sur le gouvernement. Ils le réorganisèrent, renouèrent avec le propos réformateur des états, assainirent quelque peu la gestion financière. La création du franc, en décembre 1360, marqua le retour à la stabilité par une consolidation raisonnable de la dévaluation.

Les otages s'ennuyaient. En novembre 1362, avec l'accord du roi Jean, ils négocièrent leur propre libération en échange du Berry. Édouard III était homme prudent : il exigea que le traité fût ratifié en France par les états généraux. Réunis à Amiens en octobre 1363, ceux-ci refusèrent ce qui eût été, à l'évidence, l'abandon du Berry pour payer la rançon du roi Jean. Mais les Anglais avaient, en attendant une ratification, transféré les otages à Calais. L'un d'eux ne put supporter l'idée d'un retour en Angleterre et d'une nouvelle captivité : Louis d'Anjou, le deuxième fils de Jean le Bon, retrouva discrètement sa jeune femme et s'enfuit avec elle.

L'exécution du traité de Brétigny-Calais était chose complexe, et en dernier lieu parce que le roi Jean — qui allait retourner à Londres et y mourir — n'était plus le vaincu de Poitiers, que l'on avait bel et bien libéré sous caution, mais un otage substitué à l'un des otages qui garantissaient le paiement de la rançon. Jean le Bon était maintenant le gage du paiement de sa propre libération, quatre ans plus tôt. La mort du roi ainsi libéré n'allait donc pas dispenser son fils de payer le solde d'une rançon de trois millions d'écus, et cette rançon allait obérer pendant vingt ans les finances françaises.

On avait surtout laissé — ou ménagé — une ambiguïté dans le traité, et nul ne saurait dire si les négociateurs, conseillers d'Édouard III et conseillers du

futur Charles V, en mesuraient vraiment en 1360 toutes les conséquences possibles : les terres cédées à
l'Anglais l'étaient selon la procédure la plus simple
du droit des fiefs, c'est-à-dire selon la longue procédure du dénombrement et de la remise matérielle, sur
place, de procureur à procureur. Rien n'était dit à
cette occasion de ce qui avait pourtant été l'un des
enjeux de la négociation : la souveraineté des terres
cédées. Il était seulement prévu que le roi de France
renoncerait à cette souveraineté — avant tout sur
l'Aquitaine — lorsque toutes les remises seraient
effectivement réalisées. Alors, aussi, l'Anglais renoncerait à l'héritage des fleurs de lis.

Autrement dit, les plénipotentiaires de Brétigny
avaient cédé sur l'immédiat, sur la possession des
régions convoitées. Ils avaient retardé la cession
capitale qu'eût été l'abandon au Plantagenêt de la
souveraineté sur l'Aquitaine. Le domaine royal était
dépecé, mais le royaume de France ne perdait pas
une seigneurie.

Édouard III croyait-il que le transfert allait s'effec-
tuer en quelques jours et que l'échange des renonciations se ferait à brève échéance ? Toujours est-il que
le futur Charles V, qui avait tant gagné face aux
Parisiens comme face à la dernière chevauchée
d'Édouard III en laissant faire le temps, mettait délibérément, cette fois, le temps dans son jeu.

Il fallut quelques mois pour constituer les dossiers
et trier les documents de gestion dont la remise
s'imposait. Il fallut un an aux gens d'Édouard III
pour recevoir les hommages des vassaux et les serments des bourgeois, pour collationner l'inventaire
des biens, pour vaincre l'opposition de quelques
opportunistes portés à marchander leur ralliement au
nouveau maître. L'affaire s'acheva dans l'été de
1362. Il avait été dit à Calais que les renonciations
s'échangeraient avant la Saint-André 1361. Il était
trop tard.

Édouard III commit l'erreur de croire qu'il tenait
l'essentiel en tenant les fiefs et de penser que

l'ancien vaincu n'oserait jamais mettre en doute la souveraineté du vainqueur. L'Anglais se crut souverain en Aquitaine. Le Français se tut.

Pendant ce temps-là, Jean le Bon s'était occupé du Midi. A l'automne de 1362, il était à Avignon. Dans l'hiver, en Languedoc, il négociait la participation des villes à la défense du royaume et cherchait une faille dans cette union des villes qui faisait la force des états de Langue d'oc. Au printemps, il était de nouveau à Avignon, parlant de Croisade avec le pape Urbain V et avec le roi de Chypre Pierre de Lusignan : ainsi purgerait-on l'Occident des hommes d'armes qui s'y trouvaient en trop — les « compagnies » — cependant que le pape se montrerait généreux en laissant le roi de France imposer une décime sur son clergé.

Sur les routes de France, Jean le Bon poursuivait donc une reprise en main politique et un retour dans le concert politique européen. Revenant vers le nord, il réunit à Reims en octobre 1363, puis à Arras en décembre, des assemblées de villes par lesquelles il fit entériner l'imposition d'un « fouage » — trois francs par feu — qui devait remettre le Trésor à flot. Et, le 2 janvier 1364, il s'embarquait pour l'Angleterre.

Ne s'agissait-il que de reprendre la place de Louis d'Anjou parmi les otages ? Plus vraisemblablement, le roi Jean voulait surtout la négociation avec l'Anglais. Il fallait obtenir le retour des autres otages et empêcher que la fuite du jeune Louis procurât à Édouard III et aux ultras de son entourage un prétexte pour reprendre la guerre et demander encore plus. Le roi de France ne poursuivait pas seulement la chimère d'une réparation d'honneur, mais aussi le propos très raisonnable d'une consolidation de la paix. Alors qu'il devait une nouvelle fois faire face aux entreprises du roi de Navarre, Jean le Bon en revenait à sa politique de toujours : n'avoir pas à la fois ses deux ennemis.

Il ne vit pas le succès de cette politique. Mort à Londres le 8 avril 1364, il était enterré à Saint-Denis

le 7 mai. Le 16, à Cocherel, non loin de Vernon,
Bertrand du Guesclin écrasait les Navarrais du captal
de Buch. Sacré à Reims le 19 mai, Charles V avait
les mains libres.

CHAPITRE IX

L'ordre et la misère

(1364-1392)

Les compagnies

Les années 1360-1365 sont celles où l'on entrevoit la paix. L'Anglais se tient pour content après le traité de Brétigny-Calais. L'armée du captal de Buch vaincue à Cocherel par un Du Guesclin récemment passé du rang de simple capitaine à celui de « capitaine général», le roi de Navarre voit s'effondrer ses constructions diplomatiques contre son cousin Valois et perd les deux verrous — Mantes et Meulan — grâce auxquels il contrôlait la basse Seine. En Bretagne, le traité de Guérande sanctionne l'échec du même Du Guesclin devant Auray et la mort de Charles de Blois, époux et champion de Jeanne de Penthièvre. En fait, le traité de Guérande assure le pouvoir du duc Jean IV de Montfort, mais il assure aussi au roi de France l'hommage du duc de Bretagne.

Pour les hommes d'armes dont un quart de siècle de guerre a fait des combattants professionnels, tout cela signifie le chômage. Faute d'embauche, force est de vivre de rapines et de rançons, notamment de ces rançons collectives que sont les « patis » payés par les villes pour éviter le saccage. Anciens soldats de l'Anglais et anciens soldats du Français font planer sur le royaume de France la même menace de ruine et de paralysie.

On avait déjà vu, en 1361, se constituer une « grande compagnie » : elle mit à mal les pays de la Saône et du Rhône, fit trembler le pape dans Avignon et finit par ravager le Languedoc. Innocent VI prêcha contre elle la Croisade, les états de Langue d'oc financèrent la levée d'une forte armée, le prince castillan Henri de Transtamare — candidat évincé du trône par son demi-frère Pierre le Cruel — offrit ses services et les troupes qu'il ramenait d'Espagne. Le 6 avril 1362, à Brignais, près de Lyon, l'armée royale se fit battre par les routiers. La force avait échoué.

Charles V s'avisa que l'insécurité n'avait pas pris fin avec la guerre. Pour en finir, il fallait envoyer les compagnies se battre ailleurs. Avec la connivence du pape, il reprit une idée de son père et proposa aux soldats désœuvrés d'aller gagner leur vie en Hongrie contre les Turcs. On ne trouva guère de volontaires, mais celui qu'on appelait l'Archiprêtre — Arnaud de Cervole avait été clerc — en profita pour dévaster la Lorraine et l'Alsace.

Le roi de France ne pouvait s'en tenir là. Il proposa aux routiers d'aller en Castille renverser Pierre le Cruel et placer sur le trône l'allié de la France Henri de Transtamare. Le roi d'Aragon donna son accord. Urbain V finança l'affaire sans y regarder de trop près : on allait contre les Maures de Grenade, et la Castille était sur la route...

Du Guesclin prit le commandement d'une armée disparate dont les soldats n'avaient en commun qu'une seule chose : ils étaient indésirables en France. Leur trop rapide victoire mit par terre tout le plan de Charles V. En deux mois Henri II de Transtamare était couronné. Pour la plupart, les routiers refluèrent alors vers la France, pensant que les occasions de profit allaient manquer en Espagne. Quant à Pierre le Cruel, il s'alliait au roi de Navarre et au Prince Noir : Charles le Mauvais s'occupait maintenant des affaires espagnoles plus que de la Normandie, et l'idée de causer du tort à son cousin Valois ne lui déplaisait pas, cependant que le prince de Galles trouvait là une excellente occasion de s'en prendre aux Français sans rompre ouvertement, en Aquitaine, une paix à laquelle il avait tout avantage. Le 3 avril 1367, devant Najera, Bertrand du Guesclin était battu et, pour la quatrième fois de sa vie, fait prisonnier. Victoire éphémère, d'ailleurs, pour Pierre le Cruel qui devait finir assassiné deux ans plus tard.

Henri II garda son trône. Le Prince Noir revint en Aquitaine malade, et ne montra plus, de ce moment-là, les qualités d'homme d'état qui l'avaient fait estimer des Aquitains. Quant à Charles V, il devait constater que l'opération espagnole avait manqué l'un de ses objectifs : purger le royaume de France des compagnies indésirables. Au moins fut-il possible de choisir, au retour d'Espagne, ceux que l'on voulait recruter pour la future armée royale et ceux auxquels on allait faire, avec un bonheur inégal, la guerre à travers le Languedoc et le Massif central.

La divagation des compagnies eut à long terme l'effet le plus désastreux pour l'économie et pour la société. Elle mit l'insécurité et les souffrances du temps de paix au même niveau que les risques et les dégâts du temps de guerre. Si, dans la chronologie des traités et des batailles en règle, les années 1365-1370 apparaissent comme un répit au cœur de la guerre, les Français les ont vécues, après la résurgence de la peste et l'alourdissement fiscal provoqué par la rançon du roi Jean, comme un autre temps d'épreuves. L'ombre de l'homme d'armes qui viole et qui pille continue de planer sur des citadins inquiets et des villageois angoissés. Au moins autant que les grandes chevauchées de l'Anglais ou les campagnes ordonnées du roi de France contre le Navarrais ou contre le prince d'Aquitaine — le Prince Noir porte ce titre depuis 1362 — les compagnies en mal de survivre sans solde ancrent dans l'esprit du contemporain de Charles V cette psychose de guerre qui stérilise autant que la guerre elle-même. A quoi bon labourer si les moissons doivent être dévastées ? A quoi bon entretenir ou relever la grange si l'on craint de la voir brûler ?

La même psychose fait alors passer la défense au premier rang des dépenses communes de villes qui n'ont pourtant, jusqu'à ce moment, jamais été directement concernées par le conflit franco-anglais. On n'attend pas, pour songer à l'enceinte, d'avoir vu le premier soldat. Réparer murailles et portes, assurer la garde et le guet, tel est dans les années 1360 l'objet principal des fiscalités municipales.

Remise en ordre

La monarchie, elle, s'ordonne sur de nouvelles bases. On tire les leçons des expériences passées, de l'épreuve des états généraux comme de l'évidente nécessité de finances «extraordinaires». Un nouveau personnel politique apparaît, où juristes et philosophes ont autant part que les barons et les financiers. Avec les aristotéliciens qui siègent au Conseil royal, on s'interroge maintenant sur les sources et la nature du pouvoir, et sur ses limites.

Le jeune Charles V a dû compter avec ceux qui se souviennent quand même de l'origine quasi élective de la royauté des Valois. Il a pris des engagements ; ils le lieront jusqu'aux scrupules de sa dernière heure. C'est «en Conseil» qu'il gouverne, et la formule cache souvent une politique propre du collège des «généraux» qui disposent de l'impôt levé pour la guerre et soigneusement distingué des revenus ordinaires du roi. Mais c'est souvent, aussi, la politique personnelle de l'archevêque Guillaume de Melun, celle du connétable Bertrand du Guesclin — il aura ce titre en 1370 — voire celle de l'amiral Jean de Vienne. Quant aux princes, et notamment aux frères du roi, ils se partagent les lieutenances — Languedoc, Guyenne, Bourgogne, Normandie, etc. — qui rapprochent efficacement l'autorité des administrés et le commandement militaire des zones de guerre où la réplique doit être immédiate.

Charles V ne conquiert vraiment la maîtrise de ce gouvernement qu'après une dizaine d'années, vers le temps où s'achève la reconquête des régions perdues en 1360. C'est alors, après 1374, que l'on voit s'effacer le Conseil et que les lieutenances n'apparaissent plus comme un partage du pouvoir mais bien comme une représentation commode. Le roi peut enfin écarter du pouvoir ses frères. Il se brouille même avec Du Guesclin. Sur seize ans de règne, il n'y a guère que six ans de gouvernement personnel, et un an seulement de pouvoir sans partage. La remise en ordre aura le temps de porter ses fruits, non la reprise en main.

La réflexion politique construit alors autour de la Couronne toute une philosophie de l'État. Cette construction intellectuelle s'exprime en 1374 dans le traité dialogué que compose un proche du roi, le *Songe du Verger* : la Couronne est au-dessus du roi, mais le roi n'en est responsable que devant Dieu et devant la « communauté du royaume ». Ainsi se définissent les bases du « bon gouvernement » : limitation de l'arbitraire du prince, distinction des deniers propres du roi et du produit de l'impôt levé pour le royaume, réduction de l'improvisation dans la dévolution de la Couronne, stabilité monétaire enfin.

La consolidation monétaire date de 1360. Le « franc à pied » remplace en 1364, le « franc à cheval » — l'empreinte montre un chevalier debout au lieu d'un cavalier — pour une valeur significative d'une livre tournois. Comme le gros tournois d'argent fin, le franc va durer vingt ans : il passe pour le symbole d'un succès politique. Nul ne s'avise, sur le moment, de lier les phénomènes monétaires à la conjoncture économique : la stabilité tient, autant qu'à une sagesse monétaire d'inspiration aristotélicienne, à la faiblesse des échanges dans un pays ruiné. Mais ce pays paie en impôts le moindre rendement des ateliers monétaires, et les contemporains le voient bien. Il est vrai que Nicole Oresme, évêque de Lisieux et philosophe, traducteur d'Aristote et conseiller du roi, souligne alors dans son traité *De la Monnaie* les limites de la propriété du roi sur « sa » monnaie : on ne doit « muer » qu'en cas d'urgente nécessité et pour l'utilité de la communauté.

De même s'interroge-t-on sur la légitimité du recours à l'impôt pour le financement des dépenses ordinaires du royaume, c'est-à-dire hors de l'entretien des troupes. Tout au long de son règne, Charles V fait peser sur le royaume la plus lourde et la plus constante des fiscalités, la seule justification étant l'apparente concession obtenue sans peine d'assemblées réunies en ordre dispersé. Les états de Langue d'oil — les seuls qui fussent dangereux pour le gouvernement royal — sont déconsidérés depuis l'aventure d'Étienne Marcel. Les autres assemblées cèdent. A son lit de mort, Charles V soulagera sa conscience en abolissant l'impôt direct. Le gouvernement de Charles VI paiera fort cher ce scrupule.

C'est encore contre l'absolutisme royal que se développe alors la pratique de l'élection. On en approchait au temps de Philippe VI quand le Parlement cooptait ses conseillers et quand le Conseil choisissait les baillis. Maintenant, c'est vraiment le triomphe du scrutin. Le Parlement élit ses présidents. Dans les années 1370, on assemble même des prélats, des barons, des officiers et parfois des bourgeois pour élire un connétable ou un chancelier.

Malgré les bornes mises à son pouvoir, Charles V ne cesse de consolider cette Couronne qu'il se fera apporter à son dernier instant pour la vénérer. Il parvient à faire lever l'impôt royal jusque dans les principautés territoriales. Il recrute et garde comme capitaines l'élite militaire de la vieille noblesse : elle lui procure l'armée expérimentée que n'assuraient pas les recrutements épisodiques d'antan, mais cela met aussi dans la main du roi une noblesse désormais salariée. L'inspection des forteresses privées par les commissaires de Du Guesclin n'est pas seulement une précaution défensive : voir ce qui peut être défendu, et détruire le reste. Elle entre dans un processus qui ramène la société politique et militaire à ses origines : le roi se saisit de la hiérarchie féodale.

L'incertitude du dispositif successoral a conduit, depuis le début du siècle, à de difficiles et dangereuses improvisations. La volonté de mise en ordre de Charles V — et de ses premiers conseillers — va donc jusqu'à élaborer des processus que justifie le souci du « bien commun », sinon une coutume à cet égard douteuse. Trois ordonnances de 1374 abrègent et organisent une éventuelle minorité — le roi a trente ans de plus que son fils aîné — afin d'en limiter les désordres. La majorité royale est ramenée à treize ans. Tutelle personnelle du roi mineur et régence du royaume, formellement séparées, sont réparties entre la reine mère et les oncles du futur Charles VI. Incidemment, mais non par hasard, les ordonnances fixent aussi l'ordre successoral, écartent tout choix électoral et ne retiennent que le droit des mâles. En acceptant les ordonnances sur la minorité, les princes acceptent la définition de l'héritier. La Couronne de France ne devrait plus être à l'encan.

Historiens, artistes et architectes contribuent à la glorification de la monarchie ainsi consolidée après les heures noires vécues par Charles V dans son enfance. Pour exalter la dynastie encore fraîche des Valois, on développe le thème de l'origine troyenne des Francs. La cérémonie du sacre prend des proportions inusitées. On comptera jusqu'à vingt-sept couronnes précieuses dans le Trésor royal. Au Louvre, des bâtiments à la nouvelle mode viennent flanquer le vieux donjon. Vincennes devient résidence de gouvernement. Les Célestins font figure de nouveau Saint-Denis. L'hôtel Saint-Paul affirme en plein Paris, avec ses galeries et ses jardins étendus sur les pentes de la rive droite, en amont du port en Grève, la présence et la magnificence du Valois. Un entourage brillant contribue à cette grandeur et en porte témoignage. La « librairie » du Louvre participe de cette politique de prestige au moins autant que de l'amour des lettres.

On donne à la capitale une nouvelle enceinte sur la rive droite. Elle est à la mesure du développement récent du tissu urbain. Une forteresse sans précédent, la « bastide Saint-Antoine » verrouille la porte essentielle de cette enceinte, celle qui garde la route de

Vincennes : on l'appellera bientôt, tout simplement, « la Bastille ».

L'apogée de ce programme d'exaltation monarchique est marqué en 1378 par la visite que rend au roi de France l'empereur Charles IV de Luxembourg. Charles V traite en égal l'empereur son oncle, qu'il reçoit en allié, non en suzerain. En fait, Charles IV joue ici un rôle à l'échelle de la Chrétienté : il est le témoin privilégié de la souveraineté des Valois. En favorisant, quelques mois plus tard, la naissance du Grand Schisme, le roi — qui ne cesse de faire pièce aux interventions pontificales et aux privilèges de l'Église de France — ne peut être indifférent au rôle impérial que la crise de l'Église de Rome le conduit à jouer.

Les appels

Charles V a-t-il organisé l'imbroglio juridique dont sortira la nouvelle guerre franco-anglaise, en laissant dans l'ambiguïté l'appartenance de l'Aquitaine au royaume de France ? Nul ne saurait le dire. Ce qui est certain, c'est qu'il s'entend à l'exploiter.

En Aquitaine, le mécontentement grandit. L'autonomie féodale qui fait la principauté du Prince Noir a pour premier effet de laisser aux Aquitains toute la charge financière de leur défense : le Trésor anglais s'en trouve déchargé à bon compte. Mais les grands barons voient avec inquiétude se développer une administration centralisatrice peu portée à respecter des différences régionales et des distinctions juridiques infiniment plus complexes que dans une Angleterre où le roi est uniformément suzerain et souverain. Gascogne, Comminges, Albret sont des principautés où l'empreinte féodale est faible et où l'on n'a jamais vu que de très loin le pouvoir souverain. Édouard, prince de Galles et d'Aquitaine, ne comprend pas que les Aquitains n'accepteront nullement de lui ce qu'ils acceptaient mal du roi de

France. Il s'étonnera quand ses villes et ses feudataires se tourneront vers Paris.

Le comte d'Armagnac a jugé inopportun de se rendre aux états convoqués à Angoulême en janvier 1368. Lorsque ceux-ci ont accordé au prince un
«fouage» de dix sous par feu pendant cinq ans, il
fait savoir que cette concession ne l'engage en rien.
Ayant pris conseil de juristes, il notifie au gouvernement du Prince Noir qu'il refuse de laisser lever le
fouage en Armagnac.

A Bordeaux, on a vite compris que c'en est fini de
la principauté d'Aquitaine si les autres féodaux imi-
tent le comte d'Armagnac. Aussi le Prince Noir s'en-
tête-t-il : on lèvera le fouage. C'est alors que le
comte fait appel, d'abord au roi d'Angleterre, puis au
roi de France.

Ce faisant, il tire la conséquence de ce
qu'Édouard III n'a pas évité : Charles V n'a jamais
renoncé à sa souveraineté sur l'Aquitaine. Même si
le Prince Noir ne lui a prêté aucun hommage, le roi
de France est toujours souverain en Aquitaine. Faute
de la renonciation prévue à Calais, il n'y a sur ce
point aucun doute. Les juristes que consulte à son
tour Charles V l'en assurent. Bien plus, il a le
devoir d'accueillir l'appel.

Que le roi de France cherche à prendre sa revanche est peu douteux. Armagnac ne fait que forcer
son choix quant au moment. Le scrupuleux
Charles V est sensible à l'argument des légistes : le
droit est pour lui. Un vote unanime du Conseil royal,
le 30 juin 1368, en décide ainsi.

Dès lors, les appels se multiplient. Le sire
d'Albret, nouveau beau-frère du roi, accompagne le
sien d'un hommage lige qui équivaut à un défi au
prince d'Aquitaine. En quelques semaines, huit cents
villes et bourgades font appel à leur tour. Cette fois,
c'est l'insurrection.

Reconquête et chevauchées

Dix ans de guerre allaient s'ensuivre, dix ans de
ruines accumulées en France par des chevauchées
anglaises aussi vaines quant au résultat politique que
catastrophiques pour les villes paralysées et les campagnes saccagées. Dix ans de progrès et de reculs
dans une guerre de sièges et d'occupation, au terme
de laquelle le Plantagenêt aura perdu l'essentiel de sa
principauté.

Édouard III crut que la stratégie de 1346 et de
1356 servirait indéfiniment. Médiocrement intelligent,
son deuxième fils Lancastre l'encouragea dans ces
entreprises inutilement coûteuses que furent les grandes chevauchées à travers la France. Plus lucide mais
miné par la maladie depuis son retour d'Espagne,
l'aîné voyait pendant ce temps s'effriter sa principauté d'Aquitaine, à laquelle il finit par renoncer en
octobre 1372. Au reste, Charles V lui-même ne
dédaignait pas la stratégie des chevauchées et n'y
renonça que contraint et forcé par la destruction de
sa flotte.

C'est donc à l'Anglais que revenait l'initiative des
offensives vers le cœur du royaume ennemi. Restait
au Français à jouer les cartes défensives de la ville
murée et du refus systématique de toute grande
bataille. Charles V allait exceller à concentrer ses
forces en des offensives locales et à gagner en définitive la guerre par le grignotage.

Le roi de France crut d'abord qu'il mènerait
l'affaire à bien en une seule campagne : au printemps
de 1369, on prépara un débarquement en Angleterre.
Édouard III, pouvait-on penser, sauverait l'Angleterre
en abandonnant l'Aquitaine. Mais, comme Édouard III
au temps de son équipée flamande, Charles V se faisait des illusions quant à ses alliés : les Écossais
venaient de faire la paix, les Gallois étaient las de la
guerre et le roi de Castille Henri de Transtamare
était encore trop mal assis sur son trône pour songer
à payer dans l'immédiat sa dette envers le Valois.

Faute de la flotte castillane qui eût changé le rapport des forces, Charles V dut patienter pendant que le Clos des galées de Rouen s'activait pour armer de nouveaux bateaux. Lorsque Lancastre lança, de Calais, une première chevauchée qui dévasta la Picardie et le pays de Caux cependant que le roi de Navarre — toujours lui — débarquait à Cherbourg, il fut évident que la guerre allait se jouer sur le continent. Les Français se contentèrent d'aller incendier Plymouth. La tempête interrompit une autre tentative, vers le pays de Galles celle-là. L'idée d'un débarquement massif en Angleterre tomba d'elle-même, mais on allait continuer, de temps en temps, à perturber la sécurité anglaise en brûlant l'un ou l'autre des ports de la côte méridionale.

La chevauchée de 1369 avait sauvé l'Angleterre d'un débarquement. Les Français n'avaient pas su riposter. L'affaire ancra Édouard III dans la stratégie qu'il avait définie : rien n'avait changé, et l'issue de la guerre ne tiendrait qu'à quelques raids.

Or, aux chevauchées menées en France par le capitaine Robert Knolles en 1370 et par le duc de Lancastre en 1373, puis en 1380 encore par Thomas de Buckingham, dernier fils d'Édouard III, les Français opposèrent le refus systématique du combat qui eût joué, comme à Poitiers, le sort de la France en quelques heures sans jamais mettre en jeu le sort de l'Angleterre. Délibérément, Du Guesclin, nommé connétable en octobre 1370, fit prévaloir la stratégie de l'efficacité sur celle de la prouesse. Bien sûr, les Français ne gagnaient guère de gloire à laisser ainsi l'envahisseur s'épuiser. Mais le Plantagenêt, vaincu par l'hiver et par la faim, se voyait de surcroît rabroué par les Communes qui jugeaient sévèrement les campagnes où l'argent du contribuable anglais servait tout juste à brûler des villages français.

L'obstiné Du Guesclin avait eu plus de peine en 1370 à convaincre les barons du Conseil royal qu'à persuader Charles V toujours frappé — comme l'était son frère Louis d'Anjou — de ce qu'avaient coûté quelques heures de bataille à Poitiers. Déjà en 1369 le roi avait limité la contre-offensive du jeune et impétueux duc Philippe Bourgogne contre la chevauchée de Lancastre. On s'aperçut très vite que Du Guesclin avait raison, quoi que coûtât au paysan français cette stratégie de la dérobade. De l'Artois à la Bretagne en passant par la Champagne, l'Ile-de-France et le Maine, Knolles fit du butin, mais il en coûta au Trésor anglais qui payait les soldes. Au terme de l'épuisant cheminement qui conduisit Lancastre de Calais à Bordeaux en passant par le Bourbonnais et le Limousin, les soldats anglais avaient même abandonné sur le chemin leurs armes et leurs bagages.

Se montrer devant les villes sans avoir les moyens de les prendre n'avançait pas les Anglais à grand-chose. Ces attaques eurent au moins sur les villes françaises des effets en série. L'achèvement et l'entretien des enceintes fortifiées devint la plus lourde dépense des budgets municipaux. Il fallut alourdir la part de la fiscalité royale qui restait à la ville, développer la fiscalité municipale. La gestion de fonds plus importants accrut la responsabilité des corps de ville et justifia une obligation plus stricte de comptes rendus financiers. La comptabilité municipale commence, en bien des villes, en ces années où l'insécurité, réelle ou supposée, proche ou lointaine, conduisait à développer les prérogatives de l'autonomie bourgeoise.

Du Guesclin menait dans le même temps une politique implacable de sélection des places fortes défendables. Pour offrir aux barons le choix entre tenir leur forteresse ou la démolir, il parcourut la province, inspecta murs et barbacanes. On détruisit par la même occasion les maisons élevées hors des villes, contre les remparts : elles eussent facilité l'approche des sapeurs adverses.

En Aquitaine, le Valois progressait de campagne en campagne. Sur le terrain, la guerre semblait faite de châteaux pris et repris, de villes occupées et perdues. L'avancée d'un été se perdait l'été suivant. Au

terme de chaque année, cependant, le Plantagenêt
avait reculé.

Une armée de professionnels régulièrement payés
— avec des «prêts», autrement dit des avances sur
la solde — et bien encadrée assurait la continuité de
l'effort. Louis d'Anjou, Louis de Bourbon, Bertrand
Du Guesclin, Olivier de Clisson s'en partageaient le
commandement. L'amiral Jean de Vienne gouvernait
à la fois la flotte et l'arsenal des machines de siège,
parmi lesquelles l'artillerie à poudre commençait de
tenir sa place.

L'est et le sud-est de la principauté d'Aquitaine
furent occupés en 1369 dès la première campagne.
La totalité du Quercy et du Rouergue, une partie de
l'Agenais et du Périgord passèrent définitivement
sous l'autorité du roi de France, de même qu'une
frange de la Gascogne, avec Lectoure et Condom.
Bien des villes s'ouvrirent sans résistance : le fisc du
Prince Noir avait étonné ceux qui n'avaient évidemment pas connu celui de Charles V.

La guerre reprit avec plus d'intensité l'année suivante. Les forces engagées étaient plus importantes.
Édouard III envoya Lancastre. Charles V mit Du
Guesclin aux côtés de ses frères Anjou et Berry. Pendant que Knolles brûlait des villages au nord de la
Loire sans chercher à occuper le pays, les Français
progressaient sur la Garonne et sur la Dordogne. Ils
occupèrent Agen, Périgueux, Aiguillon. Limoges
s'ouvrit en août au duc de Berry, fut reprise et sévèrement punie par le Prince Noir et Lancastre en septembre. La débandade finale de l'armée de Knolles
scella en décembre le bilan de l'échec. Charles le
Mauvais en tira la conséquence : en mars 1371, à
Vernon, il fit sa paix avec son cousin Valois.

Édouard III voulut renforcer son dispositif. Il chargea le comte de Pembroke de conduire ce qui était à
la fois une diversion et une relève. Une flotte de cinquante bateaux — dont trente-six nefs de guerre —
cingla vers La Rochelle. Elle emportait des hommes,
des chevaux, des armes et de l'argent. Avec cela,

Pembroke pouvait, au nom du Prince Noir que la maladie mettait hors du jeu, organiser la défense et la reconquête de l'héritage plantagenêt. C'était compter là sans les Castillans : Henri de Transtamare était enfin en état d'honorer ses obligations d'allié. Il envoya contre les Anglais les galères rapides que commandait l'amiral génois Ambrogio Boccanegra. Au même moment, Charles V faisait passer de la Manche dans l'Atlantique sa propre flotte, que commandait un autre Génois, Rainier Grimaldi. Le 23 juin 1372, devant La Rochelle, une manœuvre habile eut raison de la flotte anglaise. Pembroke alla finir ses jours dans une prison picarde ; les Génois et les Castillans rentrèrent chez eux riches d'un énorme butin. Les Anglo-Gascons surent qu'ils ne devaient plus compter que sur eux-mêmes en Aquitaine.

A l'automne de 1372, les armées de Charles V atteignaient le littoral. Angoumois, Aunis et Saintonge avaient cédé sans résister vraiment. Du Guesclin n'eut à Poitiers que la peine de franchir une porte ouverte. Écrasé devant Soubise après avoir été vainqueur quelques heures, le captal de Buch se retrouva prisonnier. La Rochelle céda le 8 septembre. Assemblés — puis assiégés — dans Surgères, les barons poitevins négocièrent leur ralliement au Valois. Le 1er décembre, ils prêtèrent hommage à Charles V. Quant à Jean de Grailly, captal de Buch, il s'aperçut que le temps n'était plus où la guerre contre le roi de France pouvait sembler une guerre comme les autres. La confiscation de la Guyenne changeait les données juridiques de l'affaire. Traité en sujet rebelle, il alla finir ses jours au Temple.

La conquête de la Guyenne marqua le pas quelques années, cependant que Du Guesclin devait porter son effort sur la Bretagne, où Édouard III et son allié Jean IV de Montfort tentaient une diversion. Les Bretons commençaient à supporter avec peine la tutelle anglaise. Du Guesclin occupa les principales villes dans l'été. Venu en renfort avec une armée, Salisbury ne s'en tira qu'en se retranchant dans

Brest. Une autre diversion, la chevauchée de Lancastre en 1373, fut tout aussi catastrophique. Mais pendant qu'Édouard III se ruinait, la stratégie du connétable portait ses fruits : ville après ville et château après château, la conquête française se consolidait en Guyenne. Le 21 août 1374, le duc d'Anjou et le connétable Du Guesclin faisaient leur entrée dans La Réole. Les bourgeois avaient vu leur intérêt, et la garnison anglaise avait compris qu'il n'y avait plus de renfort à attendre.

Un an plus tard, l'amiral Jean de Vienne échouait, au terme d'un long siège, à prendre de force en Cotentin la forteresse de Saint-Sauveur-le-Vicomte, mais il parvenait à acheter la garnison, épuisée et privée de tout espoir d'un secours. A défaut d'une victoire militaire, c'en était une sur le plan politique.

La conquête touchait à son terme. Chacun éprouva le besoin de souffler. Grégoire XI s'entremit. La trêve de Bruges allait, de 1375 à 1377, procurer à Charles V le répit nécessaire pour préparer l'assaut final, cependant que les ambassadeurs négociaient sans illusion un impossible compromis. Lorsque la guerre reprit, Charles V et Du Guesclin vieillissaient et Édouard II avait suivi dans la tombe son fils le Prince Noir. Le roi de Navarre se reprit à comploter avec le nouveau roi, Richard II. La réplique fut sévère : Du Guesclin alla occuper en 1378 les comtés d'Évreux et de Mortain. Charles le Mauvais se débarrassa de Cherbourg en vendant la ville aux Anglais.

Charles V commit une erreur : il voulut pousser trop loin son avantage en Bretagne. Prononcée le 18 décembre 1378, la confiscation du duché refit contre la France l'unité des Bretons, légitimement inquiets d'une tutelle plus proche que celle de l'Anglais. Jeanne de Penthièvre fit un rentrée spectaculaire en se rangeant au côté de son vieil adversaire Jean IV de Montfort. Charles V n'insista pas. Plus tard, grâce à la modération politique du duc d'Anjou, le deuxième traité de Guérande (4 avril 1381) conso-

lida le pouvoir du duc Jean IV moyennant un hommage enfin définitif au roi de France.

Sur tous les fronts, les conflits se terminaient.
Charles V l'avait ainsi voulu : il gagnait sans triompher, mais sûrement. Son allié castillan attaqua
Charles le Mauvais dans son royaume, prit Pampelune et se fit livrer le principales forteresses navarrai-
ses pour garantie d'un trêve. Charles le Mauvais était
ruiné. Il mourut en 1387.

Les Français s'abstinrent d'attaquer Bordeaux :
leurs intérêts économiques portaient trop les Bordelais vers l'Angleterre pour qu'on pût attendre d'eux
autre chose qu'une résistance déterminée. Réduit à
une petite Gascogne autour de Bordeaux et de
Bayonne, l'héritage plantagenêt n'était pas dangereux
pour le roi de France. Le réduire à néant eût été inutilement onéreux, et Charles V voulait laisser un
royaume en paix pour l'enfant qui allait régner. Au
reste, Bordeaux était un port amoindri par la coupure
avec son arrière-pays. Le Valois pouvait espérer que,
là encore, le temps allait travailler pour lui. Cette
fois, le calcul était faux.

Le grand Schisme d'Occident

Grégoire XI était revenu à Rome en 1377. Il y
mourut après quelques mois, n'ayant ni maîtrisé les
tensions internes de l'Église ni surmonté les pressions extérieures que l'imbroglio politique de l'Italie
venait accroître sans que le retour à Rome ait en
revanche mis le pape à l'abri des manœuvres françaises, de l'hostilité impériale et de la réticence anglaise.

Le peuple romain voyait-il revenir les profits
qu'engendrait naturellement la présence de la papauté
et de la cour pontificale ? Était-ce une simple affaire
de prestige, ou de dignité ? Certains en faisaient-ils
une affaire de principe ? Toujours est-il que, de ce
conclave réuni pour la première fois depuis soixante-
quinze ans dans la Ville Éternelle, la rue exigeait un
pape romain, ou à tout le moins italien. Le 8 avril

1378, on proclamait l'élection de l'archevêque de Bari, qui prit le nom d'Urbain VI.

Trois mois plus tard, la majorité des cardinaux — treize sur seize — déclarait qu'on avait voté sous la menace. L'élection était nulle. Au vrai, les cardinaux n'eussent peut-être rien dit si le nouveau pape n'avait pris d'emblée le contre-pied de ses électeurs. Vexés, humiliés, menacés même, les membres du Sacré Collège se souvinrent qu'ils avaient été forcés. Réfugiés à Fondi, aux limites du royaume de Naples, ils procédèrent, le 20 septembre, à une nouvelle élection. L'élu fut Robert de Genève, un cousin du roi de France.

Urbain VI ne céda pas. Clément VII gagna Naples, puis alla s'installer à Avignon, où demeurait encore une bonne partie de l'administration pontificale. Dès l'abord, Clément VII avait pour lui les archives, les réseaux financiers, les relations bancaires, les compétences administratives. Grâce à cet héritage avignonnais, la papauté issue du conclave de Fondi allait faire face pendant trente ans au pontife de Rome, dont la force tenait plus à ce qu'il disposait du tombeau des Apôtres qu'à un pouvoir vraiment organisé.

Un conseiller de Charles V, le cardinal Jean de la Grange, avait été l'un des artisans les plus déterminés de la seconde élection. Il s'employa à obtenir sans retard la reconnaissance du roi de France pour le nouveau pape d'Avignon. A vrai dire, les intérêts étaient parallèles : d'un côté la France et les ambitions napolitaines du duc d'Anjou, de l'autre Clément VII et le besoin d'un bras séculier sans lequel on ne pouvait songer à renverser le pape de Rome. Le financement de l'expédition italienne de Louis d'Anjou par le pape, aux frais du clergé français, cimenta l'entente.

L'affaire passionna les cours et occupa les universitaires. La Sorbonne débattait du schisme. L'un après l'autre, les souverains prirent parti. Castille, Aragon, Navarre et Écosse rallièrent le camp d'Avignon. L'Empire, l'Angleterre, les royaumes scandina-

ves et le Portugal firent leur le pape de Rome. Quant
à l'Italie, elle se divisa, les villes du Nord et du
Centre optant en majorité pour le pape italien.

Au lieu d'une Curie, il fallait en faire vivre deux.
Il fallait financer deux politiques, deux diplomaties,
deux administrations. Le Grand Schisme d'Occident
ajoutait un front à la liste des guerres dans lesquelles
se trouvait déjà impliquée la papauté d'avant 1378.
Force fut donc à l'un et à l'autre pape d'alourdir sa
fiscalité. A la cadence accélérée des impositions
décrétées par le pape d'Avignon répond la multiplicité des expédients inventés par le pape de Rome.
Pendant qu'Avignon exige ses décimes et ses annates, et laisse vacants d'innombrables bénéfices pour
s'en approprier les revenus, Rome anticipe dès 1390
le profits du Jubilé de l'Année sainte, réitère le
Jubilé, l'instaure même dans les provinces où nulle
tombe de Apôtres ne le justifie.

De part et d'autre, la lassitude ou l'exaspération
des clercs pressurés se démarqua nettement de l'obs-
tination des prélats proches du pontife, naturellement
attachés au pouvoir qu'ils avaient fait et qui les faisait ce qu'il étaient.

Le peuple chrétien, lui, haussait les épaules, quand
il ne s'indignait pas. Le schisme, c'était le scandale.
L'Église était bigame. Les esprits ardents s'enflam-
mèrent, confondant le plus souvent la cause de
l'unité et celle de leur pape : ainsi Catherine de
Sienne et Brigitte de Suède pour celui de Rome,
Colette de Corbie et le prédicateur Vincent Ferrier
pour celui d'Avignon. Dans sa grand masse, la Chrétienté se contenta de l'horizon étroit des destinées
personnelles : l'essentiel était qu'il y eût un curé
pour baptiser, marier et enterrer. Le Schisme ne fut
vraiment ressenti par le peuple que dans les régions
marginales des deux obédiences, là où s'affrontaient
le autorités et les représentants de l'un et l'autre
papes. Deux évêques pour le même diocèse, deux
légats dans la même région, cela signifiait des sacrements litigieux, de excommunications contradictoires,

des violences même, car on se rossait au nom du pape et en pensant au revenu des bénéfices. Les fidèles de l'Agenais ou ceux de Flandre vivaient donc quotidiennement le Grand Schisme, non ceux de Touraine ou d'Auvergne.

Dans les écoles, l'agitation battait son plein. Privés de tout rôle politique depuis le temps de Philippe le Bel, les maîtres de Paris et ceux de Toulouse — souvent en désaccord — se hâtèrent de saisir l'occasion offerte par le Schisme. On chercha des « voies » pour sortir de l'affaire. On en trouva trois.

La « voie de fait » échoua. C'eût été la victoire des forces de Louis d'Anjou, dominant Naples et marchant sur Rome. Louis d'Anjou était au contraire enlisé dans l'aventure qu'était la conquête de ce royaume de Naples à lui légué par la dernière des Angevins issus du frère de Saint Louis. On vit très vite qu'il était incapable d'imposer quoi que ce fût dans l'Italie moyenne. Le seul résultat de l'alliance angevine fut d'obérer les finances pontificales d'un contentieux inextricable.

La « voie de cession » et la « voie de Concile » allaient être successivement, pour les générations suivantes, les autres formulations du désir d'unité et les approches véritables de cette autre construction politique de l'Église : le Gallicanisme.

Révoltes

La crise profonde qui secoue l'Europe dans les années 1380 et qui se marque par une vague d'émeutes et de massacres n'a rien à voir avec le malaise politique que provoque en France la minorité d'un roi autour de qui l'on rivalise pour le pouvoir. Cette crise est fille de l'insécurité économique, du craquement des structures sociales des gouvernements municipaux, de l'alourdissement continu du fisc. Dans chaque cas, en chaque ville, il y a des raisons bien différentes, et la simultanéité des explosions tient plutôt à une contagion facile dans une Europe insta-

ble qu'à une volonté concertée de changer les bases
des supports politiques et sociaux. Dans les villes
toscanes et flamandes, à Bruges comme dans les
ports hanséatiques, à Paris ou à Rouen comme dans
les petites villes languedociennes, dans les campagnes
anglaises même, la colère s'alimente de considéra-
tions locales. Mais à Paris on criera « Vive Gand ! ».

A peine l'insurrection des Ciampi a-t-elle, en 1378,
soulevé les artisans de Florence contre le gouvernement du patriciat qu'éclatent en Languedoc des
émeutes sporadiques. Les compagnies et les pestes y
ont leur part, non moins que la conjoncture et la lassitude. C'est le drame d'un pays dépeuplé, dont les
dynamismes sont durablement atteints. L'impôt apparaît à ces gens ruinés comme une injustice. La maladresse de Louis d'Anjou s'y ajoute, lorsqu'il cherche
à imposer son frère Jean de Berry comme lieutenant
de roi en Languedoc, au lieu du comte Gaston Fébus
de Foix auquel s'attendaient les administrés. Cette
simple faute suffit à transformer l'agitation dont Le
Puy, Nîmes, Montpellier ou Alès donnaient l'exemple
dès 1378 et 1379 en une révolte politique qui éclate
en 1381 à Béziers. Toulouse suit. L'affaire jette sur
les routes des bandes de « Tuchins », autrement dit de
maquisards, qui généralisent l'insécurité. Le gouvernement de Charles VI — qui est encore celui des
oncles du jeune roi — doit alors consacrer quatre
longues années à réduire par les armes une révolte
qui n'aura finalement profité à personne. On en gardera des ruines supplémentaires, et le souvenir d'une
nouvelle terreur.

Le mouvement des « travailleurs » anglais, dans le
même temps, tente au moins, en terrorisant Richard II
dans Londres même, d'obtenir des réformes fiscales
et sociales. Des deux côtés, l'échec est aussi cuisant.
Mais les Tuchins n'ont en réalité rien demandé,
sinon la fin du fisc et la mort des riches.

Il en va différemment des artisans flamands. Ils
savent fort bien ce qu'ils exigent lorsqu'en 1379 ils
s'insurgent contre le comte Louis de Male à la

faveur d'un épisode, vite oublié, de la vieille rivalité de Bruges et de Gand. Ils veulent ôter au patriciat d'affaires son monopole du gouvernement des villes industrielles et son rôle moteur dans l'organisation économique de la production. Menés en 1382 par Philippe Van Artevelde, le propre fils de ce Jacques Van Artevelde qui a conduit la révolte des années 1337-1345, ils prennent vraiment le gouvernement de la Flandre, organisent la solidarité des villes et des métiers, lèvent des impôts et des troupes, négocient avec le roi d'Angleterre. Dans une conjoncture différente, l'histoire semble se répéter. Comme jadis Louis de Nevers, Louis de Male se réfugie en France. L'affaire tourne à la révolution politique.

A la même époque, le gouvernement des oncles de Charles VI se voit amené à rétablir les aides, autrement dit l'impôt sur la consommation un peu vite supprimé en 1380. Charles V, à son lit de mort, a supprimé les fouages directs pour soulager sa conscience. Le peuple a compris que l'on supprimait les impôts, et une série d'émeutes — et de mouvements antisémites — à Paris, à Saint-Quentin, à Laon, à Compiègne, a forcé les nouveaux maîtres de la France à annoncer rapidement qu'on cessait aussi de lever les aides indirectes. Le résultat de cette décision irréaliste est que les oncles du roi se trouvent obligés de gérer la chose publique en n'en ayant plus les moyens. Ils ont commencé par négocier avec les états de novembre 1380 la levée d'un nouvel impôt direct. En 1382, il s'agit de rétablir l'impôt indirect, le seul qui procure vraiment un revenu fiscal régulier.

Les oncles préfèrent éviter ce qui attirerait l'attention une négociation d'ensemble. L'accord obtenu de quelques notables au cours de pourparlers séparés a donc laissé chacun dans l'ignorance de ce qu'ont octroyé les autres. Et nul ne s'est vanté d'avoir cédé.

Aussi voit-on les Rouennais se soulever lorsqu'ils entendent qu'on va exiger d'eux beaucoup plus qu'ils ne croyaient avoir accordé. C'est, le 24 février 1382, la « Harelle ». Quelques notables, grands bourgeois ou officiers royaux, sont égorgés dans l'affaire, une affaire où l'on oublie très vite l'impôt : la fureur populaire tourne au massacre des riches.

De même le peuple s'insurge-t-il lorsque, le 1er mars, on commence de percevoir l'aide à Paris. Trouvés un peu plus tard à l'Hôtel de Ville, quelques centaines de maillets de plomb donneront son nom au mouvement : les Maillotins. Là encore, on passe très rapidement de la protestation contre le fisc au pillage des hôtels bourgeois, ceux des usuriers, ceux des fermiers de l'impôt, ceux de toutes sortes de gens qui ont simplement le tort d'être riches et connus.

Gand, Rouen, Paris : le roi voit les villes lui échapper, ces villes dont l'alliance a depuis trois siècles permis le progrès du pouvoir royal aux dépens de la féodalité. L'agitation gagne la Normandie, la Picardie, la Champagne. Lyon et Amiens refusent de payer l'impôt nouveau. Force est de céder, du moins sur l'instant. Le gouvernement royal décrète l'amnistie, sinon pour quelques meneurs, et convoque les états de Langue d'oil. Réunis à Compiègne, ceux-ci votent en définitive l'aide.

Les notables sortent donc de l'affaire avec le maximum de profit : le moyen de leur pouvoir politique — le consentement à l'impôt — est réaffirmé dans le principe. Le prix de la révolte parisienne sera payé par le menu peuple, ce qui ne déplaira pas aux bourgeois qui ont eu peur. Au reste, les Parisiens et bien d'autres, cédant sur le point de l'impôt pourvu qu'on pense à les consulter, attendent surtout de voir comment tournera le vent en Flandre. Les Rouennais, seuls, sont très sévèrement punis sur-le-champ : leurs privilèges commerciaux sont supprimés, de même que leur autonomie communale. Une nouvelle manifestation contre le fisc, une deuxième Harelle, marque en août 1382 la réaction rouennaise à cette punition de leur premier mouvement.

Le duc de Bourgogne est au Conseil royal. Philippe le Hardi est le gendre et l'héritier du comte de

Flandre. Toute la force de la royauté se déploie donc contre les Flamands révoltés. Une dimension nouvelle est même donnée à l'entreprise quand on baptise « croisade » l'expédition de Flandre. Il est vrai que les Flamands rebelles sont de surcroît coupables d'adhérer à l'obédience du pape de Rome.

Artevelde pensait trouver un secours du côté des Anglais. Il n'en recevra que de vagues promesses. Le 27 novembre 1382, à Roosebeke, les Gantois sont écrasés. L'une après l'autre, toutes les villes de Flandre se soumettent. C'en est fini du mouvement qui menaçait le plus gravement l'autorité royale : l'affaire a tourné à la gloire de la Couronne.

Les Parisiens se croyaient tranquilles. Vainqueur des Flamands, le roi change soudain de ton. Les meneurs des Maillotins sont pendus, la capitale perd sa municipalité. Et l'on oublie de consulter les états avant d'alourdir les impôts. Quant aux Rouennais, la deuxième Harelle leur est comptée fort cher : bannissements et amendes ruinent pour longtemps la ville. Le fruit des révoltes sera trente années d'absolutisme fiscal.

Il est trop tard quand arrivent les Anglais. En mai 1383, l'évêque de Norwich débarque en Flandre à la tête d'une autre « croisade ». Le propos avoué est de rétablir l'unité de l'Église compromise par l'attitude des fidèles du pape avignonnais. En réalité, la « croisade » vient rétablir le débouché des laines anglaises. Mais les soldats de l'évêque commettent l'erreur de saccager Gand en oubliant complètement qu'ils sont venus à l'appel des Gantois. La Flandre se retrouve donc très vite unie derrière son comte Louis de Male et son futur comte, le duc Philippe de Bourgogne. L'armée française n'aura alors qu'à marcher vers le Nord pour que les croisés anglais décampent.

Le 30 janvier 1384, Philippe le Hardi devient comte de Flandre. Il ne rencontrera de résistance qu'à Gand. Les Flamands sont revenus de leurs illusions séculaires quant à l'alliance anglaise : celle-ci

leur a surtout procuré l'hostilité française. Gand se
soumettra après deux ans d'hésitations et de négociations. Au vrai, bien des Flamands s'avisent qu'il ne
leur est pas indifférent d'avoir comme comte un
prince aux vues larges, qui gouverne à Paris. Le
royaume de France va devoir, pour une vingtaine
d'années, prendre en compte les intérêts économiques
de la Flandre.

Ducs et Marmousets

Charles V avait cru régler sa succession. Il avait
veillé à l'éducation politique du futur Charles VI. En
fixant à treize ans la majorité royale, il avait entendu
raccourcir un temps d'inévitables difficultés. Il avait
diminué les risques en divisant les pouvoirs : Louis
d'Anjou aurait le gouvernement du royaume, sauf
Paris et la Normandie, dévolus à Philippe de Bourgogne et à leur beau-frère Louis de Bourbon, lesquels
se voyaient chargés avec cela de la tutelle personnelle de l'enfant royal. Un conseil assistait les princes : il était composé des vieux conseillers qui
avaient l'expérience des affaires administratives et de
la gestion financière.

Tout cela demeura lettre morte. Charles V mourut
le 16 septembre 1380. Il avait déjà, deux ans plus
tôt, contribué à la division du monde chrétien en
consolidant le Grand Schisme d'Occident. Il avait
ouvert un nouveau front en favorisant l'adoption de
son frère Louis d'Anjou par la reine Jeanne de
Naples. Il venait de priver son fils des moyens de
gouvernement qu'étaient les finances « extraordinaires ». A peine était-il mort que ses fidèles conseillers
furent écartés du pouvoir. Sacrifié à l'Université, le
prévôt de Paris Hugues Aubriot se retrouva en prison. Le chancelier Pierre d'Orgemont fut révoqué.
Les autres se dispersèrent.

Un sacre précipité ruina les dispositions prises
pour la régence. Louis d'Anjou fit main basse sur le
Trésor royal, puis prit la présidence du conseil de

régence. Jean de Berry se consola avec le gouvernement d'un Languedoc où il eut bien de la peine à se
faire admettre. Bourgogne attendait son heure, qui
sonna lorsqu'en 1382 Louis d'Anjou, confondant son
intérêt propre et son zèle affiché pour l'unité de
l'Église par la victoire du pape d'Avignon, tourna
son activité vers l'Italie. Il allait y mourir, à Bari, le
21 septembre 1384, ayant dépensé beaucoup d'argent
français mais complètement oublié ce gouvernement
du royaume de France que lui avait confié son frère
Charles V.

Philippe de Bourgogne était maître des affaires. Il
le resta même lorsque Charle VI atteignit l'âge de la
majorité. Pour son neveu, mais en veillant à ses propres intérêts flamands et bourguignons, il reprit en
main le gouvernement royal, restaura la fiscalité,
réprima les mouvements insurrectionnels. Donnant
une nouvelle orientation à la politique extérieure que
Charles V avait fondée sur l'alliance castillane et sur
l'amitié de l'empereur Charles IV de Luxembourg, le
duc Philippe le Hardi noua un réseau d'alliances
conçu pour écarter les Anglais des affaires flamandes
mais non de leur circuit économique, favoriser
l'expansion de sa principauté entre le Rhin et
l'Escaut, et lui permettre de jouer dans l'empire germanique un rôle autre que celui dont s'était contenté
Charles V, celui d'un bon parent.

La pièce maîtresse de ce jeu diplomatique fut
l'alliance bavaroise. Les deux branches de la famille
de Wittelsbach régnaient l'une sur le duché de Bavière,
l'autre sur les comtés de Hollande et de Hainaut. Philippe le Hardi réussit à marier sa fille au comte Guillaume et son fils — le futur Jean sans Peur — à l'une
des sœurs de Guillaume. Puis il fit de la fille du duc
Étienne, Isabeau, la nouvelle reine de France. Dans le
même temps, le duc de Bourgogne se posait en champion de sa tante la duchesse de Brabant, engagée dans
un conflit contre le duc de Gueldre.

Il eût volontiers attaqué l'Angleterre dans ses forces vives. Il souhaitait lever définitivement l'hypothè-

que économique qu'était la menace, sans cesse bran-
die par l'Anglais, d'une suspension des exportations
de laine à destination des villes industrielles flamandes. Il entendait aussi répliquer à la croisade de
l'évêque de Norwich et, en profitant des faiblesses
internes du royaume plantagenêt, ôter aux Anglais
toute envie de recommencer. Il prépara le débarquement. On en parla en 1384, puis en 1386, en 1387
enfin. Le Trésor du roi de France finança l'armement
d'une flotte et la construction d'un important matériel
de siège. Mais les ducs ne se mirent pas d'accord à
temps pour ordonner le départ. On n'en reparla plus.

A la même époque, le duc de Lancastre ruinait le
Trésor anglais dans une vaine expédition contre le
roi de Castille. Une trêve générale fut donc conclue
sans grand-peine entre la France et l'Angleterre, en
août 1388. Personne ne pouvait deviner que cette
simple trêve mettait fin à la guerre du Plantagenêt et
du Valois ouverte un demi-siècle plus tôt.

Les rivalités paralysaient le gouvernement du jeune
Charles VI. Jean de Berry multipliait les maladresses
en Languedoc ; au Conseil royal, il retardait une
offensive contre l'Angleterre à laquelle son frère
Bourgogne eût gagné plus que lui. Le duc Jean IV
de Bretagne faisait arrêter le connétable de Clisson et
ne pouvait maîtriser les conséquences de son geste.
Le jeune frère du roi, Louis de Touraine — le futur
Louis d'Orléans — commençait d'exiger sa part des
profits du pouvoir et voulait infléchir la politique
étrangère de la France au mieux de ses intérêts personnels : ceux-ci n'étaient pas en Flandre ou en
Angleterre, mais en Italie, où son beau-père Jean-Galéas Visconti régnait sur Milan.

Charles VI s'avisa qu'il avait vingt ans et qu'il
pouvait gouverner seul, ou du moins avec les vieux
conseillers de son père. Les Le Mercier, les Bureau
de la Rivière, les Montagu et quelques autres étaient
tout prêts à reprendre les rênes du pouvoir. En octobre 1388, le roi remercia ses oncles. Il refusa même
de leur donner les provinces auxquelles les ducs pen-

saient avoir droit : l'un voulait la Guyenne, l'autre la Normandie. Puis on rappela au Conseil ceux que les ducs ridiculisèrent vite d'un surnom : les « Marmousets » , les barbons. En fait, c'était le parti de Louis de Touraine qui l'emportait ainsi sur celui de Philippe de Bourgogne. Le bouleversement général du personnel politique et administratif rendit la chose manifeste.

L'affirmation du principe de l'élection pour un grand nombre d'offices — dans les juridictions en particulier — montra bien, en février 1389, que l'on en revenait à la doctrine politique et aux pratiques de Charles V. Le Conseil élisant les baillis, le Parlement se cooptant, c'était le triomphe de la bourgeoisie grandie, et souvent anoblie, au service de la monarchie.

Le roi prenait les choses en main. Il consacra l'hiver 1389-1390 à parcourir un Languedoc enfin pacifié. Jean de Berry n'eut pas le droit d'être du voyage. Louis de Touraine en était. Le passage à Avignon permit de consolider l'entente entre Charles VI et ce Clément VII qui devait de garder sa tiare à un choix politique de Charles V, de Louis d'Anjou et de leurs conseillers. Le pape n'avait guère apprécié l'indifférence du duc de Bourgogne : Philippe le Hardi se sentait peu porté à financer une guerre italienne au détriment d'une expédition en Angleterre et à susciter de nouveaux remous en contraignant au clémentisme les populations urbanistes des villes flamandes. Il trouva en Louis de Touraine un soutien décidé. On parla d'un éventuel royaume d'Adria dans l'Italie du Nord. L'affaire intéressait le gendre du seigneur de Milan.

Le roi marqua un autre point en Languedoc : sa rencontre avec le comte de Foix Gaston Fébus fit comprendre à tous que le temps du duc Jean de Berry était fini.

Comme au temps de Louis d'Anjou, les regards se portaient donc de nouveau vers l'Italie. Mais l'enfant Louis II d'Anjou, enfin établi à Naples en 1390, ne pouvait être que d'un maigre secours pour le pape d'Avignon. Celui-ci se trouva d'accord avec le roi de France pour faire porter l'effort sur le nord de l'Italie, en profitant là de l'alliance intéressée du Visconti. L'aristocratie génoise procura une occasion : en 1392, pour se débarrasser du gouvernement populaire au pouvoir depuis un demi-siècle, elle offrit à Charles VI la souveraineté de la ville.

La paix, cependant, semblait devoir se faire avec l'Angleterre. Richard II souhaitait restaurer la prospérité de son royaume, non se ruiner à reconquérir l'héritage d'Aliénor d'Aquitaine. En 1391 et 1392, on négocia. Cela dissuada Charles VI de se lancer tout de suite dans l'affaire génoise. Au terme de pourparlers, on s'aperçut que les Anglais ne voulaient rien de moins que tout gagner sans se battre. Cette fois encore, la paix avorta.

CHAPITRE X

La France divisée

(1392-1422)

Des intérêts opposés

La folie qui frappe en juillet 1392 un Charles VI dans la force de sa vingt-quatrième année bouleverse d'un coup tout l'édifice politique construit par l'entourage de Charles V. Les ducs n'étaient au pouvoir en 1380 que pour un temps. Malgré des rémissions qui sont nombreuses et parfois longues, ils y sont maintenant jusqu'à la mort du roi, et ils le savent. Le dauphin est un enfant d'un an — ce n'est pas encore le futur Charles VII, qui naîtra en 1403 après l'une des rémissions du mal — et le frère du roi, Louis d'Orléans, se sent déjà une âme de prince héritier.

Charles VI a eu le temps de comprendre et d'analyser les causes des difficultés politiques de sa minorité. Lucide entre deux attaques de la maladie, il cherche à éviter le retour aux tensions de 1380 et prend, en janvier 1393, des dispositions calquées sur celles de 1374, si ouvertement violées par ses oncles à son avènement. Il distingue une régence, dévolue pendant ce qu'on appellera pudiquement ses « absences » à son frère Louis d'Orléans, et une tutelle du dauphin, confiée à Philippe de Bourgogne et Jean de Berry.

Les principales frictions des années 1380 tenaient à l'opposition des intérêts des ducs de Bourgogne et d'Anjou. Louis d'Anjou est mort, mais la politique bourguignonne s'accommode tout aussi mal des vues personnelles de Louis d'Orléans. L'Angleterre, l'Italie, le Schisme, le Trésor royal et le produit des im-

pôts, tout est bientôt occasion de conflit. La clé de
toute politique étant le Conseil, les ducs s'affrontent
aussi, tout naturellement, pour y placer leurs fidèles.

Philippe le Hardi, duc de Bourgogne et comte de
Flandre, n'a pas les moyens de ses ambitions. Les
pensions qu'il perçoit sur le Trésor royal et les impôts royaux levés à son profit sur ses terres complètent heureusement les produits domaniaux de l'état
bourguignon. Pas plus que le roi, un prince territorial
qui prétend à un rôle européen ne peut « vivre du
sien ». Mais la nécessaire prospérité de la Flandre
passe, d'autre part, par une politique extérieure sensible au maintien des relations commerciales entre
l'Angleterre productrice de laine et les grandes villes
drapantes de Flandre et d'Artois. Tant que l'oncle du
roi malade — qui a été l'oncle du roi mineur — est
présent au Conseil de son neveu, les positions de
Bourgogne sont donc fermement tenues. Il en ira
autrement après 1404, quand son fils Jean sans Peur
fera figure de nouveau venu. On lui refusera vite le
produit des impôts. Puis on écartera ses fidèles.

Louis d'Orléans, cependant, n'a pas cessé de placer
ses pions. En donnant trois fils à Charles VI, Isabeau
de Bavière a ôté à son beau-frère tout espoir de régner
un jour. Or il lui faut, au-delà de ce que peut financer
son maigre apanage d'Orléans, mener une politique
indépendante, entretenir une clientèle et conduire une
diplomatie capable de lui faire tenir un rôle à
l'échelle européenne et éventuellement de lui procurer une couronne autre que celle de France. En outre,
le duc d'Orléans aime le faste, les fêtes, les joyaux...

Son domaine lui rapporte à peine cinquante mille
livres ; c'est le vingtième de ce que procure à son
oncle l'État bourguignon. Le Trésor royal n'en est
que plus convoité. Louis d'Orléans doit donc consolider son emprise sur le Conseil royal.

Jusqu'en 1401, le conflit n'est au juste qu'une
série d'affrontements au sein du Conseil. Jean de
Berry y tient, entre son frère et son neveu, une partie
sans cesse changée. Lui aussi lorgne le Trésor royal :

son apanage ne saurait suffire au train de vie d'un prince dont le mécénat devient une raison d'être. Il s'arrange donc pour tirer le plus souvent profit d'une neutralité qui lui permet de jouer à l'arbitre. Quant à la jeune reine Isabeau de Bavière, qu'un veuvage épisodique ne satisfait guère, elle s'amuse trop avec son beau-frère d'Orléans pour ne pas faire jaser. A l'un comme à l'autre, l'opinion publique reproche surtout des dépenses sans commune mesure avec ce qu'on a connu au temps de Charles V. Mais, les années passant, la reine Isabeau se prend peu à peu au jeu politique lui-même. Elle va le compliquer, et lui donner parfois un ton propre.

Un mouvement de réforme s'esquisse donc, inévitablement dirigé contre ceux qui dilapident l'argent du contribuable au mépris de l'intérêt général. Ce réformisme se trouve vite conjoint avec le courant de réflexion favorable à une réforme profonde de l'Église, un courant qu'engendrent aussi bien les abus de l'administration pontificale — et de son fisc — que le scandale d'une Chrétienté bicéphale depuis 1378. Réforme de l'État, réforme de l'Église, c'est tout un, et la chose est particulièrement ressentie dans le milieu, intellectuel et volontiers contestataire, des maîtres et écoliers de l'Université de Paris. Des théologiens, des juristes, des philosophes sont portés à systématiser ces vues réformatrices. C'est d'une réforme de la société politique — mais nullement de l'organisation économique de la société — que rêvent dans ces années-là un Courtecuisse, un Cauchon et bien d'autres.

Les intérêts du duc de Bourgogne poussent à l'abandon d'une alliance inutile et onéreuse avec le pape d'Avignon et avec les Angevins de Naples. Philippe le Hardi passe donc à bon compte pour réformateur : il est celui qui n'entend pas gaspiller le Trésor royal en Italie. Comme il a besoin d'une clientèle, et notamment d'une clientèle parisienne, c'est une image politique qu'il s'emploie à cultiver. Lorsque son fils Jean sans Peur verra s'écrouler ses positions au Conseil royal, il n'en clamera que plus fort son idéal réformateur. Cela signifiera simplement qu'il est opposé aux dépenses de son adversaire. Entendant parler d'économies à faire, le bon peuple s'y trompera.

L'attention portée aux affaires italiennes a bien changé depuis que le roi de Naples n'est plus que le cousin du roi de France. Que Louis d'Orléans ait d'autres intérêts en Italie même ne fait qu'ajouter un facteur de mutation parmi les enjeux politiques.

Louis d'Orléans a épousé en 1387 Valentine Visconti, fille du seigneur de Milan Jean-Galéas, devenu duc de Milan en 1395 par la grâce de l'empereur. Avec le comté d'Asti, Valentine apportait au frère de Charles VI des prétentions sur Gênes, le seul port méditerranéen qui fût à la fois en relations directes et régulières avec la mer Noire et la route caravanière de Trébizonde, et avec Londres, Southampton et Bruges. Gênes était depuis 1339 aux mains du parti populaire, mais ce pouvoir restait assez mal assuré pour que le doge Antoine Adorno fût trois fois renversé, puis rétabli. Bien des Génois songeaient donc à ce qui apportait la stabilité à tant de villes italiennes : le recours à un seigneur étranger, capable, au-dessus des factions internes, d'assurer la paix civile.

A plusieurs reprises, à partir de 1392, les Génois avaient donc proposé la seigneurie à l'un des princes les plus puissants : le roi de France. L'initiative était d'abord venue des ennemis — guelfes et aristocratiques — d'Antoine Adorno, puis du doge lui-même. Vue de Paris, l'affaire semblait présenter de notables avantages, y compris celui — nullement secondaire aux yeux du duc de Bourgogne — de faciliter un blocus économique de l'Angleterre. Surtout, alors que Marseille était aux Angevins, et que Montpellier et Narbonne restaient incommodes, elle procurait au roi de France un excellent port méditerranéen.

Dans le même temps, le Milanais offrait de reprendre un projet esquissé en 1379 par le pape Clément VII pour le duc d'Anjou : la création d'un royaume d'Adria constitué autour d'Ancône, Spolète, Bologne et Ravenne. Jean-Galéas Visconti voyait là, outre un moyen d'en finir avec le Schisme en intéressant un prince à la réalisation de la « voie de fait », une possibilité de mettre au pas les villes toscanes et de consolider son pouvoir encore fragile : il introduisait dans le jeu politique italien un prince capable d'y balancer l'autorité impériale.

Louis d'Orléans s'intéressait surtout à Gênes. La Seigneurie cherchait un homme, et l'alliance du Visconti. Celui-ci avait besoin d'un port, mais ne pouvait intervenir directement, sous peine de déclencher une riposte des Vénitiens. Quant aux Génois, ils aimaient mieux se donner au roi de France qu'à son frère. Louis d'Orléans s'inclina donc, et c'est Enguerran de Coucy qui alla en 1395 traiter à Milan, puis à Gênes. Après une nouvelle série de passes diplomatiques, le Grand Conseil de Gênes s'étant prononcé contre la soumission à la France et les Florentins ayant vivement réagi en apprenant qu'Adorno traitait avec Visconti, on frôla la rupture. A Paris, Isabeau de Bavière poussait à l'alliance florentine, tout autant que le parti de Bourgogne : les Génois avaient en Angleterre des intérêts concurrents des Flamands.

C'est alors que Gênes tenta avec succès une ultime manœuvre pour éviter l'isolement : l'étape commerciale de Gênes pour l'Europe du Nord-Ouest fut rétablie à Bruges. La France se glissa dans cette réconciliation de Gênes et de Bruges, qui se faisait aux dépens de Florence. On reprit le vieux projet : le 24 mars 1396, les Génois approuvaient la dévolution de la Seigneurie au roi de France. La domination française allait durer treize ans.

Les milieux d'affaires français étaient dépourvus d'imagination. Nul ne songea à tirer vraiment profit de l'aubaine. Gênes au roi de France, ce pouvait être l'occasion d'un remodèlement complet des objectifs et des circuits économiques. On n'y pensa pas. Il est juste de dire que l'on n'eut pas le temps.

Ils n'exploitèrent pas davantage la conquête des Canaries faite en 1402 par le Normand Jean de Béthencourt et son associé Gadifer de la Salle. L'affaire resta ce qu'elle était pour ses héros : l'entreprise de deux hommes d'armes ruinés par la paix et portés à chercher de nouveaux théâtres d'opérations. Béthencourt se fit reconnaître roi des Canaries par Henri III de Castille, puis laissa son île à son neveu et revint en France où il s'embaucha dans l'armée de Boucicaut. Les marchands ne soupçonnèrent même pas que les Canaries pouvaient avoir une importance dans l'ouverture de nouvelles routes commerciales.

Une petite prospérité

Pendant ces années où l'on se dispute au Conseil et où l'on chevauche des chimères politiques en Italie, la guerre franco-anglaise se laisse un peu oublier. Les routes sont un peu plus sûres. La livre tournois tient bon. Les bourgeois peuvent, comme le font les Toulousains en 1391, ranger dans leur maison commune l'artillerie qui défendait les portes de la ville. Chargé en 1389 de gérer pour le roi la prévôté des marchands, l'avocat Jean Jouvenel fait rapidement figure de défenseur des intérêts parisiens, et les procès qu'il fait à ce titre aux marchands de Rouen, de Sens et de Troyes montrent assez bien qu'il y a, comme naguère, des marchés à défendre. Alors que s'achève en Languedoc la chasse aux routiers et que la circulation fluviale reprend sur la Seine, la France vit un moment de petite prospérité.

La confiance revient, qui incite à l'investissement. Les maîtres du sol remettent en valeur les censives de leur seigneurie. Les paysans se reprennent à labourer les terres abandonnées à la friche depuis une ou deux générations. Les marchands risquent de nouveau sur les grands chemins leur avoir et leur vie. Encore faut-il être sûr que les troubles ne vont pas reprendre, et qu'on ne va pas revoir la soldatesque.

Cette perception de la sécurité est évidemment très différente selon les régions : la reprise s'amorce dès avant 1380 dans le Bordelais, alors que l'Ile-de-France attendra encore dix ou quinze ans et qu'on ne voit rien bouger sur les bords de la Saône avant les premières années du XVᵉ siècle.

Le mouvement est quand même sensible dans l'ensemble. Le prix des blés, qui ne cessait de s'effondrer, remonte quelque peu à partir des années 1380-1390. Le courant commercial progresse aussi, qu'atteste la remontée des fermes fiscales, celle d'un impôt sur les marchés comme celle d'un péage fluvial. Si le fermier prend le risque d'un bail à plus haut prix, c'est qu'il escompte un bénéfice.

Sans atteindre jamais les niveaux d'avant la guerre et la Peste noire, la croissance avoisine en vingt ans, selon les indicateurs économiques, les dix ou quinze pour cent. Dans une stagnation séculaire, ceci signifie qu'on entrevoit de nouveau les dynamismes générateurs de croissance. Il y a vers 1400 des hommes d'affaires optimistes, des banquiers qui osent prêter — c'est-à-dire investir — et des fermiers qui anticipent sur une hausse des niveaux de consommation.

Cet optimisme sera de courte durée. La désillusion n'en portera que plus durement ses fruits. On a cru trop vite en 1389 que Charles VI était venu dans le Midi pour autre chose qu'assurer la contribution des villes. On a cru trop tôt que proposer aux paysans un bail à l'ancien taux suffisait à procurer de nouveaux défricheurs. Lorsqu'une autre fois, après 1450, la paix semblera revenue, nul ne s'y laissera prendre. On attendra vingt ans avant de parier derechef sur l'expansion. Échaudé dans les années 1400, le Français voudra en 1450 des certitudes avant d'oser.

Dans cette réanimation de la vie économique, le luxe des cours joue son rôle. Le contribuable est sévère pour les fêtes d'Isabeau de Bavière et de Louis d'Orléans, mais le pelletier, l'orfèvre et le mercier — fournisseur de boucles d'argent, de ceintures cloutées et de petits couteaux à virole — n'y voient qu'affaires en perspective. Lorsqu'en 1395 on parle à Paris de la paix avec l'Angleterre, un marchand toscan établi là depuis dix ans se hâte d'écrire à ses correspondants d'Italie : qu'on cesse d'envoyer des armes, qu'on envoie des bijoux. Qui dit traité de paix dit mariages de princes...

C'est dans cette petite prospérité que mûrissent les derniers fruits de la sensibilité médiévale et ceux du premier humanisme français. La poésie raffinée des rhétoriqueurs est à la mode dans les cours et à la ville. De grands seigneurs revenus de la dernière des croisades et rescapés du désastre de Nicopolis (12 septembre 1396) mettent en forme dans les *Cent ballades* leur débat sur la fidélité amoureuse. Officier royal et familier de l'hôtel d'Orléans, Eustache Deschamps mêle dans une œuvre foisonnante le lyrisme amoureux et la misogynie, la satire politique et la théorie littéraire. La fille du médecin et astrologue de Charles V, Christine de Pisan, entreprend *le Livre des faits et bonnes mœurs du roi Charles V* dans le même temps qu'elle achève, avec la *Cité des Dames* et le *Livre des Trois Vertus,* les premiers traités de la condition féminine et de l'éducation des filles. Au vrai, Christine est une jeune veuve sans ressources, et c'est bien en professionnelle de la plume qu'elle écrit pour nourrir ses enfants.

La guerre qui semble achevée commence d'entrer dans la perception historique, et l'on songe à pousser jusqu'aux temps les plus récents les grandes compositions historiographiques. Cuvelier écrit dans les années 1380 sa vie de Du Guesclin. Froissart achève en Angleterre une chronique nourrie de tous les documents qu'il a pu consulter et de tous les témoignages qu'il a su recueillir en trente années de voyages et de séjours chez les princes.

Chaque groupe social a sa part dans l'éclosion littéraire de ces années de paix. La noblesse fait sa pâture des romans de chevalerie qui renouvellent en sa forme — non en ses principes — le vieux fonds des chansons de geste et des romans arthuriens. Le *Méliador* de Froissart n'est autre chose qu'un avatar du *Lancelot*. La bourgeoisie s'adonne avec délices aux joies communautaires du théâtre, le théâtre para-liturgique des *Miracles de Notre-Dame* et des *Mystè-res de la Passion*, le théâtre profane des grandes mises en scène historiques — *Robert le Diable*, le *Baptême de Clovis* — et des premières comédies de mœurs, comme cette *Farce de maître Trubert et d'Antrognart* où Deschamps crée déjà les personnages qui noueront, trois quarts de siècle plus tard, l'intri-gue de *Pathelin*.

D'autres voies s'ouvrent, tout aussi novatrices, même si leur retentissement n'a rien à voir sur l'ins-tant avec celui des grands *Mystères*. La chancellerie de Louis d'Orléans abrite alors un Gontier Col, un Jean de Montreuil et quelques autres qui entretien-nent une correspondance suivie avec toute l'Europe des lettrés, avec Avignon surtout, où Jean de Muret et Nicolas de Clamanges vivent les derniers feux de la capitale des papes. On cultive les lettres latines, la rhétorique précise de Cicéron comme la poésie savante d'Horace. Le modèle est Pétrarque, et non plus Boèce ou saint Augustin.

Le temps paraît être aux jeux littéraires. Christine de Pisan écrit en 1399 cette *Épître au Dieu d'Amour* qui est l'affirmation d'un amour à la fois sensuel et sentimental. Elle ouvre ainsi une interminable que-relle littéraire avec les tenants du cynisme amoureux et de l'anti-féminisme clérical symbolisé depuis le XIIIe siècle par le *Roman de la Rose*. Au nom de la morale, le théologien Jean Gerson se retrouve au cô-té de Christine de Pisan dans cette querelle que renonce à trancher la «Cour d'Amour» réunie en 1401 chez le duc de Bourgogne par ordonnance royale. A l'arrière-plan de la «querelle du *Roman de la Rose*», il y a bien évidemment Ovide et son *Art d'Aimer* si souvent «moralisé» par de piètres exégè-tes médiévaux, et il y a Pétrarque. L'humanisme qui se dégage encore mal de ses sources s'inscrit donc à l'encontre d'un humanisme sensible qui naît hors du système médiéval de références et de raisonnement.

Cependant que la vieille tradition gothique trouve ses aboutissements dans les tapisseries de l'*Apocalypse*, une nouvelle sensibilité commence de toucher également l'expression plastique. Grâce au duc de Bourgogne, elle vient pour une bonne part du Nord. Le Néerlandais Claus Sluter introduit dans l'atelier de Philippe le Hardi, qu'il dirige à partir de 1389, une liberté de composition, un mouvement et une puissance dramatique dont témoigne la statuaire de Champmol, cette chartreuse aux portes de Dijon dont le premier duc Valois de Bourgogne entend faire le Saint-Denis de sa dynastie. Jean de Berry collectionne déjà les manuscrits, commande un *Psautier* à André Beauneveu — le sculpteur du tombeau de Charles V — puis des *Grandes Heures* à Jacquemart de Hesdin, en attendant de confier aux frères de Limbourg l'enluminure des *Très riches Heures*.

L'italianisme apparaît aussi, que favorisent les contacts pris à Avignon par la génération précédente, non moins que le trafic des œuvres d'art entretenu par les grands marchands établis à Paris et à Bruges, par les Lucquois en particulier. A Paris comme en Flandre, on s'attache à imiter les Italiens, leurs couleurs délicates, leur dessin scrupuleux, leur sens des volumes et leur approche de l'espace.

La « cession » et le Concile

La « voie de cession » est à ce moment-là l'espoir d'une génération qui tient à l'unité de l'Église, autant pour des raisons intellectuelles que pour les évidentes raisons spirituelles, et qui ne se sent aucune responsabilité dans la naissance du Grand Schisme d'Occident. Que les deux papes se retirent, et l'unité se fera sans victoire de l'un ou de l'autre. Si les Curies tiennent à une victoire, les fidèles qui vivent et prient au cœur de l'une ou de l'autre obédience y sont à peu près indifférents. Mais ils restent sensibles au scandale qu'est la déchirure de la «robe sans couture» du Christ.

Malheureusement, les cardinaux ne l'entendent pas ainsi. A Rome, ils ont en 1389 donné un successeur à Urbain VI. A Avignon, en 1394, ils se hâtent d'élire un nouveau pape à la mort de Clément VII, craignant à juste titre qu'on ne cherche à les en dissuader. Et ce nouveau pape est le moins accommodant qui soit : l'Aragonais Pedro de Luna, qui devient Benoît XIII.

Faute d'avoir pu forcer l'adversaire à l'abandon et voyant bien que la double cession était une illusion, les princes temporels se mêlèrent de contraindre leur propre pape à l'abandon. Philippe le Hardi était peu soucieux de voir les forces du royaume de France s'employer en Italie où il n'avait aucun intérêt : il fit cause commune avec les «maîtres» parisiens, qu'un désir d'une réforme générale de l'Église poussait à prôner la voie de cession, qu'il s'agit de faire céder un pape ou d'en contraindre deux. Là encore, les réformismes se rejoignaient. Louis d'Orléans ne pouvait en conséquence que se poser en protecteur de Benoît XIII ; au reste, un pape dévoué pouvait le servir dans ses entreprises italiennes. La voie de fait entrait mieux dans son plan que le compromis, et il fallait garder un pape si l'on songeait à assurer son triomphe.

L'Université de Paris se prononça dès 1394 en faveur de toutes les formes possibles de ce compromis : la cession, mais surtout le Concile, qui pouvait assurer à la fois la réforme et l'unité. L'année suivante, les maîtres décidèrent le gouvernement de Charles VI à une démarche auprès du pape. Celui-ci était obstiné : il refusa tout compromis.

Restait à faire la cession sans le pape. L'Église de France allait vers la «soustraction d'obédience». Un concile français en formula l'idée en 1396. Le duc d'Orléans put retarder la décision, non l'empêcher : son oncle de Bourgogne veillait. En 1398, par 123 voix contre 90, les prélats et les maîtres français

votaient leur retrait de l'obédience de Benoît XIII.
Pour les besoins de la propagande royale, un vote
rectifié donna 247 voix contre 36. Mais, si l'on récu-
sait maintenant le pape d'Avignon, on n'adhérait pas
pour autant au pontife romain, qui était alors Boniface IX. Bientôt imitée par la Castille et la Navarre,
la France allait tout simplement s'exercer à vivre
sans pape.

Les clercs s'aperçurent très vite qu'ils avaient un
autre maître : le roi. Les archevêques eurent beau
développer leur juridiction d'appel, on eut beau pourvoir par élection aux sièges épiscopaux, rien n'y fit :
le gouvernement royal se trouva en position d'arbitre
dans les innombrables conflits qu'occasionnèrent les
rivalités locales et l'imprécision des situations nouvelles. La fiscalité royale s'abattit de surcroît sur les
églises. Enfin, beaucoup s'avisèrent que ce n'était
pas là le genre de cession qui mettrait fin au
schisme. D'abord assiégé dans son palais d'Avignon,
puis réfugié en Provence chez Louis II d'Anjou et
toujours soutenu par le roi Martin d'Aragon, Benoît XIII
n'était pas homme à s'incliner.

Les fidèles du pape romain ne parlaient pas de lui
retirer leur obédience. Les maîtres de Toulouse réfu-
taient la position dogmatique des Parisiens. Le clergé
français se divisait de jour en jour. Les autres royaumes naguère fidèles à la papauté d'Avignon restaient
dans l'obédience ou y revenaient. En mai 1403, les
modérés l'emportèrent en France comme ailleurs : le
clergé vota la « restitution d'obédience ».

On espérait amener ainsi le pape à composer.
C'était mal le connaître. Benoît XIII cassa les élec-
tions épiscopales et abbatiales intervenues pendant la
soustraction. Puis il leva de nouveaux impôts. Tardi-
vement, il feignit d'accepter une rencontre avec son
rival : il alla en 1407 jusqu'à Savone, cependant que
Grégoire XII s'avançait jusqu'à une petite journée de
marche de Savone. Les deux pontifes étaient aussi
têtus l'un que l'autre : ils ne purent faire les derniers
pas.

Le clergé français avait tiré une leçon de l'expérience. En janvier 1407, il vota une soustraction d'obédience temporelle : le pape n'était plus reconnu que pour son magistère dogmatique. On lui retirait sa juridiction, son droit de conférer les bénéfices, sa fiscalité. L'Église de France ébauchait ainsi dans l'épreuve ce qu'allaient être les structures juridiques du Gallicanisme.

Une troisième voie avait été évoquée dès 1380 par les théologiens parisiens : la voie de concile. La mauvaise volonté des deux papes décida les cardinaux. Ayant l'appui de l'empereur, l'aide matérielle de Florence et de Gênes et le trésor caché constitué par le légat Balthazar Cossa aux dépens de l'administration des États de Grégoire XII, quinze cardinaux des deux obédiences se réunirent à Pise en 1409. Quelques évêques et abbés les entouraient. L'Université de Bologne cautionnait l'initiative.

Le concile déposa les deux papes, en élut un troisième, un vieux théologien grec qui régna un an. Son successeur fut Balthazar Cossa : Jean XXIII. Grégoire XII se réfugia chez le roi de Naples Ladislas de Duras, qui avait définitivement éliminé en 1399 son adversaire Louis II d'Anjou. Benoît XIII trouva abri en Aragon, dans la forteresse de Peñiscola. Il y avait trois papes.

Jean XXIII sut rallier à sa cause le roi de Naples Ladislas, puis se faire conforter par un nouveau concile, à vrai dire peu nombreux. Mais il ne pouvait en finir avec la division de l'Église. Toute la Chrétienté se trouva d'accord pour chercher la voie de l'unité hors d'une papauté ou de l'autre. L'empereur Sigismond de Luxembourg convoqua un concile, lui donna pour siège Constance et lui fixa un programme. Les rares fidèles que gardait Benoît XIII en Espagne furent les seuls à faire défaut.

Le concile de Constance travailla trois ans, de novembre 1414 à novembre 1417. Au terme, Jean XXIII étant déposé, Benoît XIII réduit à Peñiscola et Grégoire XII ramené à son rang de cardinal, l'Église se retrouva une sous la houlette du cardinal Colonna, qui devint Martin V. Mais ces trois années avaient souligné les clivages politiques qui sillonnaient l'Église universelle. Le concile avait été un champ clos où les clergés nationaux s'étaient affrontés et parfois déconsidérés. La réforme n'était toujours pas en vue : il allait falloir, de nouveau, espérer en un concile.

Les seuls gagnants de cette succession de drames étaient les maîtres parisiens. Ils avaient déterminé l'attitude ecclésiale du roi de France. A Constance, ils avaient tenu le haut du pavé. Ils avaient beaucoup fait parler d'eux. Dorénavant, ils avaient des prétentions.

L'échec de la paix

La paix, cependant, avait depuis longtemps échoué. Le duc de Bourgogne avait réussi à faire prendre ses intérêts en considération tant qu'il avait été au pouvoir. Au vrai, dans les années 1390, l'économie anglaise n'était pas moins fragile que celle de la France, et Richard II voyait bien les avantages que lui procurerait une paix durable. L'effondrement de l'industrie textile des villes flamandes eût été pour les Anglais la disparition d'un client, et l'un des meilleurs. Pour longtemps encore, la laine anglaise avait besoin des tissages continentaux, tout autant que ceux-ci avaient besoin de la laine anglaise.

Les conférences se succédèrent : à Leulinghem en 1393, à Boulogne en 1394, à Paris en 1395. Le roi d'Angleterre épousa en 1396 la fille de Charles VI. Ce dernier donnait huit cent mille livres de dot à la jeune Isabelle ; le prix était élevé, mais tout le monde jugea que la paix était faite et que c'était une excellente chose. On liquida par la même occasion bien des contentieux. C'est ainsi que les Anglais vendirent Brest au duc de Bretagne, et Cherbourg au roi de Navarre Charles le Noble, fils de Charles le Mauvais. Le roi de Navarre céda finalement tout son héritage normand au roi de France en échange du futur duché de Nemours.

Louis d'Orléans s'opposait en tout à la politique de Bourgogne. Après la composition du Conseil royal et la solution du Grand Schisme, l'alliance anglaise lui offrit un enjeu de qualité. Il soutint ouvertement la rébellion du fils aîné de Jean de Lancastre, le duc de Derby, qui préparait en France son coup de force sur la couronne d'Angleterre. Les évêques et les barons anglais se dressaient contre Richard II. L'expédition du Lancastre, en 1399, fut ressentie en France comme un mauvais coup porté aux intérêts de Bourgogne. Le Parlement anglais prononça la déchéance du roi : le fils du Prince Noir allait disparaître en prison sans que nul sût jamais comment.

Le nouveau roi — l'ancien duc de Derby — Henri IV de Lancastre oublia vite qu'il avait été l'ami intéressé du frère du roi de France. La paix avec la France, c'était la politique de Richard II et celle de Philippe de Bourgogne. Henri IV s'employa à remettre l'Angleterre en guerre.

Duc de Bourgogne en 1404, Jean sans Peur tira les leçons de l'échec subi par son père : plutôt que de miser sur l'alliance anglaise, Philippe le Hardi aurait avantage à reprendre Calais. Le conflit ouvert entre les princes retarda cependant toute entreprise sérieuse contre la présence anglaise sur le continent, aussi bien contre Calais que contre ce qui restait de Guyenne au Lancastre. Une vague démonstration de Louis d'Orléans en arrière de Bordeaux ne trompa personne : la France n'avait pas les moyens de la guerre.

Henri IV non plus, qui se contentait à la même époque de lancer quelques raids sans lendemain, sur la côte du Cotentin en 1405, sur Fécamp en 1410. Lui aussi avait à affermir sa couronne. Il n'attaquerait que le jour où les probabilités de victoire seraient suffisantes pour renforcer son pouvoir.

Vers la guerre civile

Pendant que couvait une nouvelle guerre franco-anglaise, la rivalité des princes tournait en France au conflit armé. Profitant de l'effacement politique du vieux Jean de Berry, plus porté à s'occuper de sa fortune et de ses collections que des intérêts politiques de la Couronne, Louis d'Orléans mettait la main sur le Conseil royal — où ses fidèles étaient désormais en majorité — et sur le Trésor dont il tirait en quasi-totalité son revenu. Il attirait même dans son jeu la reine Isabeau, que son jeune beau-frère distrayait fort à propos d'une vie qui tenait du veuvage.

Le conflit éclata à la fin de 1401. On s'inquiétait alors en Bourgogne de quelques nominations favorables au parti d'Orléans, non moins que d'un récent rapprochement de la France et du duc de Gueldre, rapprochement dont Philippe le Hardi avait tout à craindre et qu'avait naturellement favorisé le duc d'Orléans. Le duc Philippe vint prendre position à Paris avec une armée. Orléans appela ses vassaux. Les deux troupes se côtoyèrent. On se mesura. Le 6 janvier 1402, on fit la paix sans avoir fait la guerre : ce n'avait été qu'un malentendu.

Bourgogne reparti, Orléans occupa la place. Il fallait lever un impôt nouveau, une « grosse taille ». Il en porta l'impopularité. Philippe le Hardi tira parti de son absence pour passer, à peu de frais, pour ennemi de la fiscalité.

L'année suivante fut celle de la confusion. Le duc de Bourgogne profita d'une absence de son neveu pour faire adopter de nouvelles dispositions successorales : le dauphin serait majeur par le seul fait de la mort du roi. Faute de pouvoir être régent, Philippe le Hardi supprimait la régence. Et l'on établissait, en attendant la mort de Charles VI, un gouvernement collectif du Conseil. Là encore, le plus proche parent adulte du roi « absent » était ramené dans le rang. Mais Louis d'Orléans réagit, fit annuler ses ordonnances. Bourgogne répliqua. Nul ne s'y retrouva plus.

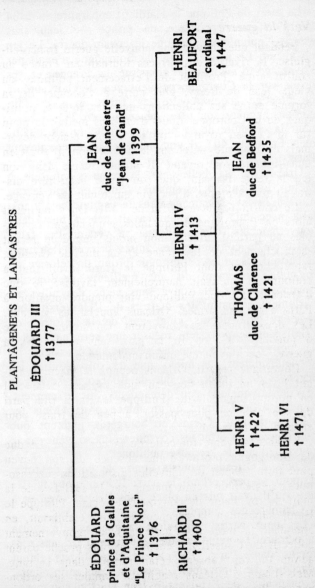

PLANTÂGENETS ET LANCASTRES

ÉDOUARD III
† 1377

JEAN
duc de Lancastre
"Jean de Gand"
† 1399

HENRI
BEAUFORT
cardinal
† 1447

HENRI IV
† 1413

JEAN
duc de Bedford
† 1435

THOMAS
duc de Clarence
† 1421

ÉDOUARD
prince de Galles
et d'Aquitaine
"Le Prince Noir"
† 1376

RICHARD II
† 1400

HENRI V
† 1422

HENRI VI
† 1471

La mort de Philippe le Hardi fit apparaître en 1404 sur l'échiquier politique un prince — Jean sans Peur — qui n'était plus que le cousin du roi. Le jeu changeait. Le nouveau duc de Bourgogne n'avait pas l'avantage d'avoir déjà gouverné la France, et ses droits sur la Couronne pesaient peu. Il était auréolé du prestige acquis contre les Turcs, mais il était, comme naguère son père, dépendant du Trésor royal pour la conduite de sa politique. Il lui fallait s'affirmer. En août 1405, il vint montrer son armée devant Paris.

Orléans et sa belle-sœur la reine s'enfuirent à Melun. Le dauphin les suivait ; Jean sans Peur le rattrapa à Juvisy, le ramena dans la capitale et s'y installa avec lui. Le royaume avait bel et bien deux gouvernements. Chacun donna sa version des faits, s'efforça de convaincre les autres princes, l'étranger et surtout les villes. Bourgogne promit la réforme du royaume, autrement dit une meilleure gestion des finances royales. Il trouva sans peine des alliés au Parlement et parmi les maîtres de l'Université qui rêvaient déjà depuis vingt ans de la réforme de l'Église et ne pouvaient récuser une réforme globale des gouvernements d'ici-bas. Quant aux Parisiens, ils ne demandaient pas mieux que de voir réduites les dépenses de la cour. Le duc de Bourgogne se fit, de ce côté-là, quelque peu démagogue. Sur le moment, il ne tira de l'affaire qu'un mince profit. Mais les idées germaient. Clercs et bourgeois jugèrent que l'on pouvait en effet les consulter plus souvent sur le gouvernement de la chose publique.

Louis d'Orléans protesta contre le coup de force et, pour sa part, promit la paix. Il avait pour lui les gens qu'il avait mis en place dans l'Hôtel royal et à la Chambre des comptes.

Les deux partis préparaient la guerre. Elle avorta en octobre. La reine et son beau-frère d'Orléans rentrèrent dans Paris. La plupart des soldats furent congédiés. Le 7 novembre, devant la Cour enfin réunie, le chancelier de l'Université Jean Gerson commença par « *Vivat Rex!* » un long discours qui n'était que l'exposé, modéré en sa forme, des aspirations bourguignonnes à gouverner selon un contrat idéal entre le roi et ses sujets, un contrat défini par la recherche du bien public. De manière explicite, le propos condamnait l'arbitraire et la tyrannie. Tout le monde comprit que le frère du roi était visé. Pendant ce temps, le Parlement dressait le catalogue des réformes souhaitables au sein de la justice royale. Le chancelier Gerson ne l'avait pas oublié dans son programme politique : le Parlement exerçait une autorité indépendante du roi puisque constituée pour le bien commun.

Le duc de Berry se sentit aussi nettement visé que son neveu d'Orléans. Il se rangea de son côté. La reine s'y trouvait déjà. Jean sans Peur se trouva sans alliances, sinon sans parti car la nostalgie des réformistes parisiens ne s'estompait pas. Un temps, le fragile équilibre trouvé à la fin de 1405 parut porter ses fruits. Dans ses moments de lucidité, Charles VI semblait ne pas vouloir laisser son frère accaparer le pouvoir.

La réorganisation du Conseil sonna le glas de la paix. Sur cinquante et un conseillers, Jean sans Peur comptait une douzaine de fidèles en 1406, et il pouvait espérer la neutralité de douze ou treize autres : le compromis était déjà douteux. Lors de la réduction à vingt-six membres, le 28 avril 1407, on ne comptait plus que deux Bourguignons face à vingt partisans délibérés du duc d'Orléans. Le duc Jean risquait fort de n'être même plus capable de défendre sa principauté si d'aventure — Orléans ou les Anglais — on l'attaquait.

Le soir du 23 novembre, alors qu'il venait de rendre visite à la reine récemment accouchée, Louis d'Orléans était assassiné à deux pas de la porte Barbette. La police ouvrit une enquête. Elle conduisit à l'hôtel de Bourgogne. Jean sans Peur reconnut qu'il avait ordonné le meurtre, et quitta Paris. Mais Valentine Visconti n'obtint que de bonnes paroles. Le duc de Bourgogne put revenir impunément : il fit, en février 1408, une entrée remarquée dans une capitale en fête. L'un de ses fidèles, le maître en théologie Jean Petit, prononça quelque temps plus tard devant la cour et le Parlement un long plaidoyer, vite dénommé *Apologie du tyrannicide* : le duc de Bourgogne avait agi dans l'intérêt général. Nul ne fut dupe des syllogismes de Jean Petit, mais les partisans de Bourgogne tenaient Paris : on ne pleura guère Louis d'Orléans.

Cet assassinat eut pour la civilisation française une conséquence inattendue. Louis d'Orléans avait réuni autour de lui toute une génération d'humanistes et de poètes qui commençaient de créer en France un milieu intellectuel propre à engendrer une « renaissance » vraiment originale. L'assassinat de la rue Barbette dispersa l'entourage. Un autre humanisme devait venir, un demi-siècle plus tard et en un autre milieu, celui de l'Université.

Le frère du roi était assez dépensier pour avoir des relations dans le milieu des affaires. Là encore, il y eut bien des créances perdues. Le monde des affaires en conçut quelque désillusion, que la chasse aux budgétivores et aux spéculateurs — organisée non sans démagogie par les Bourguignons — aggrava de ses relents de xénophobie. Les dynamismes économiques souffrirent de ce climat d'inquiétude.

Le duc de Bourgogne renchérit sur sa popularité : il se fit le protecteur des intérêts économiques de la « marchandise » parisienne. Il était désormais celui qui annonçait la prospérité.

Un parti d'Orléans se constitua autour de la reine Isabeau, du duc Jean de Berry, du roi de Naples — en exil — Louis II d'Anjou, du duc Louis de Bourbon et du jeune duc Charles d'Orléans. Le connétable Charles d'Albret fut l'homme fort de ce parti jusqu'à ce que Valentine Visconti trouvât la meilleure assurance contre un retour à l'isolement : elle maria son fils Charles à la fille du comte Bernard d'Armagnac. Le parti d'Orléans avait à nouveau un chef : il allait, de ce fait, avoir un nom.

Les princes s'affrontèrent sans se battre ouvertement. Les alertes se multiplièrent, entrecoupées de paix qui ne donnaient guère d'illusions. La paix de Chartres (9 mars 1409) et celle de Bicêtre (2 novembre 1410) soulignèrent l'incapacité financière des adversaires plus que leur volonté d'apaisement. Le bon peuple se réjouit à chaque fois, mais n'en fut pas convaincu pour autant de l'intérêt des jeux de prince.

Les Cabochiens

Les états généraux de Langue d'oil se réunirent en janvier 1413 dans un Paris fortement tenu par le duc de Bourgogne et ses partisans. Ils avaient pour premier tâche d'accorder au roi les moyens financiers de la défense contre une attaque anglaise que tout annonçait. Renouant avec les pratiques du temps de Jean le Bon, ils s'employèrent à négocier, en échange de leur consentement, la réalisation de réformes qui se voulaient avant tout un retour aux bons usages administratifs.

Jean sans Peur entendait rester maître des états. Pour n'être pas débordé, il joua à les diviser. Le résultat fut que l'agitation de la rue l'emporta très vite sur le travail en profondeur que tentaient de mener les députés. Les propos démagogiques des porte-parole du parti bourguignon auraient suffi à enflammer les esprits : n'allait-on pas faire payer les riches, brider les profits de la fonction publique, révoquer les incapables et faire rendre gorge aux spéculateurs ? L'ardeur de quelques hommes de main bien choisis — riches bouchers et simples écorcheurs — était dûment entretenue : dès 1411, Jean sans Peur faisait parvenir à ses fidèles parisiens des fûts entiers de vin de Beaune.

Dès la mi-février 1413, Paris connut la double agitation des gens de métier et des universitaires réformateurs qu'un coup d'audace avait rendus maîtres des états. Les manifestations se succédèrent devant l'hôtel Saint-Paul, où était le roi, et l'hôtel voisin où résidait le dauphin. Pendant qu'une commission formée de notables — juristes et théologiens — se mettait à l'œuvre pour élaborer une réforme du gouvernement royal, le peuple multipliait les émeutes pour obtenir l'éviction des mauvais serviteurs de la royauté. Nobles, clercs et officiers de tout rang se trouvèrent ainsi menacés. Le 27 avril, les Parisiens se firent livrer une première fournée de coupables. Jean sans Peur tenta d'en sauver quelques-uns ; il céda finalement, pour n'être pas lui-même suspect aux yeux de ceux qui se réclamaient naguère de lui.

En mai, le duc avait complètement perdu le contrôle des événements. De nouvelles arrestations mirent dans la main des émeutiers le sort de la quasi-totalité de l'entourage royal. Frère de la reine, le duc de Bavière dut lui-même se livrer. En juin, quelques prisonniers furent exécutés. Les modérés se cachèrent.

A côté de quelques clercs démagogues surtout bons à haranguer la foule, les véritables maîtres de la rue parisienne étaient les bouchers et leurs hommes. Le plus en vue fut pendant quelque temps l'écorcheur Caboche.

La réforme, cependant, suivait son cours. Une ordonnance fut publiée, le 27 mai, qui remettait en ordre le gouvernement du royaume : elle reprenait pour l'essentiel, en leur donnant plus de cohérence, les bons usages des années 1380. Deux cent cinquante-neuf articles : c'était un véritable code d'administration publique. Malgré le bruit de la rue, les notables avaient bien travaillé.

La réaction fut subite. Les bourgeois étaient las du désordre et les officiers royaux las d'avoir peur. L'avocat du roi Jean Jouvenel — qui avait été le patient restaurateur des libertés parisiennes perdues en 1383 — se trouva naturellement porté à la tête du mouvement. Le menu peuple en avait assez de la tyrannie des bouchers : il suivit le parti de l'ordre, il rallia ceux qui criaient « la paix ! ». En trois jours

(2-4 août 1413), la déroute des « Cabochiens » fut consommée.

Progressivement évincés depuis cinq ans et terrorisés depuis quatre mois, les « Armagnacs » eurent tôt fait de confisquer la victoire des modérés. On vit reparaître Charles d'Orléans et son beau-père Bernard d'Armagnac. Jean sans Peur, prudemment, avait déjà quitté Paris.

L'ordonnance réformatrice n'avait rien de révolutionnaire. Elle se trouva cependant compromise avec l'ensemble du mouvement qui l'avait, si peu que ce fût, portée. Elle devint l'ordonnance « cabochienne ». Le 5 septembre, elle était cassée.

Après la terreur bourguignonne, la terreur armagnaque s'étendit sur Paris. Ce furent de nouvelles vagues d'arrestations, d'exécutions. Bannissements et exils aggravèrent le déséquilibre de la société parisienne. Naguère menacé par les Cabochiens, le dauphin appela à l'aide le duc de Bourgogne, lequel vint à Saint-Denis mais n'osa pas s'aventurer dans la capitale. La paix conclue en février 1415 par les princes ne fit pas cesser le cauchemar des Parisiens. Le fisc armagnac était pesant. Pour le bourgeois, Armagnac devint synonyme de brigand.

La victoire du Lancastre

Pendant que la rivalité des princes tournait à la guerre civile, la guerre franco-anglaise n'avait cessé de couver. Répondant aux appels ou proposant ses services, Henri IV de Lancastre n'avait jamais renoncé à se poser en arbitre. On l'avait vu, un temps, soutenir de quelques soldats la cause de Jean sans Peur. Il avait changé de camp lorsqu'en 1412 Charles d'Orléans et son grand-oncle Berry lui avaient fait entrevoir une éventuelle restauration du grand duché aquitain d'Aliénor. Le traité d'Eltham (8 mai 1412) scella l'amitié retrouvée du Lancastre et du parti d'Orléans. Jean sans Peur répliqua natu-

rellement en se faisant le champion de la couronne
menacée du malheureux Charles VI.

L'armée anglaise se fit attendre. L'alliance orléa-
naise se dénoua. Par le traité d'Auxerre (22 août
1412), les princes qui faisaient la paix s'entendirent
pour laisser le Lancastre hors de leur querelle. Les
bourgeois pavoisèrent : la paix semblait bien assurée.

Il était trop tard. Les Anglais débarquaient alors en
Cotentin. Ils ravagèrent la Normandie occidentale et
l'Anjou. Peu importait au duc de Clarence, chef de
cette chevauchée renouvelée des grandes randonnées
du temps d'Édouard III, que le duc d'Orléans se
mordît maintenant les doigts d'avoir appelé ces
alliés, bien encombrants quand ils survenaient après
la paix. Charles d'Orléans négocia, offrit une indemnité. Les Anglais se dirigèrent vers le Bordelais. Le
seul résultat de l'affaire fut qu'ils reprirent goût aux
interventions sur le continent, et que la force militaire de la Guyenne s'en trouva décuplée. Tout le
monde comprit que la guerre reprendrait à la première occasion. La mort de Henri IV donna à la
France deux années de répit ; on sait que les princes
l'utilisèrent pour s'affronter de nouveau.

Henri V de Lancastre, fils de Henri IV, ne cachait
cependant ni ses objectifs ni sa détermination. Mêlant
en une même convoitise l'état plantagenêt du
XIIᵉ siècle, l'héritage de sa trisaïeule Isabelle de
France et la France anglaise dessinée en 1360 à Brétigny, le Lancastre voulait, avec la Couronne de saint
Louis, à peu près la moitié du royaume de France.
L'année 1414 se passa en pourparlers inutiles. Les
Français — Bourgogne comme Orléans — gagnaient
tout simplement du temps pendant qu'à Paris les choses allaient de mal en pis.

Henri V se sentit alors prêt à reconquérir ce qu'il
appelait déjà son « héritage ». La victoire des Armagnacs, provisoirement maîtres de Paris et du gouvernement royal, conduisait Jean sans Peur à cette même
alliance anglaise que recherchait toujours, depuis dix
ans, celui des princes français qui se jugeait en dan-

ger. Bourgogne était seul. Par le traité de Leicester (23 mai 1414), il offrit au Lancastre son aide contre Orléans et sa neutralité envers Charles VI.

Au printemps de 1415, l'armée anglaise était prête. Le gouvernement armagnac tenta de sauver la paix, fit des offres que le Lancastre trouva insuffisantes. La rupture fut officielle à la fin de juillet. Le 11 août, c'était l'invasion.

Les Anglais débarquèrent à la pointe du pays de Caux, prirent Harfleur après un mois de siège qu'ils ne pardonnèrent jamais aux défenseurs — la population fut chassée — et se jugèrent satisfaits d'avoir ainsi acquis une nouvelle tête de pont tout en assurant le blocus de la navigation sur la Seine. L'automne était venu. Henri V décida de gagner Calais par le littoral et de rembarquer. Il réitérait, soixante-dix ans après Crécy, la manœuvre d'Édouard III.

C'est alors qu'apparurent, tels jadis ceux de Philippe VI, les Français de Charles VI. En réalité, c'était l'armée des Armagnacs. Oubliant son alliance avec l'Anglais, le duc de Bourgogne avait songé à joindre ses forces à celles du roi : c'était le plus sûr moyen de reprendre dans le gouvernement du royaume la place perdue en 1413. Armagnac et Orléans ne furent pas dupes : ils acceptèrent les troupes de Bourgogne, mais non la personne du duc. Celui-ci fit savoir que l'on n'aurait pas ses hommes sans lui.

Les Français rattrapèrent l'armée de Henri V au nord de la Somme. Le combat s'engagea le 25 octobre 1415, à Azincourt. Le mauvais temps désavantageait la cavalerie française, facilement embourbée. Une nouvelle fois, la souplesse tactique de leurs archers assura la victoire des Anglais. On parla longtemps — avec gêne en Angleterre, où l'affaire passa pour aussi peu chevaleresque que peu profitable — du carnage que fut une bataille où les Français restaient figés en ordre serré, sans la moindre possibilité de manœuvre contre le mouvement enveloppant imaginé par le Lancastre. Bien plus, l'Anglais ne pouvait

s'encombrer de prisonniers. Les captifs furent égorgés. Le roi ne garda que les plus riches, dont il espérait une forte rançon. Charles d'Orléans était du
nombre. Incapable de payer une rançon excessive, il
allait, vingt-cinq années durant, trouver dans la poésie le moyen d'oublier une vie gâchée.

Parmi les milliers de morts, on compta plusieurs
princes, et notamment les deux frères de Jean sans
Peur. Le connétable Charles d'Albret était mort lui
aussi. Bernard d'Armagnac y gagna l'épée de connétable.

Jean sans Peur s'avisa qu'à montrer maintenant sa
force il pouvait tirer profit d'une défaite qu'on lui
avait interdit d'empêcher. A peine Henri V avait-il
quitté Calais pour l'Angleterre que l'armée bourguignonne se manifestait devant Paris. Armagnac réagit
en écrasant la capitale sous la terreur. Les Bourguignons se vengèrent en razziant la campagne. Les
paysans se réfugièrent massivement en ville. Ils y
aggravèrent l'insécurité.

Naturellement, le gouvernement de Bernard d'Armagnac se montrait incapable de préparer une riposte
sérieuse à la nouvelle invasion que tout annonçait.
Henri V avait ordonné la retraite parce que l'hiver
approchait, mais il gardait Harfleur et se savait dorénavant vainqueur. Armagnac échoua, en 1416, à
débloquer l'estuaire de la Seine. A la même époque,
le roi des Romains Sigismond de Luxembourg faisait
alliance avec le Lancastre.

Jean sans Peur demeurait à l'écart du pouvoir, et
force était de voir que les chances de l'Anglais
allaient croissant. En octobre 1416, le duc de Bourgogne revint à l'alliance anglaise.

La conquête lancastrienne fut menée en un an.
L'armée de Henri V était forte de quelque dix mille
hommes. Elle était bien payée, bien armée, bien
commandée. Une victoire navale devant La Hougue
le 29 juin 1417, un débarquement réussi à Trouville
le 1er août et une rapide victoire sur les Caennais — qui
furent bannis pour prix de leur résistance — décou-

ragèrent ceux qui eussent été capables de contenir l'avance anglaise. La plupart des villes de la Normandie occidentale tombèrent dans l'hiver. Le duc de Bretagne s'était rallié à l'envahisseur pour éviter le pire. La duchesse d'Anjou — Yolande d'Aragon, qui allait être la belle-mère de Charles VII — fit de même pour sauver le Maine du pillage.

L'Anglais bloquait déjà la Seine. Il mit le siège devant Rouen, que tenait une garnison fidèle au duc de Bourgogne : celui-ci n'eut cure de la secourir. Même si la ville était au bout du compte perdue, sa résistance faisait perdre à Henri V un temps précieux : Jean sans Peur allait en profiter pour mettre de nouveau la main sur le gouvernement de son cousin Charles VI.

Le pouvoir bourguignon

Le temps travaillait pour lui. Cependant que la Normandie paraissait perdue, l'insécurité s'aggravait de toutes parts. Dans la moitié du royaume, la vie économique était paralysée. La monnaie s'effondrait. Le roi sombrait dans la folie, et le nouveau dauphin, Charles, n'était qu'un garçon falot à qui Bernard d'Armagnac ne pensait que pour en faire un pion ou un otage.

Pour Jean sans Peur, le moment semblait venu de reprendre l'initiative. Il s'était assuré de la reine Isabeau, trop heureuse de jouer comme naguère un rôle dans la vie politique. Une brève négociation lui avait montré qu'Armagnac n'avait aucun désir de conciliation. L'exaspération des Parisiens fit le reste. Dans la nuit du 28 au 29 mai 1418, un parti de mécontents ouvrit aux Bourguignons de Villiers de l'Isle-Adam la porte Saint-Germain-des-Prés. Les Armagnacs n'eurent même pas le temps de s'organiser : le roi tomba aux mains des Bourguignons. Le prévôt Tanguy du Châtel réussit quand même à faire sortir le dauphin Charles, qui se réfugia à Melun.

La capitale avait eu trop peur. Elle se déchaîna. Dans l'anarchie des premières semaines, quelques centaines de Bourguignons — ou réputés tels — furent exécutés sans jugement. Le connétable d'Armagnac et la plupart de ceux qui avaient gouverné avec lui, comme le chancelier Henri de Marle, furent ainsi égorgés dans leur prison, le 12 juin, par une populace en colère. De la réaction politique on passa très vite au banditisme. Ce fut la fête du sang.

Comme il n'y avait plus de Juifs à Paris depuis longtemps, on s'en prit aux hommes d'affaires étrangers, au banquiers lombards en premier lieu. Ils avaient été le premiers à profiter, comme fermiers de l'impôt, des excès de la fiscalité armagnaque. Ceux qui échappèrent à la tuerie quittèrent Paris. Pour la place financière que commençait d'être la capitale, le coup était lourd de conséquences.

Le duc de Bourgogne et la reine entrèrent dans Paris le 14 juillet. On réorganisa l'administration, la justice, les finances. L'ordre sembla l'emporter.

L'émeute reprit le 21 août, lorsque courut le bruit d'un retour des Armagnacs. Le bourreau Capeluche menait l'affaire. En quelques heures, il fut le maître de Paris. Jean sans Peur comprit alors qu'il lui fallait maîtriser l'insurrection s'il voulait éviter un nouveau retournement de la population. Il fit arrêter Capeluche, qui fut décapité en public. Le peuple se le tint pour dit. Une épidémie de variole particulièrement meurtrière — il y eut quelques dizaines de milliers de morts — acheva de reléguer à l'arrière-plan les motifs anti-bourguignons de crainte et d'émotion.

Tenir Paris n'était pas régner sur la France. Le duc de Bourgogne et la reine Isabeau avaient pour l'essentiel le nord et l'est du royaume, mais le Languedoc et les provinces du Centre demeuraient fidèles au dauphin Charles, qui se qualifiait déjà de lieutenant du roi. Jean sans Peur comprit qu'il ne pouvait à lui seul tenir tête à l'Anglais et aux Armagnacs. Cherbourg était tombée le 29 septembre 1418 ; Rouen céda enfin le 19 janvier 1419, vaincue par la famine et par le froid. Chacun put comprendre que la conquête anglaise allait repartir. Le duc de Bourgogne ne pouvant faire face sur deux fronts, il tenta de s'entendre avec le Lancastre pour enrayer la catastrophe qu'eût été la conquête militaire, ville après ville et village après village, d'un pays ainsi voué au pillage et à la destruction.

Une première négociation, en mai 1419, fut près d'aboutir. La reine et le duc acceptaient de livrer au Lancastre les territoires jadis cédés par le traité de Brétigny, et lui laissaient naturellement sa récente conquête, la Normandie. C'était le partage de la France, prix d'une éventuelle sauvegarde du reste. Au vrai, le duc Jean songeait plutôt à gouverner la France anglaise, et à conquérir le reste avec l'aide de l'Anglais. Mais au moment de conclure, à Pontoise, Isabeau marqua un temps d'hésitation. Le prix d'une paix incertaine paraissait élevé. Et le dauphin n'offrait-il pas, lui aussi, de négocier ? La reine et le duc allaient quand même céder aux exigences de Henri V — parce qu'il était à tous égards plus dangereux que le dauphin — quand le Lancastre, agacé par ces tergiversations, augmenta ses exigences avec l'assurance d'un vainqueur. Le duc de Bourgogne, qui n'était pas à Azincourt, ne se sentait nullement vaincu. La négociation tourna court.

Le duc Jean et le dauphin Charles se rencontrèrent à deux reprises en juillet. On frôla l'accord. C'eût été l'union des forces françaises contre l'Anglais. Mais le mois d'août se perdit en manœuvres confuses : Jean sans Peur cherchait à gagner sur les deux tableaux et reprenait contact avec Henri V. Il convint finalement d'une nouvelle entrevue avec le dauphin, à Montereau, le 19 septembre 1419. Au vrai, le duc de Bourgogne espérait encore ramener le jeune prince auprès du roi, autrement dit réduire à rien celui qui se disait lieutenant du roi.

Les ultras du parti armagnac virent le danger. Au cours de l'entrevue, Tanguy du Châtel et ses hommes poignardèrent le duc Jean sans Peur.

Son fils Philippe n'avait plus d'autre choix que
l'alliance anglaise. Mais il y entrait contre les Armagnacs du dauphin Charles, non contre la France du
roi Charles VI. Le mariage de Henri V et de Catherine de France, fille du roi Charles, scella l'entente :
le Lancastre devenait le gendre du Valois, comme
naguère le Plantagenêt l'était devenu du Capétien.
Nulle victoire nationale, nulle défaite nationale, en
tout cela. Le traité conclu à Troyes le 21 mai 1420
était une alliance, non un « diktat ». Il faisait du gendre anglais l'héritier de la Couronne de France. On
avait, au cours de l'histoire, vu tant de gendres succéder à leur beau-père...

Nul ne se demanda sur le moment si la chose pouvait se faire en France. Nul n'éleva la voix pour dire
que le roi ne disposait pas de la Couronne. Le traité
de Troyes était chose singulière, et il nous paraît
chose unique dans l'histoire de France : la Couronne
léguée. Mais les contemporains avaient vu plus sin-
gulier. Après un roi fou, trois papes dans l'Église et
les écorcheurs au pouvoir, le legs de la Couronne ne
faisait qu'ajouter à l'ébahissement public. Les Parisiens qui virent entrer, le 1er décembre 1420,
l'Anglais dans les fourgons du Bourguignon ne
s'inquiétèrent qu'à moitié. Si la paix en était venue
pour un royaume unifié, bien des gens se seraient
accommodés d'un changement dynastique sensible-
ment moins brutal que celui dont avait été victime
vingt ans plus tôt le Plantagenêt Richard II.

Le traité de Troyes qui faisait de Henri V l'héritier
de la Couronne qualifiait Charles de « soi-disant dauphin ». Ainsi désavoué, implicitement exclu de la
parenté royale, aussi démuni d'expérience que de
troupes et d'argent, le dauphin Charles se retrouvait
seul face à la puissance du vainqueur anglais et à la
force intacte du Bourguignon. Charles d'Orléans était
en Angleterre. Bernard d'Armagnac était mort.

Le traité avait donné au Lancastre la France
entière. Encore fallait-il la conquérir. Roi d'Angleterre à la mort de Henri V le 31 août 1422 et roi de

France à la mort de Charles VI le 21 octobre de cette même année, l'enfant Henri VI n'avait en réalité qu'un très faible pouvoir hors de la Normandie et de la région parisienne. Bourgogne était beaucoup plus maître chez lui, en Bourgogne comme en Flandre, mais aussi en Picardie, en Artois, en Nivernais, en Charolais et même en Champagne.

Philippe le Bon, toutefois, estimait qu'il avait assez fait pour le Lancastre. Il consacra à ses propres états l'essentiel de son énergie. Quant à Henri VI, ou plutôt à son oncle Jean de Bedford, régent de France, il n'avait tiré de l'alliance bourguignonne qu'un profit limité à la capitale. Dans la mesure où il ne s'effondrait pas à brève échéance, celui qui n'osait pas encore se dire Charles VII, mais qui régnait bel et bien sur l'Ouest, le Centre et le Midi, réduisait à néant par sa seule survie politique un traité de Troyes qui n'avait jamais stipulé le partage mais bien le legs du royaume entier.

Henri VI n'était donc roi que de sa conquête. Encore le pouvoir y était-il aux fidèles de Philippe le Bon, duc de Bourgogne, et non aux Anglais. A de très rares exceptions près, le personnel administratif de la France lancastrienne est français. Français sont les juges, les baillis, les receveurs, les sergents. Au bas de la hiérarchie, ils sont là parce que c'est leur métier. En haut, ils sont ce parti de maîtres, d'officiers, d'hommes de loi, de techniciens de la finance, portés depuis vingt ans vers le duc de Bourgogne par des engagements politiques — le Schisme, la réforme — ou par des liens de clientèle ou de famille. Dans ses structures politiques, et si l'on excepte les capitaines anglais de quelques forteresses à faible garnison, la France lancastrienne, c'est la France bourguignonne de 1411 ou de mars 1413.

CHAPITRE XI

Construction et reconstruction

(1422-1460)

Jeanne d'Arc

L'accomplissement du traité de Troyes passait par le franchissement de la Loire. Après quelques années d'une guerre larvée et indécise, où s'équilibraient les victoires limitées — les Français à Baugé en 1421, les Anglais à Cravant puis les Français à La Gravelle en 1423, les Anglais devant Verneuil en 1424, les Français à Montargis en 1427 — et où Philippe le Bon, pratiquement évincé du pouvoir par l'habile Bedford, se demandait de plus en plus ce qu'il gagnait à l'alliance anglaise, c'est en 1429 que l'Anglais se décida à forcer le passage. Il vint mettre le siège devant Orléans.

Le duc de Bourgogne avait vu, pour l'héritage de Brabant en particulier, les intérêts anglais s'opposer un temps aux siens propres. Il savait que Paris lui était fidèle, et que cette fidélité ne devait rien aux Anglais. Il voyait avec faveur la petite prospérité des années 1424-1429 : la circulation commerciale renaissait, les foires reprenaient vie. Nul n'était vraiment favorable, cependant, à l'Anglais en tant que tel, et des mouvements de résistance se manifestaient déjà, en Normandie comme à Paris. Mais c'étaient là des réactions de paysans hostiles au soldat parce que soldat, ou des complots de notables sans force réelle. Au vrai, pour bien des gens, la paix anglaise avait son charme, et l'on en voulait aux groupes d'Armagnacs qui, pillant la campagne ou bloquant les villes, maintenaient cette insécurité sporadique à quoi se ramenait au fond, pour eux, toute la guerre.

Le roi de Bourges, lui, était moins faible qu'il n'y paraissait. Sa France était pauvre, mais elle lui assurait un revenu. Il avait des fidèles, et en nombre croissant. Les princes pyrénéens — Foix, Armagnac et quelques autres — ne cessaient d'en découdre, mais la sagesse politique de Jean de Grailly, comte de Foix et maître du Languedoc à partir de 1418, avait conduit vers Charles VII une France du Midi qui n'oubliait pas les pillages anglais. Les maladresses de l'Anglais — d'abord soldat, ensuite occupant — tournaient à l'avantage de Charles VII.

Celui-ci laissait sa belle-mère Yolande d'Aragon dominer une cour dont elle avait éliminé vers 1424 les ultras du parti armagnac, indésirables aux yeux de tous ceux qui pensaient déjà à une réconciliation avec le duc de Bourgogne. Bien sûr, le roi était encore un jeune homme falot, hésitant, troublé par sa propre histoire. Il doutait de lui-même. Les favoris se succédaient pour faire une politique sans cohérence : Arthur de Richemont, frère du duc de Bretagne, et Georges de la Trémoille furent les plus influents. La cour de Chinon ou de Loches tournait au champ clos, où les intrigues faisaient et défaisaient les faveurs cependant qu'à Bourges les maîtres des comptes et à Poitiers les conseillers du Parlement tentaient de faire leur métier comme s'ils étaient à Paris. Quant à l'armée du roi de Bourges, elle était tiraillée entre dix capitaines dont aucun ne se montrait capable d'imposer une unité de commandement.

Pas plus qu'il n'avait pu occuper le Mont-Saint-Michel, assiégé depuis 1424, le Lancastre n'avait pu franchir la Loire et relier ainsi la vaste mais incomplète conquête de Henri V à la petite Guyenne qui témoignait de l'ancienne Aquitaine des Plantagenêts. Lorsque, le 12 octobre 1428, Salisbury mit le siège devant Orléans, c'était donc pour un enjeu essentiel. Pour résister à une forte armée anglaise, Dunois ne commandait dans la ville qu'une maigre garnison, et n'avait comme renfort que le courage des bourgeois. Il était près d'abandonner lorsqu'en mars 1429 il entendit parler de Jeanne d'Arc. Le ravitaillement venait mal. L'armée française du comte de Clermont et une sortie de la garnison assiégée n'avaient même pas suffi à intercepter un convoi anglais de harengs : on avait sombré dans le ridicule. Plus grave était cependant la certitude militaire : aucun secours efficace n'était à espérer de Charles VII. Celui-ci ne tirait du siège d'Orléans qu'une conséquence : tout était perdu.

Jeanne d'Arc n'était ni la première ni la dernière de ces visionnaires qui venaient à propos faire honte aux gouvernants et leur offrir aide et conseil. Le capitaine de Vaucouleurs, Baudricourt, puis le duc Charles de Lorraine ne l'avaient guère prise au sérieux. Jeanne n'était pas de celles qui se lassent. Finalement, le village s'était cotisé et le capitaine avait cédé. Le 6 mars 1429, Jeanne était à Chinon.

On la reçut avec prudence, sans surprise, sans illusions. Examinée par les maîtres en théologie de la jeune Université de Poitiers, elle fut trouvée de bonne foi et bonnes mœurs. Elle était vierge ; une sorcière ne l'eût pas été. Quelles que fussent les confidences faites au roi — sur sa légitimité, peut-on penser — Jeanne finit par impressionner la cour à force de détermination. Charles VII tenta l'expérience : Jeanne reçut des armes. Le duc d'Alençon offrit d'aller avec elle à Orléans. De moindres capitaines l'imitèrent. Jeanne se retrouva à Blois au côté du maréchal de Boussac, qui commandait ce qui restait de l'armée taillée en pièces dans l'affaire des harengs. Le 29 avril, ayant franchi sans peine les lignes anglaises, elle entrait dans Orléans assiégée.

Le 4 mai, attaqués à la fois de l'extérieur par l'armée française et de l'intérieur par la garnison sortie aux ordres de Jeanne d'Arc, les Anglais perdaient l'une de leurs positions fortes, le bastion Saint-Loup. Deux jours plus tard, alors que les chefs de l'armée royale, méfiants, se préparaient à attaquer sans elle, Jeanne prenait les devants : c'est ainsi qu'elle enleva sur la rive gauche la bastide des Augustins. Le 7, bien que blessée, elle occupait les Tournelles, le fortin qui tenait le débouché du pont. Les Anglais avaient perdu. Le 8 mai, ils levèrent le siège.

Bien des professionnels de la guerre furent vexés : la Pucelle avait vaincu contre leur avis. Elle ne se priva pas de le souligner.

Menée par le duc d'Alençon et par Jeanne, l'armée de Charles VII occupa alors Meung et Beaugency. Le 18 juin, à Patay, elle écrasa l'armée anglaise que commandait Talbot.

Dès son arrivée à la cour, Jeanne avait parlé de sacre. Il était temps. Le 29 juin, Charles VII partait pour Reims. Les Bourguignons, qui auraient pu s'opposer à la marche vers le sacre, laissèrent passer le cortège royal et son escorte. Deux mois plus tôt, Bedford avait refusé de céder Orléans au duc de Bourgogne. Philippe le Bon se désintéressait de l'affaire.

Troyes fut occupée sans peine. Charles VII traversa la Champagne et n'y rencontra aucune résistance. Le 17 juillet, il était sacré. Il était « vrai roi ».

Les choses changèrent quand la Pucelle prétendit poursuivre le combat. Dans la France du Lancastre, les moins fidèles à l'Anglais trouvèrent que cette fille troublait la petite prospérité en rallumant la guerre. A la cour de Charles VII, on jugea qu'elle compromettait les chances d'un accommodement avec Philippe le Bon. Après l'avoir mené à Reims, Jeanne voulait mener le roi dans sa capitale. La plupart des villes du pourtour s'étaient ouvertes d'elles-mêmes à l'armée royale. A la fin d'août, Jeanne et sa troupe étaient devant Paris.

Ce fut le premier échec. Cependant que Charles VII négociait une trêve partielle avec le duc de Bourgogne, les Parisiens — plus que les Anglais — repoussaient le 8 septembre l'assaut de Jeanne. Les jaloux se réjouirent. Le roi mit fin à la campagne. On laissa la Pucelle tuer le temps en allant assaillir les places de la Loire en amont d'Orléans, et notamment La Charité. Il s'agissait de s'assurer de ponts que des routiers aux ordres de l'Anglais pouvaient, à l'occasion, livrer aux troupes que Bedford confiait alors à son nouvel allié Richemont. Il s'agissait aussi d'occuper Jeanne et de la tenir loin de la cour. La libératrice d'Orléans devenait encombrante, dès lors que l'on négociait avec Philippe le Bon.

Là encore, Jeanne échoua. Son astre pâlissait. On observa que les victoires continuaient, en Normandie, sans elle. Louviers, Château-Gaillard et Laval furent pris aux Anglais. D'aucuns, dont le duc d'Alençon, jugèrent que le retour de la chance dans le camp de Charles VII excluait que l'on traitât trop tôt et à tout prix avec l'ennemi bourguignon. Philippe le Bon, cependant, se dégageait de l'alliance anglaise et se posait en arbitre dans un jeu de bascule à l'échelle européenne. Son intérêt n'était ni dans la victoire de l'Anglais ni dans celle du Français.

Compiègne restait fidèle à Charles VII, menaçant ainsi les relations commerciales entre les diverses régions où se jouaient les intérêts de l'État bourguignon. Philippe le Bon envoya une armée pour réduire la place. Jeanne d'Arc prit sur elle d'aller dégager la garnison. Au cours d'une sortie mal contrôlée, le 23 mai 1430, elle se trouva prise. Son vainqueur était un homme d'armes bourguignon peu argenté, qui se trouva bien d'accepter la proposition que lui faisait Bedford : il vendit Jeanne aux Anglais pour dix mille livres tournois.

Charles VII se désintéressa de Jeanne. Le règne des ultras était passé. Les fidèles du parti de Bourgogne, en revanche, allaient s'employer à ce que Jeanne désavouât elle-même sa mission divine : à peine d'être rebelles à Dieu, ils ne pouvaient avoir combattu qu'une imposture ou une sorcellerie. Pour un Cauchon, ancien maître de l'Université de Paris porté dans le parti de Bourgogne par ses engagements réformistes, l'affaire était essentielle. La chance voulut que Jeanne fût prise dans le diocèse de Beauvais dont Cauchon était évêque : il présida le tribunal, le composa des meilleurs juristes et théologiens que connût le Paris de ce temps bourguignon, et associa habilement l'inquisition pontificale à l'affaire. Entre des clercs « bourguignons » intéressés au désaveu de la mission divine de la Pucelle et des Anglais persuadés que la chance ne tournerait à nouveau en leur faveur qu'après la mort d'une sorcière qui restait maléfique en prison, Jeanne était perdue.

Ouvert le 9 janvier 1431, le procès s'acheva en fait dès la fin de mars, lorsque Cauchon décida que le tribunal était assez informé. Au vrai, on avait détruit le rapport des enquêteurs dépêchés en Lorraine : il était favorable à Jeanne. Quant aux interrogatoires, ils ne furent qu'une série d'incidents entre une accusée de bon sens, portée à éluder les questions, et des juges peu habitués à ce qu'on leur en remontrât.

La Sorbonne fut consultée. Elle condamna les « propositions » à quoi Nicolas Midi avait réduit la pensée, la foi et l'action de Jeanne. Pour l'essentiel, le crime était simple : la jeune fille se mettait, comme envoyée de Dieu, hors des structures institutionnelles et hiérarchiques mises en place par l'Église pour le salut du monde. L'affaire des vêtements d'homme, que Jeanne refusait d'abandonner, prend ici la valeur d'un symbole : ce que Jeanne refuse, c'est d'obéir. Se soumettre serait se désavouer. En persévérant dans ses comportements, elle s'ancre dans le péché mortel.

Le 24 mai, au cimetière Saint-Ouen, Jeanne allait s'entendre condamner au bûcher quand elle eut une faiblesse. Elle avoua tout ce que voulaient ses juges. On consigna par écrit l'abjuration. L'aveu valait absolution : comme pécheresse repentie, elle allait simplement finir ses jours en prison.

Jeanne se ressaisit. En lui enlevant ses vêtements de femme, les Anglais l'y aidèrent : ils voulaient la fin des maléfices, non le désaveu du parti armagnac. Jeanne fit savoir qu'elle ne reniait pas ses voix. Elle était, dès lors, relapse — retombée dans le péché — et savait bien ce que cela signifiait. Le 30 mai, elle

monta sur le bûcher de la place du Vieux-Marché.
Cauchon et les siens ne parvinrent pas à faire croire
qu'elle s'était reniée une nouvelle fois.

L'unité retrouvée

Philippe le Bon avait pendant ce temps compris
que l'alliance anglaise ne lui procurerait jamais un
gouvernement du royaume que Bedford n'entendait
nullement partager. La guerre lui coûtait cher, et ses
sujets le lui faisaient sentir. Une conjonction du roi
Valois et de l'empereur Sigismond pouvait lui être
fatale. Quant à ses intérêts économiques, qui étaient
ceux des villes drapantes, ils appelaient la réouverture du marché français — jusqu'au sud de la
Loire — aux productions des industries de Flandre et
de Brabant. Mieux valait donc traiter avec son cousin
Valois. Peut-être l'eût-il fait plus tôt si les ultras ne
s'étaient ingéniés, de part et d'autre, à gêner une
réconciliation qui ne pouvait se faire que contre quiconque avait trempé dans l'assassinat de la rue Barbette ou dans celui de Montereau.

Le duc de Bourgogne voyait également flancher
une opinion jusque-là favorable à l'Anglais parce que
l'Anglais, c'était le parti de Bourgogne et que Bourgogne rimait depuis les années 1400 avec réforme et
avec économies. Or, la guerre durait. Entrevue dans
les années 1425, la paix anglaise était un leurre.
L'impôt anglais valait bien l'impôt français. Et nul
n'évoquait plus les réformes...

Il y avait des complots dans les villes, des « traî-
tres » dans les places fortes, des « brigands » dans
les campagnes. Bref, la résistance se durcissait. Tant
de maladresses faisaient maintenant ressentir la présence anglaise comme une occupation étrangère. Les
coups de main se multipliaient, harcelant les garnisons de Normandie qu'Arundel et Talbot ne pouvaient secourir à chaque instant. Un audacieux chef
de bande enleva même Dieppe. Les défections
minaient d'autre part les positions anglaises : après

bien des tergiversations, Arthur de Richemont s'établit finalement dans le camp du Valois.

En 1432, les intermédiaires négociaient. Trois ans plus tard, on traita. L'Anglais refusa d'être partie à la paix. A Arras, en septembre 1435, France et Bourgogne faisaient une paix séparée que Bedford eut le temps d'apprendre avant de mourir. Le prix de la paix était une réparation morale pour le meurtre du duc Jean sans Peur, quelques territoires — Auxerrois, Mâconnais, Bar-sur-Seine, Péronne, Roye, Montdidier — et l'assurance d'un traitement égal pour les fidèles des deux camps. Surtout, Philippe le Bon était exempté à vie de l'hommage au roi de France. Mais le traité valait aussi, face aux vieilles prétentions anglaises, une caution du duc de Bourgogne à la Couronne des Valois.

Quinze ans allaient dès lors suffire pour faire du roi de Bourges le roi Charles le Victorieux. Quinze ans pendant lesquels les Anglais allaient multiplier les erreurs et connaître l'insécurité dans leur conquête.

En avril 1436, Richemont entrait dans Paris sans coup férir. Les bourgeois avaient ouvert la porte Saint-Jacques. Au Parlement, aux Comptes, au Châtelet, les fidèles de Charles VII vinrent occuper leur place sans chasser pour autant — à quelques exemples près — ceux qui avaient servi l'autre roi de France, le Lancastre. Il en resta dans l'esprit de la « robe » parisienne l'idée que le service public était plus sûr que l'aventure économique où, en trente ans de troubles et de guerre, nombre d'hommes d'affaires avaient perdu biens et créances.

Charles VII fit sa joyeuse entrée dans sa capitale en novembre 1437. Trois semaines après, il regagnait les bords de la Loire et du Cher. Pour un siècle et demi, la royauté allait se garder de Paris.

L'œuvre de Charles VII

A peine le sort des armes lui semblait-il favorable que Charles VII, décidément bien changé en quelques années, se lançait dans une réorganisation complète de l'appareil de l'État. Quelques grandes ordonnances définissaient à nouveau dans leurs fondements et dans leurs modalités les moyens financiers de la monarchie, sa force armée permanente, les bases juridiques de la vie publique et privée. Les relations de la Couronne et de l'Église étaient elles-mêmes, à la faveur des circonstances, définies et illustrées d'une manière dont eussent rêvé les légistes du siècle précédent.

L'occasion fut procurée par le concile de Bâle, qui durait depuis 1431 et dont les décrets donnaient de nouveaux cadres à la vie de l'Église, notamment pour la provision des bénéfices ecclésiastiques et la désignation des évêques. Ces « canons » bouleversaient assez les usages pour qu'un arbitrage fût possible entre le pape et le concile. Allait-on, dans le royaume de France, accepter les décrets de Bâle ? En juillet 1438, Charles VII réunit à Bourges une partie des prélats français — il manqua le Midi — et leur soumit les textes en question. Il les laissa apporter quelques amendements aux canons conciliaires, puis les publia froidement par ordonnance royale. Cette « Pragmatique Sanction » de Bourges manifestait, sans le prouver, le droit du roi à légiférer pour « son » Église.

Ceci conduisait au Gallicanisme ébauché au temps de Philippe le Bel et mis à l'épreuve dans les soustractions d'obédience. Le nouveau schisme ouvert en 1439 par les pères conciliaires conforta cette prétention royale à gouverner l'Église de France. C'est en effet le retournement de Charles VII en faveur du pape qui détermina l'effondrement de l'antipape conciliaire Félix V — l'ancien duc Amédée VIII de Savoie — et fit de la papauté romaine, restaurée à la tête d'une Église réunifiée, l'obligée du roi de France. Les efforts des papes qui souhaitaient l'abrogation d'une Pragmatique Sanction d'ailleurs mal appliquée étaient dès lors voués à l'échec.

Les conciles s'étaient passablement déconsidérés par leurs excès et souvent — surtout à Bâle, où les maîtres parlaient plus haut que les évêques — par

leur démagogie. Aux yeux du clergé lui-même, le roi
passa vite pour le seul contrepoids possible à une
autorité pontificale dont on avait connu les abus au
temps d'Avignon.

Le pouvoir royal affermissait aussi ses bases financières. Il gagnait enfin ce droit à l'impôt dont le
principe et les modalités avaient si souvent, au
XIVe siècle, été mis par les états en balance avec des
restrictions immédiates de l'autorité royale. On
consulta de moins en moins les états. On ne discuta
plus que des taux et des quotas. Après 1436 pour les
aides indirectes, après 1439 pour l'impôt direct, on
ne demanda plus leur avis aux états généraux de
Langue d'oil. Après 1450, on ne consulta même plus
les timides assemblées locales où les gens du roi faisaient pourtant la loi. Quant aux états de Langue
d'oc, toujours convoqués, il leur était encore loisible
de décrire la triste situation de l'économie et d'en
arguer pour une réduction des taux d'imposition.
Rien de plus. Il est vrai que les contribuables avaient
fini par s'apercevoir que les états coûtaient plus
qu'ils ne servaient.

Cette reprise en main des finances publiques eût
été insupportable si elle avait frappé sans discerne-
ment un pays ruiné. Charles VII eut la sagesse de
multiplier les dégrèvements. Il fallait avant tout permettre la reconstruction économique, la restauration
des infrastructures routières, fluviales et portuaires, la
remise en culture des champs et des vignobles, le
retour des marchands aux foires. Exemptions et déro-
gations temporaires retardèrent le rendement de
l'impôt. Ils en permirent l'établissement définitif.

Ainsi doté de finances permanentes, le roi pouvait
rompre avec ce recrutement épisodique des troupes
— compagnies embauchées pour une campagne —
qui procurait des soldats incertains et laissait les professionnels de la guerre vivre en temps de paix sur
le pays. L'ordonnance de 1445, qui établit quinze
compagnies que l'on appela « de l'ordonnance », ne
créait pas seulement une armée permanente. Elle

chargeait en outre cette armée de disperser les soldats non « retenus ».

Ce fut l'armée de la reconquête — dix à douze
mille hommes — et, au-delà, la première gendarme-
rie à cheval. Grâce à la régularité avec laquelle était
payée la solde, ce fut aussi le moyen d'une mise en
condition de la noblesse. Après les recrutements douteux des années 1420, l'ordonnance de 1445 rétablissait, dans le salariat, la vieille équation de
l'aristocratie militaire et du service armé du roi.

Dans le même temps, Charles VII organisait sa
« petite ordonnance » : les garnisons de ses places
fortes. Il tenta de mobiliser en armes la bourgeoisie :
ces « francs-archers » déçurent dès le premier combat.
Mais il organisa, surtout, une artillerie de campagne,
aux ordres de Pierre Bessonneau, puis des frères
Bureau. Désormais, l'artillerie pouvait être dans la
guerre autre chose qu'un appoint tactique. Les
Anglais allaient en faire, à Bordeaux et à Castillon,
l'amère expérience.

La volonté de réforme — réorganiser pour remettre
en marche — touchait aussi la formation des cadres
intellectuels et administratifs. Une querelle sans
importance directe et une grève universitaire exagéré-
ment prolongée servirent de prétexte : en 1446, le
recteur perdit sa compétence judiciaire. Maîtres et
écoliers relevèrent dorénavant des juges royaux,
comme tout un chacun. Et l'on prit occasion de la
venue à Paris, en 1452, du cardinal Guillaume
d'Estouteville, chargé par le pape de négocier la paix
entre la France et l'Angleterre, pour promulguer une
réforme complète de la discipline et de la scolarité.
En apparence, il ne s'agissait que de rétablir le
sérieux des études. En réalité, les maîtres qui avaient
si souvent tenu la dragée haute au pouvoir royal
étaient bel et bien mis au pas.

En ces mêmes années, le roi réorganisait sa justice.
Il la voulait plus rapide, plus cohérente, moins chère.
Mieux rémunérés — et plus régulièrement payés —
les juges devaient être plus intègres.

Signe évident d'une autorité rénovée, le roi s'arro-
geait, dans l'intérêt général qu'il définissait et défendait à la fois, le pouvoir de toucher au droit privé,
c'est-à-dire à la coutume. Depuis deux siècles déjà,
les juges royaux avaient clarifié la coutume ; ils
l'avaient même infléchie par leur jurisprudence.
Jamais on n'avait osé affirmer la prérogative souveraine sur les fondements mêmes du droit privé. Toutes les coutumes rédigées depuis le XIIᵉ siècle se
présentaient comme l'œuvre personnelle de praticiens
soucieux de mettre au net le droit existant, et cela
pour leur commodité et celle de leurs successeurs.

L'ordonnance de Montils-lès-Tours allait beaucoup
plus loin en 1454 : le roi prescrivait à ses officiers
locaux, baillis et sénéchaux, de prendre le conseil
des juristes et celui des trois états — traduisons : de
quelques sages choisis parmi les trois états de leur
bailliage ou sénéchaussée — et de rédiger la coutume en l'allégeant de ses lourdeurs, de ses contradictions et de ses incohérences. Le Parlement avait
charge d'entériner en définitive la rédaction. Dans le
détail sinon dans les grandes lignes, les juges du roi
allaient créer un droit royal.

Les princes imitèrent le roi. Philippe le Bon hâta
les choses et publia la coutume de Bourgogne dès
1458. La coutume de Touraine fut promulguée en
1461. Les autres suivirent.

La rédaction clarifia les relations juridiques entre
les individus. Elle facilita dans l'immédiat la tâche
des juges et des avocats. Elle eut quelques inconvé-
nients lointains, comme de fixer pour des siècles des
particularismes très locaux — il y eut en fin de
compte plus de deux cent cinquante coutumes — et
de gêner une évolution qui eût peut-être, sans cela,
mieux intégré dans la pratique, au XVIᵉ siècle, la
réflexion sur le droit romain.

Le principe avait subsisté jusque-là d'un exercice
unique du pouvoir royal : la Cour était une. Le Parlement aussi bien que la Chambre des comptes ou
celle des aides n'étaient que les sections spécialisées

d'une Cour royale dont les bases juridiques étaient celles de toute cour seigneuriale. La division de la France avait scindé la Cour. Charles VII devait tenir compte de cette nouvelle carte des fonctions judiciaires et financières, tout comme il devait garder en mémoire le traité d'Arras qui protégeait les anciens fidèles du duc de Bourgogne et du Lancastre contre une éventuelle privation de leurs offices. On intégra donc les anciens du Parlement de Poitiers et ceux de la Chambre des comptes de Bourges dans les cours parisiennes où ils retrouvèrent ceux qui n'avaient pas quitté Paris et ceux qui y avaient gagné leur position en servant un autre roi. La crédibilité du service public y gagna, et le roi y trouva l'avantage de ne pas multiplier les amertumes.

Mais on veilla de même à ne pas faire rentrer dans le rang certains sièges nés dans les temps difficiles. Une Cour des aides fut créée en 1437 à Montpellier pour tenir compte du régime fiscal particulier qui s'était instauré en Languedoc. Le Parlement créé à Toulouse en 1420 — avant le « royaume de Bourges » — se transforma en 1443 en un Parlement des pays de Langue d'oc. Dix ans plus tard, Charles VII transformait le Conseil delphinal de Grenoble en Parlement et créait à Bordeaux des Grands Jours appelés à devenir Parlement sous Louis XI. Il en alla de même pour les universités nées pendant la guerre, à Poitiers et à Caen, des incertitudes parisiennes. La population fut sensible à ce qu'elle interpréta comme une volonté de respecter les particularismes.

La paix

L'image serait trop simple d'un Charles VII « boutant » les Anglais hors de France avec l'aide unanime de qui n'était pas au Lancastre. Les jeux d'antan reprirent. Les princes voyaient d'un œil inquiet les évidents renforcements du pouvoir monarchique et de ses prétentions. Ils avaient, comme jadis, besoin des subsides royaux. Ils entendaient toujours s'imposer au

Conseil royal et jouer là un rôle tout en mettant la
main sur les coffres du Trésor. A partir de 1437,
Charles VII vit donc s'organiser un mouvement de
mécontentement auquel participaient les ducs de Bretagne, d'Anjou — c'était le roi René — et de Bourbon, et que le futur Louis XI rejoignit dès qu'il
s'entendit offrir une éventuelle régence. Cette « Praguerie » éclata au grand jour en 1440. L'Auvergne et
le Poitou se soulevèrent.

Philippe le Bon songea à s'en servir. Il paya la
rançon du duc Charles d'Orléans, qui s'ennuyait en
Angleterre depuis Azincourt, et s'en fit un compère
au sein de la révolte.

En février 1442, les coalisés s'assemblèrent à
Nevers, pour formuler leurs exigences. Charles VII
les déjoua en envoyant ses représentants, qui présidè-
rent la conférence. Quelques subsides inégalement
dispensés divisèrent les princes. L'affaire avorta.

La guerre, cependant, s'était assoupie après les
conquêtes tactiques qui garantissaient désormais
Paris. Henri VI avait fort à faire en Angleterre, où la
révolte grondait et où s'annonçait la guerre des Deux
Roses. Les deux belligérants furent d'accord pour
conclure à Tours, en 1444, une trêve de cinq ans qui
permit à l'Anglais de gagner du temps et à
Charles VII de se préparer. Lorsque à la faveur d'une
maladresse — le sac de Fougères, décidé par les
Anglais pour punir le duc de Bretagne François Ier de
sa politique pro-française — le roi de France rompit la
trêve en 1449, il avait les moyens de sa reconquête.

Dunois, le comte de Saint-Pol et le duc d'Alençon
trouvaient devant eux une armée anglaise insuffisamment nombreuse et fort mal commandée par un Talbot vieilli et par un Somerset de plus en plus
maladroit. Rouen s'ouvrit à eux. A Formigny, le
15 avril 1450, l'arrivée de Richemont — au moment
où les Anglais espéraient celle de Somerset — permit au comte de Clermont, fils du duc de Bourbon,
de remporter la victoire décisive. Caen tomba le
6 juillet, Cherbourg le 12 août.

L'année suivante, Dunois était en Guyenne. Il occupa la plupart des positions encore tenues par les Anglais, entra sans coup férir dans Bordeaux où les bourgeois préféraient traiter pour conserver leurs privilèges, et prit enfin Bayonne. Inquiets de leur avenir économique — le plus gros des exportations de vin se faisait vers l'Angleterre — les Gascons se ressaisirent vite : ils appelèrent à l'aide Henri VI, qui envoya Talbot. En octobre 1452, le vieux soldat était accueilli à Bordeaux en libérateur.

Le 17 juillet 1453, à Castillon, l'artillerie française — qui avait déjà joué un rôle à Formigny — prenait à contre-pied la tactique d'un Talbot incapable de voir qu'un nouvel armement impliquait de nouvelles manœuvres. Talbot fut parmi les morts. Et le 19 octobre, perdant tout espoir d'un secours, les Bordelais capitulaient. Cette fois, il ne fut plus question de leurs privilèges.

De même qu'avec les anciens fidèles du parti de Bourgogne, Charles VII eut l'habileté d'user de modération envers ceux qui avaient servi le Lancastre. On ménagea ce que les pays reconquis avaient naguère gagné grâce à l'Anglais. Caen garda son Université, Rouen sa Cour des aides. Et l'on promit aux Bordelais, dès 1456, le Parlement qu'allait créer six ans plus tard Louis XI.

Les remous de la Praguerie s'étaient apaisés. Amer, Charles d'Orléans se consolait à Blois, au milieu des artistes et des poètes, d'une vie gâchée par vingt-cinq ans de captivité ; il avait même échoué à revendiquer en 1447 l'héritage milanais de sa mère Valentine Visconti.

Déçu par les hésitations des conjurés de 1440, le duc de Bourgogne n'avait plus de goût aux intrigues de la cour de France. Ses ambitions étaient ailleurs. Ce qui avait été la grande idée de son grand-père — être le deuxième personnage du royaume des Valois — ne pouvait plus satisfaire le maître d'un État indépendant qui jouait au souverain. La plus grande partie de ses États, maintenant, était d'empire.

L'axe de ses intérêts basculait vers la Meuse et la Moselle. De surcroît, l'impatience du futur Charles le Téméraire ne laissait pas au duc Philippe le choix de ses alliances : le roi de France aurait trop facilement joué la partie de l'impétueux héritier de Bourgogne.

René d'Anjou n'était pas moins las. Il avait définitivement perdu sa couronne napolitaine. Il se trouva heureux de s'entremettre encore dans les affaires italiennes, mais c'était pour le compte de son cousin Charles VII : alors que la France s'alliait au nouveau maître de Milan, François Sforza, René alla faire en 1453 une assez vaine démonstration militaire dont le seul effet fut de bien montrer à la Savoie que la France était du côté de Milan. Cinq ans plus tard, le fils du roi René, Jean de Calabre, entrait dans Gênes où l'anarchie venait de provoquer une nouvelle fois un recours au roi de France. Vues de Paris, ces affaires étaient minces. Elles eurent pour effet d'entretenir l'habitude des aventures italiennes.

De son côté, le duc de Bretagne jouait au prince indépendant mais restait fidèle à son alliance française. Duc en 1457, Richemont tint à demeurer connétable de France. Il prêta hommage au roi pour son duché, mais il refusa l'hommage lige et déclina la qualité de pair de France. Le propos était donc ambigu. Tout le monde s'en contenta : les Français qui avaient la paix à l'ouest, les Bretons qui étaient pratiquement maîtres chez eux.

Le Midi tenait ses distances. Là aussi, les principautés tendaient vers l'indépendance. Foix et Albret se posaient en alliés du roi plus qu'en vassaux et marquaient en toute occasion les nuances qui s'imposaient : le comte de Foix ne se disait-il pas comte « par la grâce de Dieu » ? Gaston IV eut la sagesse de renoncer à la formule mais de tenir bon sur les réalités : il garda sa principauté du fisc royal. Charles VII lui fut un utile soutien dans sa prétention au trône de Navarre.

Jean IV d'Armagnac réagissait plus violemment aux exigences du fisc royal, niait plus ostensiblement toute vassalité et mettait la main en 1443, au mépris des droits du roi, sur le comté de Comminges qu'il convoitait depuis vingt ans. Le dauphin Louis alla, avec une armée, lui rappeler la souveraineté royale. Comte en 1450, Jean V se départit plus encore que son père de toute prudence. On le savait en pourparlers avec l'Angleterre. Une nouvelle campagne, en 1455, mit l'Armagnac dans la main du roi. Et le Parlement de Paris n'eut aucune peine — pour faire bonne mesure, le comte avait épousé sa propre sœur — à condamner Jean V au bannissement.

Le duc d'Alençon Jean II s'en tira moins bien. Descendant du frère de Philippe VI de Valois, le duc avait été des compagnons de Jeanne d'Arc. Il avait pris part à la reconquête de la Normandie — et à celle de son propre duché — et s'estimait mal payé des services rendus à Charles VII. A partir de 1450, on le trouve dans tous les complots ourdis par les Anglais, par le dauphin ou par les princes. En 1455, il se mit à préparer ouvertement la guerre contre le roi et négocia le retour des Anglais. Arrêté et jugé par la Cour des pairs, il fut condamné à mort et gracié. L'avènement de Louis XI, en 1461, le remit en liberté, ce qui procura au nouveau roi l'illusion d'avoir un fidèle.

C'est cependant à la personnalité de ce futur roi que tenaient les principales ombres sur l'horizon politique. Le dauphin Louis avait eu l'enfance triste et difficile du fils aîné d'un roi qui n'osait même pas se dire tel. Né en 1423, il avait six ans lors du sacre de Charles VII. Il avait vu son père tiraillé entre des femmes — l'énergique reine de Naples Yolande d'Aragon, belle-mère de Charles VII, la faible reine Marie d'Anjou, les maîtresses Agnès Sorel et Antoinette de Maignelais — non moins qu'entre les ultras peu désireux d'expier le crime de Montereau et les conciliateurs peu soucieux de perpétuer la guerre.

Le futur Louis XI avait aussi souffert de la longue attente d'un héritier dont le père se révélait vigoureux. Charles VII n'allait mourir qu'en juillet 1461, à l'âge de cinquante-huit ans. Et le rôle tenu par le dauphin lors de la Praguerie n'incitait guère le roi son père à la confiance.

Louis tenta d'abord, en 1446, d'inciter à la rébellion les états de l'Agenais. Puis il fomenta vainement un complot contre le favori Pierre de Brézé. Finalement, il se réfugia dans son Dauphiné, où il joua pendant dix ans au souverain. Il organisa la principauté, multiplia les mesures en faveur du développement économique — protectionnisme, amélioration des infrastructures commerciales — et fonda une université à Valence. Il mena avec la Savoie et vers Milan, comme vers l'Auvergne ou Monaco, une politique extérieure dynamique mais désordonnée.

Le roi avait vainement tenté d'empêcher le mariage du dauphin avec Charlotte de Savoie. Ce mariage, en 1451, brusqua l'ouverture de la crise. Charles VII attaqua le Dauphiné et retourna contre son fils le duc de Savoie. Louis se vengea en faisant dévaster la Bresse. En 1456, le roi vint s'établir en Bourbonnais. Se jugeant menacé, Louis gagna la cour de Bourgogne. L'occasion était trop belle pour que Philippe le Bon ne la saisît pas : il se fit médiateur entre le père et le fils. Son tort fut de croire que son piteux invité lui serait un jour reconnaissant.

Le « grand duc d'Occident »

Philippe le Hardi, frère de Charles V, avait reçu en 1363 le duché de Bourgogne parce qu'il était par son père le plus proche parent du dernier duc d'une dynastie capétienne qui remontait au XIe siècle. L'héritage comportait aussi l'Artois et la Franche-Comté — le comté de Bourgogne — et pouvait s'enrichir de la Flandre dès lors que Philippe le Hardi épousait la veuve de son prédécesseur, la jeune Marguerite de Flandre, unique héritière de la maison de Dampierre qui régnait sur la Flandre depuis le temps de Saint Louis. Et l'héritage flamand comprenait depuis un siècle le comté de Nevers et celui de

Rethel. Philippe le Hardi mettait donc la main sur une bonne partie de la France du Nord-Est et des terres d'Empire les plus voisines. Il y joignit rapidement le Charolais.

Des mariages avisés confortèrent cet état bipolaire de quelques perspectives avantageuses. Marguerite de Bourgogne fut mariée au comte de Hainaut et de Hollande. Son frère Jean sans Peur épousa la sœur du comte. Leur dernière sœur fut donnée pour femme à l'empereur Wenceslas de Luxembourg.

Quant à Antoine, second fils du duc Philippe le Hardi, d'abord pourvu du comté de Rethel, il reçut l'héritage qu'avait fortuitement fait sa mère des deux duchés de Brabant et de Limbourg. Son mariage lui permit d'y joindre en 1411 le Luxembourg. Il eut un fils, Jean, que l'on maria en 1418 à sa cousine Jacqueline, l'héritière de la Hollande et du Hainaut.

C'est donc une maison de Bourgogne déjà forte de deux branches que nous voyons tenir sa place sur la carte de l'Europe au moment où, en 1419, Philippe le Bon succède à son père assassiné. Il est lui-même à la tête de deux ensembles territoriaux : au sud, les deux Bourgognes et le Charolais, avec dans le voisinage le Charolais de son fils aîné et le Nivernais de son frère cadet ; au nord la Flandre et l'Artois enrichis par Jean sans Peur des châtellenies de Montdidier, Péronne et Roye. A la tête de la branche cadette, Antoine de Bourgogne est le maître des terres entre la mer et la Moselle moyenne — Limbourg, Brabant, Luxembourg — cependant que son gendre règne sur le Hainaut, la Hollande, la Frise et la Zélande.

Deux obstacles se dressent contre l'unité de l'État bourguignon : l'évêché de Liège, qui possède le cours moyen de la Meuse et sépare le Luxembourg du Brabant, et les deux duchés de Bar et de Lorraine qui isolent les Bourgognes et les privent d'un accès libre vers la mer du Nord. Les Liégeois se sentent forts de l'appui du roi de France, et Charles VII s'est ménagé, en 1441, une précieuse alliance de revers,

L'ÉTAT BOURGUIGNON

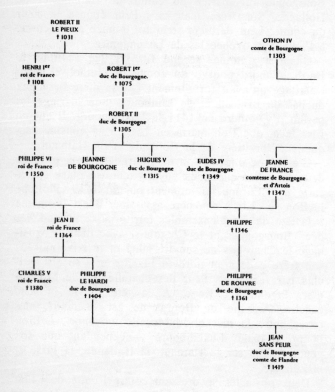

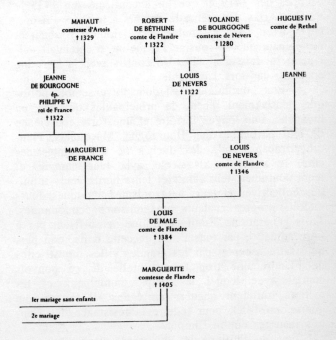

MAHAUT
comtesse d'Artois
† 1329

ROBERT
DE BÉTHUNE
comte de Flandre
† 1322

YOLANDE
DE BOURGOGNE
comtesse de Nevers
† 1280

HUGUES IV
comte de Rethel

JEANNE
DE BOURGOGNE
ép.
PHILIPPE V
roi de France
† 1322

LOUIS
DE NEVERS
† 1322

JEANNE

MARGUERITE
DE FRANCE

LOUIS
DE NEVERS
comte de Flandre
† 1346

LOUIS
DE MALE
comte de Flandre
† 1384

MARGUERITE
comtesse de Flandre
† 1405

1er mariage sans enfants

2e mariage

celle de la Lorraine et du Barrois, en organisant la réconciliation des deux concurrents à l'héritage du duc Charles II de Lorraine. Le grand gagnant de l'affaire est évidemment le roi René, gendre du duc Charles : il se retrouve duc de Lorraine, cependant que Toul et Verdun se mettent sous la garde du roi de France.

La guerre a d'autre part rapporté à Philippe le Bon les deux comtés d'Auxerre et de Mâcon, qu'il a occupés dès 1419 et que lui a confirmés en 1435 le traité d'Arras. De même le recours à la force lui procure-t-il en 1433 la double succession de Brabant et de Hainaut que sa cousine Jacqueline n'entendait nullement lui laisser si vite. Un conflit avec la Lorraine apparaît, dès lors, inévitable.

Cet État bourguignon est donc un ensemble politique relativement récent de principautés qui ont, en revanche, une longue histoire et une forte conscience de leur particularisme. Bourgogne, Mâconnais, Flandre, Brabant, voilà des duchés ou des comtés nés entre le Xe et le XIe siècle, avec leurs langues et leurs coutumes, leur saints et leurs héros, leurs inimitiés collectives et leurs antagonismes ataviques, leurs intérêts propres et leurs antagonismes économiques. Trois générations d'unité politique ne suffisent pas à faire admettre par tous l'idée de cette unité, non plus qu'à faire accepter par les grandes villes industrielles de Flandre une trop ferme tutelle de ce pouvoir comtal avec lequel les corps municipaux et les métiers traitaient naguère en égaux. Il faudra une guerre, en 1453, pour réduire la résistance des Gantois insurgés contre l'impôt.

L'État de Philippe le Bon garde donc, dans son organisation interne, toutes les différences nées de l'histoire. Les institutions se juxtaposent, et les hommes vivent dans l'horizon moyen des anciennes unités de gouvernement : dans leur duché ou dans leur comté.

Ce qui fait l'État bourguignon, c'est la forte cohésion de ses territoires dans leur participation à une politique extérieure commune, qui inclut très vite une vision commune de leurs intérêts économiques. Le

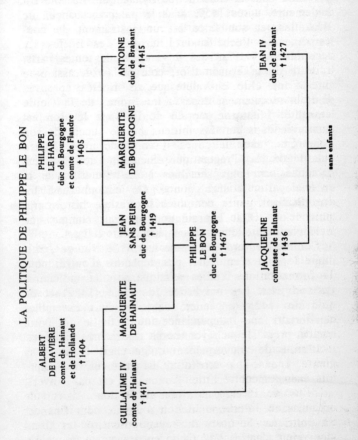

LA POLITIQUE DE PHILIPPE LE BON

PHILIPPE
LE HARDI
duc de Bourgogne
et comte de Flandre
†1405

ALBERT
DE BAVIÈRE
comte de Hainaut
et de Hollande
†1404

ANTOINE
duc de Brabant
†1415

MARGUERITE
DE BOURGOGNE

JEAN
SANS PEUR
duc de Bourgogne
†1419

MARGUERITE
DE HAINAUT

GUILLAUME IV
comte de Hainaut
†1417

JEAN IV
duc de Brabant
†1427

PHILIPPE
LE BON
duc de Bourgogne
†1467

JACQUELINE
comtesse de Hainaut
†1436

sans enfants

meilleur facteur d'unité n'est autre que la personnalité du duc Philippe le Bon, servie par une exceptionnelle continuité — il règne un demi-siècle, de 1419
à 1467 — et soulignée par une volonté de prestige
qui entre dans la construction dynastique. La cour est
à demeure, après 1459, dans le palais brabançon de
Bruxelles, et son faste est un instrument de gouvernement à l'échelle de l'Europe. Les fidèles s'y
rassemblent. Les artistes y viennent de toutes parts.
L'ordre de la Toison d'or, créé en 1429, assure le
duc d'une élite chevaleresque de fidèles éprouvés
dont le recrutement dépasse les limites de la vieille
vassalité. L'autorité morale de Philippe le Bon est
confortée dans certains milieux par le succès de son
compromis avec le pape : il contraste avec l'échec
relatif de la Pragmatique Sanction de Bourges.
D'autres sont plus sensibles à la réputation de la
monnaie d'or bourguignonne. On entend aussi les
chroniqueurs gagés composer la fresque historiographique où l'État bourguignon apparaît comme une
évidente réalité. Plus on en parle, plus il l'est.

Comme Bedford et comme le roi de Bourges, Philippe le Bon n'entendait pas dépendre d'autrui pour
la formation des cadres administratifs et judiciaires
de son État. Les universités de Dole (1422) et de
Louvain (1425) ont ancré dans les deux ensembles
territoriaux une indépendance intellectuelle qui porte
surtout préjudice au rayonnement des maîtres parisiens.

L'unité de gouvernement coûte cher. C'est là sa
limite. L'ensemble territorial est étiré, et sa prospérité inégalement répartie. Auxonne n'est pas Anvers,
et le Morvan n'est pas la côte de Beaune. Au fort de
sa puissance, Philippe le Bon n'a pas, pour financer
sa politique, le quart du revenu domanial et fiscal
dont jouit Charles VII. Or la cohérence du gouvernement implique une circulation rapide des informations
et des ordres, et un mouvement rapide des fonds.

Sur le chemin de l'unité, le duc pose quelques jalons. Le Grand Conseil est unique, et ne se cantonne
pas dans l'avis politique : par-dessus les juridictions

d'appel des principautés réunies et par-dessus les cinq Conseils de Bruxelles, Gand, Mons, Luxembourg et Dijon, il devient l'organe judiciaire suprême du « grand duc d'Occident ». De même, par-dessus huit recettes générales, la « Recette générale de toutes les finances » assure-t-elle la centralisation relative et le contrôle effectif du mouvement financier. La Cour des comptes de Lille étend — n'en déplaise à celles de Dijon, de Bruxelles et de La Haye — sa compétence aux affaires communes à l'ensemble de l'État. Les termes de l'année financière sont unifiés. Le nombre des ateliers monétaires est réduit.

L'hôtel ducal, qui est un, offre également un cadre favorable à la mise en place de quelques gestions centralisées. C'est ainsi que le Trésor de l'Épargne, en donnant au duc la souplesse nécessaire à ses dépenses domestiques, lui procure aussi une caisse immédiatement disponible pour les dépenses politiques.

Dans cette recherche d'une unité qui ne bouleverse pas les habitudes et ne brusque pas les susceptibilités collectives, il est un succès durable : l'unification monétaire décrétée en 1433 pour favoriser la reprise des affaires. Le « philippus » d'or, ou « riddre », est autant un symbole de souveraineté qu'un étalon d'échanges. Mais le duc ne peut muer sa monnaie sans le consentement des trois états, et la logique de cette contrainte politique conduit à la naissance d'états généraux : le sort d'une monnaie unique ne se négocie pas avec des assemblées locales, donc multiples.

Malgré ces états généraux, l'État de Philippe le Bon demeure une construction fragile. Le duc en est bien conscient, qui ne se risque pas à précipiter l'évolution vers une souveraineté dont son pouvoir a par ailleurs toutes les apparences. Il se sait exposé de tous côtés. Depuis qu'il a recouvré la Champagne, Charles VII atteint la frontière orientale de son royaume et peut couper en deux les territoires de son cousin de Bourgogne. Philippe le Bon est trop vulnérable pour s'offrir le luxe de faire peur.

L'État bourguignon connaît une crise en 1444 lorsque les « écorcheurs » — les soldats du roi de France sans emploi après la trêve de Tours — ravagent la Bourgogne. L'arrivée du dauphin révolté chez son cousin de Bourgogne crée une situation pour le moins délicate. Il n'empêche que Philippe le Bon préserve sa paix avec la France. Il le sait, une conjonction de l'empereur et du roi de France lui serait fatale.

Cette menace, Philippe le Bon a fait plus que l'entrevoir. C'est déjà contre lui que se nouait en 1430 l'alliance du roi de France et du duc d'Autriche Frédéric de Habsbourg, celui-là même dont l'élection de 1440 allait faire un empereur. Malgré une habile alliance avec la Bavière, Philippe le Bon a pu s'inquiéter en voyant le Valois intervenir en 1444 au côté de l'empereur contre les cantons suisses. Certes, le Habsbourg a finalement mal pris la désinvolture des Français, portés à oublier en Lorraine et en Alsace qu'ils étaient dans l'empire et non dans le royaume. Bien sûr, le futur Louis XI a noué en revanche des relations amicales avec les Suisses. Mais tout cela n'a fait que changer quelques données d'un problème cependant inchangé quant à l'essentiel : l'ancien roi de Bourges est maintenant capable de se manifester sur le Rhin.

Pour le duc Philippe, le temps n'est donc plus de jouer à Paris le rôle d'un chef de parti. Définitivement détourné des pays de la Seine et de la Loire où se fait la politique française, il s'en tient à ce grand ensemble territorial cohérent, prospère et défendable, qui constitue, de la Somme à la Moselle et au Zuidersee, la base d'un rayonnement à l'échelle de l'Occident. Les écorcheurs qui ravagent la Bourgogne le tracassent moins que la crise du trafic portuaire de Bruges. Et ses séjours en Bourgogne font désormais figure de voyages.

La vie des cours

Malgré quelques brillantes exceptions comme la cour du comte de Foix Gaston Fébus, le XIVe siècle a connu l'extraordinaire centralisation de l'activité culturelle que reflète assez bien la résidence, plus qu'épisodique, dans leur hôtel parisien de tant de princes et de prélats français, voire étrangers comme le roi de Bohême, le roi de Navarre ou le duc de Bavière. Le duc de Bourgogne et le duc de Bretagne vivent à Paris plus souvent que dans leur duché. Tout le monde, au temps de Charles V et encore pendant la jeunesse de Charles VI, trouve cela normal.

Ces temps sont finis, et rien n'en survit après un demi-siècle de guerre civile et d'asphyxie parisienne. La capitale est désormais aux mains des clercs, des maîtres, des avocats, des conseillers. Les hôtels aristocratiques sont achetés par des trésoriers ou par des présidents. Ceux des prélats se changent le plus souvent en collèges.

D'autres habitudes se sont prises, qui transfèrent au châteaux la fonction qui était celle des hôtels parisiens. Au vrai, le roi donne l'exemple. Charles VII n'a rien oublié : il se méfiera toujours d'une ville dont les remous ont, en 1358, en 1382, en 1413, mis la Couronne en péril. A sa capitale, il préfère ses châteaux de Touraine et de Berry — Loches, Chinon, Montils-lès-Tours — quand il ne fait pas de Tours une résidence privilégiée aux allures de capitale, où la cour s'installe plus ou moins commodément.

La relation des princes et du roi n'a pas moins changé. Il n'y a plus, dans les années 1440 ou 1450, de ces princes «des fleurs de lis» — frères ou oncles du roi — dont la présence à la cour paraissait normale au temps des Cabochiens. Charles VII n'a plus de frères et ni le dauphin Louis ni son jeune frère Charles ne suffiraient, s'ils en avaient le goût et les moyens, à donner à la cour du roi leur père le lustre que donnaient Anjou, Bourgogne, Berry et Bourbon à celle de leur neveu Charles VI.

Pendant la guerre, beaucoup ont tiré parti d'un rapport de forces qui leur permettait une fructueuse neutralité ou leur laissait le choix de leurs alliances.

Avec la paix, et après bien des désillusions, les princes ont à la fois envie d'être chez eux, d'y construire leur prestige et d'y vivre tranquilles. Et chacun de donner à sa cour une touche personnelle, quand encore elle n'est pas, comme à Bruxelles ou Dijon celle du duc de Bourgogne, comme à Nantes, Rennes ou Vannes celle du duc de Bretagne, l'affirmation d'une réussite et d'une prétention politiques. Celle que tient à Moulins le duc Jean de Bourbon chante l'héroïsme : l'ancien comte de Clermont n'est-il pas le vainqueur de Formigny ? Celle du duc Charles d'Orléans prend à Blois les allures d'une thébaïde littéraire. Celle du roi René, à Tarascon comme à Angers, doit au passé napolitain des fidèles de la dynastie angevine une mode de l'italianisme, voire d'un certain orientalisme : bref, un parti pris d'exotisme.

Les châteaux se sont brusquement ouverts sur la ville ou sur la forêt. A quoi bon les enceintes d'antan, qui ne résisteraient plus à l'artillerie ? Mieux vaut laisser libre cours à un penchant pour les jardins qui perçait déjà dans le propos de l'hôtel Saint-Paul de Charles V et qui renouvelle maintenant la conception même et le plan de toutes les résidences de prestige. Le château et le jardin s'organisent ensemble. On vit au jardin. On s'y fait voir, on y débat, on y joute, on y jardine.

Les cours offrent l'ultime refuge à cette « courtoisie » qui fut un mode de relations sociales. La courtoisie est chevaleresque chez le grand ordonnateur de tournois qu'est René d'Anjou. Elle est amoureuse chez le poète Charles d'Orléans. Elle est politique chez Philippe le Bon, dont les chapitres de la Toison d'or sont autant d'occasions de compter et de montrer les fidélités. La nostalgie d'un passé qui tourne à l'âge d'or de la chevalerie chrétienne s'alimente de la lecture des derniers romans du filon arthurien, et s'exprime en des codifications nouvelles de conventions naguère tacites.

Admirable témoin de cette civilisation qui refuse de disparaître, René d'Anjou est à la fois le poète aux savantes allégories du *Cœur d'Amour épris*, le théoricien du *Livre des tournois*, le moralisateur désabusé de la *Mortification de Vaine Plaisance*, l'auteur mondain de rondeaux envoyés à Charles d'Orléans et, peut-être, l'auteur de la pastorale *Regnault et Jeanneton*. Un Alain Chartier dans les années 1420, un Charles d'Orléans jusqu'à sa mort en 1465, les grands rhétoriqueurs de la cour de Bourgogne comme Michault Taillevent, Martin Le Franc ou Pierre Michault, illustrent à leur façon ce courant de pensée où la convention n'exclut pas la sensibilité et où l'art semble ignorer le temps qui passe. Le chenapan rétif devant les contraintes — poétiques aussi bien que sociales — qu'est l'écolier parisien François Villon s'inscrit naturellement à l'encontre d'une telle pensée, s'en accommode parfois pour vivre, renâcle plus souvent, et avec éclat.

Les historiens ont à la cour des princes leur place et leur fonction. Combien de princes, en effet, ne vivent-ils pas de leurs prouesses passées ? Quel est celui qui n'entend pas laisser trace de sa grandeur présente ? Georges Chastellain est à la fois le poète des *Douze Dames de Rhétorique* et le chroniqueur dûment gagé et presque officiel du duc Philippe le Bon. Son collègue Olivier de la Marche compose un *Triomphe des Dames* et un *Chevalier délibéré*, dans le même temps que sa chronique. A la même cour, Jean Molinet rime ses *Faits et dits* et succède à Chastellain comme « indiciaire » — historiographe — du duc Charles le Téméraire.

Charles VII n'est pas en reste, même si sa propagande est moins organisée que celle de son rival bourguignon. Il a eu Jean Chartier et Gilles Le Bouvier — le « Héraut Berry » — comme historiens attentifs de sa gloire retrouvée. En 1472, Martial d'Auvergne mettra en vers leur récit dans les *Vigiles du roi Charles VII*.

La victoire et le faste sont au cœur de cette historiographie, dont l'apparente objectivité fait en réalité écho à l'héroïsme et à la courtoisie du conte et du roman. Le vœu d'une croisade pour libérer Constantinople, fait en 1454, au lendemain de la prise de la ville par les Turcs, par toute la cour de Philippe le Bon, restera surtout célèbre pour l'ordonnance baroque d'un banquet où l'on voit un prince et les siens prêter serment sur un faisan vivant, paré de joyaux comme une châsse.

La rivalité des cours princières ne profite pas moins aux peintres : ils y trouvent une clientèle, mais aussi une fonction sociale. Jean Fouquet, qui trouve à son retour de Rome l'équilibre entre un idéalisme italien qui s'humanise et le vieux réalisme flamand qui s'allège, est à la fois le portraitiste de Charles VII et d'Agnès Sorel, d'Étienne Chevalier et de Guillaume Juvénal des Ursins, et l'enlumineur de livres d'heures et de chroniques où il met en scène la grandeur de l'histoire nationale au service du prestige monarchique. La cour du roi René, celle de Philippe le Bon et celle de Charles d'Orléans attirent de même les peintres et les poètes. Il appartient au prince de tenir table ouverte aux artistes de passage, d'en prendre dans son hôtel, de rivaliser avec eux.

La résidence royale en Touraine est lourde de conséquences pour les structures mentales de la vie politique. On traite désormais de manière différente les relations avec la cour et les relations avec la justice ou l'administration. Les communautés d'habitants — les villes, les États — entretiennent à Paris des procureurs permanents et envoient vers la Loire des ambassades périodiques. Loin de l'élément stable que sont à Paris les gens du Parlement ou ceux des Comptes, le monde de la cour est en proie à tous les soubresauts d'un foyer d'intrigues où nul ne sait au juste qui est qui. C'est le règne des favoris et des maîtresses, des chambellans et des maîtres d'hôtel.

Pendant ce temps, de part et d'autre de la Cité, les officiers de justice et de finance s'érigent en pouvoir autonome, en représentants vivants de la Couronne. Leur identification à la chose publique est évidente dès lors que la réconciliation de France et de Bour-

gogne a finalement donné raison à chacun, quelque
roi qu'il ait servi. Dans les années 1450, déjà, la
solidarité des corps constitués, qui s'exprime en
mariages et se traduit en réseaux d'alliances familiales, ferme pratiquement la voie à ceux qui n'ont pas
su s'introduire à la génération précédente, celle où
l'on cherchait des fidèles.

La reprise

La guerre a laissé la France en ruines, et plus
encore la psychose de guerre qui, pendant un siècle,
a paralysé les initiatives, découragé les investissements, conduit les paysans à l'abandon et les marchands au repliement. Des régions entières sont vides
d'hommes, et la friche y remplace le labour. C'est,
bien sûr, le cas des zones de combat, de ces marges
prises et reprises où les ravages de la guerre ne doivent rien à la légende : ainsi l'Entre-Deux-Mers ou
l'Ile-de-France où Français et Anglais n'ont cessé
d'en découdre, le Languedoc, le Valois ou le Mâconnais que les écorcheurs ont mis à sac, avant comme
après 1444. C'est aussi le cas des terres pauvres, mal
situées ou mal protégées, dont les habitants ont cédé
les premiers à la tentation de fuir : ils avaient peu à
perdre et la relative désertion des meilleures terres
attirait évidemment les paysans — du Hurepoix
comme du Morvan — vers de plus riches terroirs,
jadis saturés de main-d'œuvre.

Le vide d'hommes et le retour de la friche signifient aussi la dislocation des structures sociales. Les
communautés d'habitants survivent fort mal à l'éclatement, et la « cassure de la mémoire agraire » — une
cassure plus limitée qu'on ne l'a parfois dit — les
laisse parfois incertaines quant à la propriété, aux
usages, aux façons culturales.

Quand elles n'ont pas disparu, les infrastructures
sont mal en point. La grange est écroulée. S'il n'est
pas encombré d'épaves, le chenal l'est de hautes herbes. Le chemin de halage est coupé, le pont rompu,

le quai effondré. Pour remettre en marche la machine
économique, un énorme investissement s'impose, que
les princes — Charles VII entre autres — s'emploient
à favoriser, intégrant pour la première fois une véritable
politique économique dans les vues de leur gouvernement.
Le roi René se préoccupe en Provence du droit
d'enclore qu'attaquent ces capitalistes de village que
sont les éleveurs. Charles VII fait draguer le cours de
l'Eure. Tout un chacun fait reconstruire sa halle.

Innovation considérable dans la mesure où il intervient
ici dans le domaine du droit privé, le roi de
France permet en 1447 aux seigneurs fonciers, laïques
et ecclésiastiques, de faire appel à de nouveaux
exploitants pour remettre en culture les terres en friche
sans craindre à perpétuité que surviennent les
ayants droit d'un ancien tenancier : les hauts-justiciers
n'auront qu'à ordonner trois ou quatre « cris ». Trois
ou quatre publications à la grand-messe, et le seigneur
sera libre de réaccenser sa terre à qui il voudra,
si nul ne s'est fait connaître.

De même le roi se mêle-t-il d'assainir la situation des
immeubles hypothéqués, que nul propriétaire n'osait
restaurer ou reconstruire par crainte d'effrayants arrérages.

En quelques années, le statut de chaque parcelle,
en ville comme à la campagne, est ainsi mis au net.
Les maîtres du sol peuvent alors offrir ici des baux
plus longs — on voit des baux à trois vies — ou
abaisser redevances et loyers, proposer là de participer
aux investissements — semences, matériel,
argent — et, presque toujours, remettre en culture
des exploitations agrandies, où le profit du paysan
est mieux assuré. De la sorte, les seigneurs fonciers
attirent une main-d'œuvre agricole que certains ne
craignent pas d'aller chercher au loin, prospectant et
menant de véritables campagnes publicitaires. Poitevins,
Bretons et Auvergnats affluent en Gascogne,
Berrichons et Limousins en Angoumois, cependant
que la Provence voit arriver les Piémontais.

D'habiles détenteurs de capitaux profitent de
l'aubaine, pour remembrer des patrimoines ou pour

constituer des domaines nouveaux. Le vieux fief disparaît, qui demeurait encore aux yeux de tous, en plein XIVᵉ siècle, plus ou moins lié à l'institution vassalique. La seigneurie devient une propriété. Triomphent ici les gens qui ont pu franchir sans risque les temps difficiles, du marchand de sel au notaire rural et à l'officier royal. C'est aussi le triomphe du notable qui sait choisir et gérer, qui a des capitaux disponibles ou les trouve en s'associant, et qui jouit dans la société locale d'un poids suffisant pour ne pas se trouver trop lourdement frappé par l'impôt. Autant dire que la ville s'introduit plus que par le passé dans les affaires de la campagne. Cet intérêt du citadin pour l'économie rurale se traduit rapidement en un progrès sensible des productions spéculatives, des plantes industrielles à l'élevage lainier. Plus qu'avant, on produit pour vendre.

Bien des paysans aisés, moins atteints par les crises ou plus malins, savent aussi saisir l'occasion de creuser le fossé qui les sépare des pauvres hères incapables d'assumer une expansion. Ils peuvent attendre la première récolte parce qu'ils ont ailleurs de quoi manger. Ils s'entendront à accaparer les fermes des domaines seigneuriaux baillés par larges parcelles, et ils seront en mesure d'obtenir là les baux avantageux, à plusieurs vies ou même perpétuels, qui feront d'eux les véritables maîtres du sol. La reconstruction rurale qui s'amorce selon les régions entre 1440 et 1470 — plus tôt dans les régions pacifiées et sur les terres fertiles, plus tard sur les sols maigres et dans les zones encore perturbées — et qui ne s'achèvera guère avant le début du XVIᵉ siècle aura ainsi ses gagnants et ses laissés-pour-compte.

De même l'expansion profite-t-elle plus à la ville qu'à la campagne. Le bénéficiaire de la nouvelle rente foncière est un citadin, et c'est à la ville qu'il dépense, pour l'essentiel, le produit financier de son domaine.

Le gouvernement des finances publiques ne crée pas de moindres inégalités. Elles tiennent à la recherche d'une incitation fiscale au développement économique. Elles reflètent une préoccupation politique : l'entretien permanent des clientèles. Là encore, les faveurs vont aux villes : c'est le mouvement commercial qui produit le plus rapidement une plus-value fiscale. Alléger l'impôt d'un port ou d'une place financière est pour le prince un meilleur investissement que le dégrèvement d'une terre céréalière. La campagne ne connaît guère de répit, non plus que d'exemption. En Languedoc, où le roi doit négocier son impôt, les états marchandent leur consentement à l'aide contre des privilèges commerciaux, et les gens du roi achètent au prix de quelques dégrèvements locaux la complaisance de Toulouse ou de Montpellier, qui entraîne l'adhésion des autres. En Normandie, où l'on se plaint de payer le quart de l'impôt royal, et où l'on jalouse le sort des Parisiens, on n'est pas moins fondé à invoquer les chiffres : en 1460, la capitale paie moins que Vire ou Gisors.

Les solutions politiques ont leurs limites. Le roi supprime bien des péages, multiplie les foires nouvelles et les privilèges aux foires anciennes, favorise Lyon en interdisant aux Français de fréquenter les foires de Genève. Mais les intérêts opposés s'affrontent au sein même du Conseil royal, et tout avantage donné à Lyon passe à juste titre pour une entrave à l'essor des foires languedociennes. Les véritables freins à l'expansion sont dans les mentalités. Les milieux possédants font encore passer l'achat de seigneuries peu productives et de résidences stériles — le paraître et la promotion visible — avant l'investissement économique. On renâcle plus ou moins consciemment devant les techniques commerciales et bancaires qui pallieraient ces maux constants du Moyen Age occidental : l'insuffisance des moyens de paiement, l'interdiction canonique du prêt à intérêt, la lenteur de l'information. Côtoyés en France même et ailleurs, les Italiens n'ont été que timidement imités, comme si les hommes d'affaires français jugeaient inutiles les perfectionnements introduits dans la comptabilité, la simplification du change tiré — le crédit — par la pratique de la simple lettre de change, voire les approches de ce qui sera l'assurance à prime. Les Français s'assurent encore en diversifiant leurs placements, et ils empruntent en s'associant chez le notaire.

Un homme tente d'aller au-delà de cette routine où la spéculation la plus osée touche les fermes de la gabelle et celles du fisc. C'est Jacques Cœur.

Malgré l'exception que constitue la diversité de ses entreprises et l'ampleur de ses investissements, Jacques Cœur demeure cependant un Français de son temps. Inattentif à l'aventure atlantique, il s'emploie à concurrencer les Italiens dans leur trafic le plus traditionnel, celui de l'Orient. Il juxtapose les affaires, il joue toutes les cartes, mais il ne songe même pas à une véritable intégration économique. La variété n'est pour lui qu'une sécurité. Ce n'est pas un système. Et rien ne l'engage à briser la contrainte des investissements du paraître social, qui stérilise tant de capitaux parce que la richesse n'a pas de sens si elle ne conduit à la noblesse.

Ce fils d'un pelletier de Bourges est avant tout marchand. Argentier du roi — nous dirions fournisseur — il approvisionne la cour de tous les produits du grand commerce méditerranéen et des artisanats de luxe d'Orient comme d'Occident. Il vend les joyaux et l'orfèvrerie, la fourrure et les soieries, les lainages de luxe de l'Italie ou du Brabant, les draps d'or de Toscane et les armes du Milanais. Il se fait le banquier du roi et celui de grands. Il prend à ferme les salines, les mines, la monnaie, les impôts. Élargissant son champ d'action au-delà de frontières, il est industriel à Florence, armateur à Aigues-Mortes et trafiquant à Damas.

Il spécule sur les métaux précieux, exporte l'argent vers la Syrie, importe l'or. Il arme une flotte de galées pour s'affranchir de l'intermédiaire italien dans le trafic des lainages d'Europe et dans celui des soieries d'Orient. Il entretient des correspondants sur toutes les places du trafic méditerranéen, d'Alexandrie à Barcelone.

L'ascension de Jacques Cœur est rapidement visible. Il est conseiller du roi en 1442. Il préside à l'assainissement monétaire aussi bien qu'à la réorganisation fiscale. Il est noble. Son fils est archevêque.

Comme toutes les affaires de ce temps où manquent les liquidités, cet empire est fragile. La part des capitaux immobilisés par l'inévitable investissement foncier est excessive. La nécessité de paraître — l'hôtel de Bourges n'en est qu'un élément — limite fâcheusement les placements productifs et la capacité de faire face. Victime de ses imprudences, mais surtout de la jalousie, Jacques Cœur est accusé de malversations. Il est arrêté en 1451. Il finira ses jours, en 1456, à Chio, au service du pape.

Ses entreprises ne lui survivront pas, mais il est quand même une conséquence durable de son audace : il a contribué à réveiller l'économie française. Nul ne songe vraiment à imiter ce que chacun considère comme un échec. Gouvernants et hommes d'affaires n'oublieront cependant ni ses vues à long terme ni ses moyens immédiats. Louis XI tirera très vite les leçons de l'expérience.

La vie bourgeoise

Avec le repli de l'aristocratie militaire sur des résidences rurales plus agréables parce qu'indéfendables de toute manière, la bourgeoisie d'affaires et le monde de la robe tiennent en ville le haut du pavé. L'art bourgeois s'épanouit. Dans la hiérarchie perceptible de la société citadine, les merciers l'emportent sur les orfèvres et les potiers d'étain sur les fourbisseurs d'épées. C'est l'épanouissement de toutes les activités qui concourent à la manifestation de l'opulence bourgeoise.

Après un siècle de crise urbaine, la construction reprend. Mais le dépeuplement a favorisé le repli sur les meilleures maisons, et c'est une restructuration de l'espace bâti que mettent en œuvre les nouveaux propriétaires.

La nouvelle échelle des fortunes citadines — la finance, la justice, la boutique, l'atelier, le chantier — se marque dans le paysage. Le temps n'est plus à de nouvelles cathédrales, comme à l'époque où le corps urbain s'affirmait dans son ensemble sur l'échiquier politique. La faveur des fidèles qui financent va plutôt à l'église paroissiale ou au couvent qui sont la gloire du quartier et qui sont assez proches pour que les réputations de quartier s'y ressentent. C'est là que s'assemblent les confréries par lesquelles s'exprime le particularisme cultuel du bourgeois. Chacun a son saint, et chacun veut sa chapelle.

Le robin et le négociant qui ont repris l'hôtel du baron ou de l'archevêque combinent dans un goût affirmé de la pierre leur volonté de montrer ce qu'ils sont et celle de démontrer leur cheminement vers une aristocratie. Ils agrandissent, ils reconstruisent, ils ornent des demeures jusque-là austères. L'hôtel de Jacques Cœur n'est qu'un exemple, mais significatif, d'un habitat où le confort n'est pas seulement plaqué — comme l'étaient les anciens décors mobiles de tapisserie qui réchauffaient les grandes salles d'antan — mais intégré dans un parti architectural désormais attentifs aux structures familiales et aux impératifs professionnels.

Le bourgeois, toutefois, ne dédaigne pas de jouer au hobereau. Les romans de chevalerie — le vieux *Méliador de* Froissart ou *l'Ogier le Danois* de Jean d'Outre-Meuse — encombrent les bibliothèques avant de faire la fortune des premiers imprimeurs. Mais, dans le temps où il entretient une nostalgie chevaleresque dont il se persuade qu'elle est bien la sienne, le bourgeois fait son bonheur d'un théâtre qui est à la fois l'événement, le rêve et l'action collective. Toute la ville s'en mêle : ce qui préside à la construction théâtrale, c'est l'esprit de fête.

Le Miracle est à la fois mise en scène du merveilleux et autoportrait d'une société : il se situe dans le temps et dans l'espace. La *Bourgeoise de Narbonne* et le *Clerc de Rouen* ne sont cependant que des essais. Toujours joués après trois siècles, les chefs-d'œuvre restent le *Miracle de Théophile* de Rutebeuf et les diverses versions des *Miracles de Notre-Dame* inspirés de Gautier de Coincy. Le bourgeois est conservateur.

Le *Mystère* apparaît en revanche dans toute sa nouveauté. Il est la Rédemption vue par un monde réaliste, pour lequel la Passion est une souffrance et l'enfer une bouilloire. Alors que l'imagerie des tympans et des vitraux s'adresse aux initiés, le récit complaisant et la lourde caricature des *Mystères* touche le tout-venant des parvis. La *Passion* d'Arras et celle d'Autun sont de simples mises en scène de l'Évangile, mais à la même époque l'organiste de Notre-Dame de Paris, Arnoul Gréban, mêle déjà dans les quatre journées de son *Mystère de la Passion* l'histoire empruntée au récit évangélique et la symbolique des vieilles concordances bibliques, rehaussée par le vérisme pittoresque de comportements et de langages qui sont ceux de l'échoppe et de la boutique.

Médecin et professeur de médecine à Angers, Jean Michel reprendra vers 1485 l'œuvre de Gréban et renforcera la prédication offerte par le *Mystère*. Le style est plus vivant, le regard sur le monde plus varié. Le succès sera à la mesure de l'effort accompli pour vulgariser la Parole de Dieu : on jouera Michel à Angers, à Paris, à Valenciennes, et dix-sept éditions se succéderont en soixante ans.

Les Mystères fleurissent : ainsi celui de saint Adrien en Bourgogne et en Provence, celui de saint André et celui de saint Quentin en Picardie, celui des saints Crépin et Crépinien à Rouen et à Paris. Tous sont le fruit d'un double effort : on adapte le récit au temps présent, on mêle l'histoire sainte et l'invention moralisatrice ou divertissante.

Car tout n'est pas piété dans le goût du bourgeois pour les tréteaux. La sociabilité citadine veut la fête, et la fête veut le théâtre. L'entrée en ville d'un prince est prétexte à présentation de tableaux vivants aux carrefours. La procession s'accommode volontiers d'une figuration. Solennité du saint patron de la paroisse ou de la confrérie, de la corporation ou de la ville, Mardi-Gras, fête de la Saint-Jean avec ses feux allumés au coucher du soleil, tout est occasion de jouer à longueur de journée. Ont la faveur du public les *Soties,* qui sont des dialogues comiques de « sots » et de « sottes », autrement dit de courtes caricatures du clerc, du savant, du juge et du marchand, voire de leurs femmes. N'ont pas moins la faveur les *Farces* à plusieurs personnages, où les ressorts bien connus de la vie bourgeoise sous-tendent une peinture des mœurs et où les déguisements et quiproquos — voire les renversements de situation — assurent à peu de frais l'amusement du public. On rit du curé, on admire l'intelligence du rusé, on rosse le ladre. Le chef-d'œuvre est ici la *Farce de maître Pathelin,* où l'on voit l'astucieux berger duper en définitive l'avocat qui s'était cru le plus malin. Écrite dans les années 1460, la *Farce de maître Pathelin* doit autant à une tradition déjà attestée au XIIIe siècle par maint fabliau et au XIVe par Eustache Deschamps qu'à l'imagination créatrice d'un observateur malicieux de son temps.

La représentation théâtrale prend maintenant la force d'un type de manifestation sociale. Le spectacle s'ordonne. On joue d'abord une *Sotie* ou une parodie de sermon ; un *Mystère* ou une *Moralité* justifie ensuite le théâtre aux yeux des moralistes, et l'on reprend enfin la comédie en donnant une *Farce.* La troupe se pérennise. Elle fixe son répertoire. Le théâtre apparaît comme un chapitre régulier de la ville ou du métier. Les échevins ou les princes savent exploiter l'affaire en se l'attachant : des prix — pièces d'orfèvrerie ou de vêtement — excitent l'émulation des acteurs, comme naguère celle des « montreurs » de tableaux figurés.

Autant que ses thèmes, le théâtre emprunte à la vie
bourgeoise son cadre et ses personnages. La mise en
scène commence à la taverne avec le poète qui mime
ses vers en les disant parmi les tréteaux et qui,
comme François Villon enchâssant ballades et rondeaux dans le fil continu de son *Testament,* tente de
montrer ce qu'il sait faire et la diversité de son
talent, avec l'espoir d'en vivre un jour. Très vite,
cette mise en scène emprunte à la civilisation de la
rue, de la taverne et de la boutique. Le théâtre est à
la fois jeu social et image du jeu social.

CHAPITRE XII

Vers la France moderne

(1460-1515)

La monarchie

Philippe le Bon avait nourri quelques illusions quant à son protégé le dauphin Louis. Il en eut encore lorsqu'en juillet 1461 Louis devint roi de France. Le duc de Bourgogne l'accompagna partout, paya les frais du sacre, précéda le souverain à Paris, paya derechef les fêtes. Mais il comprit vite qu'il était de trop. Louis XI gagna la Touraine. Philippe rentra chez lui.

Le nouveau roi n'allait laisser à personne le soin de gouverner à sa place. Des conseillers qui sont des techniciens, des fidèles qui sont — tel le barbier Olivier Le Daim — de simples exécutants, cet entourage ne fait pas un gouvernement. Louis XI est un solitaire, qui écoute, qui lit, qui décide. Il reçoit les ambassades, correspond avec ses officiers, parcourt son royaume pour visiter les villes, entendre la rumeur qui vient du peuple, entrevoir les réalités politiques et économiques. Il se méfie des intermédiaires.

Né à Bourges le 3 juillet 1423, il a trop souffert des incertitudes en son enfance et de la longue attente en son âge adulte pour se priver des joies de l'action. Enfin roi à trente-huit ans, celui que Philippe de Commines — un fidèle du duc de Bourgogne passé au service du roi en 1472 — appellera pour la postérité « l'universelle araignée » entend bien tisser sa toile sans le secours de quiconque. Il y a donc place à ses côtés pour des gens de petit état : ils lui doivent tout et ne sauraient lui manquer. Il

n'y a aucune place pour des princes qui se croiraient
des droits.

Son goût personnel pour l'intrigue et le jeu diplomatique, son aversion pour la guerre où il est mal à
son aise, tout cela conforte une telle vue du gouvernement. Louis XI préfère les agents modestes, les
informateurs discrets et les officiers obéissants aux
amateurs de prouesses, de gloire et d'honneurs.
L'aristocratie, qui voit sombrer ainsi son pouvoir
politique, parle volontiers — et pas toujours à
tort — d'un encanaillement : l'hôtel royal compte, à
vrai dire, quelques vauriens.

Une vague de disgrâces suffit en 1461 pour faire
comprendre aux serviteurs de la monarchie que
l'administration et les finances du roi ne leur appar-
tiennent pas. Ceux qui restent en fonction, tout
comme ceux qui vont rapidement revenir, se le tiennent pour dit : ils n'ont aucun droit sur la chose
publique. Quelques mesures fiscales et quelques
vexations habilement dosées assurent semblablement
le mécontentement et la soumission des clercs, des
nobles et des universitaires. D'heureuses décisions
économiques garantissent en revanche l'adhésion de
la bourgeoisie. L'équilibre des forces politiques est
donc bien défini, et il est tel que l'a voulu le roi.

La «Ligue du Bien public» reflète cet état de choses. La noblesse, haute et petite, s'allie contre les
assauts que la monarchie multiplie contre ses prérogatives politiques, juridiques et fiscales. Et de reprendre, avec le vieux thème du roi mal conseillé, les
revendications d'antan : réunion des états généraux,
abolition des aides. Ce que veulent les princes, c'est
mettre au pas le roi et se saisir du gouvernement des
finances. Ce que souhaite la petite noblesse, c'est
tirer quelque profit du mouvement.

Même si Charles de France, frère du roi, se laissait
porter à la tête de la révolte afin de jouer pour lui
aussi un rôle sur la scène politique, Louis XI était
moins seul qu'il n'y paraissait au premier abord. Certes, la plupart des princes donnèrent immédiatement

dans l'affaire, mais Philippe le Bon se montrait surtout prudent, le roi René se tenait à l'écart et Gaston IV de Foix évitait par sa loyauté une insurrection du Languedoc qui eût été difficile à maîtriser. Quant à la petite noblesse, elle se méfiait au moins autant des princes que du roi. Le clergé se montrait divisé. Les officiers ne tenaient nullement à s'engager. Les milieux d'affaires n'appréciaient guère ce qui ressemblait à une reprise des luttes civiles qui avaient coûté si cher. Le bon peuple, lui, savait bien qui paierait en définitive les impôts qu'il faudrait lever pour payer les pensions qu'obtiendraient les princes. En bref, si certains souhaitaient le recul de l'arbitraire monarchique, rares étaient ceux qui souhaitaient prendre des risques.

Les princes avaient des alliés, et notamment en Allemagne. Mais le roi avait pour lui le duc de Milan François Sforza et les Liégeois. Sforza envoya son fils avec une armée. Les Liégeois attaquèrent la Bourgogne et dissuadèrent ainsi Philippe le Bon de s'occuper plus avant des affaires françaises.

Le duc Jean II de Bourbon — le vainqueur de Formigny — s'impatientait. En mars 1465, sans attendre que les autres soient prêts, il entra en guerre contre le roi. Mais Louis XI avait une armée permanente, celle des compagnies d'ordonnance qu'il devait à son père : il riposta sur-le-champ, attaqua le Berry de son frère Charles, puis s'en prit au Bourbonnais. Lorsqu'en juin le comte de Charolais — Charles le Téméraire, fils du duc de Bourgogne — se décida à entrer à son tour en campagne, Bourbon avait déjà demandé une trêve.

Paris avait refusé d'ouvrir ses portes aux « ligueurs » du Bien public. On n'avait pas oublié les années 1410 : notables de la robe et notables de la marchandise étaient d'accord pour préserver la paix. Louis XI joignit donc les Bourguignons devant Montlhéry, où eut lieu le 15 juillet un engagement assez incertain pour que chaque parti pût s'attribuer la victoire sans oser l'exploiter. Mais les coalisés ne pouvaient se lancer dans l'entreprise de longue patience qu'eût été un siège de Paris. Et nul ne pouvait songer à prendre d'assaut la capitale : au temps de la guerre de Cent Ans, toutes les « entrées » dans Paris ne s'étaient faites que par des portes entrouvertes.

La situation demeurait confuse. Louis XI levait des troupes en Normandie mais voyait se multiplier les défections. Les ligueurs occupaient Pontoise, Péronne, Rouen enfin. Le roi fit mine de céder. Par les traités de Conflans et de Saint-Maur-des-Fossés, il accorda aux princes, en octobre 1465, l'essentiel de ce qu'ils réclamaient. Charles de France eut la Normandie. Le Téméraire obtint la plus grande partie de la Picardie. Philippe le Bon eut les mains libres pour châtier les Liégeois. Dunois reçut quelques terres, et le comte de Saint-Pol eut l'épée de connétable. Le duc de Bourbon se vit proposer une lieutenance générale.

Louis XI avait intentionnellement écarté de ses générosités ceux qui réclamaient peu. Armagnac, Albret, Nemours eurent l'impression d'avoir travaillé pour autrui. La petite noblesse s'estima grugée par les princes. Le menu peuple paya les frais. On en voulut aux ligueurs, non au roi.

Ayant ainsi divisé le front de ses ennemis, Louis XI dissocia ceux qui avaient profité de leur semblant de victoire. Comme François II de Bretagne, aux côtés de Charles de France, se comportait ouvertement en maître de la Normandie, le roi affecta de se porter au secours de son frère : ainsi lui reprit-il le duché de Normandie, en échange duquel il lui donna le Roussillon. A l'évidence, Charles était moins dangereux sur les Pyrénées que sur la Seine.

Quelques disgrâces soulignèrent la volonté de vengeance du roi. Les agents français, cependant, attisaient le feu qui couvait à Liège. A la mort de Philippe le Bon, en 1467, le roi de France soutint l'agitation du comte de Nevers qui se trouvait quelque droit sur le Brabant.

Le front commun des princes se reconstitua pourtant autour de Charles de France en 1467. François II attaqua la Normandie. Le nouveau duc de Bourgogne, Charles le Téméraire, marcha sur Liège. Jean II d'Alençon offrit ses places fortes aux Bretons. Louis XI eut la chance de pouvoir traiter séparément. Il laissa battre les Liégeois, fit sa paix avec Alençon, puis avec François II. Enfin, ayant convoqué les états généraux, il fit déclarer la Normandie inaliénable.

Le Téméraire commença par marquer des points, épousa la sœur d'Édouard IV. Il obtint soixante mille écus du roi pour prix d'une entrevue diplomatique qui eut lieu en octobre 1468 à Péronne. Là, le duc tint la dragée haute à Louis XI, puis, apprenant une nouvelle révolte des Liégeois que soutenaient maladroitement les agents du roi de France, il le garda prisonnier trois jours. Le roi paya quelques connivences dans l'entourage du duc — c'est là qu'il commença de retourner Commines — et promit tout ce que voulut le Bourguignon. Le duc et le roi allèrent ensuite de concert assister au châtiment des Liégeois. Louis XI se déconsidérait, mais il gagnait du temps.

Il en profita pour déjouer un nouveau complot où trempait encore son frère. Le cardinal Balue alla passer onze ans en prison ; l'évêque de Verdun Harancourt en passa treize. Même si la cage de fer doit rester du domaine de la légende, la leçon garda les autres conseillers de toute envie de trahir leur maître. C'est dire que le duc de Bourgogne perdit en l'affaire toutes ses chances d'avoir ses hommes au Conseil du roi de France. Quant à Charles de France, il reçut la Guyenne et renonça publiquement à toute prétention sur la Normandie et le Berry. En Guyenne, il n'était plus dangereux pour la Couronne, une Couronne dont il demeurait d'ailleurs l'héritier.

Les états généraux avaient été réunis en avril 1468 pour faire pièce aux ambitions manifestées par le frère du roi. Ils opinèrent que l'on pouvait une autre fois se passer d'eux. Chacun savait bien ce que lui coûtait une pareille convocation.

De toute manière, les États prenaient leur parti de l'arbitraire royal. Seuls à jouer encore un véritable

rôle, les États de Langue d'oc n'étaient guère que
des agents d'information du gouvernement. A
l'encontre des exigences du fisc, ils brossaient périodiquement la fresque de la situation économique. De
discuter vraiment l'impôt, ou d'imposer des réformes,
il ne pouvait plus être question. Les officiers — sensibles à la purge brutale de 1461 — en profitèrent
pour s'instituer censeurs du pouvoir royal. Le Parlement de Paris se distingua dans cette lutte contre
l'arbitraire monarchique, qui était au vrai une rivalité
des officiers dûment titrés et des favoris du Conseil
ou de l'Hôtel, dont le pouvoir était indéfinissable.
Lors des procès politiques, le roi eut quelque peine à
se faire obéir : le Parlement hésita avant de condamner le duc de Nemours. A plusieurs reprises,
Louis XI dut user du droit que les juges pouvaient
difficilement contester : exercer lui-même la justice
« retenue ». Des rébellions furent ainsi punies sans
procès.

La crainte suffit à maintenir les princes dans une
prudente réserve. La coalition féodale de 1471 fit
long feu. La duchesse Yolande de Savoie eut sa paix
parce qu'elle était sœur du roi et que le roi avait
besoin de la Savoie. Le sort tragique de plusieurs
insurgés calma bien des ardeurs. La mort de Charles
de France, en 1472, priva d'éventuels rebelles du
chef tout trouvé que leur valait l'impatience du frère
du roi.

Le roi n'avait pas été moins conciliant envers
François II : il avait besoin de la Bretagne. Le duc
d'Alençon, qui avait pris part à la coalition de 1471,
fut condamné, puis gracié. Son fils, René, fut jeté en
prison. D'autres, qui n'étaient pas de minces barons,
eurent moins de faveur : il fallait des exemples. Une
armée alla prendre Lectoure en 1473 ; Jean V
d'Armagnac fut tué dans l'affaire. L'Armagnac fut
démembré.

Les fidèles furent récompensés. Pierre de Beaujeu,
gendre du roi, eut l'essentiel des dépouilles du comte
Jean d'Armagnac. L'élite de la chevalerie française

se retrouva dans l'ordre de Saint-Michel, créé en 1469 pour rivaliser avec la Toison d'or. La noblesse était pour un temps domestiquée.

Le clergé ne l'était pas moins. Depuis l'échec de la légation du cardinal Guillaume d'Estouteville en 1452, les relations avec la papauté s'ordonnaient autour d'une question : maintenir ou abroger la Pragmatique Sanction qui fondait les « libertés » gallicanes dont tout le profit allait au roi. L'hostilité de Pie II engendra en retour la menace d'un concile, auquel songeait déjà en 1457 l'Université de Paris et dont on entendit avec faveur le propos jusque dans l'Empire. Pie II avait espéré un renversement de la politique française à l'avènement de Louis XI. En fait, le roi avait besoin de l'alliance pontificale en Italie, et la Pragmatique, qui lui était suspecte parce qu'elle était l'œuvre de son père Charles VII, donnait trop d'indépendance au clergé et aux universitaires pour lui sembler vraiment avantageuse.

Louis XI n'entendait pas rendre pour autant au pape son pouvoir et son influence d'antan. Une politique de bascule s'instaura donc, où le roi garda toujours l'initiative : elle lui permit de gouverner son clergé et de disposer en pratique des bénéfices les plus divers, et notamment des évêchés. Un concordat, négocié en 1472, au moment où le roi avait grand besoin de Sixte IV pour empêcher le mariage de Charles de France et de Marie de Bourgogne, ne fut pas même appliqué. Sixte IV en manifesta de l'humeur. Louis XI fit mine de préparer un concile. Puis, comme le pape se rapprochait de Maximilien de Habsbourg, il réunit à Orléans, en septembre 1478, un concile gallican assez obéissant pour inquiéter la Cour de Rome. Aux états généraux de Tours, en 1484, on parla beaucoup des libertés gallicanes et de la Pragmatique, mais on ne toucha à rien. Les Beaujeu, sous la minorité de Charles VIII, continuèrent l'empirisme de Louis XI.

Les universitaires, cependant, achevaient de perdre leur indépendance. Charles VII leur avait retiré en

1446 leur privilège de juridiction. Louis XI rogna encore le rayonnement des maîtres parisiens en ajoutant Bourges à la floraison des universités concurrentes qu'avait fait éclore la guerre. La ruine politique de l'Université de Paris allait être consacrée par Louis XII : en 1499, elle perdit le droit de grève.

L'agitation des princes avait repris à la mort de Louis XI en 1483. Sans organiser vraiment un système de régence, Louis XI avait confié le royaume à sa fille et à son gendre, Anne et Pierre de Beaujeu. Il avait d'autre part stérilisé le plus proche prince du sang en donnant pour femme au duc d'Orléans Louis, fils du prince-poète, sa propre fille, l'infirme Jeanne de France. Les Orléans ne pouvaient plus avoir de politique dynastique. Les grands n'en crurent pas moins revenus les temps anciens.

Les Beaujeu étaient modérés dans leurs ambitions, fermes dans leurs propos et autoritaires dans leurs manières. Mais ils étaient prudents. Ils laissèrent revenir ceux qu'avait écartés Louis XI. C'est ainsi que le vieux duc de Bourbon, le héros de Formigny, devint connétable de France. Le duc d'Orléans et le nouveau duc d'Alençon tinrent le haut du pavé. Les conseillers au Parlement qu'avait destitués Louis XI furent réintégrés. Quant aux serviteurs du défunt roi, ils demeurèrent à leur poste. Il n'y eut qu'une exception notable : Olivier Le Daim fut pendu.

Les princes et les Beaujeu n'arrivèrent cependant pas à se mettre d'accord pour composer le Conseil royal. Ils convoquèrent donc les états généraux. Chacun en attendait l'affermissement de ses positions politiques. Les Beaujeu furent les plus habiles, qui réussirent à faire élire les députés par tous les électeurs, tous ordres confondus. Ainsi les bourgeois votèrent-ils pour les députés nobles. L'aristocratie y perdit de sa force. Quelques résistances se manifestèrent : le clergé parisien vota séparément.

Les états généraux s'ouvrirent à Tours le 5 janvier 1484. La Bretagne exceptée, tout le royaume était là, y compris la Flandre et le Roussillon. Le chancelier

promit au nom du roi un rapide retour aux bons usages oubliés par Louis XI, et laissa attendre des réformes dans la grande tradition des états généraux du
XIVe siècle. Les princes firent comprendre aux députés que tout passait par l'éviction des créatures de
Louis XI maintenues en place par les Beaujeu. Mais
le sénéchal de Bourgogne Philippe Pot fit échouer la
manœuvre des princes : les états se récusèrent. Ils
échouèrent dans le même temps à établir quelque
contrôle que ce fût sur le budget. Les rivalités entre
provinces ne leur permirent même pas de réviser la
répartition de l'impôt, pourtant fort critiquée.

Les princes avaient échoué à s'assurer du pouvoir.
Ceux qui tirèrent le plus de profit des états de 1484
furent les conseillers au Parlement, qui retrouvèrent
leur droit de cooptation, et les marchands, qui obtinrent l'annulation des mesures protectionnistes de
Louis XI.

Les Beaujeu triomphaient. Ils lâchèrent du lest :
Charles d'Armagnac eut les terres de son frère
Jean V, René II de Lorraine retrouva le Barrois. Ces
princes-là ne leur avaient pas cherché querelle.

Le danger vint d'ailleurs : de Bretagne, où le trésorier de François II, Pierre Landais, menait le parti
anti-français. Chassé de Bretagne, Landais vint cons-
pirer en France et trouva l'oreille du duc Louis
d'Orléans et de ses fidèles. Maximilien d'Autriche se
lia avec eux, espérant mettre ainsi la main sur la
Bretagne. Une querelle interne de la famille de Foix
vint compliquer l'affaire ; la diplomatie royale n'y
était pas indifférente.

La guerre qui s'ouvrit au début de 1485, la « Guerre
folle », se couvrit des apparences d'une lutte pour la
réforme du royaume. Nul n'en fut dupe. Les villes
restèrent fidèles aux Beaujeu, c'est-à-dire à l'héritage
politique de Louis XI. Les Parlements et les Universités, que les princes cherchaient à convaincre en
proposant de rétablir la Pragmatique Sanction, éludè-
rent le propos.

La noblesse bretonne avait en grande partie pris position contre Landais. Elle se rallia pour un temps aux Beaujeu et fit pendre, en juillet 1485, le trésorier d'un François II qui n'en pouvait mais.

La coalition se reconstitua cependant à la fin de 1486, alors que Maximilien venait de perdre son temps en une vaine démonstration militaire dans le nord du royaume. Chacun ne pensait plus qu'à une chose : la succession d'un François II qui déclinait depuis longtemps. Orléans, Albret et même Navarre furent de cette coalition soutenue par le Habsbourg. François II s'aventura dans l'affaire. L'entreprise, toutefois, était comme à l'accoutumée minée par les rivalités. Les Beaujeu dissocièrent sans peine leurs adversaires. Puis ils suscitèrent à Maximilien des difficultés dans ses propres états, en l'occurrence en Flandre. Vaincus par La Trémoille à Saint-Aubin-du-Cormier le 27 juillet 1488 — le futur Louis XII y fut prisonnier — les coalisés traitèrent séparément. Déjà, le roi prenait en mains les rênes de son gouvernement. Les Beaujeu s'effacèrent. Les princes aussi. Charles VIII allait leur ouvrir d'autres horizons.

La fin de l'État bourguignon

La confusion politique qui régnait en Angleterre avait offert à la France et à la Bourgogne un premier champ clos. Depuis 1465, Henri VI — le petit roi Lancastre sacré à Paris en 1431 — était prisonnier à la Tour de Londres, et la créature de Warwick, Édouard IV d'York, mettait son alliance à l'encan. Cependant que Warwick ralliait finalement le camp du Lancastre, Louis XI — qui s'en attribuait le mérite — soutenait ouvertement la cause de Marguerite d'Anjou, l'épouse de Henri VI. Le rétablissement de ce dernier, en 1470, passa pour un point marqué par la France contre la Bourgogne. Louis XI crut le moment venu d'en finir : il attaqua simultanément la Bourgogne et la Picardie.

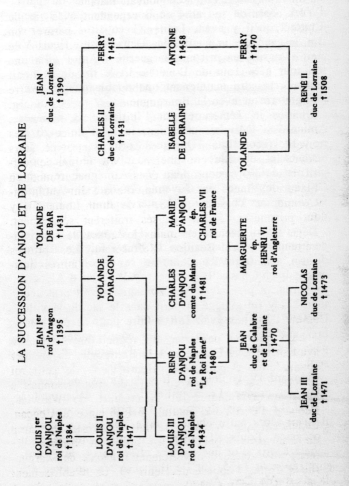

LA SUCCESSION D'ANJOU ET DE LORRAINE

Il avait cru en finir rapidement. L'incapacité de
Henri VI ruina cet espoir. Warwick tué à Barnet,
Henri VI écrasé — et son fils aîné tué — à Tewkes-
bury le 4 mai 1471, c'était le triomphe du parti
d'York, donc de son allié de Bourgogne. Pour le peu
d'intérêt qu'il y avait, Louis XI voyait s'achever à
son désavantage la guerre des Deux Roses. Henri VI
était assassiné en prison. Marguerite d'Anjou allait à
son tour à la Tour de Londres. Et le roi de France
pouvait craindre maintenant une double guerre, avec
l'Angleterre et avec la Bourgogne.

Charles le Téméraire prit l'initiative et assiégea
Amiens. Si l'Anglais survenait, le front de 1420 se
trouvait reconstitué. Quelques princes prirent les
devants et ébauchèrent une coalition féodale pour
profiter de l'occasion : Jean V d'Armagnac rejoignit
Charles de France en Guyenne, et Jean II d'Aragon
fit savoir aux coalisés qu'il interviendrait en Languedoc.

C'est alors que, le 24 mai 1472, mourut Charles
de France. Cette disparition fit tout à fait les affaires
du roi son frère. La coalition se dissolvait d'elle-
même quand passa la justice royale. Jean d'Alençon
fut arrêté et jugé. Jean V d'Armagnac avait pris Lectoure : il y fut assiégé et périt dans le sac de la ville.
Comme l'Anglais avait fort à faire pour ne pas sombrer une nouvelle fois sous les coups portés par le
parti des Lancastres, Charles le Téméraire se trouva
seul.

Édouard IV voulut, une fois au moins, montrer sa
force en France. Le 6 juillet 1475, il débarquait à
Calais. Le duc de Bourgogne fut pris à l'improviste :
il avait alors autre chose à faire que de profiter de
l'occasion. Louis XI préféra en finir rapidement : il
acheta à prix d'or une trêve. Cette « paix » de Picquigny (29 août 1475) fut l'épilogue de ce qui avait été
la guerre de Cent Ans.

Le 13 août, Louis XI et Charles le Téméraire
avaient conclu pour neuf ans la trêve de Soleure.
L'un et l'autre avaient besoin de leur liberté de

manœuvre. Le duc de Bourgogne avait, d'une part, mis la main sur le duché de Gueldre, mais il gardait en prison l'héritier, et obtenu de René II — petit-fils du roi René — le droit d'établir en Lorraine ses garnisons, mais les Lorrains bronchaient. Il avait d'autre part acquis en 1469 les droits du duc Sigismond d'Autriche sur une bonne partie de la Haute-Alsace, mais Mulhouse, Bâle et Colmar se méfiaient. Le rétablissement d'une autorité princière en Alsace ne pouvait que paraître menaçante pour l'indépendance des villes. L'évêque de Strasbourg et le margrave de Bade se joignirent aux villes inquiètes en une « Basse Union » (14 mars 1473) : l'objet avoué en était de contenir les ambitions du duc de Bourgogne. L'insurrection éclata l'année suivante. Le bailli bourguignon Pierre de Hagenbach, dont l'énergie avait mécontenté tout le monde, fut exécuté par les insurgés. L'indépendance des villes était sauve.

Le Téméraire commençait en effet de faire peur. A Trêves, en 1473, il avait franchement demandé à l'empereur Frédéric III de lui assurer sa succession à l'Empire, puis, faute de mieux, lui avait suggéré d'ériger un royaume de Bourgogne qui serait allé des Alpes à la mer du Nord. L'empereur se méfiait. Il rompit.

Le duc avait des alliés. Ils lui donnèrent de bonnes paroles. Ni Mathias Corvin, roi de Bohême et de Hongrie, ni le duc de Milan Galéas Sforza, ni la Savoie, ni l'Aragon, ni Venise ne songeait à l'aider vraiment dans la réalisation d'ambitions qui laissaient les uns sceptiques et les autres inquiets. Quant aux princes français, ils se tenaient tranquilles. Seul, le connétable de Saint-Pol tenta réellement d'en appeler à l'Anglais et au Bourguignon pour renverser Louis XI. Il avait trop trahi pour être crédible. Le Téméraire s'en méfia, le livra au roi, puis laissa celui-ci faire décapiter son connétable. Deux ans plus tard, en 1477, tombait à son tour la tête du duc de Nemours, coupable d'avoir lui aussi comploté de tous les côtés à la fois.

L'Anglais, lui, s'estimait dupé par son allié de Bourgogne. Alors qu'après un quart de siècle une armée anglaise venait de débarquer enfin, le Téméraire ne jugeait même pas à propos de se déranger parce qu'il avait à cette heure affaire en Lorraine. Édouard IV n'était pas près de revenir, le Bourguignon fût-il dans l'embarras.

Le roi René avait eu des velléités de résistance à l'emprise royale sur son héritage. Un temps, même, il avait songé à léguer au Téméraire le comté de Provence, qui était terre d'empire. Le roi de France fit mine de se fâcher, et laissa citer René devant le Parlement. On en resta là. Le petit-fils du roi René, René II, reçut la Lorraine en avance sur l'héritage qui lui venait de sa grand-mère Isabelle de Lorraine, la femme du roi René. Encore lui fallait-il en prendre possession : il y trouva le Téméraire, qui achevait sa conquête de la Lorraine en entrant, le 30 novembre 1475, dans Nancy.

De cet instant, Louis XI laissa faire les autres. Établi à Lyon, il observa la réaction des Suisses qu'il réconcilia avec le duc Sigismond d'Autriche et qu'il encouragea dans leur inquiétude : avec ses alliés de Savoie, de Milan et d'Alsace, le Téméraire tentait bel et bien de les encercler. Le 2 mars 1476, l'armée de la Confédération des cantons suisses attaqua les Bourguignons près du lac de Neuchâtel, à Grandson, et les mit en déroute. Les états généraux de Gand refusèrent à leur duc et comte le subside nécessaire pour lever une nouvelle armée : tous étaient fatigués d'une politique qui ruinait les pays de l'État bourguignon pour la seule gloire de Charles. Celui-ci enrôla qui il put, et reprit l'offensive en marchant sur Berne. Le 22 juin, à Morat, cette armée de fortune était anéantie par les Suisses et les Lorrains. Louis XI remercia le Ciel : il n'avait pas eu à bouger. Les sujets du Téméraire n'avaient pas bougé davantage.

René II pouvait songer à reconquérir son duché. Grâce à la défection d'un capitaine napolitain à la

solde du Téméraire, il rentra dans Nancy le 7 octobre. Le duc de Bourgogne alla l'y assiéger.
Louis XI, cependant, réconciliait les Suisses et la
Savoie, puis décidait les Suisses à intervenir en
Lorraine contre espèces trébuchantes. Le Téméraire
était devant Nancy, avec des forces inférieures en
nombre ; il s'obstina à attendre là cette armée qui
venait à la fois de Suisse et d'Alsace, de Lorraine et
du Barrois. Le 5 janvier 1477, il était tué dans sa
défaite.

Les Flamands en profitèrent. Il y eut quelques
émeutes. Les états généraux du Gand obtinrent sur-
le-champ de Marie de Bourgogne — la fille unique
du Téméraire avait vingt ans — le rétablissement des
« libertés » supprimées par son père et son grand-
père : autrement dit des structures politiques anciennes de chacune des principautés qui composaient
l'État bourguignon. C'était ruiner l'œuvre unificatrice
de Philippe le Bon. L'autoritarisme maladroit du
Téméraire engendrait l'éclatement.

Toute l'Europe voulut sa part d'une succession qui,
en droit, n'était pas ouverte : Marie de Bourgogne
était héritière du tout, et même les juristes de
Louis XI ne purent trouver à redire à une transmission en ligne féminine de principautés qui, pour la
plupart, étaient venues aux ducs Valois par des femmes. Maximilien de Habsbourg, le fils de l'empereur
Frédéric III, rappela qu'il était fiancé à Marie de
Bourgogne. Louis XI fit observer qu'il était le suzerain et qu'il fallait son consentement à quelque
mariage que ce fût : il était certainement le suzerain
pour la Flandre et la Bourgogne, mais nullement pour
la Franche-Comté, la Hollande ou le Hainaut.
D'autres furent plus modestes : René II remit la main
sur son duché de Lorraine, et Sigismond d'Autriche
s'estima heureux de rétablir ses droits en Alsace.

Le roi de France prit les devants dans la chasse à
la succession. En janvier 1477, déjà, il organisait la
mainmise sur les deux Bourgognes, sur la Picardie,
l'Artois et le Boulonnais. En même temps qu'il mul-

tipliait promesses et concessions aux villes et aux
barons, il achetait le désistement des voisins, celui de
René II comme celui des Suisses. Maximilien n'avait
pas alors les moyens d'intervenir. La neutralité de
l'Angleterre était garantie par la rente servie à
Édouard IV depuis le traité de Picquigny. Sans attendre, Louis XI fit occuper les lieux.

Les assemblées d'états donnèrent leur accord ; il
est vrai qu'en Franche-Comté cette adhésion fut durement marchandée. Mais cela n'empêcha pas les populations de s'insurger contre une intervention royale
qui paraissait annonciatrice d'impôts nouveaux plutôt
que de retour aux anciennes libertés locales.
Louis XI dut envoyer des troupes. L'affaire fut rapidement menée sur la Somme et dans le duché de
Bourgogne. Il fallut quatre ans, au contraire, pour
établir l'autorité royale en Franche-Comté et en
Artois, où les soldats du roi firent en définitive
régner la terreur. Dole fut rasée. Démantelée, Arras
se trouva rebaptisée « Franchise », cependant que les
habitants, expulsés, étaient remplacés par le moyen
d'une immigration forcée pour laquelle on taxa toutes
les villes du royaume.

Marie de Bourgogne gardait les Pays-Bas. La
diplomatie de Louis XI ne parvint pas à persuader
les états de Flandre de se déclarer en sa faveur. Une
campagne en Hainaut, dans l'été de 1477, fut menée
avec une cruauté qui exacerba la résistance. Avesnes
fut rasée, les habitants furent massacrés. Les opérations duraient encore quand intervint Maximilien de
Habsbourg.

Celui-ci avait, le 17 août 1477, épousé Marie de
Bourgogne avec l'accord des états généraux. Il
envoya une armée, l'année suivante, pour faire pièce
aux Français en Hainaut et en Flandre. La mort de
Marie, le 27 mars 1482, l'obligea à un règlement
négocié : les Flamands avaient soutenu la fille du
Téméraire parce qu'elle symbolisait, face au roi de
France, leur indépendance, et non pour se trouver au
pouvoir d'un Habsbourg dont la puissance allait gran-

dissant. De son côté, Louis XI avait aussi intérêt à en finir : l'affaire coûtait trop cher. Le traité d'Arras du 23 décembre 1482 laissa au roi de France la Bourgogne et la Picardie ; l'Artois et la Franche-Comté devaient constituer la dot de Marguerite d'Autriche, fille de Maximilien et de Marie de Bourgogne, promise en mariage au futur Charles VIII. Le Habsbourg, lui, gardait les Pays-Bas.

Ceux qui avaient tant promis leur aide au Téméraire n'avaient pas bougé. Yolande de Savoie avait manqué d'argent. Galéas Sforza avait jugé plus opportun de s'abstenir. Jean II d'Aragon se trouvait déjà assez d'ennemis chez lui. Édouard IV se souvenait d'un duc de Bourgogne qui, en 1475, lui avait fait défaut.

Héritages et illusions

A vouloir mener ensemble sur toutes les cases de l'échiquier européen une politique offensive et hégémonique, Louis XI se condamnait à l'incohérence. Chacune de ses entreprises interférait avec un système d'alliances où régnait l'ambiguïté, et la logique de chaque engagement poussait à des ruptures sur d'autres fronts. Contre la Bourgogne, le résultat final paraît avoir justifié une politique qui bénéficiait de la bravoure des Suisses et de la lassitude des contribuables flamands. Ailleurs l'araignée s'est souvent prise à ses propres rets. Tirant volontiers les ficelles à coups de subsides, il fut de chaque imbroglio, de chaque affaire successorale, de chaque rébellion. Mêlant les alliances du dauphin révolté qu'il était avant 1461, les opportunités qu'il trouvait dans l'héritage paternel et les chances qui se présentaient au fil des ans, il ne devait hésiter ni à se contredire, ni à jouer sur deux tableaux, ni à se désavouer. Il allait se faire ainsi plus d'ennemis que d'alliés sûrs.

C'est en Espagne que ses interventions semblent le moins raisonnables. C'est là que, dès l'abord, il rompit avec la politique de son père. Charles VII avait

en 1455 cautionné le traité de Barcelone par lequel
le futur Jean II d'Aragon, accaparant la couronne de
sa femme Blanche de Navarre, déshéritait leur fils au
profit de leur fille Éléonore, l'épouse du comte Gaston IV de Foix. Le roi de France voyait avec intérêt
la Navarre revenir à un prince français, qui était de
surcroît son client. A peine roi, Louis XI prit le
contre-pied de cette connivence. Les maladresses de
Jean II ayant provoqué en Navarre une sécession et
en Catalogne une véritable révolution, la France prêta
main-forte aux rebelles. Elle offrit même au gouvernement insurrectionnel de Barcelone une protection
que celui-ci se garda prudemment d'accepter mais
que le roi d'Aragon n'était pas près de pardonner.
Dans le même temps, Louis XI proposait à Henri IV
de Castille une alliance offensive contre l'Aragon.

Le refus des Catalans désappointa le roi de France.
Il se retourna et offrit à Jean II de l'aider à châtier
les rebelles. L'offre n'était pas gratuite : pour gage
du paiement, Jean II donna le Roussillon et la Cerdagne. Louis XI allait très vite oublier que ces deux
provinces ne lui avaient été remises qu'en gage.
Quant à l'Aragonais, il n'avait pas le choix, mais il
savait ce que lui coûtait son soi-disant allié.

C'est Gaston de Foix qui mena en 1462 l'offensive
française contre Barcelone. Il échoua. Le roi de Castille, cependant, tirait les conséquences du retournement des alliances : il attaqua l'Aragon pour dégager
la Catalogne. Obligé de choisir à ce moment,
Louis XI décida de mettre un terme à une entreprise
qui allait faire au bout du compte de la Catalogne
une province castillane. Il se mua donc en arbitre. Il
mécontenta ainsi tout le monde. Mais il s'assurait
dans le même temps, par une pure et simple
conquête, du Roussillon et de la Cerdagne.

Les informateurs français avaient sous-estimé
l'attachement du Roussillon à la relative autonomie
dont il jouissait sous la domination aragonaise. Une
nouvelle insurrection éclata, en 1472, contre les Français cette fois. Louis XI avait alors affaire avec le

Téméraire. Jean II en profita pour réoccuper le Roussillon, que les Français reprirent en ravageant le pays. La paix revint grâce à Boffille de Juge, le lieutenant général envoyé par Louis XI : il se montra aussi peu répressif que possible, et rendit ainsi à la région le calme et la prospérité.

Le roi de France essuyait un échec autrement grave en Castille, où la sœur et héritière de Henri IV, Isabelle, avait finalement épousé en 1469 le futur roi d'Aragon, l'infant Ferdinand. Malgré une intervention armée des plus malencontreuses, où l'on vit la France tenter de soutenir la cause d'un prétendant portugais, « les rois » succédèrent sans peine à Henri IV en Castille en 1474, puis à Jean II en Aragon en 1479. Les nouveaux maîtres de l'Espagne eurent le sentiment de ne rien devoir à la France.

La présence française semblait mieux assurée en Navarre, mais elle n'y était guère plus efficace. Madeleine de France, sœur de Louis XI, était régente pour son fils François Fébus depuis la mort de Gaston de Foix en 1472. Soumise à trop de pressions contradictoires — et trop proche de la Castille — elle s'en tint à une prudente inactivité qui laissa la Navarre se diviser entre un parti français et un parti castillan qui n'étaient au vrai que des clientèles. Le mariage de Catherine de Navarre-Foix, sœur de François Fébus, et de Jean d'Albret, célébré en 1484, ne pouvait laisser supposer que la Navarre, alors réduite à sa seule partie cis-pyrénéenne, serait un siècle plus tard le patrimoine principal du prétendant à la Couronne de France.

Les affaires étaient plus complexes en Italie, où les retournements de la situation politique à chaque état et à chaque ville déterminaient une perpétuelle oscillation de l'intérêt porté depuis deux siècles à la Péninsule par les rois de France et leurs proches. Deux dynasties « angevines », l'une capétienne, l'autre valois, avaient régné à Naples depuis le milieu du XIIIe siècle. Louis d'Orléans avait épousé une Visconti et rêvé d'un royaume d'Adria. Gênes s'était

donnée au roi de France. Yolande de France, sœur de
Louis XI, gouvernait la Savoie pour son mari
malade, puis son fils mineur. Et Louis XI, lui-même
marié à Charlotte de Savoie, serait volontiers inter-
venu dans un duché de Savoie étendu jusqu'au Piémont et, par-delà, jusqu'à Nice. Ne jetait-il pas son
dévolu sur la Savoie lorsque, en rébellion contre son
père Charles VII, il cherchait à donner au Dauphiné
des ouvertures vers Gênes et vers le Milanais ?

La duchesse Yolande avait été, avec le Téméraire,
l'un des adversaires les plus résolus de son frère.
Tout autant que son alliance avec les Suisses, les
appétits de Louis XI mettaient en danger l'indépendance de la Savoie. A la première défaite du Téméraire, elle changea de camp et, sans attendre
l'effondrement bourguignon, se plaça sous la protection du roi de France. Ainsi, au moins, se sentait-elle
protégée des Suisses. En fait, Louis XI plaça ses
fidèles en Savoie et s'y comporta en maître.

Il fit de même à Milan, ayant préféré soutenir
François Sforza et s'appuya ensuite sur le Milanais
plutôt que de se lancer dans une aléatoire expansion
en Lombardie. Il céda en 1463 à Sforza ses droits
sur Gênes, ce qui jeta Venise dans une alliance avec
la Bourgogne où le plus déçu, on le sait, fut le
Téméraire. Puis, après l'éphémère principat du despo-
tique Galéas Sforza, Louis XI se fit le protecteur de
son jeune fils Jean-Galéas. Il ne se trompa qu'en
favorisant en 1480 le mouvement révolutionnaire qui
mit au pouvoir Ludovic Sforza — Ludovic le
More — comme régent pour son neveu Jean-Galéas.
Ludovic allait rapidement oublier ce qu'il devait à la
France.

Ainsi assuré — ou croyant l'être — du Piémont et
du Milanais, Louis XI pouvait étendre son influence
en Italie moyenne et jouer dans le destin politique de
Florence un rôle de médiateur qui lui procura dans
toute la Péninsule la réputation d'un roi sage et d'un
arbitre avisé. Le gouvernement des Médicis s'était
effondré sous les coups de la conjuration des Pazzi.

Julien de Médicis avait été tué le 26 avril 1478. La répression avait conduit à quelques exécutions, et notamment à celle de l'archevêque Salviati. Soutenu par le roi de Naples, le pape Sixte IV avait pris parti contre Laurent de Médicis. Louis XI parvint à réconcilier tout ce monde sans dépenser un écu. Ce succès fit beaucoup pour son prestige.

Deux grandes successions s'ouvraient en cette fin de siècle, en des conditions bien différentes, mais également convoitées par les princes. L'une tenait à la fois à ce que le frère de Saint Louis avait épousé l'héritière Béatrice de Provence et à ce que la reine Jeanne de Naples avait, au siècle suivant, adopté le premier duc de la nouvelle dynastie angevine, le frère de Charles V. L'autre gardait l'unité du vieil héritage de Nominoé, de Pierre Mauclerc et d'Arthur de Richemont.

Chassé de Naples par les Aragonais et n'ayant jamais eu de son royaume de Jérusalem qu'un titre honorifique, le roi René gouvernait avec une apparente bonhomie son duché d'Anjou dans le royaume, son duché de Bar et son comté de Provence dans l'Empire. Il avait déjà laissé en 1473 à son petit-fils René II le duché de Lorraine qu'il tenait de sa femme, et il lui aurait volontiers légué le Barrois, ce qui eût constitué un état cohérent. Mais René n'avait retrouvé en 1476 le duché d'Anjou, confisqué trois ans plus tôt après l'échec de la coalition féodale, qu'en promettant de le léguer au roi de France. L'Anjou était un apanage constitué deux fois de suite pour un fils de roi — le fils de Louis VIII et celui de Jean II — et un tel retour à la Couronne ne pouvait étonner. Quant à Charles du Maine, le neveu du roi René, il vieillissait sans enfants : Louis XI attendait.

René mourut le 10 juillet 1480. Louis XI fit occuper l'Anjou et, malgré René II, le Barrois. Charles du Maine devint comte de Provence. Il mourut l'année suivante, léguant au roi de France le Maine et la Provence, avec Marseille.

En Bretagne, les choses allèrent moins simplement. François II avait deux filles, chacune fort apte à lui succéder et à transmettre le duché. Mais la tradition demeurait vive d'une indépendance politique. Les Bretons menaient leur propre diplomatie, frappaient leur propre monnaie d'or. La présence des contingents bretons à l'armée du roi de France passait pour l'effet d'une alliance, non d'une vassalité. On le vit bien une dernière fois en 1481, lorsque le duc François II s'allia contre Louis XI au Habsbourg et au roi d'Angleterre.

Maximilien de Habsbourg convoitait en effet la main d'Anne de Bretagne, fille aînée et héritière du duc. Maximilien élu roi des Romains en 1486, ce mariage en venait à signifier l'encerclement de la France par l'Empire. Déjà, le Habsbourg se montrait belliqueux.

Les états de Bretagne se méfiaient du roi de France ; plus lointain, Maximilien paraissait garantir un peu mieux leur indépendance. Ils trouvèrent des alliés chez les princes, mais ceux-ci se disputèrent prématurément leur proie. Louis d'Orléans — le fils de Charles, le prisonnier des Anglais — voulut épouser Anne, tout comme Alain d'Albret et comme Maximilien. La victoire de La Trémoille à Saint-Aubin-du-Cormier, le 27 juillet 1488, laissa Charles VIII maître de la situation au meilleur moment : le 9 septembre, François II mourait.

Anne prit le pouvoir à Rennes, cependant qu'Alain d'Albret et le maréchal de Rieux gouvernaient à Nantes grâce à l'appui militaire du roi d'Angleterre Henri VII Tudor et de Maximilien de Habsbourg.

La jeune duchesse — elle avait onze ans — comprit vite que son mariage allait être une affaire à l'échelle européenne, et elle décida de ne s'en remettre à personne. Son choix se porta sur Maximilien, qu'elle épousa par procuration en décembre 1490. Mais le roi des Romains déçut ses partisans : il avait trop à faire avec la révolte des Flamands et l'hostilité du roi de Bohême et de Hongrie Ladislas Jagellon. Il laissa la duchesse de Bretagne se tirer seule d'embarras, alors même qu'elle avait le plus grand besoin d'une aide : les barons tentaient d'exploiter la faiblesse passagère de l'autorité ducale. Alain d'Albret, vexé, livra Nantes à Charles VIII.

Devant la menace, Anne céda. Elle fit annuler son mariage pour vice de consentement — elle aurait dû demander celui de son suzerain le roi de France — et donna sa main à Charles VIII lui-même. Le mariage fut célébré le 6 décembre 1491. La duchesse s'engageait, si le roi mourait sans enfant, à épouser son successeur ou son plus proche parent. Ce qui, d'ailleurs, se produira : Anne sera femme de Louis XII après l'avoir été de Charles VIII.

Celui-ci avait treize ans à son avènement. Lorsqu'en 1492 les Beaujeu s'effacèrent et qu'il prit réellement en main le gouvernement de son royaume, il éprouva le besoin de se manifester. Par goût personnel, ce faible à l'esprit farci de romans de chevalerie courait aux exploits. Ses conseillers — et notamment l'évêque Briçonnet — lui suggérèrent de reprendre à son compte les prétentions angevines sur Naples. La Couronne de France n'avait-elle pas reçu l'héritage du roi René ? Pourquoi pas son royaume ?

On s'assura d'abord de la neutralité de quelques puissances traditionnellement présentes en Italie : l'Empire et l'Aragon. Il en coûta à la France deux des plus récentes acquisitions de Louis XI : la Franche-Comté fut donnée à l'un, le Roussillon à l'autre. Dans le même temps, Charles VIII liait partie en Italie avec tous les partis de mécontents, tous ceux qui avaient de bonnes raisons de chercher au-dehors un appui pour leur mouvement. C'étaient à Florence les opposants au régime des Médicis, mais c'était aussi, contre Florence, la rivale historique : Pise. Il y avait dans le Milanais les partisans de Ludovic « le More » dressés contre le gouvernement de Jean-Galéas Sforza. Enfin, à Rome, le parti français se confondait alors avec celui du futur Jules II, le cardinal Julien della Rovere, toujours hostile à la politique d'un Alexandre VI Borgia que déconsidéraient d'autre part ses comportements personnels.

Ainsi attendue en Italie, l'expédition des Français passa d'abord pour une promenade. Le roi de Naples Ferdinand d'Aragon venait opportunément de mourir en 1494. Jean-Galéas Sforza aussi. Ludovic Sforza régnait donc déjà à Milan quand les troupes de Charles VIII parvinrent en Lombardie. Lorsqu'elles arrivèrent en Toscane, Pierre de Médicis jugea raisonnable de se dire l'ami du roi de France. Le 22 février 1495, on était à Naples. Charles VIII alla jusqu'à se déguiser en basileus byzantin pour faire son entrée solennelle. Les Napolitains s'en amusèrent.

La victoire sans combat ne changeait rien à l'affaire : la situation n'était ni plus ni moins embrouillée qu'avant. Bien des Italiens commençaient de s'inquiéter devant ce renouveau de l'hégémonie française ; les Vénitiens sonnèrent l'alarme. L'empereur Maximilien de Habsbourg et « les rois » Ferdinand et Isabelle se mirent de la partie. Ludovic Sforza commença de regimber contre la tutelle qui s'annonçait.

Charles VIII regagna la France. Son armée fut dispersée par les forces aragonaises qui n'avaient pas quitté la Péninsule. En 1496, tout était fini. Lorsque, deux ans plus tard, le roi mourut d'un banal accident, l'affaire napolitaine semblait enterrée.

L'avènement de Louis XII changea le panorama politique. Le fils de Charles d'Orléans avait mûri. A trente-huit ans, c'était un homme d'expérience, et qui savait s'entourer. L'archevêque de Rouen Georges d'Amboise allait mener à ses côtés une politique habile dont le premier point fut une réconciliation des Français : le roi ne reprenait pas les querelles du duc d'Orléans qu'il avait été.

En revanche, il prit le contre-pied de son prédécesseur. Il contint la pression fiscale, modéra les exigences de son administration, veilla sur la justice. On entreprit une révision des coutumes. Le roi n'en fut que plus populaire. Les états de 1506 lui décernèrent l'appellation flatteuse de « Père du peuple ». Nul ne vit, sur le moment, que tout cela n'était qu'une politique à courte vue, que Louis XII finançait son entreprise italienne par l'emprunt et qu'il engageait pour cela le revenu futur de son domaine, contraignant ainsi son successeur à un pénible retour à la pression fiscale. Les banquiers lyonnais, c'est-à-dire les grandes banques italiennes ayant à Lyon leurs succursales, trouvèrent leur compte à ces comportements financiers, non l'économie française.

L'affaire de Bretagne fut vite réglée. Louis XI avait voulu neutraliser son cousin le duc d'Orléans en le mariant à l'infirme Jeanne de France ; un rapide divorce, que permit la connivence d'Alexandre VI, laissa Louis XII libre d'épouser la veuve de Charles VIII, Anne de Bretagne. César Borgia, le plus jeune des fils d'Alexandre VI, y gagna le duché de Valentinois. Georges d'Amboise devint cardinal.

Un deuxième renversement des alliances prépara la deuxième expédition en Italie. Aux prétentions qu'avait manifestées Charles VIII, Louis XII ajoutait qu'il était petit-fils de Valentine Visconti ; il se sentait à ce titre des droits sur le Milanais, que François Sforza n'avait dû, en 1450, qu'à son mariage avec une Visconti. Louis XII se brouilla donc avec Ludovic Sforza. Il s'allia, en revanche, avec les Vénitiens.

Le 2 septembre 1499, les Français entraient dans Milan. Ludovic le More s'enfuit un temps, revint en force avec une armée de mercenaires suisses levés à la hâte. Il paya mal ses soldats, qui se débandèrent à la première rencontre : ce fut, le 10 avril 1500, la victoire française de Novare. Ludovic se retrouva prisonnier. On l'envoya en France. Il devait finir ses jours à Loches, dans un cachot.

Georges d'Amboise était trop réaliste pour ne pas voir qu'on allait de nouveau s'enliser dans l'affaire napolitaine. Il choisit d'ouvrir des négociations alors que le roi de France était vainqueur. On organisa dans l'idéal un partage du royaume de Naples qui ne résista pas à l'effondrement du système diplomatique français. La mort d'Alexandre VI, en 1503, contraignit en effet le roi de France à une remise en cause de toutes ses alliances.

Le nouveau pape, Jules II, s'accommoda d'abord d'une intervention française qui, jointe à celle de l'empereur Maximilien et du roi d'Aragon Ferdinand, pouvait asseoir l'influence pontificale dans l'Italie du Nord et permettre dans le même temps la coalition des forces chrétiennes contre les Turcs. Liée par ses intérêts économiques à l'Orient musulman, Venise fit les frais de l'affaire. Le 14 mai 1509, à Agnadel, Louis XII était vainqueur des Vénitiens.

La conjonction de la France et de l'Empire allaient en Italie à l'encontre des prétentions temporelles du pape ; celui-ci s'en avisa, et jugea bon de se réconcilier avec Venise. La « Sainte Ligue » qu'il organisa en 1511 contre les « ennemis de l'Église » — Maximilien et Louis XII — unissait Venise, l'Aragon et l'Angleterre sous la houlette du Saint-Siège.

La France répliqua par une campagne de propagande où Jules II se trouva personnellement pris à partie. Jean Lemaire de Belges, le poète et polémiste de confiance de la duchesse de Savoie Marguerite d'Autriche, s'y illustra particulièrement. On reprit les vieux arguments gallicans. Comme un siècle plus tôt au temps des soustractions d'obédience, on parla de schisme. Une consultation demandée en 1498 à la Sorbonne avait reconnu aux princes temporels le droit de convoquer le concile si l'intérêt de l'Église l'exigeait. L'empereur et le roi de France en usèrent et réunirent à Pise, en 1511, un concile qu'il fallut aussitôt transférer à Milan et qui sombra tout de suite dans la confusion. Il fallut désavouer les quelques prélats qui s'obstinèrent et qui finirent leur inutile débat à Lyon pendant que Jules II présidait au Latran un concile incontesté, qui ne devait rien aux princes temporels.

Louis XII envoya une nouvelle armée en Italie, aux ordres du jeune roi de Navarre Gaston de Foix.

Celui-ci prit Brescia et débloqua Bologne, puis défit l'armée de la Sainte Ligue près de Ravenne, à Ronco, le 11 avril 1512. Mais il périt dans sa victoire, et celle-ci demeura sans lendemain. Au vrai, Louis XII se retrouvait seul.

Maximilien lâchait en effet son allié, qui lui paraissait jouer maintenant un rôle excessif en Italie. Le pape s'enhardit et mit le royaume de France en interdit : c'était la cessation de toute vie cultuelle, et notamment de l'administration des sacrements. Enfin, l'armée française était vaincue à Novare, cependant qu'une armée anglaise attaquait la France en partant de Calais et que Marguerite d'Autriche, plus ou moins tentée de reconstituer l'héritage de son grand-père Charles le Téméraire, jetait son dévolu sur la Bourgogne.

Heureusement pour Louis XII, l'alliance du pape et de Maximilien inquiéta les Vénitiens. Ils se rapprochèrent de la France. La Sainte Ligue éclatait. Les coalisés purent bien assiéger un temps Dijon et se montrer devant Venise, ils ne remportèrent aucun succès décisif.

Leurs intérêts les opposaient. Louis XII en profita pour faire à chacun des avances séparées. Le nouveau pape, Léon X, accepta un rapprochement avec la France qui faisait faire à l'Église l'économie d'un schisme. L'Espagne monnaya sa très temporaire neutralité. L'Anglais, enfin, se sentait assez étranger aux affaires italiennes pour préférer un accord que scella, en octobre 1514, le remariage de Louis XII, veuf d'Anne de Bretagne, avec Marie Tudor, sœur du roi Henri VIII.

Marie était venue en France accompagnée par le duc de Suffolk qui était son amant. Le 1er janvier 1515, Louis XII mourait. Marie épousa Suffolk.

A la fois cousin et gendre de Louis XII, François d'Angoulême, qui devenait roi de France sous le nom de François Ier descendait lui aussi de Valentine Visconti. Et lui aussi rêvait de gloire. Il revendiqua le Milanais. Léon X, Maximilien et Ferdinand d'Aragon s'entendirent pour mettre sur pied une forte armée, composée pour l'essentiel des contingents recrutés dans les cantons suisses. Ainsi espéraient-ils enrayer une nouvelle incursion des Français en Italie du Nord. Le 14 septembre 1515, après deux jours d'une bataille incertaine, l'arrivée de ses alliés vénitiens donna la victoire à François Ier. C'était à Marignan.

Par-delà une nouvelle et toujours éphémère annexion du Milanais, les conséquences les plus durables de la victoire de Marignan furent étrangères à l'Italie. La première fut la conclusion, le 18 août 1516, de ce concordat de Bologne par lequel le pape et le roi de France donnaient pour près de trois siècles son statut à l'Église de France, un statut qui en faisait l'un des piliers de l'absolutisme monarchique. La deuxième conséquence fut, en novembre 1516, la « Paix perpétuelle » entre la France et les cantons suisses : les Suisses allaient être, jusqu'à la fin de l'Ancien Régime, les alliés fidèles et les soldats du roi de France.

Dynamismes économiques

Une génération, celle de Charles VII et de Philippe le Bon, celle de Jacques Cœur, aussi, avait vu se renverser vers 1450 la tendance économique qui accusait la dépression depuis le temps de la petite reprise des années 1390. Elle avait su prendre, en tous les domaines, les mesures propres à renforcer ce mouvement de reconstruction, de restructuration, de retour à l'initiative et à l'investissement.

Les contemporains de Charles VII n'ont cependant vu que les premiers fruits de leur effort. Ce sont les plus faciles, et les plus aléatoires : ceux d'une audace mal poursuivie, comme dans les entreprises de Jacques Cœur, ceux d'une rapide remise en culture des meilleurs terroirs, ceux d'une réouverture immédiate des villes, des routes et des foires traditionnelles.

Le temps d'une autre génération, et les résultats sont consolidés. Sans doute perceptible au sein des familles dès les lendemains de la guerre, la reprise démographique s'affermit vers 1470 quand les enfants de la paix parviennent au mariage. En 1466 déjà, un chroniqueur s'étonne de la multiplication soudaine des mariages. Le temps s'éloigne des campagnes vidées de leurs hommes par l'appel des villes ou celui des vallées fertiles ; il y aura bientôt assez de bras à la fois pour les chantiers des villes et pour les nouveaux défrichements. La France des années 1470 est nombreuse, et elle est jeune. Malgré la crise — famine et épidémies — des années 1480-1482, le dynamisme démographique se poursuivra jusqu'au XVIᵉ siècle.

La reconstruction rurale va lentement, même si les débuts d'un renouvellement des milieux possédants se traduisent par une légère accélération de la restauration des censives et par une rénovation profonde des systèmes d'exploitation des réserves seigneuriales. Les campagnes les plus favorisées atteignent à la prospérité, les autres reprennent peu à peu leur place dans l'économie du pays. La reconstruction agraire ne sera vraiment achevée que dans les vingt premières années du XVIᵉ siècle. Mais on ne reverra jamais les cultures atteindre — en altitude comme sur le littoral — les terroirs extrêmes où elles s'étaient avancées et parfois aventurées dans les années 1250-1300. Avec un outillage de meilleure qualité, et notamment des charrues fortes et bien ferrées, les campagnes les plus riches accroissent encore leur avantage en élevant les rendements. Les complémentarités naturelles jouent de nouveau leur rôle, des zones de production spécialisée s'organisent et, comme les grandes plaines céréalières du Bassin parisien ou d'Aquitaine, dégagent de substantiels surplus commercialisables, cependant que la reprise du commerce à long rayon rend leur attrait à l'élevage lainier et à la culture spéculative : vigne de Gascogne ou de Bourgogne, pastel de Lauragais et guède de Picardie, chanvre de Bretagne, blés de Beauce ou de Cambrésis. L'élevage ovin devient une industrie que financent, dans les Alpes comme en Languedoc, les capitalistes des villes grandes et petites ; en Provence, le roi René doit intervenir pour que le passage des grands troupeaux des « nourriguiers » ne ruine pas les agriculteurs et les éleveurs ruraux à faible cheptel. Et Louis XI rétablit, pour la préservation de l'équilibre forestier, la gestion des usages et la police des abus qu'un siècle de dépeuplement rural avait fait oublier.

Les gouvernements ne peuvent plus ignorer l'économie, et les voyages d'un Louis XI sont pour une part des tournées d'information. D'avoir, au temps de son exil, vécu dans les Pays-Bas de Philippe le Bon lui a ouvert les yeux sur les moyens de la prospérité. Les états — ceux de Languedoc en particulier — et les ambassades périodiques des villes entretiennent le roi et ses conseillers de la situation économique, et ce à des fins qui ne sont pas toujours fiscales. Les états de Languedoc luttent pour la liberté des exportations et veillent au moins à la libre circulation des denrées entre les trois sénéchaussées de Toulouse, Carcassonne et Beaucaire. Les Bordelais se démènent pour retrouver les privilèges qui permettent d'exporter leur vin avant celui de l'arrière-pays. En janvier 1482, pour réduire la famine, Louis XI a même la sage audace, en interdisant les stocks spéculatifs, de permettre la libre circulation des grains à travers tout le royaume.

Languedociens et Lyonnais rivalisent pour obtenir de Charles VII et surtout de Louis XI, qui la suppression, qui le renforcement des privilèges qui font l'attraction des foires de Lyon. Aigues-Mortes contre Lyon, le port contre les cols : le roi doit choisir.

C'est encore à la demande des marchands que répond en 1475 une décision d'ordre juridique qui bouleverse les données de la vie économique : le roi supprime le droit d'aubaine, qui lui donnait les biens de tout étranger mort pendant son séjour dans le royaume. On devine à quel point ce droit d'aubaine pouvait dissuader certains de venir avec leurs marchandises. Et c'est toujours à la préoccupation permanente des milieux d'affaires que répond la tacite cécité des agents royaux quant au monopole de la monnaie royale : les marchands étrangers doivent pouvoir se présenter sur les marchés français avec leurs moyens de paiement, ce qui signifie l'importation d'espèces étrangères. On verra même les commissaires royaux entériner très officiellement, en 1487, le cours commercial des espèces théoriquement interdites.

Avec bien des hésitations et beaucoup de pragmatisme, Louis XI semble avoir tenté un rééquilibrage d'une carte des relations commerciales jusque-là dessinée par les trafics étrangers, ceux des Italiens en Méditerranée, ceux des Hanséates et des Anglais en mer du Nord. Créer des places rivales de Bruges et d'Anvers, de Gênes et de Barcelone, sortir des trafics simples comme celui du sel de Bretagne ou celui du vin gascon, tels sont dans les années 1470 les ressorts d'une politique lucide et cohérente dans sa conception, mais insuffisamment coordonnée dans l'exécution et fort mal comprise de milieux d'affaires plus portés à profiter des avantages locaux qu'à voir les horizons lointains. Pendant que les Languedociens se battent contre le trafic rhodanien et que les Rouennais veillent sur l'échec de Caen, Italiens, Anglais et Brabançons gardent la maîtrise des routes internationales.

C'est pourtant d'un remodèlement des axes commerciaux qu'il s'agit quand, en attendant Marseille qui devient ville royale en 1481, le gouvernement royal accentue le rôle d'Aigues-Mortes, développe contre le rayonnement de Genève un système de foires à Lyon, avec son aire propre d'influence continentale, et organise entre la Touraine et la Normandie une zone économique nouvelle, ouverte sur l'Atlantique et les îles Britanniques.

Avec les foires normandes, c'est l'échec. Ni Caen ni Rouen ne parviennent à rivaliser efficacement avec Bruges, puis avec Anvers. Le développement délibéré des foires de Lyon porte en revanche ses fruits, qui sont de recentrer le trafic avec l'Italie, de contrarier l'essor de Genève et de faire pression sur la Savoie. Mais le succès de Lyon fait des victimes : le duc de Savoie proteste quand on force les marchands à choisir et quand les routes commerciales et le profit fiscal de ces routes se détournent de sa principauté. On négocie. Le Téméraire s'en mêle, qui a des foires à Chalon-sur-Saône et s'estime impliqué dans cette affaire de détournement des trafics. L'économique devient, ici, l'un des enjeux de l'affrontement politique.

Si l'économie entre dans la politique, elle y prend aussi le rang d'une machine de guerre. Une machine coûteuse, d'ailleurs. Louis XI fait le blocus de l'État bourguignon, et en détourne fournisseurs et clients — les Anglais, les Hanséates, les Florentins — aussi bien pour affamer des régions industrielles incapables de se satisfaire de leur production agricole que pour fermer le marché français aux produits industriels des Pays-Bas. Le Téméraire fait de même, qui réoriente vers la Savoie et vers Nice le trafic du sel comtois. On se vole même les banquiers, et la révolte financière qui sape la puissance du Téméraire s'aggrave de la dérobade des banques italiennes qui lui coupent le crédit. Mais, en un autre sens, l'effondrement de la puissance bourguignonne provoque l'éclatement subit des structures politiques qui assuraient la sécurité des campagnes et supportaient l'organisation des marchés : la production céréalière baisse en moyenne d'un quart, en Cambrésis, dans les années 1480.

Les princes veulent des monopoles qui garantissent leur fiscalité. Les marchands souhaitent la liberté d'entreprendre et de circuler. C'est la concurrence qui l'emportera. Les Languedociens, dont le trafic et plus précisément les foires — Montagnac, Pézenas, etc. — souffrent du détournement par les routes terrestres d'un trafic avec l'Orient jusque-là profitable à leurs ports, bataillent pendant un demi-siècle contre les privilèges de Lyon et l'emportent en définitive, au vrai quand il est trop tard. Les officiers de finance, enfin, se méfient d'une telle porte ouverte sur des routes terrestres difficilement contrôlables, et par conséquent fort propres aux évasions de numéraire : leur connivence fait ici l'affaire des Languedociens et bat en brèche le monopole pourtant souhaité par les inspirateurs de la politique royale.

Parfois, l'enjeu dépasse de loin le commerce et ses profits. Lorsque Louis XI ajoute aux privilèges de Lyon, c'est à seule fin de ruiner un trafic — celui de Genève — qui rapporte à la Bourgogne. Les Beaujeu peuvent donc, dans leur politique de balance modérée, rétablir les affaires des Languedociens : l'affaire de Bourgogne est finie. Dès lors, toute « épicerie » ne doit entrer en France que par la voie maritime.

On mitigera, pour finir. Enquêtes, ambassades, procès continueront de se succéder. Les Lyonnais continueront d'importer. Ils devront compter, non plus avec les Languedociens, mais avec les Marseillais.

Pendant ce temps, le renversement des alliances consécutif aux aléas de la politique intérieure de l'Angleterre ruine les espoirs d'une ouverture française vers les mers du nord-ouest. Caen, Rouen et même Tours en pâtiront.

Au moins voit-on les agents royaux veiller à l'aménagement — nouveau ou renouvelé — des voies navigables, des installations portuaires, des ponts. Et nul ne prend à la légère les balbutiements de cette industrie de la soie que le roi décide en 1470 de transférer de Lyon — où elle ne lui devait rien — à Tours où il entend la développer à seule fin de concurrencer les soieries italiennes. Là comme ailleurs, la pensée est mercantiliste, et l'expansion industrielle tend d'abord à restreindre les importations. L'essor de la soierie tourangelle reste, il est vrai, fort artificiel jusqu'à l'époque de Charles VIII. Avant de se développer vraiment, il lui faut avoir créé sa clientèle.

Cette croissance née de la reconstruction s'essouffle quelque peu dans les années 1500. Comme au

XIIIe siècle, on bute sur l'insuffisance des moyens de paiement. Les prix agricoles stagnent de nouveau, ce dont le roi tire un avantage politique en laissant penser qu'il maîtrise une inflation toujours voisine d'un pour cent. On n'est pas encore vraiment sorti de la conjoncture qui fut celle de la fin du Moyen Age.

A l'aube de la Renaissance

Le monde de l'esprit demeure tout aussi empreint de l'héritage médiéval que le monde des affaires. Mais il n'en finit pas, ici, de porter ses fruits. La logique formelle des scolastiques régit encore les formes les plus usuelles du raisonnement, et la règle de l'autorité par le texte et par l'Ancien fonde aussi bien la démarche du théologien que les coq-à-l'âne d'un Villon dont la vue du monde s'inscrit dans la droite lignée du *Roman de la Rose*.

Au terme de ce Moyen Age qui n'a jamais cessé de se renouveler, le passéisme des romans de chevalerie cohabite à l'étal des libraires avec le classicisme retrouvé des *Lettres latines* de Gasparin de Bergame qui sont en 1470 le premier livre imprimé à Paris par les protégés du recteur Guillaume Fichet et du prieur de Sorbonne Jean Heynlin. Et la mythologie des grandes séries de tapisserie mêle dans son traitement du *Roman de Troie* ou des *Travaux d'Hercule* — ceux-ci dominent en 1453 le banquet du Faisan — les thèmes de l'idéal chevaleresque et ceux que procure une Antiquité redécouverte.

Fille du travail des métaux, l'imprimerie française a failli naître en Avignon vers 1444 lorsqu'un Juif a fait graver des caractères hébraïques par un orfèvre venu de Bohême. Nul ne sait ce qu'il en est alors advenu. Ulrich Gering (de Constance), Michel Friburger (de Colmar) et Martin Kranz (de Bâle) poussent au contraire très vite leur entreprise de la Sorbonne.

Aux bourgeois, ils procurent des copies à bon marché *de Fiérabras* et de *Merlin l'Enchanteur,* toutes choses qu'un boutiquier ne lira guère qu'une fois et qu'il ne se procurerait guère s'il lui fallait payer à haut prix un manuscrit chez un copiste. Aux lettrés et aux clercs, ils offrent Salluste et Cicéron, Valère Maxime et Florus, que la technique de l'impression par caractères séparés permet de corriger sur épreuves successives jusqu'à l'obtention d'un texte correct. Enfin, le monde savant va disposer de versions telles que l'on pourra mener une recherche du texte originel, bien souvent défiguré par des générations de copistes pressés puisque payés à la pièce. Cette possibilité nouvelle fondera la philologie.

Les grands latinistes de la première Renaissance italienne se joignent aux Anciens sur le comptoir des libraires : Lorenzo Valla, Bessarion, Gasparin. A une clientèle plus séduite par le nombre et le prix que par la qualité — et qui préfère encore les vieilles lettres gothiques à ces nouveaux caractères « humanistiques » que l'on emprunte à la minuscule romaine et à la lettre carolingienne — les mêmes libraires offrent dès les années 1480 les chefs-d'œuvre de la littérature française, le *Pathelin* publié par Guillaume Le Roy en 1485, le Villon de Pierre Levet en 1489. Mais on est ici bien loin des soucis du philologue : à se recopier l'une l'autre sans grand soin, les neuf éditions de Villon qui se succèdent avant la fin du xve siècle ne cessent de défigurer le texte au point qu'au siècle suivant Clément Marot s'en avisera par une simple lecture.

L'histoire tient sa place dans cette culture que bouleverse en une génération l'invention de Gutenberg. Le libraire Pasquier Bonhomme publie en 1478 la première édition des *Grandes Chroniques de France*.

Toutes ces tendances se fondent vers 1500 en un goût nouveau, relativement cohérent. Le poète Jean Lemaire de Belges traduit Virgile et compose ses *Illustrations de Gaule et singularités de Troie* qui annoncent la *Franciade de* Ronsard et qui doivent autant à la littérature historiographique du temps des premiers Valois qu'à l'imitation de Tacite et de Tite Live. Universitaire et diplomate à l'occasion,

Robert Gaguin inaugure à Paris un enseignement de la littérature latine, correspond avec Érasme et rédige en latin son histoire des Francs. Juriste et philologue, le secrétaire du roi Guillaume Budé — issu d'une lignée déjà longue de hauts officiers royaux — enseigne à la fois le grec et le latin, et modèle en retournant aux sources un humanisme français qui se dégage de l'exemple italien sans répudier ce qu'il lui doit. Un platonisme nuancé, une lyrique subtile en sont les caractères principaux, que reflète bien une recherche systématique de l'harmonie dans la composition comme dans l'expression.

Née à Paris dans une Sorbonne moins sclérosée, à l'évidence, qu'on ne l'a trop souvent dit, l'imprimerie n'est pas seulement fille de l'humanisme renaissant. Elle est aussi l'un des domaines nouveaux de l'activité industrielle et commerciale. Le marché parisien attire autant que les vieux collèges, et ce sont les grandes villes de foire qui dessinent en vingt ans la carte de la future fonction éditoriale. On imprime à Lyon dès 1473, à Toulouse avant 1476. Rouen, Caen, Rennes, Tours, Angers sont, avec Lyon, des centres de diffusion où s'ancre plus ou moins fortement la production. L'imprimerie universitaire, en France, a vécu. Le livre est déjà un produit industriel.

L'imprimerie n'est pas la seule fille de la reprise économique qui se traduit dans la vie courante à partir des années 1440 et dont les moins favorisés profitent après 1460. Le remodèlement des villes — de leurs fonctions et de leur fréquentation — a transformé en collèges les résidences dont l'aristocratie d'épée ou de crosse ne voit plus la nécessité. On fonde un collège comme au XIe siècle on fondait un prieuré. Le développement du service public — celui du prince et celui des administrés — appelle la multiplication et la diversification des moyens d'instruction. Les établissements se spécialisent. On va au collège de Navarre pour la qualité de ses philosophes, mais on va dans trente autres parce qu'on veut tout bonnement trouver un jour une place de greffier ou qu'on espère la fortune de l'avocat.

C'est encore la vitalité économique qui sous-tend la reprise des constructions et des équipements. Églises et châteaux surgissent à nouveau dans le paysage. De nouvelles orgues sonnent dans les paroisses. L'art flamboyant y met sa marque, avec sa luxuriance baroque de plans mouvants et de décors irrationnels. Courbes et contre-courbes règnent aux fenêtres comme aux inutiles balustrades qui soulignent les lignes architecturales. La clé de voûte qui devrait porter l'édifice est en définitive portée par lui. Le décor se fait mise en scène. De Saint-Maclou de Rouen à Saint-Pol-de-Léon, à Saint-Séverin comme bientôt à Saint-Étienne-du-Mont, c'est le même surgissement qui doit tout à la tradition gothique et qui feint de tout devoir à l'imaginaire irrationnel quand il n'est pas fantastique.

La liberté des formes ne conduit pas seulement aux nervures sans objet des voûtes en étoile. Elle ouvre sur la campagne les jardins des nouveaux châteaux. Elle met l'exotisme à la mode dans le vêtement. Elle permet aux protagonistes de la *Farce de maître Pathelin* ou à ceux du *Franc-Archer de Bagnolet* de parler sur scène le langage de la boutique et de la taverne. Les générations qui ne songent plus sérieusement à se croiser jouent volontiers à l'Orient, recopient les récits de voyage et collectionnent les objets insolites.

La musique religieuse s'affranchit d'une rigueur mathématique qui semblait inhérente à sa définition d'art suprême des équilibres. Avec Josquin des Prés, elle cherche, dans un accord subtil du texte et de la musique, les voies d'une harmonie expressive et d'une construction mélodique. Dans le même temps, la chanson laisse le moule rigoureux de la ballade — qu'affectionne encore vers 1460 un Villon — et lui préfère les formes plus spontanées de la bergeronnette ou du rondeau. Et cet âge d'or de la chanson accommode aussi bien les thèmes savants de la courtoisie qui s'éternise — Gilles Binchois met alors en

musique Alain Chartier — que les truculences de la
chanson à boire et de la chanson paillarde.

Déjà, cependant, s'amorce un retour vers le classicisme. Les milieux érudits que couve l'Université
— le premier humanisme, au temps de Charles VI,
naissait plutôt dans les chancelleries — mêlent en
une même préoccupation de rigueur scientifique leur
recherche philologique de la correction textuelle et
leur analyse philosophique d'une pensée antique
jusqu'ici déformée par la dégradation des sources. La
rhétorique recule devant la connaissance des lois du
langage, la symbolique s'effondre devant l'étymolo-
gie. Écarté au XIVe siècle par les docteurs inquiets,
le nominalisme revient en force et s'applique à la
Bible aussi bien qu'à Platon.

Les musiciens tentent un effort parallèle, qui est
une nouvelle approche de la polyphonie. Gilles Binchois au temps de Philippe le Bon, et surtout Guillaume du Fay au temps du Téméraire, marient ainsi
la liberté de l'invention avec une recherche très éla-
borée de l'équilibre des voix. Josquin des Prés, enfin,
assurera la transition entre ces héritiers d'une musique médiévale toujours renouvelée et les grands poly-
phonistes de la Renaissance. Enfant de chœur à
Saint-Quentin dans les années 1460, il est à la cour
des Sforza en 1474, à la chapelle pontificale de
Rome au temps d'Alexandre VI, puis à la cour
d'Hercule d'Este à Ferrare, avant de prendre place en
France dans l'entourage de Louis XII. Avec un sens
aigu des équilibres dans la construction musicale, il
développe dans ses motets et dans ses chansons un
style très personnel qui doit autant à l'originalité de
son invention qu'à la vaste culture d'un musicien qui
a beaucoup voyagé et beaucoup entendu.

La Renaissance perce alors de toutes parts sous le
flamboyant, mais c'est cependant celui-ci qui exprime
encore avec le plus de force la sensibilité d'un temps
où l'Italie reste une curiosité teintée d'exotisme. De
leur aventure napolitaine et bien plus encore de leurs
séjours à Milan, les Français ont rapporté des goûts

et des œuvres. La Renaissance à l'italienne éclate à Gaillon, où Georges d'Amboise fait d'une loggia très péninsulaire l'un des principaux agréments du château qu'il construit entre 1502 et 1509. Des Italiens travaillent à Amboise. Guido Mazzoni est à Paris, et c'est à lui que Louis XII commande une statue pour orner le tombeau de Charles VIII à Saint-Denis.

Tout cela, cependant, n'autorise pas à imaginer une France italianisante. Les emprunts au style nouveau sont limités — le panégyrique du mort, par l'allégorie des Vertus — dans le tombeau par ailleurs bien traditionnel que la duchesse Anne fait réaliser pour François II de Bretagne, à partir de 1502, par le sculpteur Michel Colombe travaillant sur des dessins de Jean Perréal. Le gothique s'y affine. Il ne se renie pas. Chef-d'œuvre d'un expressionnisme déjà sensible dans celle de Tonnerre en 1453, la *Mise au Tombeau* de Solesmes n'emprunte, en 1496, que ses pilastres au goût italien. Là encore, l'art médiéval s'accomplit. De même la légèreté de la flèche dont Jean de Beauce somme vers 1510 la cathédrale de Chartres doit-elle plus à la délicatesse des efflorescences gothiques qu'à la nouveauté des lignes architecturales. Le parti général de Gaillon est délibérément français, et c'est dans la plus luxuriante exploitation de la floraison flamboyante que s'achève cette grande œuvre du baroque médiéval qu'est Saint-Maclou de Rouen.

Bien des Français se gardent d'un italianisme étranger à leur sensibilité. Pour équilibrer l'attrait de l'art italien, il y a la vigueur d'une tradition artistique flamande et brabançonne, à laquelle, depuis le temps de Claus Sluter et des frères de Limbourg, se rattachent bien des courants de l'art proprement français. Nombreux sont donc ceux qui empruntent au Nord et au Midi pour donner de l'homme et de la société une vision qui ne soit pas importée, quand ce n'est pas pour traduire tout simplement la lumière des bords de Loire. Les peintres des princes, de Charles VIII et de Louis XII, que sont Jean Perréal et Jean Bourdichon représentent bien, avec le « maître du triptyque de Moulins », cet art de la mesure, qui contient ses innovations et s'enrichit de ses emprunts sans renier sa tradition.

Les idées circulent vite. Les hommes aussi. L'universalisme universitaire qu'ont connu les contemporains de Thomas d'Aquin paraît à nouveau chose normale à ceux de Guillaume Fichet. Doyen de la Faculté de droit canonique de Paris et général des Trinitaires, Robert Gaguin fonde le nouvel humanisme français sur une relation directe avec les néoplatoniciens de Rome et de Florence. Pic de la Mirandole est à Paris en 1485. Marsile Ficin envoie de Florence à ses correspondants parisiens de nouveaux textes et de nouvelles interprétations. Lefèvre d'Étaples offre à ses élèves et à ses lecteurs une synthèse de la pensée classique qui doit à Homère autant qu'à Juvénal et qui, pour la première fois, mêle à la politique d'Aristote la morale de Plutarque. Humanisme et Renaissance vont être, pour toujours, synonymes.

CONCLUSION

Qu'ont légué à la France moderne les vingt générations dont l'histoire a donné matière à ce livre ?

Tout d'abord, un hexagone où commencent de se superposer dans un espace homogène des perceptions politiques et des intérêts économiques qui coïncident plus ou moins en un sentiment national déjà ressenti comme tel à l'intérieur comme à l'extérieur. Largement ouvert sur les mers comme sur l'Europe continentale, cet hexagone se révèle apte par là aux relations lointaines. Il suffit assez largement à ses propres besoins, alimentaires aussi bien qu'industriels ; cela le met à l'abri des tensions et des crises les plus graves, et lui ouvre les voies vers une économie d'échanges à moyenne distance.

Une organisation politique s'est mise en place, par-delà l'empirisme contractuel de la féodalité. Elle se fonde sur un ordre public mieux garanti quant à la sécurité des personnes, des biens et des affaires : un ordre public qui n'apparaît plus comme une application du plan divin de la Création, mais comme une fonction naturelle de ceux qui ont en charge le bien public. Un corps d'administrateurs et de juges, une cohorte d'auxiliaires et d'intermédiaires à la disposition du justiciable et de l'administré, tout cela concourt à cette sécurité sans laquelle il n'est ni système d'obligation ni confiance en la justice. Mais cela conduit aussi à la primauté reconnue du service public dans les destins individuels et familiaux autant que dans les attitudes immédiates de la vie courante. Parce qu'en tout on attend beaucoup du prince, tous se font porteurs des progrès de l'absolutisme. Cohérence du droit privé — donc des relations sociales —

et politique des intérêts économiques communs sont pour une part les pièges grâce auxquels cet absolutisme, dont chacun tente de jouer comme d'un arbitrage, forge une centralisation et une unification qui suscitent les plaintes mais aussi les complicités.

L'Église n'y échappe pas. Une longue oscillation entre les chemins de l'hégémonie pontificale et les tendances à l'autonomie, avec son cortège de réformes structurales de redressements moraux, la conduit directement à la définition d'un pouvoir régalien. L'Église de France a changé de maître. Elle sera aussi incommode dans le Gallicanisme qu'elle l'était dans la théocratie pontificale.

La France s'est dotée d'une langue maintenant affinée, structurée, enrichie. Le français d'oil a fini d'intégrer en une sémantique subtile, avec les vestiges du vieux fonds gaulois, le fonds latin essentiel pour la vie quotidienne comme la spéculation intellectuelle et les sédiments successifs qui, des apports germaniques aux ajouts nordiques et aux emprunts tardifs à l'arabe savant, reflètent les diverses contributions à ce complexe qu'est au terme la civilisation française. Mais la poussée de la langue d'oil en voie d'unification n'est elle-même que l'une des formes de la centralisation unificatrice dont les parlers d'oc seront les prochaines victimes. Ces cinq siècles sont le temps du rayonnement de ces langues d'oc que condamneront finalement la pratique administrative et la diffusion de l'imprimerie.

L'outillage intellectuel n'est pas seulement une langue riche et précise. Des fruits tardifs de la renaissance carolingienne à la longue maturation de la scolastique, et à la découverte successive de la dialectique platonicienne et la logique aristotélicienne, c'est une méthode d'analyse et de conclusion qui s'est forgée au bénéfice de ce qui sera la logique classique et l'apparente nouveauté du cartésianisme.

Les progrès technologiques semblent légers si l'on s'en tient aux bases scientifiques de la maîtrise des énergies naturelles, de leur transmission et de leur mise en œuvre. Au niveau modeste des applications, force est de mettre au crédit des générations qui se sont succédé depuis l'an mil bien des audaces et bien des réussites. Les Français ont acquis la maîtrise de l'espace bâti, avec des voûtes à longue portée et des murs allégés aux retombées espacées. Ils ont bouleversé l'art de la guerre, celui de la défense en supprimant les angles morts et en changeant la fonction des points forts, celui de l'attaque en introduisant l'artillerie dans les sièges, puis sur les champs de bataille. Ils ont, ce faisant, donné naissance à un nouvel art de vivre, pour les princes dans leurs châteaux comme les bourgeois dans leurs villes fortement enceintes. Empruntant ici avec réalisme — la boussole, le gouvernail — et se refusant là aux usages qui leur paraissent trop compliqués pour un trop maigre résultat — les techniques comptables et bancaires — ils ont modelé une pratique des affaires qui ne met certes pas la France à l'avant-garde de l'Europe mais qui correspond peut-être aux réalités géographiques, aux structures intellectuelles et aux dynamiques sociales propres au royaume des Capétiens et des Valois. En revanche, dans l'obscure transmission des façons culturales et des outillages agricoles, ils en sont venus, selon la richesse des sols et les aptitudes collectives à l'organisation de la vie agraire, aux moyens du labour profond, rapide et fréquent, à ceux du partage des risques et d'une intelligente sélection des emblavures, à ceux d'une culture ouverte sur les opportunités du marché, sur l'investissement, voire sur la spéculation.

Le legs du Moyen Age à la France moderne, il a pour nous l'apparence d'un moulin à vent, d'une charrue tournante, d'une ogive. Il est fait des rendements du blé de mars, de la lumière qui envahit la salle ou la nef, du vêtement qui libère les mouvements. Il tient aux syllogismes rigoureux des docteurs, aux registres ordonnés des greffiers. Il est riche de son humanisme. Il dessine des voies originales vers la fortune, celle qui se compte et celle qui se voit.

Il est déjà porteur d'un devenir politique aux couleurs d'une monarchie où le « bon plaisir » ne sera
que la responsabilité non partagée du « bien public »,
où les bonnes villes sont « du roi » et où l'Église est
« de France ». Il engendre une machine administrative, enfin, où les niveaux de l'autorité empruntent
aux structures pyramidales de la féodalité les sché-
mas d'une centralisation et d'une concentration que
ne cachent pas les développements tardifs d'institutions éclatées, octroyées pour tenir lieu des anciennes
autonomies.

Cinq siècles ont passé : trois expansions, deux de
crises et de maturations. Une société nouvelle a
surgi, à laquelle ont part les forces économiques et
sociales de la civilisation urbaine, les intérêts et les
mouvements propres a développement industriel et au
grand commerce, et les pulsions d'un service public
qui est à la fois service du prince et service des
administrés, des contribuables et de justiciables.

Les horizons se sont élargis. L'histoire de la
France est désormais solidaire d'un monde qui
englobe aussi bien l'Orient méditerranéen que
l'Angleterre et l'Écosse, dont les parties vitales se
jouent dans les pays germaniques et en Italie, dont
les frontières sont devant Grenade et devant Buda-
pest. Mais les Français ont manqué l'ouverture que
d'autres trouvent vers l'Afrique, vers l'Atlantique. Ils
ont cherché trop tard la route de la soie, et ils ont
ainsi manqué la route de l'or.

Au moins cet horizon élargi reflète-t-il une réelle
unité de vue. Les intérêts sont divergents de Lyon à
Montpellier et de Bruges à Bordeaux. Mais la partie
est la même.

Ce temps a vu se faire l'unité française, qui n'a
finalement rien à voir avec l'héritage carolingien. La
France de l'an mil est profondément morcelée. Elle
est une poussière d'horizons. Mené en ordre dispersé
et sans autre plan concerté que la réponse pragmatique à un besoin d'organisation et de sécurité, le premier rassemblement a été l'œuvre des princes

territoriaux — comtes et ducs — qui ont, à coups de conquêtes, dessiné la carte de la France féodale. Les grandes constructions politiques des siècles suivants ont procuré de nouvelles concentrations : c'est en particulier l'œuvre des princes apanagés, capétiens et valois, et de leurs descendants. Ces concentrations se sont souvent faites contre le roi. A tout le moins à ses dépens. Il est vrai que le moyen est ici, autant que la guerre, la diplomatie des héritages et des mariages.

Cette dernière vague de grandes principautés profite finalement au souverain : en recueillant quelques héritages — non sans montrer son armée — il met la main sur ce que d'autres ont assemblé.

De même la recherche d'une autonomie ecclésiale, qui fonde à ses débuts la vie des églises sur des conciles locaux auxquels la papauté n'a aucune part et que scelle l'intervention royale dans une Église plus ou moins rebelle à l'autorité de Rome, laisse-t-elle en définitive le roi maître de son Église.

Au moment où s'affine cette construction politique qu'est la monarchie, la «réunion» de quelques grands ensembles territoriaux fait bénéficier la Couronne de l'œuvre longue et patiente de rassembleurs. Le temps des principautés s'achève. Elles sont nées en des temps où la royauté n'était pas grand-chose. Elles se fondent, à leur terme, dans l'unité de la Couronne.

Repères chronologiques

1062-1080 env.	Construction de Saint-Étienne et de la Trinité à Caen.
1063	Consécration de Moissac.
1066	Conquête de l'Angleterre par les Normands.
1070	Mouvement d'émancipation municipale au Mans.
1073-1085	Pontificat de Grégoire VII.
1081-1096	Construction de Saint-Eutrope de Saintes.
1084	Fondation de la Chartreuse par saint Bruno.
1087	Mort de Guillaume le Conquérant.
1088	Début des travaux de la troisième église abbatiale de Cluny.
1095	Concile de Clermont : prédication de la Croisade.
1096-1099	Prédication de la première croisade.
1098	Fondation de Cîteaux.
1100 env.	La *Chanson de Roland*.
1100 env.	Fresques de Saint-Savin-sur-Gartempe.
1100	Cloître de Moissac.
1100 env.	Débuts de la littérature courtoise.
1108-1137	Règne de Louis VI le Gros.
1108	Fondation de Saint-Victor près de Paris.
1109-1148	Alphonse Jourdain, comte de Toulouse.
1112	Révolte communale à Laon.
1115	Fondation de Clairvaux par saint Bernard.
1119	Consécration de la cathédrale de Cahors.
1119	Victoire de Henri Ier Beauclerc sur Louis VI à Brémule.
1119	Concile de Toulouse : condamnation du catharisme.
1120	Fondation de Prémontré.
1122-1156	Abbatiat de Pierre le Vulnérable à Cluny.

1124	Campagne de Louis VI contre l'empereur Henri V.
1125	Tympan de Sainte-Foy de Conques.
1127	Assassinat de Charles le Bon, comte de Flandre.
1127	Disgrâce d'Étienne de Garlande.
1128	Concile de Troyes : approbation de la règle du Temple.
1130 env.	Gregori Bechada, *Canso d'Antiocha.*
1132	Voûte d'ogives du déambulatoire de Morienval.
1132	Tympan de Vézelay.
1135	Début des travaux de la cathédrale de Sens.
1137	Mariage de Louis VII et d'Aliénor d'Aquitaine.
1137-1180	Règne de Louis VII.
1140	Le *Décret* de Gratien.
1140	Concile de Sens : condamnation d'Abélard.
1140 env.	La *Chanson de Guillaume.*
1144	Consécration de l'abbatiale de Saint-Denis.
1145 env.	Portail royal de Chartres.
1146	Prédication de la deuxième croisade par saint Bernard.
1147-1148	Deuxième croisade.
1148	Organisation de la lutte contre l'hérésie.
1150 env.	Achèvement de la Madeleine de Vézelay.
1150 env.	Vitrail de la *Belle Verrière* de Chartres.
1152	Mariage d'Aliénor d'Aquitaine et de Henri Plantagenêt.
1152	Pierre Lombard, *Livre des Sentences.*
1153	Mort de saint Bernard.
1154	Mort d'Étienne de Blois, roi d'Angleterre.
1160 env.	Thomas, *Tristan et Iseut.*

1160 env.	Achèvement de la cathédrale de Sens.
1163	Début des travaux de Notre-Dame de Paris.
1165	Benoît de Sainte-Maure, *Le Roman de Troie*.
1174	Privilèges aux foires de Champagne.
1177-1179	Chrétien de Troyes, *Le Chevalier à la charrette*.
1180-1223	Règne de Philippe Auguste.
1181	Établissement des Halles de Paris en Champeaux.
1182	Chrétien de Troyes, *Perceval*.
1187	Attaque française contre le Berry.
1188	Entrevue de Philippe Auguste et de Henri II à Bonsmoulins.
1189-1192	Troisième croisade.
1193	Mariage de Philippe Auguste avec Ingeburge de Danemark.
1194	Philippe Auguste vaincu à Fréteval.
1195	Mort du troubadour Bernard de Ventadour.
1199	Mort de Richard Cœur de Lion.
1200 env.	Naissance de l'Université de Paris.
1200	Traité du Goulet entre Philippe Auguste et Jean sans Terre.
1203	Mort d'Arthur de Bretagne.
1203-1204	Siège de Château-Gaillard.
1204	Quatrième croisade. Prise de Constantinople.
1204	Conquête de la Normandie par Philippe Auguste.
1207	Prédication de saint Dominique en Languedoc.
1209-1213	Croisade contre les Albigeois.
1210	Début des travaux de la cathédrale de Toulouse.
1210-1236	Principaux vitraux de Chartres.
1212	Élection de Frédéric II à l'Empire.
1213	Victoire de Simon de Montfort à Muret.

1214	Victoire de Philippe Auguste à Bouvines.
1215	Premiers statuts de l'Université de Paris.
1217	Établissement des premiers dominicains à Paris.
1220	Premiers statuts de l'Université de Montpellier.
1220	Achèvement de la cathédrale de Chartres.
1220	Début des travaux de la cathédrale d'Amiens.
1221	Mort de saint Dominique.
1223-1226	Règne de Louis VIII.
1226-1270	Règne de Saint Louis.
1229	Traité de Paris entre le roi et le comte de Toulouse.
1230-1240	Guillaume de Lorris, *Le Roman de la Rose*.
1231	Bulle *Parens scientiarum* pour l'Université de Paris.
1233	L'Inquisition confiée aux dominicains.
1234	Thibaut IV de Champagne devient roi de Navarre.
1242	Victoires de Saint Louis sur Henri III à Saintes et Taillebourg.
1242	Assassinat des inquisiteurs à Avignonnet.
1243-1244	Siège de Montségur.
1243-1248	Construction de la Sainte-Chapelle à Paris.
1245	Premier concile de Lyon.
1245	Grève insurrectionnelle à Douai.
1248-1254	Croisade de Saint Louis en Orient.
1250	Bataille de Mansourah. Saint Louis pris par les Mamelouks.
1252-1259	Enseignement de Thomas d'Aquin à Paris.
1252	Mort de Blanche de Castille.
1254	Réforme de l'administration royale.

1254	Premier registre du Parlement de Paris.
1255	Prise du château de Quéribus.
1256	Dit de Péronne pour la succession de Flandre et de Hainaut.
1258	Fondation d'un collège par Robert de Sorbon.
1258	Traité de Corbeil : paix entre la France et l'Aragon.
1259	Traité de Paris avec Henri III d'Angleterre.
1260	Début des travaux des Jacobins de Toulouse.
1261	Reprise de Constantinople par les Grecs.
1261	Interdiction du duel judiciaire.
1262	Réforme municipale.
1263-1266	Réformes monétaires.
1264	Dit d'Amiens : arbitrage entre Henri III et les barons anglais.
1265	Charles Ier d'Anjou, roi de Sicile.
1265 env.	Thomas d'Aquin, *Somme théologique.*
1270	Condamnation de l'averroïsme.
1270	Croisade de Saint Louis à Tunis.
1270 env.	Le *Jugement dernier* de Bourges.
1270-1285	Règne de Philippe III le Hardi.
1271	Annexion du comté de Toulouse au domaine royal.
1273	Élection de Rodolphe de Habsbourg à l'Empire.
1275-1280	Jean de Meung, *Le Roman de la Rose* (2e partie).
1277	Condamnation de l'aristotélisme chrétien.
1282	Début des travaux de Sainte-Cécile d'Albi.
1282	Vêpres siciliennes.
1283	Philippe de Beaumanoir, *Les Coutumes de Beauvaisis.*

1284	Effondrement du chœur de la cathédrale de Beauvais.
1285-1314	Règne de Philippe IV le Bel.
1291	Prise de Saint-Jean-d'Acre par les Mamelouks.
1294	Confiscation de la Guyenne.
1295	Première grave crise monétaire.
1296	Début du conflit avec la papauté. Bulle *Clericis laicos*.
1297	Victoire royale sur les Flamands à Furnes.
1297	Canonisation de Saint Louis.
1297	Trêve de Vyve-Saint-Bavon entre la France et l'Angleterre.
1301	Grave conflit avec Boniface VIII. Bulle *Ausculta fili*.
1302	Matines de Bruges et révolte flamande.
1302	Bulle *Unam Sanctam*.
1303	Traité franco-anglais de Paris.
1303	Attentat contre Boniface VIII à Anagni.
1303	Victoire des Flamands à Courtrai.
1303	Début des travaux de Saint-Ouen de Rouen.
1304	Achèvement des Jacobins de Toulouse.
1304	Victoire royale sur les Flamands à Mons-en-Pévèle.
1305	Traité franco-flamand d'Athis.
1306	Expulsion des Juifs.
1307	Le *Dévôt Christ* de Perpignan.
1307	Arrestation des Templiers.
1309	Installation de Clément V à Avignon.
1312	Transport de Flandre.
1312	Concile de Vienne et suppression du Temple.
1314	Supplice des dignitaires du Temple.
1314-1315	Ligues féodales.
1314-1316	Règne de Louis X le Hutin.

1315	Fermeture de la liste des ateliers monétaires.
1316	Réorganisation du Parlement.
1316	Première organisation de la gabelle.
1317	Mort de Jean de Joinville.
1317-1322	Règne de Philippe V le Long.
1320	Réorganisation de la Chambre des comptes.
1322-1328	Règne de Charles IV le Bel.
1328-1350	Règne de Philippe VI de Valois.
1328	Victoire royale sur les Flamands révoltés à Cassel.
1328	État général des feux : premier dénombrement de la population.
1334-1342	Construction du premier Palais des papes à Avignon.
1337	Confiscation de la Guyenne.
1337-1345	Insurrection en Flandre ; Jacques Van Artevelde.
1339	Débarquement anglais.
1340	La flotte française détruite à l'Écluse.
1340-1346	Grave crise monétaire.
1341	Mort de Jean III, duc de Bretagne. Début de la crise successorale.
1343	Jean Pucelle, *Le Bréviaire de Belleville*.
1343	Première session véritable des états généraux.
1344	Rattachement du Dauphiné à la France.
1344	Mort de Simone Martini à Avignon.
1346	Victoire d'Édouard III sur Philippe VI à Crécy.
1347	Reddition de Calais.
1348-1350	La Peste noire.
1349	Les « flagellants ».
1349	Crise d'antisémitisme.
1350-1364	Règne de Jean II le Bon.
1351	Le combat des Trente.

1351	Fondation de l'Ordre de l'Étoile.
1351 et 1354	Ordonnances royales sur les salaires et les prix.
1354	Traité de Mantes entre Jean II et Charles le Mauvais.
1355	Crise politique. Les états gouvernent l'impôt.
1356	Arrestation de Charles le Mauvais.
1356	Jean le Bon vaincu à Poitiers.
1357	États généraux réformateurs.
1358	Insurrection parisienne. La Jacquerie.
1360	Remise en ordre monétaire. Création du franc « à cheval ».
1360	Traité de Brétigny-Calais.
1361	Méfaits des grandes compagnies.
1361	Grave récurrence de la peste.
1364	Victoire de Du Guesclin sur les Navarrais à Cocherel.
1364	Le « franc à pied ».
1364-1380	Règne de Charles V.
1364	Guillaume de Mahaut, *Le Voir Dit.*
1365	Premier traité de Guérande.
1367	Tentative de retour d'Urbain V à Rome.
1369-1375	Reconquête de l'Aquitaine par les armées de Charles V.
1369	Chevauchée du duc de Lancastre.
1370	Chevauchée de Robert Knolles.
1370 env.	Premières gravures sur bois.
1371	Traité franco-navarrais de Vernon.
1372	Victoire navale des Français sur les Anglais à La Rochelle.
1373	Chevauchée du duc de Lancastre.
1374	Dispositions successorales de Charles V.
1375-1381	Tapisserie de l'*Apocalypse.*
1378-1417	Le Grand Schisme d'Occident.
1378-1382	Insurrections urbaines.

1380	Chevauchée de Thomas de Buckingham.
1380-1422	Règne de Charles VI.
1381	Mouvement des Tuchins en Languedoc.
1382	Révolte des Maillotins à Paris. La Harelle à Rouen.
1387	Mariage de Louis d'Orléans et de Valentine Visconti.
1388	Rappel au pouvoir des Marmousets.
1388	Jacques d'Ableiges, *Le Grand Coutumier de France*.
1390 env.	Achèvement de Sainte-Cécile d'Albi.
1392	Débuts de la maladie de Charles VI.
1392	Renvoi des Marmousets par le gouvernement des ducs.
1394	Expulsion des Juifs.
1395	Jean Gerson, chancelier de l'Université de Paris.
1396	Union de Gênes à la France.
1396	Désastre de Nicopolis.
1397 env.	Claus Sluter, Le *Puits de Moïse*.
1398-1403	Soustraction d'obédience. Tentative d'organisation gallicane.
1399	Christine de Pisan, *Épître au Dieu d'Amour*.
1402	Conquête des Canaries par Jean de Béthencourt et Gadifer de la Salle.
1404-1419	Jean sans Peur, duc de Bourgogne.
1407	Assassinat de Louis d'Orléans.
1409	Concile de Pise.
1409	Paix de Chartres entre les princes.
1410-1416	Les frères de Limbourg, *Très riches Heures du duc de Berry*.
1412	Traité d'Auxerre entre les princes.
1412	Campagne du duc de Clarence en Normandie.
1413	États généraux et mouvement cabochien.
1413-1418	Terreur armagnaque à Paris.

1414	Traité anglo-bourguignon de Leicester.
1414-1417	Concile de Constance.
1415	Victoire anglaise à Azincourt.
1417	Réunification de l'Église. Élection de Martin V.
1417-1418	Conquête de la Normandie par les Anglais.
1418	Émeutes et mainmise bourguignonne sur Paris.
1419	Assassinat de Jean sans Peur.
1419	Les Anglais à Rouen.
1419-1467	Philippe le Bon, duc de Bourgogne.
1420	Traité de Troyes. Henri V de Lancastre, héritier de France.
1422	Mort de Henri V et de Charles VI.
1422-1461	Règne de Charles VII.
1422-1471	Règne de Henri VI.
1422	Création de l'Université de Dole.
1424	Victoire anglaise à Verneuil.
1427	Victoire française à Montargis.
1429	Jeanne d'Arc. Libération d'Orléans.
1429	Sacre de Charles VII.
1431	Procès et supplice de Jeanne d'Arc.
1431-1449	Concile de Bâle.
1432	Van Eyck, *L'Agneau mystique.*
1432	Création de l'Université de Caen.
1433	Mainmise bourguignonne sur le Brabant et le Hainaut.
1435	Traité d'Arras : réconciliation franco-bourguignonne.
1436	Entrée de Richemont dans Paris.
1437	Début de la construction de Saint-Maclou de Rouen.
1438	Assemblée du clergé et Pragmatique Sanction de Bourges.
1440	La Praguerie : révolte des princes.
1443-1453	Hôtel de Jacques Cœur à Bourges.
1443	Fin du royaume angevin de Naples.
1443-1446	Roger van der Weyden, *Jugement dernier* de Beaune.

1444	Tentative d'imprimerie à Avignon.
1444	Trêves franco-anglaises de Tours.
1445	Réforme militaire : les compagnies d'ordonnance.
1445	Privilèges royaux aux foires de Lyon.
1450	Victoire française sur les Anglais à Formigny.
1451 env.	Jean Fouquet, Diptyque de Melun pour Étienne Chevalier.
1452	Arnoul Gréban, *Le vrai mystère de la Passion.*
1452	Réforme de l'Université de Paris.
1452 env.	Enguerran Quarton, *Couronnement de la Vierge.*
1453	Prise de Constantinople par les Turcs.
1453	Insurrection à Gand.
1453	Victoire française sur les Anglais à Castillon.
1453	La *Mise au Tombeau* de Tonnerre.
1453	Procès de Jacques Cœur.
1454	Ordonnance de Montils-les-Tours : réforme judiciaire.
1455	Conquête de l'Armagnac.
1456	Réhabilitation de Jeanne d'Arc.
1458	Procès du duc Jean II d'Alençon.
1461-1483	Règne de Louis XI.
1461	François Villon, *Le Testament.*
1462	Offensive française en Catalogne.
1464 env.	*La Farce de maître Pathelin.*
1465	Ligue du Bien public.
1465	Mort de Charles d'Orléans.
1467-1477	Charles le Téméraire, duc de Bourgogne.
1469	Premier voyage de Guillaume Fichet en Italie.
1470	Établissement d'une imprimerie en Sorbonne.
1473	Basse Union d'Alsace.
1473	L'imprimerie à Lyon.

1475	Traité franco-anglais de Picquigny.
1475	Conquête de la Lorraine par Charles le Téméraire.
1476	Défaites de Charles le Téméraire à Grandson et Morat.
1477	*Tombeau de Philippe Pot.*
1477	Charles le Téméraire tué devant Nancy.
1477	Mariage de Marie de Bourgogne et de Maximilien d'Autriche.
1478	Concile gallican d'Orléans.
1480	Mort du roi René d'Anjou.
1481	Mort de Jean Fouquet.
1482	Rattachement de la Provence à la France.
1482	Traité d'Arras : rattachement de la Bourgogne au domaine royal.
1483-1498	Règne de Charles VIII.
1484	États généraux de Tours.
1485	La Guerre folle.
1485	Voyage en France de Pic de la Mirandole.
1488	Victoire royale à Saint-Aubin-du-Cormier.
1491	Mariage de Charles VIII et d'Anne de Bretagne.
1494-1496	Expédition de Charles VIII à Naples.
1496	La *Mise au Tombeau* de Solesmes.
1499	Occupation de Milan par les Français.
1499-1515	Règne de Louis XII.
1502	Michel Colombe, *Tombeau de François II* à Nantes.
1502-1509	Construction du château de Gaillon pour Georges d'Amboise.
1509	Victoire française sur les Vénitiens à Agnadel.
1511	La Sainte Ligue contre la France.
1511	Concile de Pise.
1511	Premiers travaux du tombeau de Brou.
1512	Victoire française près de Ravenne.
1515	Avènement de François Ier.

Orientation bibliographique

Il est impossible de donner ici les références de tous les ouvrages consacrés à l'histoire de la France entre l'an mil et la fin du Moyen Age. Aussi bien la plupart correspondent-ils à un état déjà ancien de la recherche historique, et le rôle qu'ils ont tenu dans la formation des historiens actuels ne suffit pas à justifier une citation qui égarerait le lecteur. Mieux vaut, en indiquant les ouvrages les plus récents, rappeler qu'on y trouvera les références aux travaux antérieurs, aucune recherche n'étant possible sans un recours aux sources déjà publiées et aux travaux déjà élaborés.

Nous avons de même écarté de la présente orientation bibliographique bien des travaux fondamentaux en langue étrangère. Les spécialistes en ont tenu compte, et c'est à travers leurs œuvres que le lecteur approchera de la façon la plus aisée cette inappréciable bibliographie due aux historiens qui, à travers le monde entier, se sont penchés et se penchent très heureusement sur l'histoire de la France.

OUVRAGES GÉNÉRAUX

Quelques ouvrages généraux donnent une vue d'ensemble particulièrement suggestive :

Fernand Braudel, *Civilisation matérielle, économie et capitalisme, XVe-XVIIIe siècle*, Paris, Colin, 1979, 3 volumes.

Georges Duby et Robert Mandrou, *Histoire de la civilisation française*, Paris, Colin, 2e éd., 1975, 2 volumes.

Robert Folz, André Guillou, Lucien Musset et Dominique Sourdel, De l'Antiquité au monde médiéval, Paris, P.U.F., 1972 (*Peuples et civilisations*, V).

Léopold Génicot, *Les lignes de faîte du Moyen Age,* Paris, Casterman, 7e éd., 1975.

Jacques Le Goff, *La civilisation de l'Occident médiéval,* Paris, Arthaud, 1965.

Peter Lewis, *La France à la fin du Moyen Age,* Paris, Hachette, 1977.

Michel Mollat, *Genèse médiévale de la France moderne,* Paris, Arthaud, 2e éd., 1977.

Robert Delort, *Le Moyen Age. Histoire illustrée de la vie quotidienne,* Paris, Seuil, 1983.

Jean Favier (dir.), *La France médiévale,* Paris, Fayard, 1983.

Pour le déroulement des événements, et plus précisément pour l'histoire politique, diplomatique et militaire, les volumes de `l'*Histoire de France* publiée dans les premières années du XXe siècle sous la direction d'Ernest Lavisse demeurent précieux. Il convient de rappeler cependant qu'ils sont antérieurs à la plupart des grandes études historiques sur lesquelles repose maintenant notre connaissance de l'histoire de la France médiévale. On se reportera donc utilement à quelques livres particulièrement consacrés à un moment de l'histoire.

Laurent Theis, *L'avènement de Hugues Capet,* Paris, Gallimard, 1983.

Marcel Pacaut, *Louis VII et son royaume,* Paris, Gallimard, S.E.V.P.E.N., 1964.

Georges Duby, *Le dimanche de Bouvines,* Paris, Gallimard, 1973 *(Les trente journées...).*

Joshua Prawer, *Histoire du royaume latin de Jérusalem,* Paris, C.N.R.S., 1969-1970, 2 volumes.

Léopold Génicot, *Le XIIIe siècle européen,* Paris, P.U.F., 1968 *(Nouvelle Clio).*

Jean Richard, *Saint Louis,* Paris, Fayard, 1983.

Gérard Sivéry, *Saint Louis,* Paris, Tallandier, 1983

Jean Favier, *La guerre de Cent Ans,* Paris, Fayard, 1980.

Quelques excellentes synthèses ont été récemment procurées pour l'évolution des institutions et des structures politiques. Elles rompent avec le propos, étroitement descriptif, de l'ancienne histoire institutionnelle, dont les monographies gardent cependant tout leur intérêt.

Pierre-Clément Timbal et André Castaldo, *Histoire des institutions politiques et des faits sociaux,* Paris, Dalloz, 1979.

Jean-François Lemarignier, *La France médiévale. Institution et société,* Paris, Colin, 1970 *(Coll. U).*

Marcel Pacaut, *Les structures politiques de l'Occident médiéval,* Paris, Colin, 1969 *(Coll. U).*

Robert Boutruche, *Seigneurie et féodalité,* Paris, Aubier, 1968-1970, 2 volumes.

Bernard Guénée, *L'Occident aux* XIVe *et* XVe *siècles. Les États,* Paris, P.U.F., 1971 *(Nouvelle Clio).*

Philippe Contamine, *La guerre au Moyen Age,* Paris, P.U.F., 1980 *(Nouvelle Clio).*

Jean-Pierre Poly et Éric Bournazel, *La mutation féodale,* Xe-XIIe *siècle,* Paris, P.U.F., 1980 *(Nouvelle Clio).*

Les principautés du Moyen Age, Actes du Congrès de la Société des historiens médiévistes.... Bordeaux, 1979.

Bernard Chevalier, *Les bonnes villes de France du* XIVe *au* XVIe *siècle,* Paris, Aubier, 1982.

Pour l'histoire des relations avec l'Orient, on se reportera utilement à quelques ouvrages récents :

Joshua Prawer, *Le royaume latin de Jérusalem,* Paris, C.N.R.S., 1970, 2 volumes.

Jean Richard, *La papauté et les missions d'Orient au Moyen Age,* Paris-Rome, 1977 (École fr. de Rome).

Les relations entre l'Orient et l'Occident au Xe *siècle,* Dijon, 1979 (Annales de Bourgogne).

Quelques ouvrages d'ensemble introduiront utilement à l'histoire de l'économie et de la société. Encore faut-il observer que les livres cités précédemment font, pour la plupart, une place importante aux phénomènes économiques et aux structures et mutations de la société. On trouvera cependant une vue plus systématique de ceux-ci dans :

Georges Duby, *L'économie rurale et la vie des campagnes,* Paris, Aubier, 2e éd., 1977, 2 volumes.

Georges Duby, *Guerriers et paysans, VIIe-XIIe siècles,* Paris, Gallimard, 1969.

Guy Fourquin, *Histoire économique de l'Occident médiéval,* Paris, Colin, 1969 *(Coll. U).*

Robert Fossier, *Histoire sociale de l'Occident médiéval,* Paris, Colin, 1970 *(Coll. U).*

Histoire de la France rurale, dir. Georges Duby et Armand Wallon, t. I et II, Paris, Le Seuil, 1975.

Histoire de la France urbaine, dir. Georges Duby, t. II. Paris, Le Seuil 1980.

Histoire des Juifs en France, dir. Bernhard Blumenkranz, Toulouse, Privat, 1972.

Tous les manuels d'histoire de l'Église font à la France médiévale une place privilégiée. On recourra particulièrement à ceux qui intègrent à la fois une réflexion sur l'évolution de la spiritualité et une étude de l'institution ecclésiastique sous ses diverses formes :

Jean Chélini, *Histoire religieuse de l'Occident médiéval,* Paris, Colin, 1968 *(Coll. U).*

Étienne Delaruelle, Edmond-René Labande et Paul Ourliac, *L'Église au temps du Grand Schisme et de la crise conciliaire, 1378-1449,* Paris, Bloud et Gay, 1962 *(Hist. de l'Église,* 14.)

Gabriel Le Bras, *Institutions ecclésiastiques de la Chrétienté médiévale,* Paris, Bloud et Gay, 1964 (Hist. de l'Église, 12). (Et plus généralement tous les volumes parus de cette remarquable collection).

Alfred Leroy, *Quinze siècles de vie religieuse,* Paris, Spes, 1965.

David Knowles, *Les moines chrétiens,* Paris, Hachette, 1969.

Jean Decarreaux, *Les moines et la civilisation en Occident,* Paris, Arthaud, 1962.

Histoire des hôpitaux, dir. Jean Imbert, Toulouse, Privat, 1982.

Victor Martin, *Les origines du Gallicanisme,* Paris, Bloud et Gay, 1939, 2 volumes.

ÉTUDES RÉGIONALES OU LOCALES

Nombre d'ouvrages fondamentaux sont, pour des raisons évidentes de documentation, limités à l'étude d'une région ou d'une ville. C'est en particulier le cas de bien des thèses grâce auxquelles notre connaissance de la France médiévale s'est renouvelée depuis un demi-siècle.

Ainsi pour l'étude des structures politiques.

Olivier Guillot, *Le comte d'Anjou et son entourage au XIe siècle,* Paris, Picard, 1972.

Michel Bur, *La formation du comté de Champagne, vers 950- vers 1150,* Nancy, Annales de l'Est, 1977.

André Leguai, *Le Bourbonnais pendant la guerre de Cent Ans,* Moulins, Impr. réunies, 1969.

L'histoire de l'économie et de la société des campagnes s'approfondit en des études régionales, ainsi fondées sur une documentation à peu près cohérente :

Robert Boutruche, *La crise d'une société. Seigneurs et paysans du Bordelais pendant la guerre de Cent Ans,* Strasbourg, Paris, Les Belles-Lettres, 1963.

Georges Duby, *La société aux XIe et XIIe siècles dans la région mâconnaise,* Paris, Colin, 1963.

Robert Fossier, *La terre et les hommes en Picardie jusqu'à la fin du XIIIe siècle,* Paris-Louvain, Nauwelaerts, 1968, 2 volumes.

André Chédeville, *Chartres et ses campagnes, XIe-XIIe siècle,* Paris, Klincksieck, 1973.

Pierre Bonassie, *La Catalogne du milieu du Xe à la fin du XIe siècle, Croissance et mutation d'une société,* Toulouse, Université de Toulouse-Le Mirail, 1975-1976, 2 volumes.

Marie-Thérèse Lorcin, *Les campagnes de la région lyonnaise aux XIVe et XVe siècles,* Lyon, Bosc, 1974.

Guy Fourquin, *Les campagnes de la région parisienne à la fin du Moyen Age,* Paris, P.U.F., 1963.

Hugues Neveux, *Les grains du Cambrésis (fin du XIVe – début du XVIIe siècle). Vie et déclin d'une structure économique,* Lille, Université de Lille III, 1974.

Guy Bois, *Crise du féodalisme, économie rurale et démographie en Normandie orientale du début du XIVe siècle,* Paris, Fond. nat. des Sciences politiques, 1976.

Les réalités sociales sont également appréhendées dans le cadre régional ou local :

Emmanuel Le Roy Ladurie, *Montaillou, village occitan, de 1294 à 1324,* Paris, Gallimard, 1975.

Michel Parisse, *Noblesse et chevalerie en Lorraine médiévale,* Nancy, Université de Nancy II, 1982.

Louis Stouff, *Ravitaillement et alimentation en Provence aux XIVe et XVe siècles,* Paris-La Haye, Mouton, 1970.

Françoise Piponnier, *Costume et vie sociale. La cour d'Anjou, XIVe-XVe siècle,* Paris-La Haye, Mouton, 1970.

Bronislaw Geremek, *Le salariat dans l'artisanat parisien aux XIIIe-XVe siècles,* Paris-La Haye, Mouton, 1968.

Bronislaw Geremek, *Les marginaux parisiens aux XIVe-XVe siècles,* Paris-La Haye, Mouton, 1976.

Des travaux portant sur l'histoire du commerce terrestre ou maritime s'articulent autour d'une place commerciale, port ou siège de foire :

Michel Mollat, *Le commerce maritime normand à la fin du Moyen Age,* Paris, Plon, 1952.

Philippe Wolff, *Commerces et marchands de Toulouse (vers 1350 - vers 1450),* Paris, Plon, 1954.

Henri Touchard, *Le commerce maritime breton à la fin du Moyen Age,* Paris, Les Belles Lettres, 1967.

Jacques Bernard, *Navires et gens de mer à Bordeaux (vers 1400 – vers 1550),* Paris, S.E.V.P.E.N., 1968, 3 volumes.

Henri Dubois, *Les foires de Chalon et le commerce dans la vallée de la Saône à la fin du Moyen Age (vers 1280 – vers 1430),* Paris, Impr. nationale, 1976.

D'importants travaux, enfin, ont été menés dans le cadre limité d'une ville, abordant ainsi l'histoire de la société urbaine sous tous ses aspects, depuis les relations politiques jusqu'à la topographie sociale.

Bernard Chevalier, *Tours, ville royale, 1356-1520,* Paris-Louvain, Nauwelaerts, 1975.

Pierre Desportes, *Reims et les Rémois aux XIIIe et XIVe siècles,* Paris, Picard, 1979.

Robert Favreau, *La ville de Poitiers à la fin du Moyen Age. Une capitale régionale,* Poitiers, Soc. des Antiquaires de l'Ouest, 1978.

Arlette Higounet-Nadal, *Périgueux aux XIVe et XVe siècles. Étude de démographie historique,* Bordeaux, Fédér. hist. du Sud-Ouest, 1978.

Albert Rigaudière, *Saint-Flour, ville d'Auvergne au bas Moyen Age, Étude d'histoire administrative et financière,* Paris, P.U.F., 1982, 2 volumes.

On doit aussi rappeler quelques vastes entreprises d'histoire urbaine. Les monographies se multiplient dans la collection *Univers de la France et des pays francophones* (Toulouse, Privat), et de grandes histoires municipales commencent de voir le jour :

Yves Renouard, *Bordeaux sous les rois d'Angleterre,* Bordeaux, Féd. hist. du Sud-Ouest, 1965 (*Histoire générale de Bordeaux*).

Jacques Boussard, *Paris de la fin du siège de 885-886 à la mort de Philippe Auguste,* Paris, Hachette, 1976 (*Nouvelle histoire de Paris*).

Raymond Cazelles, *Paris de la fin du règne de Philippe Auguste à la mort de Charles V, 1223-1380*, Paris, Hachette, 1972 *(Nouvelle histoire de Paris)*.

Jean Favier, *Paris au XVe siècle, 1380-1500*, Paris, Hachette, 1974 *(Nouvelle histoire de Paris)*.

ÉTUDES SECTORIELLES ET THÉMATIQUES

Couvrant des champs spatiaux plus larges, nombre d'études ont conduit sur de nouvelles voies l'histoire politique et institutionnelle déjà défrichée par les monographies descriptives de la génération précédente.

Élisabeth Magnou-Nortier, *Foi et fidélité. Recherche sur l'évolution des liens personnels chez les Francs, du VIIe au IXe siècle*, Toulouse, Université de Toulouse-Le Mirail, 1976.

Jean-François Lemarignier, *Le gouvernement royal aux premiers temps capétiens (987-1108)*, Paris, Picard, 1965.

Éric Bournazel, *Le gouvernement capétien au XIIe siècle. 1108-1180. Structures sociales et mutations institutionnelles*, Paris, P.U.F., 1975.

Jacques Boussard, *Le gouvernement d'Henri II Plantegenêt*, Paris, D'Argences, 1956.

Jean Richard, *Saint Louis*, Paris, Fayard, 1983.

Jean Favier, *Philippe le Bel*, Paris, Fayard, 1978.

Raymond Cazelles, *La société politique et la crise de la royauté sous Philippe de Valois*, Paris, D'Argences, 1958.

Raymond Cazelles, *Société politique, Noblesse et Couronne sous Jean le Bon et Charles V*, Genève-Paris, Droz, 1982.

François Autrand, *Naissance d'un grand corps de l'État. Les gens du Parlement de Paris, 1345-1454*, Paris, Sorbonne, 1981.

Bernard Guenée, *Tribunaux et gens de justice dans le bailliage de Senlis à la fin du Moyen Age*, Strasbourg, Paris, Les Belles-Lettres, 1963.

Philippe Contamine, *Guerre, État et société à la fin du Moyen Age. Études sur les armées des rois de France, 1337-1494,* Paris-La Haye, Mouton, 1972.

Michel Mollat et Philippe Wolff, *Ongles bleus, Jacques et Ciompi. Les révolutions populaires en Europe aux XIVe et XVe siècles,* Paris, Calmann-Lévy, 1970.

Outre les travaux à caractère régional, déjà cités, on peut évoquer quelques ouvrages fondamentaux d'histoire économique, consacrés à un secteur de l'économie ou à une approche particulière de la conjoncture.

Wilhelm Abel, *Crises agraires en Europe (XIIIe-XXe siècle),* Paris, Flammarion, 1973.

Roberto-S. Lopez, *La révolution commerciale dans l'Europe médiévale,* Paris, Aubier, 1974.

Robert Delort, *Le commerce des fourrures en Occident à la fin du Moyen Age,* Paris-Rome, De Boccard, 1978, 2 volumes. *Le rôle du sel dans l'histoire,* dir. Michel Mollat, Paris, P.U.F., 1968.

Jean-François Bergier, *Une histoire du sel,* Paris, P.U.F., 1982.

Les transports au Moyen Age. Actes du VIIe congrès des hist. médiévistes... Rennes, Annales de Bretagne, 1978.

Paul Benoît et Philippe Braunstein, *Mines, carrières et métallurgie dans la France médiévale. Actes du colloque de Paris,* Paris, C.N.R.S., 1983.

Les structures sociales ont donné matière à des travaux nouveaux par leurs méthodes comme par leurs objets. On y trouvera aussi le point sur les recherches antérieures :

La femme dans les civilisations des Xe-XIIIe siècles, Poitiers, C.E.S.M., 1977.

L'enfant au Moyen Age, littérature et civilisation, Paris, Champion, 1980.

Georges Duby, *Le chevalier, la femme et le prêtre :
    le mariage dans la France féodale*, Paris, Hachette,
    1981.

Études sur l'histoire de la pauvreté, dir. Michel Mol-
    lat, Paris, Sorbonne, 1974, 2 volumes.

Michel Mollat, *Les pauvres au Moyen Age*, Paris,
    Hachette, 1978.

Marie-Thérèse Lorcin, *Vivre et mourir en Lyonnais à
    la fin du Moyen Age, Paris, C.N.R.S., 1981.*

Villages désertés et histoire économique, XIe-XVIIIe siècle,
    Paris, S.E.V.P.E.N., 1965 (E.P.H.E., VIe section).

Jean Chapelot et Robert Fossier, *Le village et la
    maison au Moyen Age*, Paris, Hachette, 1980.

Jean-Pierre Leguay, *La rue au Moyen Age*, Rennes,
    Ouest France, 1984.

A côté des travaux portant sur l'histoire institutionnelle
de l'Église, il convient de faire place à ceux qui traitent de
la doctrine et de la spiritualité. Dans une très riche bibliographie, on peut citer quelques ouvrages récents :

Pierre Chaunu, *Le temps des réformes. La crise de la
    Chrétienté : l'éclatement. 1250-1550*, Paris, Fayard,
    1975.

Marcel Pacaut, *La théocratie. L'Église et le Pouvoir
    au Moyen Age*, Paris, Aubier, 1957.

Walter Nigg, *Saint Benoît, le père des moines de
    l'Occident*, Paris, Gallimard, 1981.

M.-H. Vicaire, *Histoire de saint Dominique*, Paris, Le
    Cerf, 1957, 2 volumes.

Étienne Delaruelle, *L'idée de croisade au Moyen
    Age*, Turin, Bottega d'Erasmo, 1980.

André Vauchez, *La sainteté en Occident aux derniers
    siècles du Moyen Age*, Paris-Rome, De Boccard,
    1981.

L'histoire de la culture, et particulièrement celle de la
création intellectuelle, a connu de singuliers développements

depuis qu'elle a cessé d'être seulement l'histoire des œuvres. On pourra consulter notamment :

Jacques Paul, *Histoire intellectuelle de l'Occident médiéval,* Paris, Colin, 1969 *(Coll. U).*

Pierre-Yves Badel, *Introduction à la vie littéraire du Moyen Age,* Paris, Colin, 1969 *(Coll. U).*

Jacques Le Goff, *Les intellectuels au Moyen Age,* Paris, Le Seuil, 1960.

Philippe Wolff, *L'éveil intellectuel de l'Europe,* Paris, Le Seuil, 1971.

Histoire générale des sciences, dir. René Taton, tome I, Paris, P.U.F., 1966.

Histoire générale de l'enseignement et de l'éducation en France, dir Louis-H. Parias, tome I, Paris, Nouv. librairie de France, 1981.

Jacques Verger, *Les Universités au Moyen Age,* Paris, P.U.F., 1973.

Danielle Jacquart, *Le milieu médical en France du XIIe au XVe siècle,* Genève-Paris, Droz, 1981.

Entretiens sur la Renaissance du XIIe siècle, dir. Maurice de Gandillac et E. Jeaunau, Paris-La Haye, Mouton, 1968.

Jacques Verger et Jean Jolivet, *Bernard, Abélard, ou le cloître et l'école,* Paris, Fayard-Mame, 1982.

Le métier d'historien au Moyen Age. Études sur l'historiographie médiévale, dir. Bernard Guenée, Paris, Sorbonne, 1977.

Bernard Guenée, *Histoire et culture historique dans l'Occident médiéval,* Paris, Aubier, 1980.

Dominique Boutet et Armand Strubel, *Littérature, politique et société dans la France du Moyen Age,* Paris, P.U.F., 1979.

Paul Zumthor, *Histoire littéraire de la France médiévale, VIe-XIVe siècle,* Genève, Droz, 2e éd., 1973.

Reto Roberto Bezzola, *Les origines et la formation de la littérature courtoise en Occident,* Paris, 1944-1963, 5 volumes. (E.P.H.E., IVe section).

Daniel Poirion, *Le poète et le prince.* Grenoble, Allier, 1965.

Jean Favier, *François Villon.* Paris, Fayard, 1982.

L'histoire de l'art médiéval a fourni la matière de nombreuses publications, parmi lesquelles il faut distinguer les volumes consacrés au Moyen Age occidental dans la collection *L'Univers des formes* (Gallimard). Dans une littérature abondante et inégale, on retiendra quelques titres :

Jean Hubert, *L'art préroman,* Paris, Picard, 2e éd., 1974.

Henri Focillon, *Art d'Occident,* Paris, Colin, 4e éd., 1963.

Gabrielle Demians d'Archimbaud, *Histoire artistique de l'Occident médiéval,* Paris, Colin, 1968, *(Coll. U).*

Marcel Durliat, *L'art roman,* Paris, Mazenod, 1982.

Xavier Barrali Altet, François Avril et Danielle Gaborit-Chopin, *Le temps des croisades,* Paris, Gallimard, 1982 (Coll. L'Univers des formes).

Francis Salet, *L'art gothique,* Paris, P.U.F., 1963.

Louis Grodecki, *Architecture gothique,* Paris, Berger-Levrault, 1979.

Alain Erlande-Brandenburg, *L'art gothique,* Paris, Mazenod, 1983.

Georges Duby, *Le temps des cathédrales. L'art et la société, 980-1420,* 2e éd., Gallimard, 1976.

INDEX

A

I

(L'index a été réalisé, sous la direction de l'auteur, par Claude d'Abzac).

GÉNÉALOGIES ET TABLEAUX

Table des matières

Chapitre IV – LE TEMPS DE L'ORGANISATION (1130-1180)

Chapitre V – LA FRANCE CAPÉTIENNE (1180-1226)

Chapitre VI – LE TEMPS DU ROI SAINT LOUIS (1226-1270)

Chapitre VII – LA MATURITÉ (1270-1315)

Composition réalisée par JOUVE

Imprimé en France sur Presse Offset par

BRODARD & TAUPIN

GROUPE CPI

La Flèche (Sarthe).
N° d'imprimeur : 10940 – Dépôt légal Édit. 19139-01/2002
LIBRAIRIE GÉNÉRALE FRANÇAISE - 43, quai de Grenelle - 75015 Paris.
ISBN : 2 - 253 - 06204 - 9